JN438487

그리움을 담아서

그리움을 담아서

구연식 수필집

■들어가는 글

세상에는 우물 안 개구리로 살면서 자화자찬에 빠져 분수를 모르는 사람들이 많다. 그중 나도 그런 사람이었다고 생각이 든다. 고등학교 때 피천득 님의 "수필은 청자연적이다."라는 단원을 배운 적이 있다. 청자연적의 연꽃 무늬가 가지런하게 보였지만, 자세히 보면 연꽃 무늬 하나가 어긋나 있었다. 그러나 전체의 질서를 이루고 있어 조화를 이루었다. 바로 수필은 작가의 개성이 독특하면서 수필의 프레임에서 벗어나지 않는 범위에서 쓰인 글이어야 된다는 뜻이다. 이 정도밖에 수필에 대해서 일천日淺한 내가 수필을 쓰겠다고 했으니 문우님들에게 죄송할 뿐이다.

퇴직 후 9년 만에 처음으로 김학 교수님의 문하생으로 입문했다. 수필의 이론과 문우님들의 토론과 교수님의 첨삭지도로 수필의 첫걸음을 떼게 되었다. 감히 그런 내가 수필집을 내겠다고 하니, 은사님에게 누가 되지 않을까 죄스러운 마음이다. 그러나 계속 주저앉으면 배우는 사람의 자세가 아닐 것 같아서 염치를 무릅쓰고 수필집 발간에

나섰다.

2년 동안 1주일에 1편 정도 쓴 글이 130여 편이 되었다. 그중 110편의 작품을 나름 선별하여 출판사에 의뢰했다. 글감의 소재는 고향을 주제로 한 것이 70%이며 시기는 나의 유 · 청소년 시절이 주종을 이룬다. 손자를 둔 나이인데도 부모님에 대한 애틋한 정을 못 잊어서 작품마다 나도 모르게 배어있다. 이제는 안 계시는 부모님 둥지를 떠나서 너 넓은 세상을 활보하면서 보고 듣고 맛보면서 새로운 글감을 써야 하겠다고 다짐을 해 보건만 수구초심과 어머님의 치마폭에서 벗어나지 못하고 있으니 철부지의 어린애인 것 같다.

신세대들에게는 '전설의 고향'에나 나오는 시대적 배경과 우리말 사전을 뒤적거려보아야 이해가 되는 단어일지라도 행여 우리 것을 잃고 살아가는 신세대들에게 삶의 풍속도를 알리는 마음으로 글을 썼다.

늘 바쁘게 살아가시는 김학 은사님! 1주일에 한 번꼴로 저의 글을 첨삭지도해 주시고 이번 수필집 발문까지 얹어주셔서 저에게는 큰 빛과 힘을 얻어 발간할 수 있었습니다, 감사합니다.

매주 지인들의 카페에 글을 올렸을 때 독후감의 댓글로 용기를 주었던 막내딸과 며느리 그리고 양진석, 송용호, 이병렬 교수님과 그 외 여러분들에게도 감사드립니다.

그간 작품 활동할 때마다 등잔불에 기름을 부어주고, 꺼지지 않도록 바람막이 울타리가 되어주던 든든한 천군만마의 큰딸, 아들, 막내딸 가족들에게도 고마운 마음을 전한다. 밤늦게 원고 정리할 때 컴퓨터 자판기 앞에 앉아있는 나에게 보약 차 식지 않게 챙겨주던 아내 희순姬順 씨 고마워! 내년 신축辛丑년 칠순 축하로 이 책을 드립니다.

2020년 庚子年 歲暮에

미륵산과 용화산이 보이는 평화동 창가에서

學林 具然植

■ 목차

제1부 / 자녀 바보

제2부 / 나들이 길목에서

제3부 / 그리운 고향

제4부 / 그리움을 담아서

제5부 / 작은 호루라기

제6부 / 아내와 같이

제7부 / 힘들어도 청춘

제8부 / 개구쟁이 시절

제9부 / 자연 그리고 사랑

제10부 / 학교 현장에서

제11부 / 그때는 그랬지

제12부 / 보고픈 친구들

제1부

자녀 바보

오동나무와 목화木花를 심는 뜻은

농촌에서는 가을이 돌아오면 연중행사로 김장을 하고 새 이엉으로 지붕을 이는 등 이웃끼리 품앗이로 월동준비를 했었다. 그건 입동쯤에 분주히 이루어지는 일이었다. 그리고 가을에는 가정 내 큰일인 자녀들 혼사婚事를 계획하고 실행하기도 했었다. 집안의 친지들은 상부상조로 그런 행사를 치렀다. 우리 조상들은 생전에 모든 자녀들을 짝을 맞추어 여우살이까지 끝내야 했었다.

넉넉지 못한 가정에서는 혼인 전날 일 년 동안 농사지은 곡식과 푸성가리 농산물과 이웃집에서 담 너머로 건네준 달걀 꾸러미, 푸줏간에서 떼온 고기 몇 근으로 잔치 음식을 장만했었다. 부침개 철질하는 참기름 냄새는 온 동네 고샅길을 가득 메우고 차일 친 마당에서도 하늘거렸다. 우물가에는 밀주密酒로 담근 막걸리를 아낙들이 체로 거르기도 했었다. 그리고 뒤뜰에는 아껴둔 씨암탉을 잡을 뜨거운 물을 끓이는 가마솥 뚜껑을 열었는지 김이 모락모락 솟아올랐다.

해가 뉘엿뉘엿 서산에 기울자 신붓집 마당에는 청사초롱이 주렁주렁 걸렸다. 신랑집에서 채단綵緞을 넣은 함을 지고 온 함진아비는 온 동네에 "함 사세요! 함 사세요!" 왁자지껄했었다. 신부 어머니는 함진아비와 함값 흥정으로 실랑이를 하더니 약간의 거마비와 푸짐한 주안상으로 해결했다. 함을 넘겨받은 신부댁에서는 함 뚜껑을 열고 채단을 확인하면서 구경 온 동네 아낙들과 더불어 축하의 함박웃음을 웃었다.

혼인 당일날 신붓집 마당에는 동네 사람들과 먼 곳에서 찾아온 친지와 신랑집에서 오신 손님들이 방과 마루 그리고 마당에 즐비하게 자리잡고 있었다.

사모관대는 원래 벼슬아치의 복장이었으나, 지금은 전통혼례에서 착용하는 결혼식 복장이다. 신랑은 '사모'를 머리에 쓰고, '단령'을 입었다. 그리고 허리에 '각대'를 찬 다음, '목화(木靴–목이 긴 신발)'라는 신발을 신었는데 이 차림을 사모관대라고 한다. 조선 후기에 와서 혼례는 인륜의 대사라 하여 양반과 상민을 가리지 않고 혼례 당일엔 사모관대를 착용하는 것이 허용되었다. 전통혼례 때 신부가 입는 화려한 옷을 '활옷'이라고 하며. 이 옷은 원래 궁중에서만 입던 옷인데, 역시 혼례를 치를 때만 특별히 입을 수 있도록 했으며 족두리도 쓸 수 있도록 했다.

마당 차일 아래서는 연지곤지 족두리에 예쁜 신부와 사모관대의 의젓한 신랑이 홀기笏記에 따라 집사의 집전으로 혼례식이 진행되었다. 어설픈 신랑신부의 혼례 동작에 사람들의 박장대소가 그치질 않았다. 혼례 탁자 위에 보자기로 싸서 올려놓은 수탉과 암탉이 놀라서 푸다닥거리며 마당으로 떨어지기도 했다. 혼례식의 마무리를 장식하는 신부와 신랑에게 하객들은 쌀과 팥을 한 움큼씩 집어던졌다. 쌀은 다산을 의미하고, 팥은 잡귀를 추방하는 벽사辟邪의 의미가 있었다.

딸아이의 여우살이는 옷 몇 벌과 이부자리 그리고 장롱이었고, 아들의 경우는 넉넉하면 집 한 채에 전답 몇 마지기 떼어주어 분가시키는 것이 전부였다. 요즘 딸의 혼수는 전자제품이나 가구는 모두 세트로 일괄 구입하여 장만해 주는 것이 통례다. 그러나 옛날에는 딸을 낳으면 양지바른 뜰이나 논밭두렁에는 오동나무를 심어 오동나무가 다 자라면 오동나무를 베어서 장롱欌籠을 만들어 시집보낼 때 혼수로 보내고, 목화를 심어 솜이불을 만들어 보냈다.

오동나무는 빨리 자라므로 심은 지 10년쯤 되면 목재를 이용할 수 있다. 목재는 나뭇결이 아름다우며 재질이 부드럽고 습기와 해충을 멀리하고 불에 잘 견디며, 가벼우면서도 마찰에 강해 책상 · 장롱 등 가구를 만드는 좋은 재료다. 또한 목재는 소리를 전달하는 성질이 있어 거문고 · 비파 · 가야금 같은 악기를 만들었다.

조선 중기의 문인 · 정치가 신흠申欽의 詩에서 오동나무 악기를, 동천년로 항장곡(桐千年老恒藏曲: 오동나무는 천 년을 늙어도 언제나 노래를 품는다)이라 하여 오동나무 악기의 신비를 표현했다.

봉황의 의미가 있는 곳이면 으레 오동나무가 있다. 오동나무는 봉황이 앉는 나무다. 봉황은 대나무 열매가 아니면 먹지를 않고, 오동나무가 아니면 앉지를 않으며, 예천(醴泉; 중국에서 태평할 때에 단물이 솟는다는 샘물)이 아니면 마시지 않는다는 말이 있다. 오동나무는 참 각별한 나무다. 그러기에 온 정성을 다하여 오동나무로 으뜸 혼수품목인 장롱을 만들었다.

목화솜이불도 예사로운 것이 아니었다. 일 년 동안 재배했던 목화송이를 손으로 일일이 따서 멍석에 몇 날 며칠 고실고실하게 말려서 씨아에 목화송이를 넣어서 씨를 제거하고 물레에서 목화실을 뽑아서 베틀에서 수동으로 일일이 무명베를 짜서 이불을 장만했다.

이렇게 우리 부모들은 혼인 이후에는 호적에서 남이 되고 늙어 죽어서도 남의 선산에 묻혀 남의 집 귀신이 될 딸에게는 과학적이고 신비로운 오동나무로 친정아버지는 장롱을 만들었고, 친정어머니의 사랑과 눈물이 범벅된 목화솜 이불을 만들어 주었다. 친정 부모는 어쩌면 마지막 유품이 될지도 모르는 혼수를 준비하느라 온 정성을 다 쏟았다.

혼례의 절차가 끝나면 신부는 가마를 타고 신랑은 말을 타고 그리고 혼수품들은 소달구지에 실어 신랑댁으로 보냈다. 친정어머니는 시댁까지 멀고 먼 길을 갈 때 가마 안에서 긴급 용변처리 용으로 요강단지에 목화씨를 넣어서 딸의 치마 옆에 밀어주면서 잡은 손을 놓지 못했다.

어느덧 신랑 상각들과 딸아이의 가마는 동구밖 언덕길을 가물거리며 넘어가고 있다. 친정어머니는 대문밖에서 가물거리는 가마꼭지를 놓치지 않으려고 눈을 떼지 못하면서 연신 흐르는 눈물을 앞치마로 훔쳐서 눈은 벌겋게 부어있고 앞치마는 질퍽했다.

친정아버지는 마루에 걸터앉아 곰방대에 담배를 꾹꾹 눌러 가득 채우고 계속 빨아대면서 무뚝뚝하고 호되게만 대했던 딸에게 미안하고 후회스러운지 한숨만 내쉬면서 가마가 넘어간 하늘 쪽만 씁쓸한 표정으로 바라본다.

우리네 필부필부匹夫匹婦들의 인간 삶의 보람과 즐거움은 오동나무를 심고, 목화를 재배하며 새끼들과 부대끼며 옥신각신하던 삶이 조물주가 그려 놓은 보통 삶의 모습인 것 같다.

"결혼은 하늘에서 맺어지고 땅에서 완성되는 것이다."라는 말처럼 하늘에서 맺어준 것은 부모들이 혼례까지의 노력을 의미하고, 땅에서의 완성은 결혼 후에는 신랑과 신부가 서로 이해하고 노력할 때 행복의 보금자리가 이루어진다는 것으로 이해하고 싶다.

대문밖 친정엄마, 툇마루의 친정아빠도 시름을 거두고 억지로라도 일상생활에 젖어 바쁘게 살게 마련이다. 모든 부모가 오동나무와 목화를 심어 여유 있게 딸자식 혼례를 치를 수 있는 것은 아니다. 그러기에 지금의 시름은 행복한 시름일 테니 사노라면 그 시름이 아름다운 무지개가 될 것이다.

(2018. 11. 30.)

막내딸의 초산初産

지금 생각하면 호랑이 담배 피우던 시절의 이야기 같다. 1960~70년대는 산아제한産兒制限이 국가시책이었다. 오죽하면 "아들딸 구별 말고 둘만 낳아 잘 기르자"는 구호를 내걸었을까? 그때는 두 자녀 이상을 낳으면 산부인과 의료보험에 불이익을 주었고, 예비군 동원훈련 때 정관수술을 신청하면 훈련 동원 및 면제 혜택을 주었다.

그 때 나는 아들과 딸 남매를 둔 가장이었다. 그런데 시골의 부모님을 뵈러 갈 때마다 부모님이 손자 하나를 더 원하시는 바람에 귀염둥이 딸을 하나 더 낳았다. 그 막내딸은 어버이날 다음 날인 5월 9일에 태어났다. 그리하여 이름도 효도 효孝자와 어질 인仁자로 지어 '효인'이라고 불렀다. 효인이는 3남매 중에서 유독 온화하고 긍정적인 성격으로 언제나 웃는 낯꽃이다.

나의 아버지는 손녀딸을 일곱이나 두셨는데 그중 효인이가 자라는 것을 지켜보시면서 손녀딸 중에서 가장 참하고 예쁘다는 칭찬을 하시고 남들한테도 자랑하셨다. 효인이는 그처럼 할아버지한테도 귀염을 받던 손녀딸이었다. 형제자매간에도 나이 터울이 많아 늘 막내에게 양보하고 동생들을 보살펴 주었으며, 언니나 오빠가 먹을 것을 주면 듬뿍 잘라서 나누어주는 딸이었다.

우리 부부는 자녀 둘을 이미 키워 놓고 얻은 늦둥이 딸내미라 애지중지하며 키웠다. 그래서 아내는 언제나 막내딸을 '아가'라 불렀고, 별칭은 '복덩어리'라 했다. 그 딸이 작년에 서울로 시집을 가서 지난 가을에 애기를 낳았다. 애기가 애기를 낳은 셈이다. 출산예정일은 음력 8월 추석날이어서 아내와 나는 조금 걱정이 되었다. 내가 장남이어서 아내는 추석 차례음식을 장만해야 하고 나는 차례를 지내야 하기 때문이다.

사람의 힘으로 할 수 있으면 추석을 넘기고 출산하기를 바랐다. 삼신할머니가 그 소원을 들어주셔서 추석 다음 다음 날 오전에 산기産氣가 있다는 딸과 사위의 전화가 빗발쳤다. 추석 연휴 마지막날이어서 고속도로는 정체가 되어서 기차로 상경하려고 전주역으로 갔다. 열차표 판매소에서 가장 빠른 서울행 열차를 물으니 다른 열차들은 이미 예약되어 표가 없고 상경할 수 있는 열차는 12시 58분 무궁화호 입석표만 남아 있었다. 그래도 감지덕지하여 표를 구입하고 대합실에서 대기하는데 출발시간이 1시간이나 더 남았다. 추석 연휴 끝이라 대합실은 추석 대목 시골장터처럼 붐볐다.

대합실 내 간이식당에서 김밥과 우동으로 점심을 때우고 열차를 기다렸다. 추석 끝이라 여기저기 지인들로부터 전화, 카톡, 문자메시지 등이 오늘따라 많이 와서 순간마다 가슴이 철렁철렁 내려앉았다. 행여 딸이 혼자서 출산하는가 싶어서였다. 그때 조금 멀리서 아는 남자

한 분이 지나갔다. 정신을 가다듬고 생각하니 막내딸 시아버지인 사장어른이었다. 자리에서 달려가 추석 인사는 대충 얼버무리고 며느리 출산 이야기로 대화가 이어지면서 그쪽 사돈댁도 열차표 예매 때문에 오셨단다. 표가 없어서 금요일 왕복표를 구매하셔서 그때나 올라가야겠단다.

그렇게 마음이 조이고 애가 타는데 드디어 서울행 열차가 도착했다. 빨리 탄다고 빨리 가는 것도 아닌데 급한 마음에 잽싸게 올라탔다. 3시간 30여 분 동안 서울까지 아내와 서서 가는데 처음 1시간 정도는 버틸 만했는데 시간이 경과될수록 힘들어 자세가 흐트러지고 견디기 힘들었다. 결국 아내는 신문지를 바닥에 깔고 앉았다. 나보고도 옆에 앉으라고 했지만 나는 그냥 서서 가겠다고 얼굴을 좌우로 흔들었다. 이보다 더 힘든 아픔을 참고 있을 막내딸을 생각하니 이것도 호강이란 생각이 들었다. 이를 악물고 3시간 반을 버티다가 영등포역에서 내렸다.

어기적거리는 굼벵이택시를 타고 병원에 도착하니 아직 출산을 하지 않아서 다행이었다. 면회신청을 하니 막내딸이 너무 복통이 심하여 아랫도리가 풀려서 걸음을 걸을 수 없어 나올 수 없다고 했다. 그때 큰딸내미 식구들도 도착했다.

조금 시간이 지나서 진통제를 맞고 우선하여 막내딸이 사위의 부축을 받으며 그 와중에 친정식구 얼굴들이 보고 싶은지 복도로 나왔다. 얼굴은 핼쓱하고, 기진맥진하니 몰골이 말이 아니었다. 나와 아내는 순간 눈물이 왈칵 쏟아졌다. 막내딸 손을 잡고

"이렇게 엄마가 되기가 힘든 거란다. 모든 인류의 어머니들이 이런

고통을 감수했기에 인류가 생성되고 인류문화가 보존되었단다. 얼마나 어머니가 위대한 존재냐?"

어머니의 위대함을 역설하고 딸의 등을 다독거려 다시 출생아 출산 준비실로 보냈다.

그날 오후 6시쯤. 담당 간호사가 와서 의사 선생님의 진찰과 여러 가지 산후 징후들을 종합해 보면 출산 예정시간은 늦은 밤이나 내일 새벽쯤이 될 것이라 했다. 인력으로 할 수 없는 일이니 삼신할머니의 점지 계획으로 받아들이고 그저 순산順産하기만 기도할 뿐이었다. 그런데 조금 있으니 사위가 헐레벌떡 뛰어왔다. 방금 출산 기미가 보여 의료진들이 급히 출산 준비에 들어갔다는 이야기였다. 모든 것이 갑자기 숨가쁘게 돌아갔다. 우리 식구들은 긴장하고 순산을 기다리니 목은 타고 가슴은 떨렸다.

그렇게 긴장의 시간이 째깍째깍 돌아가더니 오후 6시 50분, 산실産室에서 "으~앙!" 하는 외손자의 힘찬 울음소리가 흘러나왔다. 그 순간 외손자는 안심이지만 막내딸의 건강이 염려되었다. 나오는 의료진들에게 물으니

"자연분만으로 순산입니다. 그리고 옥동자를 낳았습니다. 축하합니다!"

그래도 내 눈으로 막내딸을 봐야지 안심할 수 없었다. 외손자는 유리 벽 밖에서 보니 간호사가 목욕을 시키고 옷을 갈아입히며 간단한 건강검진을 하고 손발 지문을 찍고 카드를 정리한 뒤 유리벽 안에서 식구들에게 보여주었다.

참으로 귀중한 생명의 탄생이다. 참으로 위대한 자연의 질서 속에

태어난 최고의 보배요 선물이었다. 다시 한 번 하늘에게 감사드렸다. 웃고 찡그리고 우는 떡두꺼비 같은 손자를 보니 고맙고 외할아버지로서 이것저것 생각하면서 가다듬는 무거운 책무도 느껴졌다. 막내딸은 출산 후 2시간 정도 지나야 회복하여 입원실로 올라간단다. 그렇게 계산하면 밤 9시 정도쯤에나 막내딸의 얼굴을 볼 수 있을 것 같았다. 나는 그때까지는 기다릴 수 없었다. 미리 위층으로 올라가서 막내딸 입원실 복도 앞에서 서성거리며 앉았다가 섰다가 기다렸다. 그런데 1시간도 안 되었는데 막내딸이 휠체어를 타고 간호사의 부축을 받으며 올라왔다. 나는 얼른 막내딸의 손을 잡으려 하니 담당 간호사가 조금 있다가 접촉하라고 했다. 할 수 없이 뒤로 물러나서 다시 복도에서 기다리면서 현재 상황을 아무도 모를 아래층 대기실의 식구들에게 전화로 알려주니 식구들이 우르르 올라왔다.

간호사가 접촉해도 좋다기에 재빨리 입원실로 들어가서 막내딸의 얼굴을 보니 창백하여 또 눈물이 왈칵 쏟아졌다.

"아가, 수고했다. 장하다!"

반복하여 위로의 말만 할 뿐이었다. 손을 잡아 보니 손도 차가운 얼음장이었다. 그런데 입원실 창문이 열려있어서 내가 닫으려니 막내딸이 속에서 열이 계속 나서 잠시 열어 놓으라 했다. 산모 식사는 산후처리 주사 후에 속이 안정되면 준단다.

그 옛날에는 산모가 아기를 낳으면 시어머니는 오뉴월에도 군불을 지폈다. 찜질요법으로 방은 절절 끓게 하여 출산 중에 늘어지고 벌어진 뼈마디들이 제자리로 돌아가도록 하기 위해서였다. 바람 들어가면 안 된다고 하여 방문도 꼭꼭 닫고 버선도 신기고 옷도 두툼히 입혔다.

미역국도 넉넉히 끓이고 햅쌀로 밥을 지어 삼신할머니에게도 올려드리고 산모에게도 세끼 식사 관계 없이 틈만 있으면 식사하도록 권장하여 산후조리에 바빴다. 시아버지는 새끼를 꼬아서 고추, 숯, 솔가지를 새끼줄에 꽂아서 삼줄을 만들어 사람들 눈에 쉽게 띄고 출입이 많은 대문에 나지막이 걸어 부정한 사람들의 출입을 막아서 세이레까지 산모와 아기의 건강 유지에 최선을 다했다. 수유授乳와 산후 회복에 좋은 보양식을 달여서 산모의 원기회복에도 온 식구들이 뒷바라지를 했었다. 그게 우리의 아름다운 옛날 산후조리 풍경이었다. 현대의학으로 이루어지는 일련의 출산시스템이나 전통사회의 출산과정은 수단의 차이일 뿐 개념과 목표는 같을 것이다.

옥시토신oxytocin은 포유동물에서 분만을 돕거나 분만과정의 지속, 분만 후의 출혈 조절, 모유분비촉진을 위해 분비되는 일종의 호르몬이다. 옥시토신은 포유동물뿐만 아니라 새끼(알)를 임신하고 기르는 과정에서 인간 못지않게 모성애가 생물 세계에서 광범위하게 일어나고 있단다.

이렇게 옥시토신은 산모가 수유하는 동안 유방에서 젖을 나오게 하는 등 신神이 산모에게 부여한 초능력의 컨트롤타워 에너지다. 신神이 만든 모성애 옥시토신oxytocin의 영감靈感에 인간의 땀과 노력을 합성하여 완성한 '합성 옥시토신'은 산과 수술에 광범위하게 사용되고 있어 산모들의 출산에 획기적인 도움을 주고 있다. 1953년 뱅상 뒤 비뇨(Du Vigneaud, Vincent–미국)가 처음으로 합성에 성공한 공로로 1955년 노벨 화학상을 수상했다. 현대의학 덕으로 산모들이 순산할 수 있어 참으로 고마웠다.

밤 9시가 다 되었다. 긴장이 풀려서 시간 가는 줄도 몰랐다. 큰딸내미 손자들이 그때까지 저녁 식사를 못 해서 배가 고프다고 했다. 할 수 없이 산모는 막냇사위가 지키고 모든 식구들은 병원 아래 건너편 식당에서 곰탕을 주문하여 허기진 배를 채웠다.

식사를 일찍 마친 사람이 산모 옆에서 시중을 들던 사위와 교대하여 모든 식구들이 산모를 제외하고 저녁 식사를 마쳤다. 그런데 사위들이 병원에서는 보호자 한 사람만 허락되고 나머지 사람들은 입실이 안 된다며, 산모는 저희들이 알아서 돌볼 테니 염려 말고 다시 전주로 내려가라고 했다. 시간을 보니 9시 30분쯤이었다. 열차 시간을 알아보니 광명역에서 22시 4분에 출발하는 KTX 산천이 막차란다. 할 수 없이 부랴부랴 큰사위 자동차로 광명역에 도착하니 출발 15분 전이었다. 다행히 하행선이고 늦은 밤 막차여서 그런지 좌석은 여유가 있었다.

1시간 10분(23시 10분) 만에 중간 익산역을 거쳐 전주에 도착했다. 올라갈 때는 3시간 30분 정도가 그렇게도 길었는데 내려오는 기차는 하루 종일 승차해도 될 것 같은 기분이었다. 아마도 내려갈 때는 좌석도 있고 모든 것이 홀가분한 상태여서 그런 것 같았다. 미리 마중 나온 아들 승용차로 집에 도착하여 그대로 곯아떨어졌다.

인류의 생로병사生老病死를 많은 종교가, 사상가 그리고 석학碩學들이 무던히도 고민하고 연구했던 흔적들이 문헌 속에 함축되어 전해지고 있다. 그 공통점은 결국 자연에 순응하면서 순리대로의 삶이 정답인 것 같다. '고통은 순간이고, 행복은 영원이다.' 막내딸의 출산을 지켜보며 얻은 나의 깨달음이다.

(2018. 12. 9.)

세 살 버릇 여든까지 간다지만

나는 이 나이에도 외출할 때 반드시 바지 왼쪽 주머니에 손수건이 꼭 있어야 한다. 60여 년 전에 초등학교 입학 때 어머니가 달아주셨던 손수건의 습관이 지금까지 지속한 것이다.

당시 초등학교 입학 때는 대소변을 못 가리는 친구도 있었고, 코흘리개 친구는 부지기수였다. 그때 어머니는 상품으로 파는 손수건이 없었기에 옥양목을 떠다가 가장자리는 색실로 곱게 수놓아 손수건을 예쁘게 만드셔서 큰 옷핀으로 왼쪽 가슴에 달아주시고 코가 나오면 수건으로 닦으라고 엉덩이를 토닥거려주셨다. 그 어머니는 돌아가셨고, 같은 느낌의 호주머니 속 손수건을 만지작거리니 내가 벌써 이렇게 됐나 싶다. 지나간 세월이 야속하고 어머님이 보고 싶어 갑자기 어리광이 나오려 한다.

아침마다 어머니가 손수건을 곱게 접어 가슴에 달아주셨던 습관이 그대로 몸에 배어 지금의 손수건 휴대 습관이 생긴 것이다. 바지 왼쪽 호주머니에 부드럽고 따뜻한 손수건을 만지작거리면서 출근하면 어머니의 손길 같아 안심이 되고 하루가 행복하다.

손자의 초등학교 입학을 위해 며느리가 휴직계를 제출하고 초등학교 입학 준비를 하는 것을 보니 어머니가 나한테 만들어 채워주셨던 옥양목 손수건보다 더 넓고 깊은 교육적 의도가 담긴 것 같아 고맙고 흐뭇했다.

우리나라 기성세대 학부모들은 사회적 지위 성취과정과 교육은 필수적 함수관계라 인식하여 본인들의 교육과정에서 비롯된 결함과 문제점을 철저히 분석 보강하여 자식에게는 시행착오를 겪지 않게 하겠다는 나름의 교육관으로 초등학교 입학에 남다른 교육열을 보인다. 국가 백년대계百年大計나 개인의 평생대계를 위하여 바람직하지만, 행여 넘치면 모자람보다 못하다는 속담이 될까 염려된다.

외국 초등교육의 공통된 사조思潮는 대부분 어린이는 초등학교라는 지역 환경을 처음으로 접하며, 더욱 넓은 환경에 체계적으로 인도된다. 교육 방식이나 실용지식을 강조하는 정도, 문화에 관한 관심과 학습경험 참여 정도는 그 나라의 교육제도에 따라 차이가 크다. 공통점은 아동의 학습이 직접적이고 친숙한 것에서부터 간접적이고 낯선 것으로 확대되어야 한다는 원리다. 한 나라 안에서 초등교육의 차이는 교과서 학습의 중요시 정도, 종교나 이념 교육의 강조 정도, 교사와 학생 간의 관계 등의 문제와 관련되어 교육 현장에서는 다르게 교육이 이루어진다.

우리나라의 초등교육 교육과정도 외국의 교육 경향과 같은 범주에 있으며 중점 교육목표로는 '건강한 사람, 자주적인 사람, 창의적인 사람, 도덕적인 사람'을 기르는 데 두고 있다. 최근 학교 수업이 학생 참여를 높이는 쪽으로 바뀌고 평가의 방향이 과정 중심으로 달라지는 것은 반가운 신호이다.

흔히 교육의 3주체를 교사, 학생, 학부모라 일컫는다. 이 3주체가 융합과 화합을 이루었을 때 소기의 교육 효과를 가져온다 했다.

최근 한국의 교육풍토를 보면 공교육이 무너지고 있다. 모두 다 그런 것은 아니지만, 교사는 학생과 학부모들의 폭력에 시달려 단순 지식 전달의 채권 채무자로 전락했으며, 학부모는 학교를 졸업장 받는 것 외에는 기대하지 않고 사교육에 의존하고 있다. 학생들은 가정에서는 하나뿐인 귀염둥이로, 사교육 시장에서는 우수고객으로 길들어져 자주와 자립 그리고 자력을 길러야 하는 공교육 현장에서 홀로서기에 두려움을 느끼고 있다. 하루빨리 교육의 3주체가 공교육을 모토로 신뢰와 화합으로 교육의 본질이 실현되어야 한다.

"세 살 버릇 여든까지 간다."는 교훈이 있다. 공자는 인간의 타고난 본성은 모두 비슷하지만, 습관에 의해 달라진다 했다. 그 습관을 바로 잡아주는 것이 공교육이고 공교육의 커리큘럼은 많은 교육자가 오랜 현장학습 지도를 바탕으로 한 가장 정제된 교수학습방법이다.

사람이 사회에서 성장하면서 자아 정체감을 형성하고 자신이 속한 사회의 행동 방식과 사고방식을 학습하는 과정을 사회화라고 한다.

인간은 성취적 지위의 획득은 사회화 과정 없이는 불가능하다. 사회화 과정은 학습, 모방 그리고 경험으로 이루어지고 있다. 가장 많은 영역은 학습이고, 그다음이 모방, 제일 낮은 부분이 경험이다. 대부분의 사회화 과정은 학습이며 그중에서 일차적이고 공식적 사회화 기관인 학교 교육을 중심으로 모든 것을 배우고 익히게 된다.

그런데 혹자는 공교육을 무시하거나 바쁘다는 핑계 그리고 재력의 과시욕으로 정제되지 않고 교육학적 목적과는 거리가 먼 교육적 사고와 수단으로 세 살 버릇을 강요하고 있다.

갓난아기에게 신의 영양소인 어머니의 젖보다 패스트 식품을 먹이는 것 같아 "세 살 버릇 여든까지 간다."는데 험난한 세상 혼자 살아가는 방법은 손에 든 도구보다 머리에 든 지혜가 좌우한다고 할 수 있지 않을까?

피는 못 속인다더니

유전공학이 발달하기 이전에는 부모와 자식 간 신체적 특징인 외모와 특유의 행동 양식 그리고 인지능력 등이 비슷하게 나타나기에 '피는 못 속인다.'고 하여 유전인자의 공통점을 표현했다.

모든 생명체의 공통된 종種의 형태나 행동 양식이 고정된 것은 그 종種의 유전적 형질이며 본능 때문이다. 바닷가에서 옆걸음 치는 '게'를 아무리 교육시키고 강요해도 도로 옆걸음으로 기어간다. 나뭇가지를 감고 올라가는 호박 넝쿨손을 제거하거나 감지 못하게 방해해도 어느 사이 새로운 넝쿨손이 생겨 나뭇가지를 기어이 감고 올라가는 경우도 그들이 가지고 있는 본능적인 유전의 습성이다. 인간 개성個性의 특징은 콩 심은 데 콩 나고 팥 심은 데 팥 난다. 유전인자는 열성과 우성의 차이일 뿐 결국에는 유전은 그대로 이어진다.

며칠 전에는 손자의 초등학교 입학식이 있었다. 다음날에는 정식 등교다. 낯선 교실에서 처음 만난 친구들과 생소한 수업을 받아야 하고, 학교에서의 공동생활에 적응해야 한다. 여덟 살 초등학생의 공식적 사회화의 첫걸음이다. 그래서 많은 학부모는 어린 자녀와 함께 등 · 하교를 하면서 기대와 염려 속에 3월을 보낸다.

손자의 초등학교는 5분 거리로서 아파트 바로 옆이다. 오늘은 며느리, 아내 그리고 나도 손자와 같이 등하교하면서 손자가 학교에서 용변처리 및 점심시간에 식당 이용을 어떻게 하는지 궁금하여 시간에 맞춰서 멀리서 관찰해 보았다.

드디어 점심시간이 되었다. 어린이들은 왁자지껄하거나 함성과 활개를 치면서 좁은 복도에 물밀듯이 밀려 나왔다. 그런데 아무리 찾아보아도 손자는 보이지 않았다. 아뿔싸! 손자는 맨 뒤에서 뒷짐을 지고 뚜벅뚜벅 걸어 나오면서 식구들을 힐끗 쳐다보더니 그대로 식당으로 갔다. 식구들은 의아해서 왜 그러느냐는 식의 표정으로 물어보아도 손자는 집게손가락을 입술에 대고서는 '쉿!' 하는 표정으로 아무 말도 하지 말라는 신호를 보냈다. 표정이나 여러 상황을 종합하여 보면 별일은 아닌데도 전혀 예상치 못한 행동이라 궁금증은 더했다. 집으로 돌아와서 손자의 하교 시간까지 기다리면서 친구들 사이에 주눅이 들어서일까, 아니면 단체생활에 부적응 상태에서 나오는 행동일까, 좀처럼 진정이 되지 않았다.

하교 시간에 맞춰 학교 정문에서 기다리는데 이번에도 등에는 커다란 책가방을 메고 또 뒷짐을 지고 뚜벅뚜벅 걸어 나왔다. 식구들은 이구동성으로 왜 뒷짐을 지고 말없이 걸어 나오느냐고 물었더니, 손자는 어제 입학식 후 교실에서, 오늘 아침에도 교실에서 담임선생님이 학교 교실이나 복도에서 절대 뛰지 말고 활개를 치면 옆 친구가 다칠 수 있으니 손은 뒤로 잡고 조용히 걸어야 한다고 말씀하셨다면서 뒷짐을 지고 활개를 치지 말고 뛰지도 말며 걸어야 하고 시끄럽게 떠들어서도 안 된다고 하셨기 때문이란다.

지난달에는 손자의 유치원 졸업식이 있었다. 유치원 졸업식 후에 가족들은 이곳저곳에서 기념사진 촬영으로 시간을 보내고 있는데 손자가 갑자기 유치원 벽시계를 보더니 졸업가운을 벗었다. 가족들이 왜 사진 촬영을 하다 말고 그러느냐 물으니 유치원 담임선생님이 12시까지 가운을 반납해야 한다고 말씀하셨기 때문이란다. 가족들은 할 수 없이 졸업가운을 반납 후 사진 촬영을 했다. 유치원 졸업식 때 예절상 대표 수상이 그냥이 아니라는 것을 생각했을 뿐인데, 오늘 학교에서 뒷짐 지고 걷는 모습이 첨가되어서 여러 가지 생각이 떠올랐다.

사람들은 자신의 결함과 아쉬움은 2세를 위하여 또 다른 유전인자 즉, 결혼을 통하여 보충 극복하려고도 한다. 우수한 유전인자의 손자를 낳으려고 자식의 결혼 배우자를 선택하기도 한다. 대개는 결함의 유전인자를 대체해 줄 수 있는 쪽으로 혼사 자리를 결정하기도 한다. 인간의 평균 수명을 생각하면, 선택하고 결과 증명이 가능한 세대는 아들까지 선택할 수 있으며 결과 증명은 손자까지만 할 수 있는 것 같다.

내가 제일 싫어하는 우유부단하고 소심한 나의 성격이 손자 대代에서도 우성으로 나타나는 듯하여 사뭇 걱정스럽다. 지금까지 살아왔던 삶 속에서 진취적 삶의 기회도 스스로 포기하면서 중도적 성향으로 안정적인 삶만 추구하여 아쉬움도 많았다. 손자는 더 진취적이고 활발한 삶을 살기를 바랐다, 그런데 피를 못 속이고 할아버지를 닮을까 걱정스럽다.

(2019. 3. 20.)

동생 대신 예방주사 맞아줄게

생명체의 종족보존 본능은 영장류에서부터 미생물에 이르기까지 고르게 나타나고 있다. 특히 늦가을 서리가 내릴 때쯤에는 한해살이 곤충들은 땅속에 알을 낳고 가쁜 숨을 몰아쉬다가 그대로 삶을 마감한다. 무더운 여름날에는 실컷 놀다가 찬바람이 부니 무엇이 그리 바빴는지 일년초 채소인 호박, 가지, 고추 등도 다닥다닥 열매를 매달며 때늦은 씨앗 보존의 조급함을 보여준다.

인류 역시 전통사회까지는 부양 수단의 수급은 전혀 고려치 않은 채 산아제한 없이 자연 출생에 따랐다. 오직 가정과 가문의 번성을 자손의 증가에서 찾았다. 국가는 국력의 상징인 인구를 유일한 부존자원으로 생각하여 인구증가 정책에 박차를 가했다.

나의 아버지는 10남매 대가족의 3남이셨고, 나는 7남매 가족의 장남이었는데 당시엔 많고 적음의 기준도 없었다. 그런데 인구수와 부양 수단의 격차가 벌어지고 인구문제가 사회문제로 대두되면서 토머스 로버트 맬서스의 『인구론』이 등장했다.

1980년대에 아내는 막내딸을 임신하여 산부인과로 진료를 받으러 갔었다. 큰애는 손을 잡고 걸리고 둘째는 내가 등에 업고 가는데 뒤에서 따라오시던 어떤 할머니가 구시렁거리는 목소리로 "둘 딱 좋구먼, 또 뱄네!" 하시면서 아내의 임신을 못마땅하다는 듯 표현했다. 나는 순간 얼굴이 화끈거렸다. 물론 그 할머니는 같은 여자 입장에서 임신한 아내를 동정해서 한 말이었을 것이다. 사람들은 자기를 기준으로 상대방을 평가하지만, 당시에도 출산정책은 동전의 양면적인 찬반론이 있었다.

오늘날 우리 사회는 결혼은 취업이 전제조건이 되었고, 취업 역시 하늘의 별 따기 세상이 되었다. 취업의 스펙은 고등교육의 수료와 몇 개의 전문적 자격증 없이는 원서도 낼 수 없다. 이렇게 사회가 변해버려서 젊은이들은 결혼 포기, 취업 포기, 자녀 포기 등 '3포 세대'란 신조어가 등장했다. 그래서 애면글면 취업하여 결혼한 신혼부부들은 거의 맞벌이부부들이어서 자녀 출산에도 부정적인 개념이 팽배하여 가정에서부터 지구촌 전체에 심각한 인구문제가 나타난다.

우리 아들 내외도 예외 없이 맞벌이교사 부부다. 그런데 손자가 올해에 초등학교에 입학했으니 터를 팔아도 두서너 번은 팔았어야 할 터울이다. 그러나 육아문제, 뒷바라지 문제 등을 생각하는지 아직 둘째손자 소식은 없다. 그렇다고 시아버지 주제에 세상 뻔한 내용인 아들 부부간의 문제를 알려고 하는 것도 모양새가 좋지 않은 것 같아 그저 무덤덤하게 지낼 뿐이다.

며칠 전에 종합편성 채널에서 오스트레일리아 출신 방송인 '샘 해밍턴'의 두 어린 아들이 사회적 행동의 적응과정에서 오는 행동 반응을 보여주는 프로그램을 본 적이 있다. 그에게는 큰아들 윌리엄(2016년생)과 동생 벤틀리(2017년생)가 있다. 두 아들의 예방접종을 앞두고 병원에서 주사를 맞을 때 어려움을 예상하여 의사와 환자 등 역할을 분담하는 시뮬레이션 체험을 했다. 큰아들은 형으로서 의젓함과 동생을 돌봐야 한다는 의무감 때문인지 아프지도 않고 별거 아니라는 뜻으로 동생을 설득하였고, 동생은 무엇인지는 몰라도 형의 설득에 다소곳한 모습이었다. 그런데 막상 실제로 예방접종을 하는 병원에서는 반전이 벌어졌다. 이미 주사를 맞아본 형은 공포에 질려 소리를 지르며 도망을 갔고, 동생은 처음 당하는 경우라 엉겁결에 주사를 순순히 맞는 해프닝이 벌어졌다. 가족들이 같이 그 모습을 시청하는데 손자가 말하기를 "엄마, 나에게 친동생이 있으면 나는 예방주사도 동생 대신 내가 맞아 줄 거야." 했다. 그 말을 듣는 순간 식구들은 숙연한 분위기였다.

손자는 가끔 가족들이 사다 준 장난감들을 아끼면서 하는 말이 있다. "이것은 내 친동생한테 줄 거야." 하면서 애지중지하는 모습을 여러 번 보았다. 나는 그때마다 인력으로 해결할 것 같으면 해결해주고 싶은 충동을 그때마다 느꼈는데 하물며 아들 내외는 몇 배 더한 가슴앓이를 했을 것이다. 어린것이 얼마나 친동생이 갖고 싶었으면 동생의 아픈 예방주사도 제가 맞는다며 엄마 아빠에게 친동생을 갖고 싶다는 소원을 표시했겠는가?

이 세상에 모든 일은 혼자보다는 둘이서 지혜를 모으고 행동하는 것이 그래도 현명하다. 아프리카에서는 사막과 정글을 지나야 할 때도 있고, 험악한 산악지형을 넘어야 할 때도 있다. 그때 길동무가 있다면 뜨거운 사막도, 짐승과 해충이 가득한 정글도 혼자서보다는 더 극복하기 쉬울 것이다. 그래서인지 그들의 속담은 "멀리 가고 싶다면 함께 가야 한다."라고 했다.

"삼신할머니, 제 손자가 아픈 예방주사를 맞아 줄 친동생을 원하고 있으니 보내주십시오. 염치없지만 저도 손자의 소망이 꼭 이루어졌으면 좋겠습니다."

(2019. 4. 14.)

하루와 이틀

사람들은 태어나서 처음 느껴본 어떤 사물에 대해서는 직관적인 이미지에 사로잡혀 기억하고 각인되어 그 사물이 부딪칠 때마다 처음 느낌을 떠올리게 된다. 자라 보고 놀란 가슴 솥뚜껑 보고 놀란 경우처럼 사실 확인보다는 선입견이 앞선다.

더구나 언어와 사물을 익혀갈 젖니를 가는 시기의 어린이는 모든 감정이 보리싹처럼 여리고 순수하여 감각적 느낌이 오랫동안 잊히질 않아서 평생 기억한다. 때로는 인생의 길 안내의 나침판으로, 등불로 갈림길을 안내해주기도 하여 유치원 시절 크레파스로 처음 그려봤던 그림처럼 어른이 되어도 지워지지 않는다.

자연은 인간에게 많은 영감靈感을 준다. 작가는 그것을 소재로 불후의 명작을 세상에 남기기도 하고, 필부필부匹夫匹婦는 생활 속에서 체험한 평범한 진리를 토로하여 많은 사람의 공감대를 형성하기도 한다. 또 단순히 오감의 느낌에서 오는 직설적인 어린이의 표현은 기성세대를 놀라게 하기도 한다.

나의 손자는 올해 초등학교에 입학하더니 많은 심리적, 행동적 변화를 느끼는 것 같다. 유치원 다닐 때는 날아다니는 새들 중 비둘기를 싫어해서 어쩌다가 아파트나 공원에서 비둘기를 보면 온갖 수단을 동원하여 비둘기가 땅에 앉지 못하게 몰고 다녔다. 그런데 유치원 졸업 무렵에는 친구들이 손자를 '구구'라는 별명으로 불렀다. 아마도 성씨가 구具 씨이고 이름이 외자이어서 어린이들이 동화책이나 애니메이션에서 닭이나 비둘기가 우는 소리를 나타내는 말 '구구'를 그대로 옮겨 붙인 것 같았다. 손자는 그 별명이 싫지 않아서인지 친구나 반가운 사람들을 만나면 엄지와 집게손가락으로 새 부리 모양을 만들어 '구구' 하고 웃으며 인사를 건네기도 한다.

며느리는 시간이 있을 때마다 손자의 현장체험 장소를 '새 박물관'이나 '새 공원' 쪽으로 바꾸었다. 그때마다 손자는 새 모이를 구매하여 손바닥에 놓고 새들을 불러 모아 교감을 한다. 최근에는 동화책이나 과학도서 선택에서도 조류를 중심으로 구입하여 독서를 즐기고 있다. 어린이들의 애완동물 선호도는 대개 단순하고 일시적이겠지만 그렇게도 싫어하던 새들이 이제는 가장 좋아하는 애완동물로 바뀌었다.

급기야 손자는 자기 엄마를 졸라서 잉꼬 한 쌍과 새 조롱을 구매하여 베란다에 놓고 하루의 일과를 잉꼬와 더불어 시작하고 틈틈이 잉꼬와 즐거운 시간을 보내고 있다. 잉꼬 이름이 뭐냐고 묻지도 않았는데 '하루와 이틀'이란다. 처음에는 하도 의아하여 다시 물으니 '하루와 이틀'이라고 힘주어 말했다. 잉꼬 이름은 누가 지었느냐고 묻기도 전에 “할아버지, 제가 지었어요.” 한다. 나는 왜 ‘하루와 이틀’이냐고 물으니, 아침에 일어나면 잉꼬와 하루가 시작되고 잉꼬는 두 마리이어서 하루 다음날은 이틀이기 때문에 ‘하루와 이틀’이라고 했단다. 하루와 이틀한테 남자, 여자도 구분했단다. 새장 안에서 운동이 활발한 잉꼬는 남자 하루이고, 둥지에 앉아서 얌전한 잉꼬는 여자 이틀이란다(실제로 납막이 분홍이 암컷, 하늘색이면 수컷을 확인해보니 일치했음).

나는 하도 순간적이고 어리둥절하여 ‘하루와 이틀’이 정리가 안 된다. 요사이는 어린이가 어른 못할 소리를 한다는데 이런 경우인가 싶다. 나의 어린 시절에는 교과서 외에는 부교재도 없었고 애완동물도 돈을 주고 산 것이 아니며 풀밭에 지천으로 널려있는 방아깨비나 매미 그리고 참나무나 밤나무 줄기에 붙어서 수액을 빨아먹고 사는 사슴벌레 정도였는데, 지금은 교과서보다 부교재가 많은 세상이고 교실보다 현장학습이 많다. 개인지도 수업이 앞서가는 교육 현실로 어쩌면 스피드 시대에 정규 교육과정보다는 비정규 교육과정이 앞서가고 있다. 이런 현실 때문에 자연히 태내의 아기 유전자도 스피드 시대에 알맞게 변형되어 출생하는 것 같다.

전통사회에서 안채와 사랑채가 있는 가옥구조에서는 유아기의 손자는 할아버지와 한방에서 기거하였다. 밥상도 맏손자[長孫]는 으레 할아버지와 겸상이었다. 아마도 가문의 동량棟梁으로 키우고 다듬기 위한 엄嚴과 자慈를 겸한 교육 풍습이었을 것이다. 아들 사랑보다도 손자 사랑이 더하다는 말과 같이, 손자를 귀여워하지 않는 할아버지는 없다고 해도 지나친 말이 아니다. 생전에 나의 아버지도 자식들에게는 엄격하시고 냉정하셨는데, 손자들에게는 온화하셨다. 시장에 갔다 오실 때는 호주머니가 두툼하게 과자와 요구르트를 사 오셔서 손자를 무릎에 앉히고 요구르트 뚜껑 모퉁이를 조금 찢어서 손자 입에다 대어주시면서 손자 얼굴에서 눈을 떼지 못하셨던 생전의 모습을 내가 이어받는 것 같기도 하여 어느 사이 나도 손자 바보가 되었다.

남들의 시선은 관여치 않고 '고슴도치도 제 새끼가 제일 곱다고 한다.'는 자화자찬에 빠진 손자론孫子論의 허튼 생각, 허튼소리인지도 모른다. 그래도 나의 유전인자를 몇 분지 일이라도 지녔을 손자는 할아버지보다는 부부와 형제와 이웃 간에 하루와 이틀처럼 행복하고 사랑스러운 삶을 살도록 기도할 뿐이다.

막내딸과 외손자

아기가 젖을 달라고 보챌 때 외손자의 경우는 "어미 젖 좀 그만 뜯어먹어라." 하고, 친손자의 경우는 "어미야, 젖 좀 주라."고 한다. 딸과 며느리의 편견에서 오는 우리네 가족문화의 잘못된 폐습이 있다. 그러나 굳이 할미꽃의 전설을 말하지 않아도 막내딸에 대한 친정엄마의 애틋한 사랑은 그 무엇과도 비교할 수 없다.

서울에 사는 막냇사위가 대전에서 직무교육이 있다기에 막내딸은 이제 10개월 되는 외손자를 데리고 우리 집에서 5일쯤 쉬었다가 가려고 내려왔다. 이제 막 기어다니면서 제 눈에 보이는 것은 모조리 잡아당기고 입에 넣어야 직성이 풀리는 천방지축의 외손자라 우리 부부는 외손자의 키 높이에 있는 모든 물건들을 미리 치워놓고 외손자의 식구들을 기다리고 있었다. 서울에서 승용차로 내려왔는데, 날씨가 더워서 어린애 어른 할 것 없이 파김치가 되었다.

무의식적으로 막내딸의 얼굴이 먼저 들어왔다. 모유로 육아를 하면서 극성스러운 새끼의 뜻을 받으며 기르느라 많이 야위었다. 외손자와 사위를 보니 딸보다는 건강해 보여 미운 감정도 들었다. 집에 들어와 앉기도 전에 외손자는 사방을 두리번거리더니 자기 집에서 보지 못해서 신기한 물건에 호기심을 보이며 미처 치우지 못한 물건을 잽싸게 거머쥐어 내동댕이치면서 입에 넣고 빨았다. 눈앞에서 치우거나 빼앗으면 데그루 구르거나 생떼를 부렸다. 그렇게 외가에서 첫날밤이 돌아왔다. 어린애도 잠자리가 바뀌어서인지 좀처럼 잠을 자지 않고 계속 두어 시간 동안 울면서 엄마를 괴롭혔다.

온 식구에게 비상이 걸렸다. 막내딸에게는 결혼 전에 제가 쓰던 방에서 안정을 취하면서 푹 쉬고 잠을 자라고 침구도 제가 덮던 것으로 준비를 해줬는데 사위는 직무연수 때문에 연수원 기숙사로 떠난 뒤여서 외손자의 소동 때문에 잠 못 드는 막내딸을 보니 가슴이 미어졌다. 결혼 전에는 새끼 중에서 유난히 잠도 많았던 막내딸이었는데 어둠 속에서 제 새끼를 안고 달래는 모습을 보니 외손자가 미운 생각도 들었다.

새벽에 빼꼼히 열린 문틈으로 들여다보니 모자간에 얼마나 지쳐서 잠들었는지 손자는 엎어져서 제 엄마 치마 꼬리를 잡고 잠이 들었고, 막내딸은 손자를 쳐다보며 몸도 얼굴도 손자 쪽으로 향해서 잠이 들었다. 늦은 아침에 손자가 문을 밀고 배시시 웃으며 거실로 기어 나왔다. 어젯밤 미움은 어디로 가고 귀엽고 사랑스러운 내 핏줄일 뿐이다. 식탁에서 아침식사를 하려는데 외손자가 젖을 달라고 또 떼를 썼다. 막내딸은 할 수 없이 식사를 포기하고 내려가니 아내는 작은 쟁반에 막내딸의 식사를 챙겨갔다. 친정엄마는 막내딸에게 밥을 먹이고, 막내딸은 손자에게 젖을 먹이는 모성애의 모습이 목울대를 울컥하게 했다.

산후 후유증으로는 요통, 관절염, 신경통, 우울증 등이 나타나는데 막내딸은 제 부모 걱정 끼칠까 봐서인지 아무 이상이 없다고 한다. 그런데 소파에 앉아 있는 막내딸의 머리숱을 보니 앞에서 부는 선풍기의 바람을 거스르고 삐쭉삐쭉 서 있는 머리카락이 많이 보인다. 막내딸 이야기로는 언제 머리카락이 빠졌는지도 몰랐는데 생머리카락이 돋아 올라와서 출산 이후에 머리카락이 빠진 것을 알았다고 한다. 이렇게 임신, 출산 그리고 육아는 모성애가 아니면 할 수 없는 본능이며 삼신할머니가 내린 어머니의 가장 중요한 책무라고 생각되었다.

불교에서 전해오는 이야기가 있다. 파묘하는 어느 산소 앞을 스님이 지나가는데 산일을 하는 사람들이 유골을 놓고 남자니, 여자니 하면서 왈가왈부하자 스님은 거리낌 없이 여자의 유골이라고 자신 있게 말했다. 여자는 평생 피를 서 말 서 되를 쏟고 여자로서 어머니로서 살았기에 유골의 색깔이 거무튀튀하고 뼈에는 작은 구멍이 숭숭 뚫려 있다면서 사라졌다는 이야기가 있다. 과학적 근거로 이야기하기 전에 어머니는 평생 여자로서 생리와 어머니로서 출산 때 출혈을 뒷받침하는 말로 어머니의 거무튀튀한 뼈, 숭숭 뚫린 작은 구멍 같은 헌신과 희생이 없었다면 인류의 존재도 인간다운 삶의 즐거움도 유지될 수 없을 것이다.

막내딸이 잠자고 먹는 것이 시원찮은 것을 알고 아내는 안절부절못하며 목이 멨다. 막내딸을 생각하면 외손자가 야속하나 검은 눈을 껌벅거리며 쌩긋 웃는 외손자를 덥석 안으면서 그래도 내 혈육이며 막내딸 노후의 보험이라 생각했는지 예뻐서 어쩔 줄 모르면서 "잠 잘 자고 엄마 편하게 하고 명 길고 훌륭한 사람 되세요." 하면서 손자의 얼굴에서 눈을 떼지 못한다. 나도 손자처럼 어머니를 통해서 태어나고 컸을 테지만 그것은 아랑곳없이 불효했던 자신을 반성해 본다. 이제 내가 할 수 있는 것은 딸들과 며느리를 위해 손자들에게 참된 삶을 살도록 보살펴 주고 며느리와 딸들에게 내가 할 수 있는 일에 최선을 다해야겠다.

내일이면 막내딸이 서울로 다시 올라간다. 아내는 밤새도록 밑반찬거리와 막내딸이 끼니를 거를 때 손자를 안고 먹을 수 있는 간식 만들기에 밤잠을 설친다. 묵은지는 물론 그간 먹을 만한 것을 아껴두었다가 다 내놓는다. 냉장고지기 음식물 재료도 모두 꺼내어 막내딸 집으로 보낼 작정인가 보다. 엘리베이터에 한 번에 다 실을 수 없어 두 번 나누어 실으니 같은 라인 아주머니가 어디로 이사 가시냐고 물었다. 짐만 크지 알속은 없는데 아내는 아직도 성에 안 찬 표정이다. 차량은 주차장을 서서히 빠져나가면서 차창을 열어 놓으니 외손자는 외가 식구들의 얼굴을 쳐다보면서 힐끗 웃어준다. 아내는 벌써 눈가에 이슬이 맺혔다. 외손자든 친손자든 선입견을 갖고 그만 뜯어먹으라니, 젖 좀 주라는 식의 표현은 바람직하지 않다. 우리의 전통가문 승계에는 외손봉사外孫奉祀도 있지 않던가! 금방 떠난 외손자의 웃는 얼굴이 떠오른다.

(2019. 7. 31.)

우리 집 피아노

우리 집 피아노는 35년 전에 사들인 고물이다. 그간에는 뒷방에서 먼지만 뒤집어쓰다가, 이제야 임자를 만났는지 영롱한 소리를 내고 있다. 모처럼 집안이 살아서 움직이는 것 같아서 나도 덩달아 즐겁다.

내 나이 30대 후반에 나는 교직, 아내는 체신관서에서 근무할 때였다. 셋방살이로 전전하다가 새로 신축한 주택을 처음 구매하여 문패를 달고, 아내 한 달 월급에 가까운 금액으로 피아노를 사들여 거실에 두었다. 자녀들이 서로 치겠다고 순번을 정하면서 딩동댕하는 피아노 소리가 담을 넘어 골목까지 퍼질 때 흐뭇하고 좋았었다. 그 뒤로는 피아노 소리가 뚝 그치더니 이제야 소리를 낸다.

돌 지난 막내부터 유치원 다니는 큰애까지 3남매가 자라던 시절에 큰애와 둘째는 시골 어머니 집에서 자라고 있었고, 막내가 태어나고부터는 새집으로 이사를 하고 아이들을 모두 데려다 놓고 도우미 아주머니를 모셔다 집안일과 아이들을 맡기고 부부는 홀가분하게 출근했다.

오래간만에 새집에서 식구들이 함께 살고 있으니 직장에서나 집에서나 마음이 놓이고 아이들 자라는 모습이 그저 흐뭇하기만 했다. 당시 아이들 과외공부는 집으로 배달되는 일일공부 시험지를 받아서 풀고, 시험지 공급처에서 일주일 분을 채점하여 주면 그 결과를 휴일에 내가 지도하는 것 외에 피아노 집에 보내서 피아노 개인지도를 받는 것이 전부였다. 지금 생각하니 어린아이들에게 일일공부와 피아노 개인지도가 전부로 여기며 부모 몫을 다한 것인 양 했던 게 미안하다. 이제는 모두 다 결혼하여 자기 아이들 뒷바라지를 하며 바쁘게 살고 있다.

군산에서 40여 년간 살던 단독주택을 처분하고 전주 아파트로 이사할 때 아내는 아파트에 둘 곳도 마땅치 않고, 운반도 거추장스러우니 피아노를 처분하고 가겠다고 했다. 그런데 옆에서 며느리가 나의 속마음을 알기라도 한 것처럼 "어머님, 피아노가 옛날 것이어서 고풍스럽고, 조율만 하면 지금도 좋아요. 그리고 율律이가 자라면 피아노 칠 수 있을 때 치도록 그냥 가지고 가요." 하니까 아내는 피아노 운반에 따른 특수 운반비를 지급하면서 아파트 나의 서재로 옮겨 놓고 손자가 친다고 하니 아침저녁으로 피아노 닦기에 여념이 없었다.

올해 손자는 초등학교 1학년이다. 며느리는 2학기부터 손자에게 피아노 교습을 시켜야 한다며, 조율사를 불러 조율을 부탁했다. 조율사가 피아노 뚜껑 및 조율 부분의 덮개를 열더니 "사장님, 피아노 구매하시고 한 번도 조율을 안 하셨지요?" 너무했다는 의미로 물었다. 나는 순간 겸연쩍은 표정을 지었다. 아이들 교육을 수박 겉 핥기 식으로 했음이 또 한 번 드러나서 반성하고 아이들에게 다시 한 번 미안했다. 손자의 피아노 개인지도는 화요일과 금요일 오후에는 우리 집에 와서 개인지도를 하고 있다. 나는 언제부터인가 금요일 오후 일정은 오전이나 다른 요일로 바꾸고 손자의 피아노 개인지도 받는 모습과 피아노 소리에서 눈과 귀를 떼지 못하고 고사리 같은 손으로 건반을 튕겨 소리를 내어 할아버지 귀를 즐겁게 해 주어서 이 세상 어느 피아노 연주보다도 듣기 좋다. 그래서 마음이 평화롭고 동심의 세계로 돌아가는 금요일 오후가 기다려진다. 그러나 마음의 한구석에는 돈 몇 푼 벌자고 어린아이들을 남의 손에 맡겨 놓고 밥은 먹었는가? 학교 공부는 어떻게 하고 있는지 피아노는 잘 치고 있는지 살펴보지 못했던 자책감이 들어서 때로는 손자의 피아노 소리가 가슴을 쿵쿵 찌르는 것 같다.

피아노는 우리 집에 문화생활 도구로 처음 들여온 것이다. 나의 부동산 1호는 집이고, 동산 1호는 피아노였다. 그 시절 부모는 모두 직장에 나가고 텅 빈 집에서 어린아이들의 외로움과 투정거리를 달래줬을 피아노는 내 가족의 일부였다. 부모가 밉고 아이들 나름의 불만 해소거리로 피아노를 때리면 맞아주고, 즐거워서 피아노 건반을 누르면 아름다운 선율로 답해줬을 테니 아이들의 어린 시절 추억에는 어쩌면 희로애락의 이미지로 남았을지도 모른다. 오늘 손자는 그래도 부모만큼은 못해도 할아버지 할머니가 빈자리를 지키고 있어 피아노 치는 시간 내내 즐거움을 찾는 것 같아서 좋다. 아이들의 피동적 피아노 치기와 손자의 능동적 피아노 치기가 대조되어 후회와 기쁨이 가슴을 울컥하게 한다.

아직도 나에게는 아이들에게 지난날의 후회를 채워줄 시간이 많다. 멀리서도 무한정으로 보낼 수 있는 부모의 사랑을 때로는 직접 만나서 전해주고 싶다. "할머니, 오늘 저 피아노 잘 쳤지요?" 하면서 손자는 아내의 무릎에 앉는다. 나는 손자의 머리를 쓰다듬으면서 "율아, 오늘 피아노 재미있게 잘 쳐서 고마워!" 하면서 멀리 떨어져 사는 자식들을 떠올려 본다.

(2019. 12. 1.)

손자의 타임캡슐

손자 앞에서 바보가 될 정도로 손자를 너무나도 사랑하는 할아버지를 시쳇말로 '손자 바보'라고 한다. 대개 할아버지는 자손에 대한 미래의 희망은 이미 완성된 자식보다는 무한한 가능성을 지닌 손자에게 기대하며, 손자의 일거수일투족 하나하나에 지대한 관심을 쏟는다.

과거 인류의 삶의 흔적은 자연적 타임캡슐(?)인 화석化石을 통하여 수억 년 전의 생태계를 연구하여 짐작한다. 오늘날의 타임캡슐은 1938년 미국의 '웨스팅하우스' 전기회사가 뉴욕에서 열린 세계박람회를 기념하기 위해 세계를 상징할 수 있는 물품을 선정, 땅속에 묻으면서 타임캡슐이란 용어를 사용하면서 쓰이게 되었다. 오늘날 타임캡슐은 정부 기관, 기업 또는 개인이 미래에 전하거나 약속을 기록이나 물건 따위를 용기에 담아서 후세에 전할 목적으로 땅속에 묻어둔다.

나의 손자는 올해에 초등학교 1학년이다. 하교 시간이면 아내가 마중을 나가는데 오늘은 내가 마중을 나갔다. 조금 걸어오다가 손자는 나에게 책가방과 신발주머니를 맡기더니 친구와 놀이터에서 20여 분 동안 이마에 땀이 송송 맺히게 놀고 있다. 그사이 나는 손자의 책가방을 열어보니 겉에 색종이로 오려 붙인 달걀 모양의 물건이 있었다. 나는 손자에게 "율아, 이게 무엇이냐?" 하고 물으니 "할아버지, 오늘 과학 시간에 타임캡슐을 만들었어요." 그리고 만든 목적을 물으니, 장래에 어른이 되었을 때 하고 싶은 꿈을 기록해서 반 친구들과 선생님 앞에서 발표하고 각자 집으로 가져가서 보관하기로 했다고 한다. 율이는 꿈을 무엇이라고 적었느냐고 물으니, "할아버지, 저는 현재 꿈이 1,200개나 되는데요, 제가 어른이 되어도 다 이룰 수 없기 때문에 저는 어른이 되어 건강한 여자와 결혼을 하여 아들을 다섯 명을 낳아서 제가 이루지 못한 나머지 꿈을 다섯 아들이 이루도록 하겠다고 타임캡슐에 적어 넣고 교실에서 발표했어요."라고 한다. 친구들은 율의 꿈 이야기를 듣고 무어라고 하더냐고 물었다. "친구들은 제 이야기를 이해를 못 했는지 조용했고, 선생님만 손을 잡아주시면서 빙그레 웃으셨어요." 했다. 여덟 살 손자의 황당한 이야기를 듣고 그날 저녁 식구들과 식사하는 자리에서 내가 그대로 전하니 식구들은 한동안 조용하더니 모두 다 손자에게 응원의 박수를 보냈다.

익산 금마초등학교 6학년 때 우리 담임은 김형년 선생님이셨다. 졸업 무렵에 손자처럼 반 학생들과 담임선생님 앞에서 장래 희망을 발표하는 시간이 있었다. 그때는 지금처럼 대중매체는 없었고 가정에서도 교육적 조언자도 없었다. 특히 시골 초등학생들의 교육적 선망의 대상은 초등학교의 모든 것에서 벗어나지 못했다. 나는 세상에서 가장 무서운 사람은 아버지였고, 가장 무서운 냄새는 아버지의 땀 냄새였을 정도로 아버지는 가장 무섭고 엄한 사람이었다. 학교만 가면 담임선생님은 항상 달콤하고 친절한 냄새(머리 포마드)가 그리도 좋았으며, 음악 시간만 돌아오면 하얀 손가락으로 요술을 부려 풍금 속에서 아름다운 소리가 흘러나오게 하는 선생님 손가락이 그렇게도 멋졌다. 그래서 나는 거리낌 없이 어른이 되면 선생님이 되겠다고 친구들과 선생님 앞에서 발표했던 것이 인연이 되어 나의 평생직업은 교직이 되었다.

손자는 지난 8월에 『수필시대』 84호에서 할아버지가 신인상에 당선되었음을 알고 있다. 수필 제목은 「나의 골동품」이었고 내용의 말미에 손자 '율律'에게 할아버지의 골동품을 잘 보관, 간직하기를 바라는 내용이어서, 손자에게 읽혀 독후감을 발표하게 했더니, 손자는 "할아버지는 수필작가가 되셨으니 저는 열세 살(6학년)부터 시를 쓰기 시작하여 시인이 되겠습니다."라고 나한테 말했는데 아마도 1,200개 장래 꿈 중의 하나인 것 같다. 나의 초등학교 시절과 손자의 초등학교 어린이들의 사고력은 산업사회의 발달과 몇 차원 높아진 과학 문명의 발달에 비례한 교육과정으로 사고력도 꿈도 무궁무진한 것 같다.

남들은 여덟 살짜리 철부지의 잠꼬대 같은 이야기가 무슨 대수로운 이야깃거리냐고 하겠지만, 할아버지는 손자 바보로서 그저 신기하고 희망의 씨앗이다. 아니 손자의 타임캡슐을 가문의 타임캡슐 저장고에 보관하고픈 심정으로 점점 더 손자 바보가 심해지는 것 같다. 모든 부모는 누구보다도 자손에 대해서는 냉정과 원칙의 잣대로 적용하여 올바른 삶을 제시하고 모범을 보여야 한다. 그런데 손자 바보의 선입견이 앞서는 것은 아마도 사람들은 이성적 인간보다는 본능적 인간이 먼저인 것 같다.

(2019. 11. 12.)

임실 며느리

우리네의 전통사회에서 혼담이 오갈 때는 가문을 이어갈 대들보를 고르는 일이기 때문에 신중에 신중을 기했다. 매파媒婆를 통해서 부모들의 행실과 사회적 인간관계, 질병 그리고 객사客死 등을 속속들이 알아내어 인성, 건강 등 DNA에 영향을 줄 선천적 후천적 요인들을 짜 맞추어 골랐다. 소위 전통혼례에서는 육례六禮를 갖추어 혼사를 치렀다. 어쩌면 전과 기록이나 건강검진을 확인할 수 없었던 시대였지만 비교적 합리적인 방법이었다.

아들이 교직에 첫발을 디딜 무렵 여기저기서 혼담이 들어왔다. 나도 교직에서 반평생을 마치고 정년퇴임을 했기에 아들한테 며느릿감도 아들과 같은 동료 교사였으면 좋겠다고 직업을 주문했지, 다른 것은 언급하지 않았다. 그런데 아들 친구 부인이 전북대학교에서 근무하면서 눈여겨봐둔 며느릿감을 소개했다. 만나는 횟수가 잦더니 서로 결혼할 의사가 있어서인지 양가 부모님을 찾아뵙는 시기였다. 아내는 며느릿감이 온다고 하니 하루 전부터 장보기, 집안청소 등을 하며 하하 호호 난리였다. 나도 후배 동료 교사를 통해서 며느릿감을 대충 알고 있었으나 며느리 후보가 우리 집에 온다니 그저 좋기만 했다. 아내는 며느릿감 식사 대접 반찬을 너무 많이 장만하여 큰 식탁에 가득하여 밥그릇에 담은 밥을 한 술씩 뜰 때마다 반찬 한 가지씩 먹어도 반찬을 다 먹어볼 수 없을 정도로 많이 차렸다. 나는 며느릿감 덕분에 오래간만에 포식을 했다. 며느릿감이 날마다 왔으면 좋겠다. 내 식구가 될 사람으로 생각해서인지 하나에서 열까지 모두가 예쁘고 맘에 들었다. 출생지를 물으니 임실군 신덕면 평산 신씨 가문의 딸로 아버지나 어머니도 임실군에서 조상 대대로 낳고 자란 임실토박이이며, 특히 아버지는 임실군 신덕면장으로 정년퇴임을 하셨다고 했다.

며느리 고향 임실군은 전주시와 인접 지역으로 친환경적 레저와 관광자원을 가지고 있어 도시에서 찌든 피로를 해소할 옥정호, 사선대, 오수충견공원 그리고 노령산맥 동남쪽 산지에 발달한 낙농업으로 임실치즈테마파크와 전국 최초 한국치즈과학고등학교가 있는 등 어디를 가나 청산유수青山流水의 청정 고장이다.

이렇게 모든 것이 무르익어 드디어 상견례 날이 돌아왔다. 상견례 장소는 신부 측에서 결정한 전주 시내 조용하고 아늑한 한옥에서 치러졌다. 예약된 장소에 도착하니 며느리 아버지와 어머니가 정갈한 양복과 고운 한복을 차려입고 대문에서 반가이 맞이해 주셨다. 아들이 양가 댁을 간단히 소개하는 인사말로 상견례가 시작되었다. 그쪽 바깥사돈은 나보다 6개월 전에 정년을 맞이하셔서 공직에서 있었던 이것저것 에피소드로 시작하여 자연스럽게 결혼에 관한 이야기로 이어졌다. 안사돈은 결혼하여 아기를 낳으면 자기가 아기를 봐주겠다고 하시기에, 나는 답례말로 아들 집은 처가댁하고 가장 가까운 아파트를 사주기로 말씀을 드렸다. 상견례의 음식상은 상다리가 휘어질 정도의 진수성찬이었다. 그쪽 안사돈은 이것저것 맛있는 음식을 우리 아들 앞에 옮겨 놓기 바빴다. 아내도 질세라 먹을 만한 음식은 며느릿감 앞에 놓았다. 나는 기분 좋은 장면이어서 "양쪽 어머니들이 사위와 며느릿감 챙기느라 음식을 모두 밀어 놓아서 우리 남자 사돈들은 먹을 것이 없네요."라고 하니 상견례장은 웃음바다가 되었다.

아내는 며느리 혼수함婚需函 준비에도 많은 신경을 써서 '나전 십장생적 혼수사주함'을 특별 주문하여, 혼서婚書와 사주단자四柱單子는 내가 다니는 서예실에서 의미 있게 떠듬떠듬 내 글씨로 정성들여 써서 만들었다. 청홍채단青紅采緞은 혼수가게에서 구입했고, 기타 패물은 보석가게에서 해결했으나, 5곡 주머니에 들어갈 팥, 노랑콩, 찹쌀은 해결이 되었는데 목화씨는 구할 수가 없어서 결국 인터넷을 뒤적거려 해결했다. 그런데 마지막 향나무 깎은 것이 문제였다. 제사 지낼 때 쓰는 향나무 깎은 것은 선입견이 허락하지 않아서, 원광대학교 수목원을 찾아가서 관리인에게 자초지종을 말하고 겨우 향나무 가지 하나를 얻어서 집에 돌아와서 연필 깎듯이 깎아서 향나무도 해결하여 혼수함을 무사히 보냈다.

그해 가을에 전라북도 교육계의 수장이셨던 문용주 교육감이 주례를 자처하셔서 많은 축하객의 성원 속에 결혼식을 마쳤다. 팔불출이 되어도 임실 며느리 자랑을 하고 싶어서 입이 근질근질했다. 며느리는 산수가 수려하고 청정한 임실에서 낳고 자라서인지 마음도 청량하고, 임실 우윳빛 피부로 언제 어디서나 수려한 모습이다. 초임 발령

전에 전라북도 교육연수원 직무연수에서 수석 졸업하여 재능이 입증된 교사 며느리다. 예쁜 사람은 예쁜 짓만 한다고, 결혼 후 1년 만에 떡두꺼비 같은 손자를 안겨주었다. 보기도 아까운 임실 며느리다. 그런데 임실에서 이런 규수를 데려온 것이 좋아 보였던지 남동생의 큰딸은 임실군 신평면 총각을 선택하여 임실로 출가했다. 올해까지 아기를 3명 출산하여 임실군에서 받은 500만 원 격려금과 각종 유아용품까지 매월 지원받고 있어, 조카딸은 입이 함박만 하여 즐거운 마음으로 세 자녀를 잘 기르고 있다. 그래서 나에게는 임실에서 얻은 며느리와 조카사위가 있으니 임실에는 사돈집이 두 군데나 있다.

사람들은 흔히 부부가 사랑스럽게 잘사는 모습을 보면 천생연분이라고 한다. 그 많은 선남선녀의 짝을 찾아주는 것은 하늘의 뜻이지만, 그 뜻을 받들어 검은 머리가 파뿌리가 될 때까지 부부의 연에 어긋나지 않고 서로 양보하며 살아가는 과정을 천생연분이라고 하며 그 결과를 백년해로라고 한다. 나도 어느덧 우리 가문의 제일 웃어른이 되었다. 우리 가문의 대들보인 며느리의 사랑을 더 챙기고 실천하기 위해서는 웃어른의 자세도 어긋남이 없도록 더욱더 심신을 가다듬으며 살아야겠다고 다짐한다.

(2020. 9. 2.)

제2부

나들이 길목에서

명당 찾아 천릿길
의자에 묶어 놓은 아이와 가마우지
다랑논에는 벼가 없었다
갑사甲寺에서 마곡사麻谷寺까지

명당 찾아 천릿길

우리 민족은 오랜 세월 동안 농경을 생활의 기반으로 삼고 살아와서 산과 하천을 신성시하는 풍수는 전통적인 국토 인식 사상으로 발달했다. 중국에서 시작되어 신라 말기에 도선에 의해 도입된 것으로 알려진 풍수지리風水地理는 산수의 형세와 방위 등 환경적인 요인을 인간의 길흉화복과 관련지어 좋은 터전을 찾는 사상이다.

아주 좋은 묏자리나 집터 즉, 명당明堂의 실용론으로 오늘날에는 실생활에 풍수지리 인테리어가 등장할 정도로 인간이 기거하는 공간에는 어디에나 어김없이 적용되고 있다. 가구와 장식품 등을 물리적 배치를 하여 과학적이고 심리적인 시너지 효과를 거두고 쾌적한 삶을 추구하고 있다.

며칠 전 서울에 사는 후배에게서 전화가 왔다. 잘 아는 지관地官을 소개해 달라는 내용이었다. 현대적 장례문화가 성행해도 묘지를 선정

할 때는 풍수지리를 찾는 풍습이 여전하다.

나는 우리 집안에서 그간 대소간의 산소 일을 전담했던 지관에게 전화를 했다. 지관은 전국을 상대로 하는 유명한 분이기에 언제나 24시간 대기상태다. 그사이에 긴급한 초상初喪이 발생하면 예외가 될 수 있다는 조건으로 후배에 맞춰 일정을 조율하고 경상남도 하동으로 출장을 가기로 했다.

구체적 일정은 서울의 후배가 아침 8시 30분에 전주에 도착하면 나와 지관이 합류하여 진주로 내려가 경남 하동군 양보면에서 조상들의 이장移葬에 따른 묏자리를 잡아주고, 시간이 허락하면 전북 장수 천천면에서 당대 조부모와 선친의 묘를 한곳으로 이장할 묏자리를 정해주는 일이 그날 당일의 일과였다.

의사가 왕진 갈 때 가방에는 청진기와 응급처치 의약품을 가져가는 것처럼 지관의 가방에는 윤도(輪圖-나침판), 책력冊曆, 긴 줄자, 그리고 크고 작은 쇠꼬챙이를 볼 수 있었다. 전주에서 8시 30분에 출발하여 2시간 만에 하동군 양보면에 도착했다.

오늘의 첫 번째 목적지에 도착하니 마을 옆 아스팔트 포장 도로와 이따금 지나가는 자동차를 제외하면 현대문명을 접하지 않은 순수 농촌 그대로여서 금방이라도 돌담길 우물가에서 댕기머리를 한 아가씨가 오시느라 수고했다며 물 한 바가지를 들고 와서 권할 것 같은 티 없이 해맑은 마을이었다.

집안의 종친회장과 종부宗婦, 몇몇 집안 사람들과 인부들 그리고 굴착기 장비가 이장移葬 예정지에서 기다리고 있었다. 경상도의 토속적인 사투리와 갈라지는 음성 그리고 약간 까다로운 인상 등이 한데 어우러져 인사를 하는데 알아들을 수도 없고, 종부 역시 왠지 정감이 덜 가는 느낌이었다.

그러나 바로 이어지는 종부의 말씀을 들으니 역시 종가 댁의 안주인답게 비록 농사를 짓고 계셔도 예의범절이나 조상숭배 마음씨가 일거수일투족一擧手一投足에서 묻어났다. 겉을 보고 평가한 내가 부끄러웠다.

선산先山이 있어도 묏자리가 적당하지 않아 종부가 현재 수확하고 있는 남해 특산물 참다래밭을 선뜻 내놓으며 여러 조상님을 모시려고 하는 일이니 개의치 말고 가장 좋은 곳에 명당을 잡아 달라는 말씀이었다.

참다래밭 여러 곳을 물색하던 중 드디어 주위의 채광과 통풍 그리고 태조산太祖山에서 수많은 변화 과정을 거치면서 행룡(行龍-산이 멀리 뻗어 나간 산맥을 이르는 말)한 주룡(主龍-주산의 줄기를 이르는 말)이 멈춘 자리의 혈穴을 찾아내더니 삽으로 깊이 파고 흙 한 줌을 파내어 손으로 비비면서 습윤濕潤의 정도와 색깔과 냄새까지 감정하고서 무릎을 치더니 윤도輪圖를 놓고 좌향坐向을 확인하여 나무 말뚝을 그 자리에 박고 치표를 해주면서 명당을 확인해 주었다.

21세기 최첨단의 과학문명시대에 산골짜기 밭에서 일어난 일이다. 물리학 · 천체학 · 지구과학 그리고 심리학이 어우러진 게 명당론明堂論이다. 약은 정성껏 달여야 하고 환자도 약을 신임하고 먹을 때 효과가 더 있다는 말이 있다. 오늘 명당 찾아 천릿길을 내려온 것도 후손들의 효행이 만든 마음의 명당으로 보고 싶다. 후배 집안의 묏자리이지만 그 조상님들에게 명복을 빌었다.

점심때가 조금 지나서 종부가 손수 준비하신 점심을 산일하는 곳에서 먹었다. 조상님의 산소 일을 하는 경건한 자리여서 육류는 삼가고 생선과 채소를 정갈하고 담백하게 준비하고 야외용 버너로 미역국을 끓여 듬뿍듬뿍 퍼주셔서 개운하게 점심을 먹고 2차 목적지로 향했다. 종부는 남해지방 겨울채소 특산물인 봄동을 자동차에 실어주시며 입맛을 돋우라고 했다.

왼쪽은 지리산 자락, 오른쪽은 남강 지류 사이인 통영대전 간 고속도로를 기어오르다가 장수익산고속도로로 돌아나갔다. 오늘의 최종 목적지인 후배의 조부모님과 선친이 계신 장수 천천 선산에 도착했다. 살아있는 사람이나 죽은 사람이나 흩어져 있으면 외로우니 한곳에 모실 수 있는 명당을 찾아 표시해주고 오늘의 일을 마무리했다.

서울에서 진주까지 천릿길을 멀다 하지 않고 오직 효도의 일념으로 조상님들에게 명당을 찾아드리려는 후배가 고맙고 대견하게 생각되었다.

(2019. 1. 31.)

의자에 묶어 놓은 아이와 가마우지

6 · 25 한국전쟁 때 피난길 사진을 보면 누더기 복장에 허기진 모습의 어느 어머니가 등에 업은 코흘리개 아들을 옆으로 돌려 어머니는 배고픔을 참고, 죽 한 숟갈을 아들에게 먹이는 모습을 많이 볼 수 있다. 극한적 삶 속에서도 순수한 모성애를 생각하게 하는 에필로그의 자막처럼 뇌리에서 지워지지 않는다.

내가 어린 시절에 어머니는 밭일을 나가실 때면 젖먹이 동생은 가슴을 끈으로 묶어서 행동반경이 안방 정도만 가능하도록 벽의 못에다 매달아 놓았다. 어머니가 일을 마치고 집에 오시면 동생은 안방 창호지는 모두 갈기갈기 찢어놓고, 똥오줌이 범벅된 채 눈물과 콧물이 얼룩진 모습으로 잠이 들었다. 어머니는 통통 불은 젖꼭지를 동생에게 물리면서 동생 얼굴에 떨어지는 어머니 눈물을 치맛자락으로 닦아주시던 모습이 떠오른다.

인간의 삶은 자연환경과 사회적 상황에 따라 살아가는 양식은 천태만상이며 더구나 열악한 환경에서의 삶은 문명의 이기를 선택할 수도 없어 원초적 본능의 방법으로 삶을 해결하기도 한다. 이렇게 삶이 어려운 사람들의 삶은 지구촌 어디에서나 극렬하게 나타난다.

나는 대학 친구 부부들과 중국의 계림桂林으로 해외여행을 갔었다. 중국 천하제일의 산수山水는 계림桂林이고, 계림 관광의 핵심은 이강漓江의 유람이라고 귀가 따갑게 들어 호기심이 컸다. 유람선을 타기 위해 선착장으로 가는 도중 어느 아낙이 나무 그늘에 어른이 앉으면 바로 부서질 것 같은 허름한 의자에 두서너 살로 보이는 아들을 끈으로 묶어 놓고, 길들인 가마우지 두 마리를 대나무 장대에 올려놓아 유람선 관광객들에게 사진 촬영 세트로 1달러씩 받았다. 나는 의자에 묶여서 졸고 있는 어린아이가 계속 떠올라서 '산수山水는 현세 속의 선경仙景'이라는데, 현세의 아비규환阿鼻叫喚 같은 모습을 본 것 같아 내게도 그 의자에 묶여있는 아이에게 책임이 있다고 느껴 맘 편한 유람이 되지 않았다.

가마우지 아주머니는 자기의 불쌍함과 애처로움을 콧물 자국이 허옇고 삐쩍 말라 눈만 껌벅거리는 어린이를 줄에 묶어 호객용으로 그렇게 데리고 있다기보다는, 집에 두고 오면 돌볼 사람도 없어 선착장 강가에 혼자 두면 행여 불행스러운 사고가 염려되어 궁여지책으로 데리고 온 것 같았다. 다른 사람들은 가마우지를 배경으로 사진을 촬영하고 있다. 어렸을 때 줄로 벽에 매단 동생과 어머니가 가마우지와 같이 겹쳐 떠올랐다. 나는 돌아오는 길에도 차마 사진을 찍을 기분이 나지 않아 그냥 달러 한 장만 작은 바구니에 놓고 지나왔다.

밤에는 계림의 운치 있는 밤풍경을 관람할 수 있는 양강사호兩江四湖 유람선 코스가 있었다. 양강사호兩江四湖는 계림의 양강(리강, 도화강)과 사호(목룡호, 계호, 용호, 삼호)로 이루어진 인공호수를 뜻한다. 명나라 때 해자垓字를 만들기 위해 처음 조성된 호수다. 오랜 세월 방치했다가 최근에 다시 인공적으로 네 개의 호수를 조성하고 관광지로 개발한 인공호수다. 유람선을 타고 계림의 운치 있는 야경을 즐기는 코스로, 외국인들이 많이 찾는 곳 중 하나다. 내국인과 외국인이 타는 배가 따로 있어 그리 혼잡하진 않았다.

배가 한참을 달리다 중류에 한 번 멈춰 서는데 여기서는 약 5분간 그 유명한 계림의 '가마우지 낚시'를 구경할 수 있다. 참고로 저 가마우지 한 마리가 이곳에서는 물소 한 마리와 가격이 같단다. 계림에서 오래전부터 전해져 온 낚시의 한 방법으로, 가마우지 한 마리가 물속에서 고기를 잡아 오는 시간은 채 1분이 걸리지 않는다. 여러 배가 같이 낚시를 하고 있는데도, 가마우지가 자기 배와 주인을 찾아 돌아오는 게 참 신기했다. 가마우지는 낮에 관광객과 함께 사진 찍는 아르바이트를 하고, 밤에는 낚시를 하면서 주인을 돕는다. 계림 여행 중 농촌 지역을 들렀을 때, 이 가마우지를 몇 번이고 보았지만, 실제 낚시를 하는 모습은 여기서 처음 봤다. 이곳 농가에서 가마우지가 물소보다 더 가치 있는 재산으로 인정받는 이유를 알 것도 같았다.

여기에는 낮에 이강漓江에서 의자에 묶였던 꼬마와 아주머니의 가마우지는 보이지 않는다. 양강사호兩江四湖에서 가마우지가 고기 잡는 모습은 해당 관청이 관광객의 볼거리로 연출한 흔적이 보였다. 유람선의 승무원 같은 여직원은 관광코스 반환점부터는 어느 사이에 준비했는지 우리나라 전통악기 해금처럼 생긴 악기로 우리나라의 가곡과 가요를 계속 연주했다.

연주하는 가곡과 가요는 평소 내가 좋아하는 노래여서 가사를 아는 노래는 따라 부르고 가사를 잘 모르는 곡은 휘파람으로 불러 나름의 계림 밤하늘의 별들을 잠재우고, 호수는 물결을 가르면서 잠을 깨웠다. 주위를 둘러보니 나 혼자만 따라 부르는 것 같아 공연히 나만의 선상 독주회 기분을 낸 것 같아 쑥스러웠다. 많은 한국 관광객들은 호숫가의 영롱한 오색 불빛과 음악이 어우러져 잠시나마 영혼을 내려놓고 있었다. 선착장이 가까워지자 「석별의 노래Auld lang syne」로 마무리하니, 모두가 박수로 화답하면서 감흥에 젖었다. 아무리 음악이 심금을 울리고 오색 불빛이 눈부시게 해도 나는 또다시 의자에 묶어 놓았던 어린이와 가마우지 아주머니를 떠올리지 않을 수 없었다.

다랑논에는 벼가 없었다

조물주는 모든 생명체가 살 수 있게 물과 공기를 주셨으나, 먹이는 생명체 자신이 획득하여 살아가도록 먹이사슬을 만들어 놓았다. 생명체들의 약육강식은 먹이사슬에서부터 시작된다. 인류 최초의 먹이 획득은 사냥과 벼 재배였다. 벼의 재배 흔적은 세계 곳곳에서 고고학적으로 입증되고 있다.

세계의 인구는 지구상에 불균등하게 분포하고 있으며, 일부 지역에 밀집되어 있다. 북반구 중위도 북위 20~40°에 세계인구 60% 이상이 거주한다. 특히 이곳은 아시아의 계절풍기후 지역으로 벼농사가 발달한 지역이다. 벼가 잘 자랄 수 있는 지역은 사람도 살기 적합한 곳이며, 그곳에는 인류의 제1 식량인 벼의 재배가 가능하여 쌀이 풍요로운 곳이다.

지형이 아무리 가파르고 척박한 곳이라도 인류는 어떻게든 벼 한 포기라도 심어 쌀 한 톨이라도 얻는 데 온 정성을 다한다. 벼농사의 흔적은 세계 곳곳에서 볼 수 있다. 우리나라는 논의 크기와 모양에 따라 삿갓배미, 갈치배미, 반달배미 그리고 부엌 위에 다락처럼 생겼다 하여 다락논(다랑이논, 다랭이논)으로 불리기도 한다. 나는 오래전 경상남도 남해군 '가천 다랭이논 축제'가 열린 곳을 가보았다.

우리나라의 근대문화는 해양 유입을 통한 문화지만, 고대문화는 대부분이 대륙문화여서 대륙문화의 발상지인 중국문화에 대해서는 호기심이 많고 가보고 싶은 곳도 많다. 중국은 인류 고대 문명의 발상지와 56개 소수민족의 문화가 즐비한 곳이다. 이번에는 모처럼 중국의 다랑이논이 보존된 계림의 용승으로 가게 되었다. 관광버스는 인적도 드물고 험한 골짜기를 검은 연기를 내뿜으며 헉헉거려 달려 겨우 도착했다. 요즈음은 어디를 가나 관광시즌이 아니어서 특히 산간벽지의 관광지는 한산하다. 이곳 케이블카도 손님이 도착하면 그때야 가동하고 종업원들도 움직이기 시작한다.

용승 케이블카 정류장에서 일행은 두 사람씩 케이블에 대롱대롱 매달려 올라간다. 아내와 타고 올라가는 마지막 케이블카 번호는 '56번'인데 어디서 많이 보았던 숫자다. 바로 중국 소수민족의 숫자가 아닌가? 관광업체가 의도적으로 만든 숫자는 아닐 테고 우연히 붙인 숫자로서 그저 행운의 숫자로 해석하고 싶었다.

700여 년 전 원나라 때부터 해발 380m 산을 개간하기 시작하여 청나라 초기에 다랑논이 완성되었다. 밖에는 이슬비가 내려 그 숱한 세월 동안 흘렸던 이곳 요족들의 땀방울 같았으며 케이블카가 가끔 철재 지주를 통과할 때마다 끼익끼익 소리를 내는데 저 소리도 이곳에서 힘들게 쌀 한 톨을 얻기 위해 살다 간 원주민들의 절규로 들렸다. 이런저런 생각으로 케이블카는 목표지점 중간쯤에 오른 것 같다. 계림 용승에 온 가장 첫 번째 목적은 용승의 다랑이논을 보기 위함이요, 두 번째는 여자는 일생에 18세 성인식을 치를 때 머리를 한 번 자르고 그 뒤에는 평생 자르지 않는 모계 가족 중심의 요족 문화를 보고, 밤에는 노천온천에서 피로를 푼다.

그런데 아무리 눈을 부릅뜨고 봐도 다랑이논에는 벼가 없었다. 모내기 시기가 아직 일러서 그렇다면 작년에 심은 벼 그루터기라도 있어야 하는데 최근에 벼를 심었다는 흔적은 찾아보기 어려웠다. 논의 물 빠짐을 막는 논두렁도 무너졌고 벼 대신 아예 대체 작물을 심어 놓고 잡초 제거도 귀찮아서인지 검정 비닐 멀칭으로 처리했다. 옛날처럼 농사짓다가는 경제성도 없어 다른 곳에 이주하여 살아가고 있다는 증거다. 관리 당국이 모내기보다는 대체 작물을 심어놓고 그저 눈 가리고 아웅 식의 관광수입만 챙기고 있는 이곳 다랑논을 찾아온 내가 원망스러웠다. 고대국가의 영농 흔적을 현대국가의 비닐 멀칭으로 포장하여 이것이 다랑논이라고 구경하란다. 농촌에서 낳고 자란 나에게는 식별이 금방 되는데 유네스코 세계 인류문화유산까지 등재하고 관광수입만 생각하는 중국문화가 한없이 얄밉다. 요족들의 생활풍습 코스도 관광객 숫자가 적어 생략되어 먼발치에서 바라보니 요족 아낙이 자기 집 뜨락에 앉아 삼단 같은 머리를 물소 뿔 빗으로 연신 빗질하는 모습을 봤을 뿐이다.

떨떠름한 마음, 우중충한 날씨, 온천지대라 습기가 많아 불쾌지수는 높아가는데 일행은 저녁을 때우고 수영복으로 갈아입고 하얀 가운을 걸치고 노천온천을 즐겼다. 10여 분 골짜기로 올라가 수온과 온천수 성분이 각각 다른 온천탕으로 갔다. 뒤에서 친구들을 보니 머리는 희끗희끗하고 숱도 빠져 노인 모습이 완연했다. 하얀 가운에 샌들까지 신고 가니 영락없이 로마시대 원로원들의 모습 같았다. 로마의 원로원들은 오직 로마 시민을 위한 정치를 논하는 저명한 인사들이었다. 겉모양이 원로원 인물이면 마음도 덕망과 관용을 갖춘 사람이어야겠다. 오늘 하루의 잡상을 잊고 노천탕에서 2시간 동안 심신을 씻고서 호텔로 돌아와 잠자리에 들었다. 피로에 지쳤는지 이튿날 아침 모닝콜이 잠을 깨워서야 눈을 떴다.

갑사甲寺에서 마곡사麻谷寺까지

여행의 즐거움은 아름다운 풍광보다는 마음이 통하는 여행 동무와 함께 떠날 때이다. 마음이 편치 못하면 여행 내내 걸림돌로 작용하여 꺼림직한 생각이 모든 느낌을 흐릿하게 덮어버려 여행은 고행의 극기 훈련일 테니 말이다.

오랜만에 고등학교 동창 부부들 10명이 초여름 나들이에 나섰다. 목적지는 하늘과 땅과 사람 가운데서 가장 으뜸가는 사찰, 계룡산 갑사甲寺 그리고 『택리지』·『정감록』 등의 여러 비기秘記에서 전란을 피할 수 있는 한국의 천혜 십승지지十勝之地의 하나인 태화산의 마곡사麻谷寺까지 신록의 자가용 나들이다. 수도권, 군산 그리고 전주에 사는 친구들이어서 중심지인 충청도 갑사에서 만나기로 했다.

친구들의 모임이 40여 년이 다 되어가니 서로 우애하고 양보하여 친형제들처럼 지낸다. 모두 다 공직에 있다가 퇴직한 지 10여 년이나 되어가니 서로 애틋한 늘그막 친구들이다. 그래서 만나면 자식 손자보다는 친구의 건강을 묻고 손을 어루만지며 등을 토닥거리는 것이 인사다.

나는 아내와 출발하는 날이 음력 보름날이어서 조금 일찍 서둘러 부모님 삭망 성묘를 마치고 계룡산 쪽 갑사로 가고 있다. 계룡산은 무속신앙이 서린 곳이어서인지 산모퉁이를 돌아가는데 몇 10M가 멀다 하고 무속신앙을 모시는 5색 깃발과 연등들이 초록 산비탈 속에 장관을 이룬다. 녹색 가로수 터널을 지나가는 자동차 앞뒤 측면의 거울에 비춰 초여름 파노라마의 중계방송을 보는 듯한데 차창을 열면 신록의 풋냄새와 맑은 공기를 퍼부어 눈도 귀도 가슴도 즐거워 살아 있는 행복감이 느껴진다.

계룡산 갑사 유스호스텔에 약속 시각 1시간 전에 도착하여 예약한 호텔 방과 끼니별 메뉴를 확인한 뒤 나머지 일정도 체크했다. 시즌은 비수기이며 월요일이지만 공주시 인근 유원지인데도 너무나 한산하여 맑은 공기를 너무 마셔서 배가 부른 것 같아 일행은 좋은데 호텔 측에는 미안했다. 사전 호텔 측과 예약할 때 지배인은 투숙하는 고객들의 연령층을 묻더니 호텔 식사 준비도 연령층에 알맞은 요리를 마련하니 친구내외들은 집밥처럼 담백하게 잘 먹었다며 면전 칭찬이 자자했다.

호텔에서 갑사까지는 걸어서 10분 정도면 갈 수 있는 거리다. 친구내외들은 갑사 경내까지 산책에 나섰다. 천년고찰이어서인지 경내까지 가는 가로수도 천 년이 훨씬 넘어 보여 천 년을 불평 없이 제자리를 지켜온 나무들이 경이로웠다. 양쪽 가로수의 나뭇잎들은 서로 촘촘히 얽혀있어 마치 큰 나뭇잎 우산으로 진입로에서 경내까지 하늘을 받치고 있어 비 한 방울도 새지 않을 것 같았다. 친구들은 유치원생들의 소풍 나들이처럼 마냥 좋아서 싱글벙글하며 아장아장 걸어가니 천진난만 그 자체였다.

밤이 되니 그나마 관광객도 뚝 끊기고 사찰 주변의 모든 생명체는 새벽예불을 위해서인지 초저녁부터 숙면에 들어갔다. 침대에 누우니 보름달은 호텔 방안의 나를 훔쳐보며 할 말을 잊었는지 웃기만 한다. 호텔 뒤뜰에서 기르는 수탉은 용케도 자정을 알리는 꼬끼오 꼬끼오를 외치면서 어서 잠을 자라고 재촉했다.

아침 식사 후 일행은 마곡사로 출발했다. 갑사에서 마곡사까지는 승용차로 1시간이 훨씬 넘게 걸리는 거리다. 갑사는 현직 때 숱하게 많이 왔지만, 마곡사는 친구들도 처음이란다. 자동차는 공주까지 다시 나가서 금강 강변도로를 한참이나 끼고 내려가다가 서해안 고속도로로 올라와서 자동차 전용 도로와 동네 고샅길을 더듬거리니 드디어 마곡사가 있는 태화산泰華山이다. 충청도의 주전부리 과일로는 호두가 있고 최근에 붐을 일으키는 알밤이 있다. 공주지역의 알밤을 이용한 과자나 '알밤 왕밤주'는 관광지마다 랜드마크가 되고 있다. 차창을 여니 달짝지근한 밤꽃 냄새가 침샘을 자극한다. 가는 곳마다 산 전체가 밤꽃으로 뒤덮여 늦겨울에 함박눈을 뒤집어쓴 것 같다. 길가 밤나무꽃들을 자세히 보니 작은 동물 꼬리 같은 것에 잔털이 붙어있다. 무게가 힘들어서인지 모두 다 고개를 숙이고 있다. 이따금 바람이 휘몰아 불 때면 밤꽃 향기가 산자락 전체를 채워주었다.

밤꽃 향기에 취해 마곡사 입구에 도착했다. 마곡사는 대한불교 조계종 제6교구 본사로 충청남도 70여 개 사찰을 관리하고 있다. 마곡사麻谷寺의 이름에 대해서는 여러 설이 있는데 『택리지』와 『정감록』에서도 언급한 것처럼 이곳의 물과 산의 형세는 태극형이라고 하여 전란을 피할 수 있는 곳이라 했는데, 마곡사를 흐르는 물은 가뭄 시기인데도 작은 강처럼 수량水量도 많고 넓다. 마곡사 전체 흐르는 물 형태는 S자 모양이다. 그래서 내 눈에는 물줄기가 S자 모양의 큰 개천을 삼(麻) 껍데기 줄기를 띄운 것처럼 굽이굽이 흐르는 모습에서 마곡사麻谷寺로 명명命名했구나 싶었다.

마곡사는 백범 김구 선생이 명성황후 시해에 분노하여 일본군 중좌를 살해하여 인천교도소에서 옥살이를 하다가 교도소를 탈옥해 여러 사찰에서 은신하던 중 마지막 머문 곳이 이곳 마곡사 백련암이다. 올해는 백범 서거 70주기이며 임정 100주년이어서 마곡사 경내 백범당白凡堂 앞에 서니 요즘 당쟁으로 얼룩진 우리나라의 정치가 죄스러웠다. 친구 내외들은 점심 후 "병 치료는 약이지만 병의 예방은 운동이다." "늙어서 자랑은 돈도 지위도 아니고 오직 건강이다."란 덕담을 나누며 다음 야외 나들이 목적지를 속리산으로 정하고 헤어졌다.

"청산은 나를 보고 말없이 살라 하고 창공은 나를 보고 티 없이 살라 하네. 성냄도 벗어 놓고 탐욕도 벗어 놓고 산같이 물같이 살다가 가라 하네~."를 뇌까리며 애마는 은둔의 땅 마곡사를 빠져나갔다.

제3부

그리운 고향

부잣집에만 피는 꽃, 능소화

우리 마을 부잣집에는 우리 집에 없는 것이 너무 많았다. 대문 옆 양쪽 담벼락에는 여름철에 그 집에만 주홍색으로 단장한 부잣집 꽃(?)이 만발하여 부럽기도 했다. 떨어진 꽃잎을 밟지 않으려고 깨금발로 걸어갔던 호기심 많던 소년 시절이 있었다.

초등학교는 입학 때부터 모든 것이 신기하여 신천지에서 사는 기분이었다. 학교에 가니 우리 집보다 크고 높은 교실이 그렇게도 좋았다. 우리 집 마당보다 넓은 운동장이 마냥 좋아서 쉬는 시간이면 흥얼거리며 두 팔을 벌리고 비행기 나는 시늉을 하면서 먼지 뿌연 운동장을 돌기도 했었다. 교실에서 선생님이 내 곁을 지나가실 때는 선생님 몸에서는 언제나 달콤한 부잣집 냄새(향수)가 나서 선생님이 가시는 쪽으로 코를 돌려가며 선생님의 냄새를 맡았다. 아버지의 가난한 냄새(땀냄새)는 언제나 무섭고 싫었다. 이렇게 소년 시절에는 가난과 부자를 비교했었다. 우리 집 것들보다 좋은 것은 무조건 부잣집 것으로 넘겨짚어버려 나의 인성 형성 요인으로 작용했다.

우리 집에는 그 부잣집 꽃과 모양은 비슷하나 크기가 작으며 색깔도 엷은 연분홍 나팔꽃이 싸리문 옆 울타리에 지천으로 피어서 가난한 집에는 나팔꽃이, 부잣집에는 부자꽃이 피는 줄만 알았다. 그 시절에 제일 먼 외가댁을 오갈 때도 부잣집 꽃은 구경을 못했고, 금마면 소재지에 있는 금마초등학교 다닐 때 길에서 어느 잘사는 기와집 대문 옆에서 부잣집 꽃을 보았을 뿐이어서 나는 지금도 그 꽃은 그냥 부잣집 꽃으로 생각한다.

우리 집 나팔꽃은 한나절만 지나면 꽃봉오리를 오므리고 잠자고 다음 날 아침에는 이슬로 단장하고 다시 환하게 웃으며 일어나 울타리 안의 식구들을 깨우며 하루를 즐겁게 열었다. 부잣집 꽃은 담벼락 밖에서 주인집 마님을 깨우다가 지쳤는지 아침이 지나면 싱싱한 꽃잎이 떨어져 수북이 길바닥에 쌓일 때도 있었다. 나는 불쌍한 부잣집 꽃잎을 주워서 우리 집 나팔꽃과 이야기를 시켰다. 부잣집 꽃은 나팔꽃을 부러워했다. 나팔꽃은 어디를 가나 친구들이 많아서 쉽게 만날 수 있고 사람들도 귀여워해 주는데, 부잣집 꽃은 부잣집 대문 옆 외에는 친구도 없고 또 주인의 감시 속에서 살고 있기에 한나절이 지나면 지쳐서 그렇게 땅바닥으로 떨어져서 주저앉는다. 그래도 소년은 그 부잣집 꽃이 피는 집에서 살아보거나 나팔꽃 대신 우리 집 나무 울타리에도 부잣집 꽃을 심어 보고픈 마음이 간절했다. 세월은 어린 소년을 늙은이로 바꾸어 놓았어도 부잣집 꽃을 노적가리로 보았는지 쉽게 떨쳐버리지 못하고 있다.

호수는 잔물결 없이 가장 잔잔할 때 하늘의 모습이 그대로 보이고 가장 아름답다. 소년 시절엔 세파를 모르고 살았기에 가슴은 잔잔한 호수의 면경 같았을 것이다. 어렵게 살았던 마을에 부잣집 꽃은 모든 것이 부러움의 상징으로 수채화 같은 그림이었다. 부잣집 꽃 꽃말은 그리움이고, 꽃의 전설은 옛날 소화라는 궁녀가 임금님의 눈에 띄어 빈의 자리까지 올랐지만, 그 이후론 임금님이 처소를 찾지 않자 소화는 외로움과 슬픔으로 나날을 보내다 결국 쓸쓸하게 죽어서 임금님이 자주 다니는 담장 밑에 피는 꽃이 되었다는 전설이 있다. 구중궁궐 안방에서 임을 기다리는 그리움의 전설보다는, 부잣집은 호의호식 선망의 대상이었기에 부잣집 꽃도 소년은 가장 부러움과 가슴앓이였기에 더 못 잊는가 본다.

시골 부모님 집을 말끔히 수리하여 사는 아우에게 대문 언덕 쪽이 너무 허전하니 능소화를 사다가 심어보자고 제의하니 아우는 대문 앞은 언제나 깨끗해야 하는데 나무를 심어서 낙엽이 지면 지저분하니 꼭 심고 싶으시면 넓은 뒤뜰에 심자고 했다. 그렇다고 그 소년 시절의 가슴 쓰린 이야기를 할 수도 없어 그냥 뒤뜰에라도 심어 능소화는 꼭 부잣집 꽃만은 아니라고 생각을 바꾸어 위안을 받고자 한다.

(2019. 9. 19.)

고향 땅

고향 땅은 땅값이 가장 비싼 부자 마을도 아니다. 고향 땅은 경치가 좋은 가장 아름다운 마을도 아니다. 고향 땅은 사람 살기 가장 좋은 편리한 마을도 아니다. 고향 땅은 나의 영혼에 탯줄을 이어준 곳이다. 그래서 나는 공직 퇴임 후 아버지가 산 넘고 논길을 지나 익산시 왕궁면사무소에서 구연식이란 이름 석 자로 출생신고를 하셨던 고향 면사무소에서 다시 주소지를 고향으로 되돌려 놓았다.

고향 땅은 나를 낳아주시고 길러주신 부모님의 체온이 식지 않은 곳이다. 옥신각신하면서도 좁은 이불 속에서 동기간의 정으로 추위를 녹이고 오순도순 살던 곳이다. 마을의 대소사 때 이웃끼리 기뻐해 주고 위로해 주었던 송진 덩어리처럼 끈끈한 정으로 뭉쳐진 소박한 사람들이 살던 곳이다. 아무리 씻어내도 지워지지 않는 가슴에 저미는 사연들이 쌓여있는 땅이다. 그래서 고향 땅은 손으로 만져지는 것보다는 마음으로 느껴지는 것이 더 많은 땅이다.

나는 고향 익산시 왕궁면 부상마을에 갈 때는 가끔 의도적으로 아래뜸에서 위뜸까지 고샅길을 샅샅이 훑어보는 습관이 있다. 모정茅亭 앞에서 수호신처럼 마을을 지키고 있던 정자나무는 모정 대신 마을회관을 짓는다고 옮겨 심더니 고사하고 말았다. 정답던 모정을 몰아내고 이방인처럼 눌러앉은 시멘트 가루로 분칠한 마을회관이 미워서 정자나무는 시름시름 앓다가 죽었는지도 모른다. 꼬불꼬불 고샅길을 걸어서 동네 한 바퀴 돌아보면 울타리 사이로 보이는 동네 사람들의 살림을 모두 알 수 있었다. 이제는 널찍한 포장길에 자가용차들이 세워져 있는데 사람은 없고 차만 지키고 있는 동네가 되었다. 교도소 담보다 더 높은 담장 안에는 인기척도 없다. 불청객을 지키는 검둥이들이 발걸음 소리만 나도 컹컹 짖어댄다. 이웃 사람들을 경계하는 맹견들의 포효 소리는 고향을 그리워하는 정마저 내쫓는다.

산업화와 도시화가 등장하면서 일자리가 풍부한 도시로 젊은이들이 떠나가는 이촌향도離村向都가 진행되면서 50여 년 사이에 빈집 마당은 잡초들이 지키고 있고, 방문은 거미집으로 얽힌 채 굳게 닫혀있다. 농촌의 고향은 명절 때나 찾아가는 곳, 조상의 묘소가 있어 성묘하러 가는 곳으로만 점점 굳어지고 있다. 어쩌다가 고향을 찾아가도 옛집은 모두 헐리어 새로 지어진 낯선 건물뿐이다. 우리 조상들은 땅을 기반으로 삶을 이어오셨다. 그래서 고향 땅 하면 도시의 시멘트 건물인 아파트보다는 시골의 초가집이 먼저 떠오른다. 탱자나무 울타리에 다닥다닥 앉아있는 참새들, 들판의 벼물결을 헤엄쳐 다니는 메뚜기들, 마을 앞 시냇가에 은빛 꼬리를 흔들며 정답게 다니는 송사리 떼들은 어느 동물원에서도 어느 수족관에서도 볼 수 없던 고향의 정겨운 친구들이다.

바짓가랑이에 대나무를 끼워 말을 타면서 뒷동산을 휘저으며 술래잡기하던 친구들, 집에 돌아오니 발뒤꿈치에 황토가 벌겋게 묻어있고, 바짓가랑이에는 도깨비바늘이 지남철에 쇳가루처럼 붙어있었다. 어머니가 깨끗이 닦아놓은 마루를 털지도 않고 올라가 성큼성큼 걸어가니, 황토 먼지와 도깨비바늘이 여기저기 떨어져 있어 어머니는 성화를 대시며 혼을 내셨다. 고향땅은 황토 먼지가 언제나 묻어 다녔고, 자식만은 더 넓은 세상에 나가서 살기를 바라는 부모님의 전설이 깃들어있는 도깨비바늘도 다정한 곳이었다.

요사이 젊은이들에게 고향을 물으면 태어나서 자란 곳으로 이해하고 있으나, 나이 든 기성세대에게 고향은 내가 언제나 찾아가도 낯설지 않은 다정함과 그리움과 안타까움이라는 정감이 보듬어 주는 곳이다. 먼 훗날 돌아가신 조상님들에게 고향을 모셔다 드리고 싶어도 이제는 상전벽해가 된 고향을 찾아갈 수 없을 것 같다.

나는 도시의 아파트로 이사 온 지 6년이 되어가고 있다. 이것저것 세간을 볼 때마다 언제인가는 다시 짐을 꾸려 고향 땅으로 가야 한다고 피난민처럼 다짐하면서 살고 있다. 하필이면 아파트 뒤창밖에는 고향의 뒷산인 미륵산과 용화산이 언제나 반기고 있다. 잠을 잘 때도 머리를 그쪽으로 두르며, 요사이는 이것저것 일을 하기 위하여 출근할 때도 고향 쪽으로 향하고 있다. 아마도 수구초심首丘初心은 인간이 하는 짓을 여우가 흉내낸 것 같다.

세기의 피아노 신동 쇼팽은 39세로 요절하기 전까지 고향 땅 폴란드에 묻히기를 평생 원했지만, 당시 폴란드는 러시아의 지배를 받고 있어서 거절당했다. 심장은 폴란드에, 시신은 파리에 묻혀 고향 폴란드 흙만 묘지 위에 뿌려졌다. 조선왕조 건국시조 이성계는 노년에 고향 땅 함흥을 그리워하며 자신의 무덤에 함흥의 흙을 뿌리고 고향의 상징인 억새를 심어달라고 유언했다. 세기의 피아니스트와 한 왕조의 건국시조도 한 줌의 흙으로 돌아갈 때는 고향 땅을 그리워하지만 고향으로 돌아가고픈 꿈을 이루지 못했다. 초개草芥와 같은 나는 그 영웅들보다 고향으로 돌아갈 수 있는 꿈을 쉽게 이룰 수 있어서 그저 감사할 따름이다.

(2020. 2. 1.)

제비꽃 이야기

봄의 시작을 상징하는 것은 무수히 많다. 강남 갔던 제비 도령이 돌아올 때까지 겨우내 얼음장 아래서 그리운 임을 기다리고 모진 목숨을 이어가며, 잎줄기 만들 시간도 급해서인지 줄기는 없고 잎자루만 뻗쳐 보랏빛 단장을 하고 고개를 내미는 제비꽃이 있다. 몇 천백 고지가 넘는 깊은 산 정상에서부터 무인도 바위 틈새, 도심의 아스팔트 길섶 그리고 시골 부상마을 우리 집 마당까지 지천으로 늦가을까지 제비와 같이 살아가는 꽃이다.

유년 시절 우리네 봄은 꼭 넘어야 할 고개가 있었다. 바로 보릿고개다. 식량이 모자라 햇보리가 나올 때까지 쌀밥은커녕, 보리밥도 없어 굶기를 밥 먹듯 했다. 초근목피草根木皮로 끼니를 연명했던 민족의 배고픈 역사다. 어쩌다가 춘궁기에 제사가 돌아오면 어머니는 부뚜막 좀도리 단지에 아껴두었던 쌀 한 줌을 보리밥 가운에 얹혀 제삿밥을 지어 올려드렸다. 아름다운 효의 문화였다. 제비꽃 열매는 아주 작은 담배씨 정도 크기의 열매다. 제비꽃 열매가 조금 덜 익어 하얀 쌀밥처럼 생긴 열매와 완전히 익어 거무튀튀한 보리밥처럼 생긴 열매가 있다. 아이들은 제비꽃 열매를 따서 상대방 친구와 쌀밥 보리밥 알아맞히기 게임을 했다. 친구들과 제비꽃 쌀밥 열매를 따서 훑어 먹으면 달짝지근하여 제법 맛이 있었다. 참으로 쌀밥이 그렇게도 그립던 시절의 제비꽃 이야기다.

제비꽃을 보라. 노랑, 분홍, 흰색 등 꽃의 색상도 다양하여 꽃말도 보라색은 사랑, 노란색은 수줍은 사랑 그리고 흰색은 순진함을 의미한다. 꽃 이름도 오랑캐꽃, 장수꽃 그리고 씨름꽃 등 다양하다. 제비꽃은 뿌리에서 긴 자루에 달린 잎이 모여 나와 자라면서 옆으로 비스듬히 퍼진다. 잎몸은 길이 3~8cm로 자립적인 방법으로 가루받이를 하므로 벌이 없어도 번식할 수 있어 아주 강인한 생명력을 타고났다. 제비꽃은 봄에 어린 순을 삶아 나물로 데쳐서 무쳐 먹기도 한다. 제비꽃은 세균들을 잡는 항균작용이 강하여 부스럼 치료제로 이용된다. 또 제비꽃 추출물은 향료로도 쓰이고 있다.

제비꽃은 동서고금 어느 곳에서도 다양하게 번식하여 꽃을 피우니 사람들과 친근한 꽃이다. 그래서 프랑스의 영웅 나폴레옹의 이야기에는 제비꽃이 지금도 회자되고 있다, 나폴레옹은 제비꽃을 무척 좋아했다. 젊은 소대장 시절에 동지를 확인하는 표식으로 제비꽃을 음어陰語나 표식으로 사용하기도 했다. 그래서 '제비꽃 소대장'으로 불릴 만큼 제비꽃을 좋아했다. 엘바섬에 유배되었을 때도 "제비꽃이 필 무렵 다시 돌아가겠다."라고 말했다. 나폴레옹의 아내인 조세핀도 제비꽃을 무척 좋아했는데, 조세핀은 제비꽃 향이 나는 향수를 자주 뿌려 그녀의 트레이드마크가 되었다. 전장戰場에서 휴가 갈 때도 조세핀에게 미리 연락하여 일주일 전까지는 목욕하지 말고 몸에서 제비꽃 향수를 맞게 해달라고 전했단다. 조세핀이 죽었을 때 나폴레옹은 그녀의 무덤가에 제비꽃을 심어주었다. 그리고 세인트헬레나로 유배를 떠나기 전, 조세핀의 무덤을 찾아가 제비꽃을 로켓(locket-장신구)에 넣은 다음 죽을 때까지 그것을 목에 걸고 다녔다. 이처럼 세기의 영웅 나폴레옹도 가냘픈 제비꽃에는 우직한 대포알도, 서슬 퍼런 창검도 내려놓고 부귀영화를 뒤로한 채 인간 본연의 순수함 속에 삶을 마감했다. 아마도 제비꽃의 빛깔과 향기 속에는 인간의 순수함을 우려내는 마력이 있었던 것 같다.

춘분이 벌써 지나가서인지 버들강아지는 솜털 속에 감추어둔 속살을 빼꼼히 내밀고 있다. 살얼음 녹은 산골짜기 실개천에는 가제가 기지개를 켜면서 떡갈나무 낙엽을 젖히고 물갈퀴질을 한다. 부지런한 까치는 벌써 동이 틀 때부터 해질녘까지 나뭇가지를 부지런히 물어날라 새끼들을 낳고 기를 둥지를 참나무 꼭대기에 반쯤 지었다. 이 모든 것은 겨우내 움츠리며 세상 모르고 살던 우매한 인간들에게 약동의 새봄을 일깨워 주는 제비꽃 향기들이다.

익산시 왕궁면 부상마을 우리 집 뒷동산에는 파란 잔디 속잎이 뾰족이 올라오고 있고, 제비꽃 잎사귀도 시샘이나 하듯이 여기저기 올라오고 있다. 아직 꽃망울은 다 안 나왔는데 지난해 제비꽃 벌판을 생각하니, 벌써 가슴이 울렁거린다. 영화 「닥터 지바고」에서 러시아 대평원에 이른 봄, 수만 송이의 노란 수선화 꽃잎들이 차가운 봄바람에 떨면서 햇빛에 반짝거리는데, 러시아의 민속악기 발랄라이카 balalaika의 탄현음彈絃音도 덩달아 떨면서 대평원의 이른 봄 애절함을 골짜기로 밀어 넣었던 화면이 그대로 클로즈업되었다. 수선화 대신 제비꽃으로, 발랄라이카 대신 아쟁으로 교차하여 제비꽃에 넋이 빠진 나를 종달새는 하늘 높이 업어나른다.

한낱 보잘것없는 야생화 제비꽃에도 인간 삶의 철학이 내포되어 있다. 삶은 선각자에게만 배우는 것이 아니고, 들꽃의 순수한 얼굴과 풋풋한 향기에서도 배운다. 이제는 이름 모르고 벌레 먹은 꽃잎이라도 꺾거나, 밟지 않아야겠다. 그들도 나와 함께 살아가야 할 생태계의 친구이기 때문이다. 종달새 등에 올라탔던 나는 어느새 제비꽃 들판에 내려와 팔베개를 베고 누워있다. 제비꽃처럼 독특하지도 않고, 순수하지도 않은 나 자신을 비춰보고 보랏빛 꽃잎에 입 맞추며 살아가고 싶다.

(2020. 3. 23.)

복사꽃 피는 내 고향

인간이 가장 걱정 없이 행복하게 살 수 있는 낙원을 중국의 도연명陶淵明은 복사꽃이 피는 아름다운 땅, 도원낙토(桃源樂土, 도원경-桃源境)라 했다. 16세기 영국의 작가 토머스 모어Thomas More는 인간의 가장 이상적인 세상을 유토피아Utopia라 했다. 도원낙토와 유토피아는 표현만 다를 뿐 인간이 추구하는 최고의 삶터다. 복숭아는 신성한 과일이어서 신선이나 옥황상제가 먹는다. 일반 잡귀에게는 금기시된 과일이며, 그래서 복사꽃 피는 무릉도원武陵桃源은 신선 같은 인간만이 사는 영원한 마음의 고향이다.

우리나라에서 봄맞이 대표적인 꽃으로는 농촌 울타리에 회초리 같은 가지에 질서 정연히 붙어있는 노란 개나리꽃, 엄마의 수액을 한 모금이라도 더 빨기 위해 옹기종기 붙어있는 분홍색 복사꽃 그리고 산기슭에 꽃잎은 나비 날개보다 더 가냘프고 꽃 수술은 나비 더듬이처럼 앙증맞게 튀어나온 연분홍 진달래가 봄을 알리며 고향을 지키고 있다. 그래서 사람들은 어느 곳에서든지 이런 꽃들을 보면 먼저 고향 마을의 봄을 들춰내게 된다.

이웃집에 새색시가 시집을 왔다. 친정집 부모님은 갓 시집보낸 딸을 못 잊어서 고향의 봄을 상징하는 연분홍 치마에 노란 저고리를 입혀 보냈다. 그래서 시부모님에게 조석 문안을 드릴 때마다 그 혼수옷을 입고 다소곳이 인사를 드린다. 아궁이의 청솔개비 연기 눈물인지 시집살이 눈물인지 행주치마는 마를 날이 없다. 부뚜막의 가마솥도 측은했는지 덩달아 울어 빙 둘러 눈물자국이다. 새색시는 친정 부모님의 징표인 연분홍치마와 노란 저고리를 매만지며 뒤뜰 하늘에 걸려있는 달님에게 친정 부모님 소식을 전하면서 옷고름에 눈물을 적신다. 어머니는 그 옛날 시집살이 때를 생각하셨는지 가끔 이웃집 새댁을 불러내 어깨를 다독거려 주셨다.

우리 마을도 전형적인 농촌이라 어른들의 봄맞이 일손은 여느 마을과 비슷했다. 유 · 소년 시절에는 지금처럼 복숭아 과수원은 없었다. 복숭아나무는 귀신을 쫓는 나무라고 하여 울안에는 절대 금기시하는 나무여서 밭둑이나 뒤뜰 먼 곳에 몇 그루 심을 정도였다. 뒷산에는 산짐승들이 복숭아 살만 먹고 딱딱한 씨 부분은 버려서 생겨났는지, 개복숭아 꽃들이 오히려 텃밭보다 많이 자라고 있었다. 복사꽃이 한창 만발할 때는 이웃집 아저씨는 소를 몰고 논에서 쟁기질을 하신다. 소가 논두렁에 다다랐을 때 논두렁에 새로 나온 풀잎을 한 입 뜯어먹을 겸, 쉬려고 꾀부리는 것을 미리 예견하고 아저씨는 소 주둥이에 작은 부리망을 씌웠다. 소는 잠깐 풀 뜯어먹는 것을 포기하고 힘이 드는지,

엿물 같은 침을 흘리면서 논갈이에 열중했다. 이때쯤 아주머니는 새참으로 막걸리를 가져오면 아저씨는 노란 양재기에 막걸리를 연거푸 따라 마셨다. 이때 소도 멍에를 잠깐 내려놓고 여물을 먹으면서 휴식 시간을 즐겼다. 소는 다음 작업명령을 기다리는지 큰 눈으로 아저씨와 아주머니를 힐끗힐끗 쳐다보았다. 어느 사이 들녘 논갈이를 용케도 알아채고 주위의 까치들이 모여들어 뒤집어놓은 흙 속에서 튀어나온 까치밥을 찾아 먹기에 정신이 팔렸는지 쟁기질하는 소가 바짝 다가가도 못 본 체했다. 진달래꽃 그늘에서 장끼는 까투리를 부르는지 꿩~꿩 소리를 내며 봄의 적막을 깼다.

아버지는 20여 년 전에 돌아가셨다. 어머니는 생전에 봄만 돌아오면 복사꽃 언덕밭에 나가 일을 하셨다. 아버지 산소 쪽을 바라보면서 한숨으로 보내시는 경우가 대부분이었다. "밭 언덕에 복숭아나무는 아버지가 심으셨는데 복숭아나무는 해마다 봄이 돌아오면 꽃을 피우는데, 인간은 죽으면 그것으로 끝이니 허망한 것이 인간이다." 하시면서 아버지가 심으셨던 복사꽃 그늘에 앉아서 또 아버지의 산소를 줄곧 바라보셨다. 지금도 밭 언덕의 아버지가 심은 복숭아나무는 고목이 되었어도 새봄이 돌아오면 여기저기 상처투성이 나무에서도 악착같이 새순을 내고 꽃을 피운다. 어쩌면 한정된 여건으로만 살아가려는 인간에 비하면 복숭아나무는 강인한 삶의 철학을 보여주는 스승과 같다. 어렸을 때 봄을 알렸던 진달래, 개나리 그리고 복사꽃은 그대로인데, 이웃집 새색시도 다른 곳으로 이사를 하였고, 논밭 갈던 아저씨, 아주머니도 돌아가셨다. 이제는 복사꽃 사이로 소를 몰고 논을 갈던 정다운 모습은 찾아볼 수 없다. 대형 경운기들이 후다닥 왔다 갔다 하면서 굉음과 연료 태우는 냄새로 농촌의 들녘이 바뀌었다. 우리 집 밭 둔덕의 복숭아나무도 세파에 시달렸는지, 인간들이 괴롭혔는지 여기저기 나무 표피의 상처에는 진액이 엉겨 붙었다. 우리 마을이 아니어도 어디를 가나 복사꽃, 개나리와 진달래는 흔전만전 꽃대궐을 이룬다. 꽃잎 속에서 나를 반겨주었던 사람들이 없어서 그것이 서러울 뿐이다.

한 톨의 곡식보다는 배움을 자식의 유산으로 물려주기 위해서 복사꽃 피는 고향 논밭에서 흘리는 땀방울을 거름 삼아 일하셨던 아버지, 고운 손이 갈퀴가 되도록 호미질하셨던 어머니가 이 봄날 복사꽃이 되어서 가슴을 저미게 한다. 인간의 삶은 일장춘몽一場春夢이라 했던가? 세상을 얼마 살지 않았어도 지나가 버린 사람들의 삶을 생각하니 봄날의 아지랑이처럼 왔다가 사라지는 것이 보였다. 나도 그들과 같은 인간일 텐데 돌아오는 봄 즐겁게 맞고, 봄날을 도원낙토의 유토피아로 생각하면서 봄을 가슴에 가득 담고 신선처럼 살아야겠다.

중국 천하를 평정하기 위해서 유비, 장비 그리고 관우는 복숭아나무 아래서 도원결의桃園結義를 했다. 이제까지 그렇게는 안 해봤어도 올해는 복사꽃 지기 전에 평생 동반자인 아내와 같이 '젊은 베르테르의 슬픔'이 아닌 '봄의 교향악' 같은 약속을 새끼손가락을 걸면서 언약식이라도 치러야겠다.

(2020. 3. 31.)

초가집 굴뚝 연기

사람들은 자기 나름의 상징성 사물에 대하여는 타인의 공감대를 동의하기보다는 자기중심적 사고에 귀착해 버리는 경우가 있다. 시골 초가집 굴뚝 연기의 의미는 나에게는 생명의 숨소리, 따스함의 정감, 오붓한 밥상의 화목한 가정, 부잣집의 상징으로 남아있다. 이렇게 굴뚝의 연기는 그 가정 의식주의 건강함을 나타내는 작은 봉수대의 표시다.

나의 유년 시절 부상천扶桑川 마을에는 기와집은 하나도 없었는데, 지금은 초가집이 하나도 없다. 이른 아침에 집집마다 굴뚝 연기가 고사리 순처럼 여기저기서 올라와 온 마을을 아침 연기로 살포시 덮으면, 살며시 젖히고 일어나는 초가지붕들이 동무들 얼굴처럼 잊히지 않는다. 어느 사물이 꿈틀거리며 약동하는 모습은 살아서 쿵쿵거리는 심장 박동소리가 들리는 것 같았다. 초가집 굴뚝 연기는 기차汽車의 화통처럼 힘차게 내뿜지는 않아도 쉽게 사그라지지 않으며, 인간의 숨소리처럼 느슨하고 지속적이어서 살아있는 맥박 같았다.

아궁이에 불을 지피는 것은 음식 조리는 물론 구들장을 데워 따뜻한 음식과 포근한 잠자리를 만들어 식구들의 건강을 돌보는 것이니, 굴뚝의 연기는 어머니의 따스한 입김이나 마찬가지다. 어머니는 장남인 나에게는 유독 먹거리에도 정성을 다하셨다. 봄철에는 햇쑥을 캐다가 쑥국을 끓여서 아궁이 잿불에 올려놓았다가 골목길 아들의 발걸음 소리를 듣고 행주치마로 받쳐 들고 밥상 위에 올려놓고 아들 먹는 모습을 보며 흐뭇해 하셨다. 여름에는 하지감자에 갈치조림을, 가을에는 찹쌀과 들깨를 맷돌에 갈아서 토란을 넣은 걸쭉한 토란탕을, 그리고 겨울에는 시원한 동치밋국을 부엌의 부뚜막에서 챙겨주셨다. 그래서 그 제철 음식에 인이 박여 오늘따라 굴뚝 연기처럼 김이 모락모락 나는 어머니의 햇쑥국이 먹고 싶다.

아침 굴뚝 연기는 대체로 같은 시각에 일정하게 피어오르지만, 특히 해질녘 동네 굴뚝 연기는 띄엄띄엄 나는데 그 연기로 부잣집과 가난한 집을 여러 가지로 가늠할 수 있었다. 부잣집의 저녁 짓는 굴뚝 연기는 차곡차곡 쌓아놓은 마른 장작으로 불을 서서히 지펴 뽀얀 색으로 서서히 올라오면서 누룽지 타는 냄새가 온 동네에 풍겨 침샘을 자극하고 뱃속까지 꼬르륵 소리를 나오게 한다. 가난한 집의 굴뚝 연기는 마르지 않은 청솔가지를 아궁이가 터지도록 몰아넣어 손에 닿으면 금방이라도 검댕이 묻을 것 같은 시커먼 연기가 눈을 못 뜨게 하며, 지겹게 먹기 싫었던 시래기 삶은 냄새가 코끝까지 밀치고 올라온다. 그 시절 춘궁기에는 대부분 저녁 지을 양식이 없어 저녁밥은 건너뛰고 남들 보기에는 저녁 짓는 연기처럼 보이기 위해서 시래기를 삶으면서 헛 군불만 때는 집이 허다했다. 삶의 궁색함을 모면하려는 방법만 달랐지 목적은 같아서 백결선생의 「방아타령」이 떠오른다.

신라의 백결선생百結先生은 근검절약, 청백리의 상징으로 알려져 있다. 가세가 빈곤하여 백 번을 기운 누더기를 늘 입고 다녔다는 뜻에서 백결선생百結先生이라 했다. 그뿐만 아니라 백결선생百結先生은 거문고의 명인名人으로도 알려져 있다. 어느 해 세모를 맞아 이웃에서는 조(粟)를 찧어 별식을 마련하는데, 선생의 집안은 그것마저 여의치 않아 그의 아내가 이 같은 가난을 상심하자 그는 곧 하늘을 우러러 탄식하며, "무릇 죽고 사는 것은 명에 달렸고, 부귀는 하늘에 매인 일이어서 인력으로는 어쩔 수 없는 것인데, 그대는 무엇 때문에 부질없이 상심하는가."라고 하며, 이내 가야금으로 방아 찧는 소리를 연주하여 그의 아내를 위로해 준 곡이 「방아타령」이다. 그래서 마을 사람들은 백결선생 댁에도 섣달그믐을 맞이하여 떡방아를 찧는 것으로 알았다는 이야기다.

초가집 굴뚝 연기는 집과 사람들의 마음마저 데워준다. 할아버지 담뱃대 연기처럼 몽글몽글 솟아올라 모든 이들에게 꿈을 부추기는 상상의 세계로 날게 한다. 젊은이들에게는 희망찬 새벽하늘을, 나이 든 세대들에게는 추억의 저녁노을로 굴뚝에서 뿜어대는 동그란 연기 방석을 타고 날기도 한다. 초가집 굴뚝 연기는 아지랑이처럼 피어오르다가 일시에 가라앉더니 온 마을을 뒤덮는다. 마을의 지붕들은 할아버지의 삿갓처럼 뾰족이 내밀고 굴뚝들은 담뱃대처럼 세워져서 마지막 한 모금 내뿜는 담배 연기처럼 힘없이 올라와 마을을 하얀 연기로 나지막이 속세를 뒤덮으니 유유자적한 신선들의 몽유도원도의 세상을 떠올리게 한다.

장작더미와 청솔 개비는 널려 있는데 아궁이는 모두 다 입을 닫아 버려 불 땔 곳이 없다. 그래서 굴뚝에서는 연기가 사라졌다. 그렇게 많던 동무들은 물론 처마 끝의 참새들도, 집 주변의 오소리도, 뒤뜰 산토끼도 솔가리 타는 굴뚝 연기 대신 석유 보일러 냄새가 싫어서인지 보이지 않는다. 그래서 오래간만에 빈 아궁이에 솔가리로 군불을 지펴 석유 냄새 몰아내고 솔가리 냄새로 바꿔 놓았다. "동무들아 오너라 오너라 오너라. 동무들아 모여서 같이 놀자." 어린 시절에 자주 불렀던 동요가 흥얼거려진다.

새벽 굴뚝 연기 흩어질 때 식구들의 아침 식사를 지어 놓고 더 더워지기 전에 밭 한 고랑이라도 김을 매기 위해서 집을 나셨던 어머니! 지금은 굴뚝은 있어도 연기는 없어졌다. 어머니가 밭을 매던 호미와 걸쭉한 토란탕을 만들어 주셨던 맷돌은 굴뚝 언저리에서 그을음에 거슬린 채 있어도 어머니는 계시지 않는다. 꿈이 다시 한 번 주어진다면, 부엌 아궁이에서 나는 밥솥에 불을 때고 어머니는 부뚜막에서 반찬거리를 요리하시어 소박한 아침상을 차려 흩어진 식구들이 빙 둘러 앉아서, 그간 어떻게 살았는지 물으면서 굴뚝 연기 스며든 안방에서 오붓한 아침 식사를 한 번 하고 싶다.

(2020. 4. 25.)

자운영紫雲英 꽃 필 때

우리나라의 이른 봄 산야에 돋아나는 새순들은 대부분 독성이 적어, 생채무침이나 데쳐 먹을 수 있는 것으로 춘궁기를 때울 반찬이 되었다. 쌀이 귀하던 보릿고개 시절 논에 지천으로 널려 있던 독새풀(뚝새풀) 종자로 죽을 쑤어 밥 대신 먹었고, 연한 자운영 줄기는 나물이나 생채물김치로 만들어 허기진 배를 채워 부황浮黃에서 모면하도록 하느님이 내려주신 생명의 음식이었다.

시골 부상마을 앞 논에는 자운영 꽃이 만발하여 온 논이 자운영 양탄자로 변했다. 학교 운동장 외에는 놀이 시설이 없던 때라 친구들과 그 양탄자에서 이리 뒹굴 저리 뒹굴 자운영 논을 뭉개면서 놀았다. 한참을 놀다 보면 옷에 자운영 풀물이 퍼렇게 들었고, 등이 따끔하여 보면 자운영 꿀을 따던 꿀벌까지 뭉개버려 꿀벌은 화가 났는지 내 등에다 벌침을 박아놓았다. 그 침은 그때까지 살아서 꿈틀거렸다. 자운영

꽃밭에서 여자 친구에게 꽃반지나 꽃목걸이, 손목시계를 만들어 건네주며 각시와 신랑 역할분담의 소꿉놀이는 나에게는 동화마을에서 보낸 신혼시절처럼 아련히 떠오른다. 자운영 꽃잎 하나하나를 살펴보면 아랫부분은 하얗고 끝부분은 분홍색으로 적셔져 있다. 석류를 쪼개어 알 하나하나를 조심스럽게 떼어보면 역시 아래쪽은 하얗고 윗부분은 빨간색으로 투명한 작은 보석처럼 보여 어린 시절 나에게 자운영꽃은 쩍 벌어진 석류알을 연상하는 보석 같은 꽃이었다.

옛날 농사짓는 비료는 화학비료가 아닌 퇴비堆肥가 대부분이었다. 그래서 봄의 녹비작물綠肥作物로는 일부러 심는 자운영과 자연 발생의 독새풀이 농작물의 거름 노릇을 했다. 자운영 뿌리에는 뿌리혹박테리아(根瘤菌)가 기생寄生하면서 식물이 직접 이용할 수 없는 공중의 질소를 식물이 이용할 수 있는 질소로 변화시키기 때문에 화학적으로 제조된 질소비료가 등장하기 전까지는 농사에는 매우 중요한 질소 공급수단이었다. 자운영 추출물은 청열淸熱, 풍담해수風痰咳嗽, 인후통咽喉痛, 화안(火眼-결막염), 대상포진帶狀疱疹, 외상출혈外傷出血 등을 치료한다. 어쩌다가 이웃집 아저씨가 자운영 논에 소를 매어 놓으면 소는 겨우내 굶주렸다는 듯이 자운영을 긴 혀를 내밀어 휘감아 뜯어서 우두둑우두둑 맛있게 먹는 소리가 군침을 돋게 했다. 이렇게 자운영은 녹비용, 사료용, 식용, 그리고 약용으로 버릴 것 없이 모두 사용했다. 자운영 꽃 들판은 이른 봄 굶주림과 추위에 떨던 유년시절 꿈과 희망을 채워줬던 동화 속의 삽화다.

어머니는 자운영의 연한 줄기로 물김치를 만들어 주셨다. 자운영의 줄기가 아삭아삭 씹히면서 줄기가 터질 때마다 자운영 향이 입속 전체를 가득 채웠다. 그래서인지 지금도 어머니의 걸쭉하고 시원한 물김치맛에 인이 박여 있다. 아내는 나의 물김치 식성을 알고 제철에 알맞은 재료로 물김치를 만들어 언제나 식탁의 단골 메뉴로 올려놓는다. 아버지는 모내기 전에 모두 세어버린 자운영을 수확하여 마당에서 며칠 동안 뒤적거려 말려 도리깨로 타작하여 씨앗을 털어냈다. 씨앗과 뭉개져 버린 줄기를 바람에 날려 씨앗을 골라냈다. 자운영은 콩과식물이어서 씨앗은 앙증맞게 아주 작은 콩 모양이었다. 자운영 씨앗은 단방약으로 쓰거나 가을에 종자로 쓰기 위해 아버지는 오쟁이 속에 넣어서 처마 끝에 매달아 두셨다.

자운영 꽃의 전설은, 옛날 어느 산골에 마음씨가 좋은 부부가 살고 있었다. 결혼한 지 오래되었지만, 자식이 생기지 않았다. 그래서 간절한 소망은 바로 자식을 갖는 것이었다. 그러던 어느 날 부부가 밭에서 일하고 있을 때 한 나그네가 와서 하는 말이 저 산을 두 개 넘어 들어가면 폭포가 있는데 그곳에서 천 일 동안 지극정성으로 기원을 드리면 아기가 생길 것이라고 알려 주었다. 그래서 천일의 기도 후 세월이 지나서 그토록 소망하던 아이를 갖게 되었다. 아이를 붉은 구름이 깔린 듯 아주 멋진 풍경을 만들어 준 폭포에서 얻게 되어 자운영紫雲英이라고 이름을 지었다. 자운영은 날이 갈수록 아주 예쁜 처녀로 성장했다. 그러던 어느 날 총각 임금이 사냥하러 왔다가 길을 잃어 자운영이 있는 마을까지 오게 되었다. 그리고 자운영의 예쁜 모습에 자운영과 임금은 서로 깊은 사랑에 빠지게 되었다. 임금은 궁궐로 돌아가면서 나중에 다시 돌아와 왕비로 맞이하겠다는 약속을 하고는 궁궐로 향했다. 자운영을 왕비로 삼으려고 했는데, 부모님과 신하들의 반대가 너무 강하여 고심을 했다. 한편 자운영은 임금이 돌아올 날을 기약하며 하루하루 애간장을 태우다가 임금은 돌아올 생각을 하지 않자, 그만 상사병을 견디지 못하고 죽게 되었다. 임금은 부모님과 신하들에게 간절히 설득하여 기어코 자운영을 왕비로 맞이할 수 있게 되었다. 그래서 꽃마차를 준비하여 자운영이 있는 마을로 왔는데, 이런 임금을 본 자운영의 부모님은 임금이 약속했지만, 돌아와 준 것이 고마워 자운영은 임금님만 기다리다가 상사병이 심하여 결국에는 죽고 말았다고 이야기했다. 임금은 망연자실하여 슬픔을 견디지 못하고 자운영의 무덤으로 가서 무덤을 쓰다듬고 눈물을 흘리면서, "조금만 빨리 왔으면 이런 일은 없었을 텐데!"라고 탄식을 하면서 계속해서 눈물을 흘렸다. 그러자 애틋한 임금의 눈물이 떨어진 곳에 진분홍색과 흰색이 어우러진 예쁜 꽃이 피어났는데 이 꽃이 바로 자운영紫雲英 꽃이라고 했단다.

자운영 꽃의 전설을 보니 어쩌면 신분의 벽 때문에 새순처럼 청순하고 풋풋하게 피어나는 사랑의 싹을 인간들이 꺾어버려 절규를 토하는 핏물 들인 입술로 착각되어 애처로운 사랑 이야기가 가슴에 피멍을 남긴다. 자운영의 영혼은 밤에는 하늘의 별이 되었다가 낮에는 들밭에 내려와서 이렇게 아름다운 꽃으로 많은 사람을 즐겁게 하고 있다. 그래서 자운영 꽃말은 누구에게나 골고루 사랑을 주는 '관대한 사랑'이었나 보다. 자운영은 비록 슬픈 전설을 안고 있지마는 살아서는 꽃으로 식자재로 그리고 가축 사료로 죽어서는 모든 식물의 비료로 생을 마감하는 자운영 영혼에 숙연해진다. 노을이 아름다운 것은 태양이 숨어주기 때문이라는 말이 있다. 아마도 자운영의 헌신과 희생이 있었기에 아름다운 자줏빛 구름 같은 꽃으로 환생했는가 싶다.

(2020. 5. 9.)

여름밤의 모깃불

온종일 부모님은 논밭에서 일을 하셨다. 초등학교 여름방학 때 나와 여동생은 학독에 꽁보리를 갈아 놓으면, 어머니는 밭에서 조금 일찍 돌아오셔서 야외 화덕에 밥을 안치시면 나는 보릿대로 불을 지폈다. 어머니는 푸성귀나 된장찌개 등으로 반찬거리를 준비하시어 밀짚방석 위 밥상에 차려 놓으셨다. 아버지는 보리까락 한 삼태기를 바람이 불어오는 쪽에 놓고 그 위에 쑥잎을 한아름 놓아 모깃불을 놓으면 여름밤의 저녁 식사 준비는 끝났다. 모깃불을 놓는 이유는 모깃불로 모기를 그슬려 박멸하는 것이 아니고, 모기가 좋아하는 모깃불에서 나오는 이산화탄소를 타고 모기를 멀리 내쫓기 위해서였다.

화학비료와 기계 영농의 현대 농촌에 비교하면 석기시대의 농촌사회를 연상케 하는 시절이었다. 모든 삶의 방법과 해결책이 자연과 공존하면서 모색했기에 인간과 자연은 지속 가능한 삶의 관계였다. 인간 삶을 위한 공동방제는 구상했지만 열악한 국가 재정으로는 좀처럼 이루어지지 못했다. 집에서 기르는 축사의 외양간이나 돼지우리는 모기떼가 득실거려 밤에 소는 연신 긴 꼬리로 후려치거나 목을 흔들어 모기를 쫓는 워낭 소리가 밤새도록 딸랑거렸다. 신경이 우둔한 돼지도 작은 꼬리로 쫓아보지만 성이 차지 않는지, 끙끙거리며 갑자기 일어나 온몸을 비틀어 모기떼를 털면서 돼지우리 기둥에 온몸을 비비고 있어 돼지우리의 삐거덕삐거덕하는 소리와 워낭 소리는 밤잠을 설치게 하는 경우가 있어, 아버지는 축사 앞에도 모깃불을 꼭 피워 놓고 주무셨다.

뒤 창문과 앞 출입문에는 아버지가 금마시장에서 사 오신 모기장을 발라 놓으셨다. 나와 여동생은 해가 지면 부채나 헌 옷가지로 모기를 몰아내고 취침 준비를 마치고 문을 닫았다. 어머니는 야식 주전부리 감자와 옥수수를 사카린과 소금을 뿌리고 쪄서 소쿠리에 담아 밀짚방석에 갖다 놓으셨다. 우리 집 뒤에는 작은 동산이 있어 초저녁에는 개똥벌레가 꽁무니에 불빛을 발광하면서 유령처럼 날아다녀서 호기심을 자아냈다. 참나무에 사는 풍뎅이와 거름 무더기 속의 땅강아지들이 불빛을 보고 무작정 날아와 이마에 부딪혀 떨어지기도 했다. 킹 크랩 등딱지처럼 징그럽게 오돌토돌한 등거죽과 얼룩무늬, 그리고 황소 눈 같은 눈을 껌벅거리는 두꺼비는 상징성 외에는 친근감이 덜 가는 양서류이다. 그 두꺼비 가족이 초저녁 마당에서 식구들이 시간을 보내는 사이에 숲속에서 기어 나와서 우리 집 토방 앞에서 머뭇거리고 있었다. 어머니는 우리 집에 재물과 행운이 오겠다며 빗자루로 조심스럽게 두꺼비 가족을 모아서 좋은 곳으로 안내하니 불평 없이 뒤돌아보지 않고 엉금엉금 기어갔다.

밤이 얼마나 깊었는지 하늘에 아기별들도 잠이 오는지 하얀 구름 이불속으로 하나둘씩 들어가고 있었다. 어머니한테 여러 번 들은 옛날이야기를 듣다가 어린 동생들도 잠이 들어 입고 있는 옷이 밤이슬에 젖어 눅눅해졌다. 나는 작은 동생을 부모님은 큰 동생들을 안아서 안방에 눕히면 여름밤의 우리 집 취침 준비는 끝났다. 당시도 열대야는 있어 동생들이 끈적거리고 후덥지근한 밤 열기에 모두 깨우니 칭얼대며 울었다. 어머니는 큰 부채로 동생들 부채질하기에 바쁘셨다. 나는 실눈을 뜨고 어머니를 보니 어머니는 훌쩍훌쩍 울고 계셨다. "엄마가 미안하다. 좀더 부잣집에 태어났으면 이 고생을 안 시켰을 텐데!" 하시면서, 열대야로 무더운 여름밤과 비좁은 방의 냉방시설 미비로 잠 못 드는 동생들을 떠안으시면서 부채질하시던 어머니의 모습이 아련하다.

요사이 긴 장마 끝에 불볕더위가 기승을 부린다. 그 옛날보다 지구가 늙어서인지 더 헐떡거리며 열도 더 많이 내뿜는 것 같다. 어린 시절보다 냉방시설도 몇 배나 발전되었어도 사람들은 더위를 이기지 못한다. 깔따구는 몰라도 모기는 피를 빨기 전에 윙윙거리면서 '헌혈하세요.'를 예고하고 피를 뽑는다. 그래도 예의 있는 게 모기다. 모기가 좋아하는 사람은 피부에 스테로이드와 콜레스테롤이 많은 체질이다. 모기가 좋아하는 냄새는 땀에서 나는 옥테놀과 사람이나 동물들이 숨쉴 때 나오는 이산화탄소다. 술을 마시면 분해될 때 생기는 요산과 암모니아 냄새도 모기가 좋아한다. 여름밤 산책할 때 콧구멍이나 목구멍에 작은 깔따구가 들어오는 경우는 코와 입에서 내뿜는 이산화탄소에 유인되어 언저리에서 얼찡거리다가 숨을 흡입하는 순간 빨려 들어가는 경우다.

오늘밤도 북두칠성이 보이는 저 하늘 아래서 모기떼와 여름밤을 설쳤던 어린 시절이 떠오른다. 은하수들은 밤이슬이 무거운지 별똥이 되어 고향 하늘 아래로 쏟아진다. 내가 사는 아파트는 15층이어서 모기는 없다. 그래서 취침 전 행사로 모깃불도 필요 없어 아내와 아파트 주변 들길을 40여 분 산책하는 것이 일과다. 산책하면서 깔따구가 코나 입으로 들어올까 노심초사하는데 또 들어와서 캑캑거리면서 뱉어내는데, 아내는 저녁 산책 시간 중 으레 있는 것으로 여기며 힐끗 쳐다보기만 한다.

우리 조상들은 실증된 과학보다는 생활 경험에서 축적된 상식을 체계화하여 일상의 생활과학으로 삼아 삶을 영위했다. 조급함보다는 느긋함으로, 혼자보다는 여럿이 모든 생명체의 공존하는 삶을 추구했다. 스프레이로 모기를 박멸하기보다는 모깃불로 함께 사는 후덕한 민족이었다. 마당 끝 생 울타리에는 온갖 풀벌레들이 여름밤의 세레나데를 연주하니 잎사귀들은 춤을 추어 풀내음이 진동하여 모깃불을 타고 하루의 더위와 피로가 사라진다. 이렇게 시골집 마당 밀짚방석 위의 여름밤은 어느 낙원 부럽지 않은 어린 시절의 판타지 같은 무대였다.

(2020. 8. 26.)

잃어버린 추석

이 세상에 영원한 것은 아무것도 없다. 과학도 종교도 사상도 겉으로는 도도한 강물에 휩쓸려 흘러가지만, 강물 속에 수많은 알갱이와 부디치며 변화 속에 흐르고 있다. 21세기의 거대한 강물이 시작된 지 20년째다. 그런데 거대한 강물의 흐름을 방해하는 코로나19의 댐이 나타나서 세계 각처에서 동시다발적으로 인류의 재앙을 예고하고 있다. 만물의 영장인 인류는 지혜를 모아 코로나19 댐을 슬기롭게 넘어가서 강물의 흐름을 유지해야 한다. 그렇지 못하면 코로나19에 정복을 당하여 강물이 역류하면 지금까지 쌓았던 인류의 문명은 말살되고 석기시대로 회귀하여 돌멩이 전쟁부터 시작하는 삶을 살아야 한다.

코로나19 때문에 지구상의 어느 독재자도 속수무책으로 쩔쩔매면서 인간의 한계성을 실감하고 있다. 어느 정치와 사상에서도 의연하게 대처하며 유지해 왔던 종교도 신의 섭리 이상으로 굴복하여 많은 종교행사를 지양하고 종교적 순례 행사도 억제하고 있다. 그래서 많은 민족은 민족 명절 행사는 더 큰 재앙을 예방하고 후일에 더 값진 만남을 위해 오늘의 고통을 감내하고 있다. 지구상에서 인구가 가장 많은 중국에서도 올해는 각종 국가 명절에 민족의 대이동 억제를 호소하여 소기의 목적을 거두는 것을 보았다. 우리 민족은 세계 어느 민족보다도 정과 의리 그리고 눈물이 많은 민족이다. 그래서 추석명절 때는 민족의 대이동이 해마다 급증하고 있다. 5~6시간 정도 고속도로에서 딱정벌레처럼 자동차들이 기어가고 있어도 고향의 부모님을 뵙는다는 설렘에 긴긴 시간도 즐거움으로 받아들이며 고향으로 고향으로 긴긴 행렬은 이어지고 있다. 참으로 흐뭇하고 아름다운 우리 민족의 명절 행사의 하나다.

그런데 올해는 코로나19 때문에 정부는 각종 매스컴이나 SNS를 통해서 잠시도 쉬지 않고 추석 때 집단적 고향 방문 억제를 간절히 호소했다. 그래서인지 다소 효과가 있는 것 같다. 그런데 눈살을 찌푸리는 것은 어느 일부 계층이겠지만, 부모님이 계시는 고향 방문의 억제를 호소하니 부모님은 찾아뵙지 않고 유원지 등으로 몰리는 것을 보도하여 주객이 전도된 느낌을 받아서 마음이 개운치 않다. 추석 때 고향 방문 삼가는 다수가 모이는 장소에 참가를 자제하여 전염병을 억제하자는 데 있지, 고향 말고 사람들이 많이 모이는 다른 곳은 방문해도 된다는 뜻은 아닐 텐데 말이다.

올해는 추석 고향 마을이 너무 쓸쓸했다. 마을 입구에 "부상 고향마을 방문을 진심으로 환영합니다."라는 플래카드도 걸리지 않았다. 온종일 마을회관에서 동네 사람들이 하던 노래자랑도 들리지 않았다. 추석 차례가 끝나면 어린이들은 새옷을 갈아입고 동네 고샅길을 뜀박질하느라 정신이 없고, 오랜만에 고향을 찾아온 어른들은 이웃끼리 서로 덕담을 나누는 모습이 정다웠는데 그 모습도 없었다. 앞산에 아침 이슬이 마르면 성묘객들이 줄지어 오르내리고 산소 입구에는 자동차들이 빼곡했는데, 올해는 성묘객도 헤성헤성하고 자동차도 몇 대만 보였다.

부모님 추석 차례 때는 조카들이 많이 와서 방이 좁아서 마루에 서서 차례를 지냈는데 올해는 안방도 채우지 못했다. 조상님들이 추석 차례상을 받으러 오셨다가 너무 쓸쓸히 돌아가셨는가 죄송스러웠다. 차례를 마치고 속으로 조상님들 내년 설에는 코로나19가 풀어져서 많은 자손이 조상님 모실 거라고 위로해 드리면서 차례를 마쳤다. 그렇지 않아도 일부 젊은 세대들은 기성세대들의 조상 모시는 문화를 별로 탐탁지 않게 생각하는 예도 있어, 이러다가 민족 명절을 비롯한 우리 민족의 전통문화가 이대로 굳어져 버릴까 걱정이다. 어느 인터넷 자료를 보니 고향에 못 가는 자손들에게 인터넷 차례상을 차려놓고 차례를 모시는 경우를 권장하는 것을 보았는데, 오죽하면 그런 방법을 권장했을까 생각해 봤다. 차라리 그럴 바에야 자기 집 식탁에서 찬물 한 그릇 정갈하게 떠 놓고 조상님께 진실을 고하는 것이 더 낫다는 생각이 들었다. 공자孔子의 7대손 공빈孔斌은 예의를 잘 지키는 동쪽의 나라 한국을 동방예의지국東方禮儀之國이라 했으며, 인도의 시성 타고르는 우리나라를 '동방의 등불'이라고 말하지 않았던가?

안데스산맥의 고대국가의 거석문화巨石文化 중에서 전 인류의 혀를 내두르게 하는 잉카의 마추픽추Machu Picchu를 가끔은 생각해 본다. 수레바퀴와 화약이 없이 오직 토목 기술을 인간의 수족에만 의존했던 시대에 어떻게 현대 최첨단 장비로도 엄두를 내지 못할 공전空前의 거석문화를 꽃피울 수 있었단 말인가? 마추픽추만 보면 그 민족은 세계를 지배하고도 남을 여력이 있는 민족이었다. 그러나 잉카의 후예들은 조상들의 훌륭한 문화를 계승 발전시키지 못하고 정복자의 식민지로 살다가 겨우 독립하여 마추픽추를 관광명소 기반으로 민속놀이 등 관광상품으로 유지하고 있다.

물론 외래문화를 배격하고 우리의 전통만을 고수하자는 것은 아니다. 이순신 장군의 거북선을 고집하자는 것이 아니고, 우리의 얼과 혼이 흠뻑 젖은 거북선의 바탕 위에 세계 최첨단 최일류의 잠수함을 만들자는 것이다. 코로나19가 끝나면 모든 것이 제자리로 돌아갈 텐데 쓸쓸한 추석 때문에 쓸데없는 생각을 한 것 같다.

(2020. 10. 10.)

외갓집 수수밭 길

코로나-19 때문에 학교 수업이 비대면 인터넷 수업으로 전환된 지 꽤 오래되었다. 그래서 학생들의 수업 교재를 우편으로 발송하거나 학생이 학교에 와서 교부해 가기도 한다. 그런데 신규 학생이 전입해 오면 이런 정상적인 시스템이 적용되지 않아서 수업 진행에 차질을 빚기도 한다. 당장 오늘부터 수업이 실행되는데 교재 전달이 안 되었다. 택배나 우편배달로는 시간이 긴박해서 할 수 없이 교장이 직접 교재를 가지고 두 군데 가정을 방문하여 교재를 전달했는데, 한 군데는 시내권이고 다른 곳은 수수 잎이 하늘거리는 시골의 다문화가정이었다.

다문화 가족 학생이 사는 곳은 익산시 왕궁면 농촌의 상발산마을이었다. 아직 우리나라 문화에 익숙지 않아서 의사소통에 어려움이 많다. 그런 학생의 집 주소와 위치 설명이 서툴러서 찾아가는데, 그 일대를 세 바퀴나 돌면서 장마로 끊어진 길과 흙탕물로 뒤범벅이 된 마을 골목길을 헤매다가 겨우 찾아서 교재를 전달했다. 긴장이 풀리니 피로가 한꺼번에 밀려왔다. 마을 앞에는 느티나무가 시원하게 보여 나무에 등을 기대고 앉아서 잠깐 쉬었다. 들 건너 벼 이삭 출렁거리는 마을 앞을 보니 이제는 60여 년 전에 전주로 이사를 했지만, 어렸을 때 외가 동네인 왕궁면 흥암리 평리마을이었다. 어머니와 외가를 갈 때는 산 넘고 들 건너서 멍덕매 뒷산을 넘으면 들 가운데 평리마을이 보였다.

그때를 생각하니 순간 피로가 확 풀리면서 외가댁이 가고 싶어서 차를 돌려 가고 있는데, 60여 년 전에 비하면 많은 곳은 크게 변했어도 왼쪽 산모퉁이 멍덕매 외갓집 밭터는 그대로인 것 같았다. 누가 콩을 심어 놓고 듬성듬성 수수를 심어 벌써 이삭이 나왔다. 혼사가 결정된 큰애기의 싱숭생숭한 마음처럼 수수 잎이 바스락거리며 너울거린다. 수수밭에서 낭자머리를 하고 하얀 두건을 쓰신 외숙모님이 있을 것만 같다. 길가에 자동차를 세워놓고 성큼성큼 밭둑길을 걸어 오르니 놀란 메뚜기들이 후두룩 후두룩 날아가기에 바쁘다. 외가 수수밭에 도착하여 아무리 찾아봐도 외숙모님은 계시지 않았다.

수수밭 언덕에 앉아서 평리마을을 내려다보니 바로 코앞 동네다. 그 옛날엔 기와집이 한 채도 없었는데 이제는 초가집이 한 채도 없다. 외가댁 입구 싸리문 오른쪽에는 남새밭이 있었고 마당 끝과 허청 옆에는 텃밭이 있었다. 언제나 연하고 싱싱한 푸성귀가 가득하여 외숙모님은 우리 집에 푸성귀를 철철이 많이도 가져다주셨다. 외가는 들 가운데 있어서 마을 앞에는 큰 둑이 있었다. 어쩌다가 외가에 가면 아침에 일찍 일어나 마을 앞 냇가에 가서 세수를 하는 것이 마을 사람들의 일과여서 낯설지만 나도 외사촌들과 함께 참여했다. 들 가운데 마을이라 땔감이 부족하여 하천부지에 지천으로 널려있는 갈대를 베다 말려서 땔감으로 사용하기도 했다.

자리에서 일어나 외가 쪽을 바라보는 것으로 만족했다. 민원업무 외에는 찾아가지 않았던 곳이 고향 왕궁면사무소다. 그래서 오늘은 일부러 소재지 일대를 한 바퀴 돌고 전주 쪽 자동차 도로로 나갔다. 시골 들녘을 가로질러 가는데 오늘따라 수수밭을 많이도 스쳐 간다. 옛날 수수밭에는 그렇게도 참새 떼가 득실거려 빨랫줄 같은 곳에 깡통을 주렁주렁 매달아 할머니가 마루에 앉아 계시다가, 참새들이 날아오면 빨랫줄을 힘껏 당기면 딸랑딸랑하는 깡통 소리에 놀라 참새들이 날아갔다. 그런데 이제는 할머니들이 모두 다 돌아가셨는지, 아니면 참새들도 깡통 소리에는 면역이 생겨 날아가지 않아서인지 깡통 대신 양파 자루로 수수 이삭 하나하나에 망으로 가면처럼 씌워져 있다. 수수는 그대로인데 너무나 다른 것들로 바뀌어 있어 세월이 훌쩍 지나갔음을 실감했다.

어린 시절 수숫대는 아이들에게 요긴한 당분 섭취의 주전부리였다. 수숫대는 껍질이 워낙 날카롭고 단단해서 이빨로 껍질을 벗기기도 했는데 이때 손을 베거나 입술을 베이기 일쑤였다. 수숫대 잎이 붉은 것은 남매를 쫓아 썩은 동아줄을 탔다가 떨어진 호랑이의 피라고 할머니의 이야기를 들은 적이 있다. 그 호랑이 피가 무서워 수수밭 언저리도 가지 못했는데 이제는 세월이 흐르면서 그리움이 되었다. 수수깡은 미술 시간 주재료로 사용되었다. 마른 수숫대 껍질로 안경테와 콧등, 안경다리를 만들고 그 연결 부위에 새하얀 속대에 끼우면 멋진 수수깡 안경이 되었다. 수수는 곡식 중에서 가장 차진 곡식이어서 어머니는 별미로 수수부꾸미를 만들어 주셨는데, 지금 생각하니 호떡과 피자를 합쳐놓은 별미 중의 별미였다. 알갱이를 떨어낸 수수 이삭은 빗자루의 대표적인 재료로 사용했다. 마지막 남은 수숫대는 발을 엮어서 저온 창고가 없었던 시절에 사랑방 윗목에 고구마 등 곡식 둥우리로 사용했다. 이렇게 수수는 어느 것 하나 버릴 것이 없는 작물이었다.

오랜만에 수수밭 길옆을 지나가니, 멍덕매 외가 수수밭에서 낭자머리에 하얀 두건을 쓰신 외할머니 같은 외숙모님, 수수밭 참새 떼를 지키느라 마루에서 졸고 계셨던 할머니, 수수부꾸미와 토란탕을 만들어 주시며 자식들이 먹는 모습에 흐뭇해하셨던 어머니 그리고 수수밭에서 숨바꼭질 놀이를 했던 소꿉친구들이 보고 싶어 벌써 눈은 그렁그렁거린다. 가을 들판의 벼 이삭 물결이 수수 이삭으로 혼동하여 영화 「붉은 수수밭」에서 주인공이 나귀를 타고 꼬부랑 수수밭 샛길을 가는 것처럼 나의 자동차는 들녘 수수밭 길을 헤쳐가고 있었다. 수숫대의 물결 따라 덧없이 지나가 버린 세월 속에 이삭의 알갱이처럼 뒤엉켜 살았던 인연들은 이제는 시름시름 앓다가 말라비틀어진 수수깡이 되어 가을 하늘로 사라지고 있다. 인간은 가장 행복하게 해줬던 사람보다는, 가장 가슴 아프게 했던 사람을 그리워하는가 보다.

(2020. 9. 15.)

고향 집 감나무

고향 집 부상마을 뒤뜰에는 온갖 유실수를 많이 심어 놓아서 추석 차례 때는 과일을 사지 않아도 햇과일로 차례를 모셨다. 그중에서도 감이 제일 풍성하여 나는 과일 중에서도 감을 유난히 좋아했다. 동생들은 가을이 오고 먹음직한 감을 보면 내가 생각나는지 한 해도 거르지 않고 앞다투어 감을 보내준다. 단감, 홍시, 곶감 그리고 감 껍질 말린 것, 심지어는 떨떠름한 땡감도 좋다.

어렸을 때는 아침에 일찍 일어나 감나무 밑에 떨어진 땡감을 주워서 구정물 통에 넣었다가 2~3일 후에 꺼내서 맑은 물에 씻어 먹으면 떫은맛은 사라지고 아삭거리며 달짝지근하여 주전부리로 그만이었다. 그래서 뒤뜰이나 밭두렁에 심은 감나무 밑은 떨어진 땡감을 주으러 간 발자국이 반질반질했다. 땡감 줍는다고 온 동네 아이들이 새벽부터 감나무 밑 농작물을 모두 다 밟아버려 논밭 주인은 언제나 성화를 댔다.

형제가 많았는데도 생전 부모님은 장남인 나를 그리도 챙겨주셨다. 감나무에서 제일 크고 잘 익은 감은 큰아들 몫으로 생각하셨는지 아무도 건들지 못하게 하시고 내가 집에 들르면 그때서야 감나무 장대로 따서 나에게 주셨다. 어머니는 땡감은 감장아찌를 담그셨고, 물러터진 감은 식초를 만들어 조미료로 사용하셨다. 객지에서 학교 다니던 내가 제때 집에 오지 못하면 나에게 줄 홍시는 장독대 항아리에 감추었다가 집에 가면 앞치마로 물기를 닦아 입에다 넣어주셨다. 그런 것을 보고 자란 동생들은 감 계절이 돌아오면 부모님이 나에게 해주셨던 감 선물을 지금도 하고 있다.

언젠가 정읍 산내면 백필리 마을로 출가한 여동생 시댁을 방문한 적이 있었다. 마을이 산촌이어서인지 산과 들, 가로수, 울타리 등이 온통 감나무 일색이어서 다른 나무는 뿌리내리고 살 틈을 주지 않았다. 사돈집 마당에 들어서니 정자나무보다 큰 감나무가 버티고 서있었다. 이미 떨어져 수북이 쌓인 감 잎사귀는 가을 뙤약볕에 고실고실하게 말라버려 살짝만 밟아도 금방 바스락거렸다. 뒷동산에는 검은 바위들이 고래처럼 여기저기 엎드려 있는데, 그 고랫등에 곶감을 만들기 위해 깎아낸 감 껍질을 말리고 있어 처음 본 모습에 눈을 떼지 못했다. 집에 돌아올 때는 사돈댁에서 먹시 한 포대를 따주셨다. 그 뒤부터 정읍 매제는 가을이면 가장 잘 익고 맛있는 감을 한 상자씩 보내주는 것이 가을의 연례행사가 되었다.

아내도 내가 감을 좋아하는 줄 알고 야외 나들이나 시장에 가면 장보기에서 감이 빠지지 않는다. 도시에서 낳고 자라서인지 시골의 우리 집을 좋아해서 틈만 나면 40여 년 전부터 유실수를 많이도 심어 놓았다. 그중에서도 단감나무가 토양에 맞는지 제일 잘 컸다. 울타리 밖 길모퉁이에 있어서 여름에는 시원한 정자나무 역할을 하고 가을에는 탱글탱글한 주황색 감이 가지가 휘어지도록 열려있어 동네 사람들의 눈요기와 입맛 요기로 큰 몫을 하고 있었다. 이제는 어깨 높이에 있는 감은 동네 사람들 것이 되어버려 자유롭게 따먹고 있다. 우리 집은 중간 높이 것만 따먹는다. 제일 꼭대기 감은 까치밥으로 남겨 놓아 산새들이 날아와 즐겨 먹고 있어, 언제부터인가 제일 아래쪽은 동네 행인들 것이고 중간 부분은 우리 가족 몫이며 제일 꼭대기 것은 텃새들의 겨울 식량이 되었다.

요 며칠 전 아버지의 제삿날이어서 조금 일찍 시골집에 갔었다. 동생은 아버지 제사상에 올릴 감과 형제들에게 나누어줄 감을 손이 닿는 곳은 주섬주섬 감을 따고 높은 곳은 장대로 따고 있었다. "형님, 조금 있으면 된서리가 와서 단감은 금방 물러버리고, 산새들이 이것 저것 마구 쪼아놓아서 먹을 수 없으니 하루빨리 따가세요." 했다. 그날은 뉘엿뉘엿 어두워져서 감을 딸 수 없어 다음날 다시 와서 따기로 했다.

다음날 오전에는 신아문예대학 수필반에서 수업을 마치고 오후에 고향집 단감나무 아래로 갔다. 벌써 감잎은 단풍이 물들어서 떨어졌고 분홍빛 감들은 방긋이 웃어주었다. 그런데 모든 감이 돌아가신 부모님, 멀리 떨어진 동생들 그리고 귀여운 손자들로 보여 차마 딸 수가 없어 망설였다. 해가 잠시 구름 속으로 숨어버리니 그때서야 본래의 감 모습으로 보였다. 동생이 만들어 놓은 감나무 장대로 감을 따서 헌

비닐 비료 포대에 넣어 전주로 왔다. 옆집 아들 집에 들러서 감을 나누어 주면서 손자에게 40여 년 전에 할머니가 증조할머니 집에 감나무를 심었던 이야기부터 단감나무에 얽힌 이야기도 함께 들려주었다. 우리 집에 돌아와 나머지 감은 냉장고에 보관했다. 냉장고 속에 보관한 고향 집 감은 하도 사연이 많고 먹기도 아까워서 당분간은 눈요기만 하기로 했다.

(2020. 11. 4.)

우리 마을의 '술메기'

'술메기'는 농자천하지대본農者天下之大本의 시대 음력 7월쯤 농가에서 그해 벼농사를 마지막으로 논에 난 잡초를 뽑아내는 일, 즉 만물을 끝내고 날을 받아 술과 음식 그리고 풍물패가 어우러져 하루를 즐기며 노는 전통 민속행사이다. 익산시 왕궁면에서 제일 물이 좋은 곳은 우리 동네인 부상천扶桑川 마을이라 하여 예로부터 '일 부상천'이라 했다. 그래서 농사짓는 농업용수가 사계절 언제나 넉넉하고 지형적으로 관개灌漑가 잘되는 지역이라 가뭄과 홍수가 염려 없는 전형적인 농촌 마을이다. 특히 '일 부상천'이라 칭한 이유는 왕궁면에서 식수食水 또한 으뜸 마을이라는 뜻이다. 이렇게 우리 마을은 『택리지擇里志』에서 거주지의 최적 조건으로 뒤에는 산이 있고 앞에는 시냇물이 흐르는 배산임수背山臨水의 위치를 갖춘 마을이다.

농기구도 변변치 않고 농약도 없던 시절 우리 조상들은 그야말로 순수 친환경적 방식으로 농사를 지었다. 논농사의 마지막 행사로 의미는 같은데 표현이 여러 가지로 많다. 푸짐한 안주와 넉넉한 농주農酒를 마련하여 마시고 즐기는 '술메기', 마지막 세 벌 김매기인 '만두레', 논 김매기의 유일한 농기구는 호미인데 한 해 농사일을 끝낸 뒤 다음 해의 농사를 위해 호미를 씻어 걸어 둔다는 뜻에서 유래하는 '호미 씻기(호미걸이)', 농사가 가장 잘된 집의 머슴을 선발하여 황소 등에 태우고 농악을 울리며 마을을 돌고 주인집에 돌아가서 술과 음식을 들며 즐기던 '머슴놀이' 등의 공통점은 한 해의 농사를 마감한다는 의미뿐만 아니라, 풍년을 기원하고 피로를 푸는 마을 잔치의 의미를 지닌 놀이다.

술메기를 하기 전에 걸립패乞粒牌를 조성하여 술메기 때 필요한 음식과 비용 조달을 위하여 집마다 돌아다니면서 곡식이나 술 그리고 통돼지 등을 미리 기증받아 술메기 당일 행사 음식으로 사용했다. 펄펄 끓는 가마솥 물을 퍼다가 가마니때기에 누워 있는 돼지에 연신 골고루 적시면서 부엌칼로 긁어대면 어느 사이 검정 털은 벗겨지고 하얀 살을 드러낸다. 아저씨들은 내장을 들어내고 정리하여 여러 개의 가마솥에 나누어 고기를 삶는다. 어린이들은 가마솥 부근에 옹기종기 앉아서 고기 익는 냄새를 맡으며 오랜만에 먹어볼 돼지고기에 시선을 고정하고 있다. 가마솥 뚜껑이 들썩들썩할 정도로 한참 김을 내뿜더니 드디어 고기가 다 익었나 보다. 아저씨가 쇠꼬챙이로 고기를 찍어서 안반에 올려놓으니 뜨거운 김 때문에 고기가 안 보인다. 김이 걷히니 아주머니들이 부엌칼로 숭덩숭덩 썰어서 나누어 준다. 바가지에 담겨 있는 왕소금을 찍어 먹었다. 그렇게도 맛있게 먹었던 술메기 날의 돼지고기가 또 먹고 싶다.

주위 마을에서 또한 부러워한 것은 우리 마을에는 유명한 한약방이 있어 간단한 진맥과 응급환자를 쉽게 치료할 수 있다는 점이었다. 그래서 마을에는 보약 달이는 냄새가 그치지 않았다. 어쩌다가 다른 동네 어른들이 동네 한약방에서 약을 지어서 한약 봉다리를 달랑달랑 들고 가는 모습도 흔히 볼 수 있었다. 어린 시절에 가장 가슴에 남는 것은 그 한약방 집 할아버지가 서당 훈장님도 겸하셔서 동네 형들의 한자와 서예를 교습하는 모습이었다. 나는 서당 집 벌어진 흙담 사이로 형들의 글 읽는 소리가 흘러나오면 걸음을 멈추고 일부러 서당 집 돌담길로 돌아가기도 했었다. 왕궁면에서 물이 제일 좋은 마을, 의료와 교육시설도 있는 마을, 그리고 방앗간이 있는 마을에서 오순도순 살았던 마을 어른들은 모두 다 돌아가셨다. 외래식물처럼 들어와 사는 타지 사람들이 계속 늘어나서 반갑기보다는 내가 오히려 소외감을 느낀다. 마을 옆 고속도로 진입로는 문명의 혜택이기보다는 추억을 갈라놓은 훼방꾼 같다.

아지랑이가 가물거리는 드넓은 들을 워낭 소리와 아저씨의 워워 소리를 서로 주고받으며 논을 갈기 시작하는 봄날부터 농사는 시작되었다. 못줄을 움직이는 못줄잡이의 어잇어잇 소리에 맞춰 모를 심으면서 종아리에 거머리가 붙어있는 줄도 모르면서 뒷걸음치는 동네 사람들, 그해 벼농사에서 논에 난 잡초를 뽑아가며 마지막으로 세 벌 김매기가 힘겨워서 마을에서는 두레를 조성하고 노동의 힘겨움을 이겨내고 협동을 부추기는 풍물패도 합세하여 들판은 한바탕 두레의 잔치로 가득했다. 그리고 풍물패가 앞장을 서서 안내하면 집마다 고인 우물

물을 퍼내고 청소하는 샘 푸는 일과 지덕을 밟으며 동네 한 바퀴를 돌아 나오며, 마을 모정에서 마무리하면 두렛일이 끝나고 '술메기'가 시작되었다.

이제는 소가 논밭을 가는 일을 경운기가 대신하고 있다. 정겹게 모내기하는 모습을 이앙기가 뺏아갔다. 마지막 농사를 마무리했던 두레패 대신 드론이 날아다니며 농약을 살포하며 윙윙거린다. 마을을 들썩거렸던 풍물패의 사물들은 마을 창고에서 잠자고 있다. 우리 동네 부상천扶桑川 마을은 중국의 지명에서 유래한 이름으로 동쪽에 시냇물이 흐르는 마을에서 유래했는데, 이제는 너무나 변해 상전벽해桑田碧海의 마을로 변했다. 모정을 허물고 새로 지어진 마을회관은 코로나-19 때문에 문이 잠긴 지 꽤 오래되어서 더더욱 을씨년스럽다.

추석이 내일이다. 예년 같으면 풍물패 소리와 마을회관에 설치된 스피커에서 이장님이 좋아하시는 음악을 띄워 고향을 찾은 사람들을 반가이 맞아 주었는데, 이제는 코로나-19 안전수칙을 전달하기에 바쁘다. 인간의 이성으로 자연의 섭리를 억압할 수 없고, 나만의 고집으로 세태의 흐름을 잡아둘 수 없다. 하늘의 하얀 구름을 잡아놓고 바라보고 싶어도 어느새 바람이 싣고 가 버린다. 그리운 임들 색동옷 입혀 살고 싶어도 임들은 계시지 않는다. 어느 철학자는 인간의 모든 것은 결코 완성된 것이 아니며, 변치 않는 것은 하나도 없다고 했다.

(2020. 음력 팔월 열나흗날)

제4부

그리움을 담아서

설날과 어머니

생명체들이 한 해를 마감하고 새해로 출발하는 흔적들은 많다. 소나무에는 나이테가 있고, 인삼에는 나이를 알아볼 수 있는 머릿수의 흔적이 있다. 물론 자연의 계절에 따라 성장과 휴식이 머물렀던 자리다. 그러나 인간의 경우, 나이테의 기준을 새해 첫날인 설을 기준으로 한다.

고향, 어머니 그리고 설 명절 등은 누구나 어린 시절을 떠올리게 하는 단어들이다. 나의 고향은 전북 익산시 왕궁면 부상천扶桑川 마을이다. 부상扶桑은 해가 뜨는 곳을 의미하기 때문에 배산임수背山臨水와 연결하여 이야기나 전설도 많은 마을이다.

나는 7남매의 장남이어서 어머니는 딸처럼 생각하셨는지 언제나 나를 옆에 두고 보셨다. 그래서 나는 어머니를 돕기 위해서 아기 낳는 것만 못 해봤지 여자가 하는 일은 모두 다 해보았다. 섣달 그믐날에는 하루 전에 물에 불린 찹쌀을 나는 절구에서 찧고, 어머니는 고운 체로 가루를 걸러서 시장에서 구매한 치자 열매로 주황색 부침개를 만드셨다. 고구마, 파, 가지, 묵은 김치 등도 부침개 재료로 사용했다.

설 명절 때는 집집이 철질하는 일이 지금의 김장처럼 꼭 해야 하는 거추장스러운 일이었다. 어머니는 가마솥 뚜껑을 거꾸로 뒤집어 놓고 돼지비계로 연신 문질러 손질을 하셨다. 나는 뒷동산에 올라가 철질 솥 불쏘시개감으로 연기가 적게 나고 화력이 좋은 마른 솔가지와 관솔개비 한 삼태기를 모아서 철질할 솥 옆에 가져다 놓았다.

특히 명절 때 철질은 불 때는 사람과 철질하는 사람의 손발이 척척 맞아야 부침개가 타지 않고 노릇노릇 잘 익는다. 어쩌다가 심술쟁이 바람이 홱 불어 불티가 날아올라 부침개에 내려앉으면 어머니는 부채로 잽싸게 날려보지만, 불티는 날아가지 않고 오히려 달싹 붙었다. "음식 장만할 때 불티는 나라 상감님도 잡수신다."라고 하시며 음식 조리 때의 불티는 불가항력이며 위생상 아무런 문제가 없다고 말씀하셨다.

제삿날 음식을 장만할 때는 자손이 먼저 먹어서는 안 되지만, 명절 때 음식 만들 때는 자손들이 먹어도 된다고 하시면서 김이 모락모락 나는 부침개를 돌돌 말아서 내 입에 넣어주시면서 내가 예뻐서 그러시는지, 새끼가 먹는 모양이 좋아서 그러시는지 뜨거워서 혀로 돌려가며 쉽게 먹지 못하는 내 모습을 보시며 흐뭇해 하셨다.

멥쌀가루는 약간 굵은 체를 사용해 걸러서 시루떡을 만들었다. 시루는 깨끗이 씻어 안방 아랫목에 놓아 시루의 냉기를 제거하여 떡을 찔 때 열효율을 높였다. 시루를 솥에 안치고 제일 아래는 청솔개비나 지푸라기를 깔아서 김이 잘 올라와 떡이 익도록 하는 물리적 구조였다. 쌀가루와 콩가루를 번갈아 층을 이루어가며 떡을 안쳤다. 시루 뚜껑은 김이 새는 것을 방지하기 위해 하얀 밥상보를 물에 적셔서 덮고 그 위에 가마솥 뚜껑을 덮었다. 시루를 솥에 안칠 때 그 틈에서 김이 새지 않도록 시룻번 반죽으로 빙 돌려가며 막았다.

떡시루에 불을 지피기 시작하면, 중간에 화장실을 갔다 오면 절대 출입을 금지하여 혹시라도 부정을 타서 떡이 설지 않도록 했다. 모든 것이 과학적이고 정성을 다했던 설 준비였다.

우리 집에서는 명절 때 제사 지내는 조상은 안 계셔도 어머니는 차례음식 준비를 하셔서 방안의 성주신과 장독대의 삼신할머니께 꼭 정성들여 올리며 자식들의 만수무강과 소원성취를 기원하셨다.

설 명절 설빔은 곧 닥쳐올 신학기에 맞춰서 양복도 사주시고 그렇게 신고 싶어 했던 검정운동화도 사주셨다. 양복은 소매와 바지 길이가 한 치수 길게 그리고 운동화는 아버지 손가락을 뒤꿈치에 넣어서 들어가는 치수를 사주셔서 내년까지 대비하여 크고 헐렁한 옷과 신발을 신으니 허수아비 같은 느낌이 들었다.

운동화는 설날 하루만 신고 아까워서 걸레로 흙을 깨끗이 닦아 어머니 장롱 속에 넣었다가 다 닦아지지 않은 황토가 하얀 옷에 묻어서 어머니한테 꾸중을 들었다.

설음식 보관은 냉장고가 없던 시절이라 대부분은 장독의 큰 항아리에 보관했다. 그래서 며칠 동안은 주전부리가 해결되었다. 나는 학교에 갔다 오면 곧바로 장독대에 가서 떡을 통째로 먹으면 어머니가 금방 알아채시니까 귀퉁이에서 조금씩 여러 번 떼어먹고 누가 했는지 어머니의 꾸중을 피해 보자고 했는데 어머니는 '풀독에 들랑거리는 생쥐 같다.'며 이미 알고 계셨다.

설날의 행사로는 큰집에 가서 차례를 지내고 집안 어른들에게 세배하기 그리고 성묘를 갔다 와서는 읍내에 있는 사진관에서 가족이나 친구끼리 사진 촬영이 빼놓을 수 없는 행사였다. 사진관 아저씨는 사진 아래에 '을해년 설날에', '그리운 친구끼리' 등의 사진 제목을 넣어 주셨다. 세뱃돈이 여유가 있으면 익산 시내에 가서 영화 구경도 했었다.

새해가 바뀌었어도 하늘은 똑같다는 말이 있다. 설(새해)은 인간이 자연의 순환에 편승하여 새해 출발 개념을 정립하는 경우다.

산천은 의구한데 인걸은 간데 없네라고 했던가? 설이 돌아오니 함박웃음이 가득 찼던 고향 집과 동기간과 부모님이 그리울 뿐이다.

(2019. 1. 20.)

나의 골동품

대학생들이 학비를 벌려고 일하는 경우를 알바(아르바이트: Arbeit)라고 표현하지만, 내가 대학에 다닐 때인 1960년대 중반에는 스스로 학비를 벌어서 학교에 다니면서 고생하며 배우는 학생을 고학생苦學生이라고 했다. 당시 고학생은 가정교사가 대부분이었다. 나도 하숙집 주인댁 자녀들 가정교사를 하면서 숙식을 해결했고, 가끔 주는 용돈이 전부인 고학생이었다.

이렇게 모은 용돈을 학비에 보태거나, 고향 집에 갈 때 아버지 담배를 사다 드리는 정도였다. 언젠가는 조금 더 용돈을 모아서 익산역에 내려서 길 건너 역전 시내버스 정류장 부근에 있었던 시계 점포를 지날 때마다 눈여겨 보았던 그 괘종시계를 사다가 부모님 안방에 걸어 드렸다.

괘종시계를 한 달에 한 번씩 밥 주는 일(시계태엽 감아주기)은 아버지의 몫이었는데 어쩌다 밥 주는 날짜를 놓치면 시계는 허기져서 추를 멈춘다. 그때야 밥을 얻어먹고 죽었다 살기를 반복하면서 나 대신 안방에서 50여 년 이상 부모님을 모시고 담배 연기와 된장찌개 냄새에 찌들면서도 어느 때는 텅 빈 집을 혼자서, 어느 때는 동짓달 기나긴 밤을 포대기 하나 걸치지 않고 추위에 떨면서 집과 부모님을 지켰던 효자(?)였다.

부모님이 돌아가신 뒤에 시골 집은 비어 있어서 부모님이 생전에 쓰시던 작은 농기구나 가구를 보면 마음이 울컥하여 어머니가 쓰시던 절구, 작은 국수틀, 다듬잇돌과 방망이, 홍두깨, 미싱, 화로, 길쌈 도구 등과 아버지가 쓰시던 되, 말, 저울, 가마니 바디 그리고 큰 논 호미도 함께 아파트로 옮겨 놓아 먼지를 닦고 애지중지 보관하며 생전 부모님에 대한 불효를 반성해보기도 한다.

요사이는 동생이 부모님이 사시던 시골 집을 수리하느라 부모님의 세간들을 임시 비닐하우스에 방치하고 있어 속이 상한다. 비닐하우스를 둘러보니 어디서 지진으로 무너진 돌 더미 속에서 살려달라는 아우성처럼 째깍째깍 금속음이 났다. 소리 나는 곳을 뒤적거려 보니 대학 시절에 가정교사를 하면서 용돈을 모아 부모님께 사다 드린 괘종시계가 내는 소리였다. 시계를 보니 반갑기도 하지만 흙먼지 속에 있어 마음이 상했다. 나는 먼지를 뒤집어쓴 괘종시계가 행여 상처가 날까 조심스럽게 꺼내서 입으로 훅훅 먼지를 불면서 유리그릇 다루듯 밖으로 꺼내서 보자기로 조심스럽게 싸서 자동차 트렁크에 넣었다.

괘종시계는 나에게는 대학 시절 청운의 꿈을 실현하기 위해 진리를 탐구하고 세상과 자신과 싸우면서 끊임없이 정진했던 초침과 같은 의

미였고, 부모님에게는 객지에 있지만 늘 부모님을 기대와 희망으로 지켜드리겠다는 큰아들의 상징물이었다. 그 시계가 시골의 부모님 안방에서 도시 아파트 나의 서재로 옮겨졌다. 괘종시계는 거실의 소파에 앉아있을 때 시계추가 좌우로 움직일 때마다 생전 부모님의 얼굴이 움직이는 것 같아 그저 좋기만 하다.

부모님이 쓰시던 생전의 물건들이 살아서 숨쉬면서 각자의 역할이 재현되고 있다. 그 옆에서 그 시절의 부모님 얼굴도 보여주시니 철없이 살았던 내가 한없이 부끄럽다. 모든 사람에게 진실을 숨겨도 가장 사랑하는 사람에게는 말해야 한다고 한다.

젊은 사람들은 새로운 것에 도전하며 희망의 불꽃을 피우지마는, 늙은이들은 추억에 사로잡혀 꺼져가는 불씨 보존에 안간힘을 쓰는 것 같다. 인간은 어느 물건에 나름의 상징성이 깃들어 있으면 쉽게 지나칠 수 없어 그 물건에 집착하여 이미지를 새겨 넣어 그 물건으로 하여금 일탈한 마음을 추스르기도 하고, 때로는 막연한 소망을 빌어보며 신주 모시듯 하기도 한다.

나는 가끔 손자가 집에 오면 내가 하는 말이 있다. '율'이가 어른이 되면 할아버지가 가지고 있는 모든 것 다 가져도 된다고 말한다. 손자가 증조부모님의 소품과 나의 소품들을 잘 보관하고 관리했으면 하는 속뜻으로 어린것에게 벌써 세뇌교육을 하는 것 같아 주책스러운 자신을 꼬집어보기도 한다.

인간은 공수래공수거라고 성현들은 역설하면서 빈손으로 삶을 마감했다. 한낱 초개草芥와 같은 나를 돌아보니 50년, 아니 500년 된 가문의 골동품이라도 과거의 미련과 집착은 나까지만 족하고 후손들에게는 절대 부담의 멍에를 주지 말고 오직 희망찬 꿈을 실현하도록 나는 그들의 불쏘시개로 살아야겠다고 생각한다.

(2019. 4. 26.)

씨감자의 추억

오랜만에 고향 뒷동산에 오르니 봄이 배냇짓을 하며 살며시 웃더니, 벌써 연초록 꼬까옷을 갈아입고 아지랑이는 너울을 쓰고 아장아장 걷고 있었다. 청보리는 고개를 쭉 내밀고 사방을 두리번거리다가 봄바람이 훼방을 놓으니 보리밭 물결은 금세 일렁인다. 텃밭에 탐스러운 감자순이 손짓하여 바라보니 어린 시절 추억들이 고사리순처럼 올라왔다.

감자는 재배 조건이 까다롭지 않아서 풀이 자랄 수 있는 지역에서는 세계 곳곳에서 재배되어 세계 4대 식량으로 자리매김되고 있다. 모든 나라에서 구황작물로도 그 몫이 커졌으며, 기호식품으로 개발되어 남녀노소 가리지 않고 주전부리로 즐겨 먹는다.

세계 육지면적 9분의 1인 동토凍土의 땅 러시아는 한때 세계 최대 감자 생산국일 때도 있었다. 감자를 주정酒精으로 빚은 러시아 '보드카(Voda: 물)'는 러시아 국민주國民酒를 넘어 지구촌 애주가들이 즐겨 마시는 술의 반열에 올랐다.

세계대전 때 전쟁 당사국들은 감자의 작황과 비축의 정도에 따라 후방 국민들의 전투 여력은 물론 전방 병사들의 전투식량으로 전황에 그대로 반영되어 승전과 패전을 갈라놓아 한때 감자는 탄알과 같은 전투무기로 여겨지기도 했었다.

2005년 세계식량농업기구(FAO)는 '개발도상국에서 식량으로 감자의 중요성을 일깨워 주자는 뜻'을 밝혀 UN은 2008년도를 '감자의 해(IYP 2008=International Year of the Potato 2008)'로 정하고, 2008 국제 감자의 해를 통해 식량 안보를 확보하고 빈곤을 완화하는 데 큰 의미를 부여하며 감자를 강조하게 되었다.

우리나라도 식량 자급자족이 어렵던 시절에는 단연 감자가 구황작물이 되었다. 지금처럼 저온 창고나 종자를 보관하는 장소가 적당하지 않았던 시절에, 아버지는 감자 눈이 움푹움푹 파이고 토실토실한 씨감자를 골라서 물이 스며들지 않는 양지바른 언덕에 한 소쿠리를 깊이 파고 묻어 두셨다.

이듬해 이른 봄에 아버지는 씨감자를 꺼내시어 감자 씨눈을 중심으로 두서너 조각으로 나누셨다. 감자에는 유독 둘레썩음병이 쉽게 감염되기 때문에 부엌 아궁이에서 나뭇재를 한 삼태기 담아다가 칼로 쪼갠 씨감자 면과 버무리면 칼로 자른 감자 면의 진액과 나뭇재가 엉겨붙어 감자병의 소독효과가 있다고 하셨다. 이미 쟁기로 밭에 작은 이랑을 만든 고랑에 재로 뒤범벅된 감자 씨를 듬성듬성 뿌리고 가시면 나는 자른 감자 면이 땅 쪽으로 향하도록 뒤집어놓고 흙을 살랑살랑 덮어주었다.

한 열흘쯤 지나면 감자 순이 올라오기 시작했다. 아버지는 감자는 뿌리 열매를 먹는 작물이므로 감자 순이 너무 많으면 감자 밑이 안 든다고 가장 튼튼한 감자 순 두서너 개만 남기고 잘라주었다. 외양간과 돼지막의 두엄을 아버지는 웃거름으로 감자 순 사이사이에 뿌려주면 감자순은 몰라보게 잘 자라서 감자꽃도 피기 시작했다. 아버지는 조석으로 감자꽃을 따셨다. 감자는 뿌리채소류 작물이기 때문에 꽃으로 영양분이 가면 감자가 튼실하지 않기 때문이었다. 수시로 김을 매고 북주기를 하면 감자농사는 끝났다.

이렇게 농사를 지은 감자는 당시는 유일한 농사꾼들의 새참거리여서 어머니가 동네 아주머니들과 밭을 맬 때는 나와 동생은 감자를 캐다가 껍데기를 숟가락으로 벗겨 가마솥에 쪄서 나는 대바구니에 찐 감자를, 동생은 큰 주전자에 시원한 샘물을 들고 가서 아주머니들에게 새참으로 드리기도 했다.

감자 수확이 끝나면 모내기가 이어진다. 어머니는 모내기할 때 허기진 놉들의 점심 반찬으로 감자에 고등어나 갈치를 넣어 음식을 만들어 푸짐하게 내놓으셨다. 궂은날에는 감자전을 부치고 사카린을 가미하여 꽁보리 볶은 것을 별미로 우리 형제들에게 주시면 정답게 둘러앉아 맛있게 먹었다.

그 시절 여름옷은 모시나 삼베가 대부분이었다. 여름 날씨에 눅눅함을 방지하고, 까슬까슬하며 선선함을 위하여 어머니는 조금 썩고 무른 감자를 골라서 물과 함께 항아리에 채워 발효시켜서 앙금을 걸렀다. 이것을 갈대 돗자리 위에 널어 고실고실하게 말려 옷에 풀을 먹일 때에는 전분가루를 만들어 풀감 재료로 사용하시거나, 음식 재료로도 사용도 하셨다. 알갱이가 너무 작은 감자는 간장에 조려서 밑반찬으로 내놓으면 식구들은 포도송이 크기의 별미 감자조림을 어금니에 올려놓고 씹으면 감자가 툭 터지면서 간장의 향과 감자 맛이 어우러져 계속 먹게 되는 밥도둑 반찬이었다.

이처럼 감자는 작게는 가정에, 넓게는 인류 전체에 자연환경과 사회적 상황에 따라 식생활 문화를 변화시켰다. 국가 간 감자 재배의 과학적 영농방식과 유통경제의 공유는 감자 수급 조절과 국제경제의 한 축으로 거래가 활발해졌다.

이런저런 생각이 나를 고향 집 마루까지 데리고 왔다. 이젠 부모님이 안 계셔서 감자 조리는 냄새도 없고, 걸쭉한 감자탕도 먹을 수 없다. 득실거리던 형제들도 없다. 어느새 마루 기둥에 기대어 졸다가 꿈속에서 손자가 먹던 감자스낵을 빼앗아 먹다가 잠을 깨니 해는 중천을 지나 시간이 훌쩍 지나갔다. 모든 것이 지나가고 사라졌다고 생각하니 허무감이 씨감자에 얽힌 추억을 떠오르게 했다.

(2019. 5. 4.)

나의 어머니와 정신대挺身隊

나의 어머니는 일제 강점기 때 서울 영등포에 있는 조선 경성방직 주식회사에 근무하시다가 광복 이듬해에 아버지와 결혼하여 슬하에 7남매를 두고 32명의 손주를 보고 망백望百으로 별세하셨다.

외조모님은 막내 외숙을 낳고 별세하시어 외가의 가세가 기울자 어머니는 신교육은 포기하고 가정에서 외조부님과 큰외숙님 아래서 『사자소학』과 『논어』, 『맹자』 등 한학과 붓글씨를 익히셨다. 당시에는 시골의 부녀자들은 대부분 문맹이었기에 소녀시절부터 동네 편지를 써주고 읽어주셨다. 지필묵이 귀하던 시절에 어머니는 밥상 위에다 젓가락으로 물을 찍어 글자를 쓰셨다며, 우리가 학업을 게을리하면 훈계의 말씀을 하셨다.

어머니 10대 중반 1919년에 민족기업으로 설립되고, 민족 정서를 경영자원으로 운영했으나 식민지 권력과의 유착의 씁쓸한 뒷맛이 있는, 1930년대부터 가동한 영등포에 있는 조선 경성방직에 여공으로 입사하셨다. 그야말로 동네 처녀들이 서울로 서울로 구름처럼 모여들었단다. 방직 기술자로부터 기기 운용 방법을 교육받고 기계를 직접 다루며 근무했다. 어머니는 한글과 한자를 읽고 쓰기가 가능하여 조장 근무를 맡아보셨으며, 동료들의 시골에서 부쳐온 편지를 읽어주고 답장을 써주셨다고 한다.

공장 경비실에는 시골에서 올라온 여공들의 부모님들 면회가 끊이지 않았는데 처음 객지로 보낸 딸내미들이 걱정되어 얼굴을 확인하고 안부를 묻는 경우가 대부분이었고, 더러는 혼기가 찬 딸내미 혼사를 위해 데려가는 일도 있었다고 하셨다. 그 무렵 일제는 태평양전쟁이 막바지에 이르자 조선을 비롯한 아시아 점령국가에서 소위 정신대를 차출하여 여자들을 전장에 투입했다.

조선에서 정신대 차출 기준은 미혼인 처녀들이 징집 제1순위였다. 여기에 어머니도 차출 대상이 되었다. 시골에 계신 큰외숙은 이 소식에 놀라 가까스로 노자를 마련하여 부랴부랴 상경하시어 어머니를 겨우 설득하여 귀향시켰다. 외가댁에서는 여기저기 중매를 놓아 조건 없이 한시가 급하게 결혼을 서둘러 아버지와 혼례를 치러 정신대 차출을 모면하셨다.

어머니는 결혼 후 들음들음으로 알게 된 한 동네와 앞 동네에서 경성방직 동기가 있음을 확인하고, 틈만 있으면 서로들 오가면서 그 어려운 시절에 정신대 차출을 모면하고 결혼하여 백년해로함을 위로하면서 집안 간의 대소사에 남다른 마음으로 참여하고 친자매처럼 지내셨다.

어머니와 나는 20세 차이가 난다. 어머니는 아담하고 야무진 체격이어서 연세보다 젊게 보이시고, 나는 체격이 크고 거칠어서 나이보다 많게 보이지만, 나와 어머니의 나이 차이를 상대적으로 훨씬 적게 보며 모르는 사람은 어머니를 새엄마로 보거나 누나와 동생으로 착각하기도 했다. 어머니는 생전에 절을 좋아하셔서 나는 틈만 있으면 어머니와 절을 자주 찾았다. 언젠가 어머니를 모시고 어느 절에 올라가는데 뒤에서 따라오던 어느 아낙들이 '나이 차이가 많아 보인다.'며 부부로 착각하여 수군거렸다. 나는 재빨리 "어머니, 빨리 가요." 하면서 응수했더니 그 아낙들은 미안했는지 고개를 숙이고 후다닥 앞서갔다. 저만치 가더니 힐끗 뒤돌아보면서 재차 확인하는 것이었다.

생전에 정신대 할머니들의 고달픈 삶의 모습이나 전쟁터에 끌려가는 모습을 화면으로 보시면 "아이고, 세상에나. 저런 천벌을 받을 놈들." 하시면서 한숨을, 일본인들의 만행에는 주먹을 불끈 쥐고 방바닥을 치셨다.

올해는 임시정부 탄생 100주년이고, 광복 74주년이며, 일본이 우리와의 무역 관계에서 백색국가에서 제외하는 등 어느 때보다 한 · 일간의 정신대, 위안부 문제를 비롯한 여러 문제가 버무려져 외교문제가 악화일로에 있다.

가끔 언론에 보도되는 '평화의 소녀상'을 많이도 보았는데, 모두 다 표정들은 달라도 눈빛은 한결같이 살아있어 돌아가신 정신대 할머니들이 일본 책임자의 진정 어린 사과 없이는 부릅뜬 눈을 감을 수 없다는 한서린 눈동자로 보였다. 영국과 일본은 섬나라로 바다의 공포감이 위태로웠는지 양국은 똑같이 자기들 섬나라보다 몇 배나 넓고 안전한 대륙의 침략을 서슴지 않았으나, 영국은 유럽의 귀족과 신사답게 청교도 정신을 내세워 대륙의 침략을 진정으로 사과하고 순순히 물러났다. 그러나 일본은 제아무리 국제적 공조로 압력을 가해도 끝내 항복은커녕 가미카제 특공대를 조직, 자살특공대로 끝까지 저항하다가 미국의 원자폭탄 투하로 결국 항복했던 인종이기에 정신대 할머니와 강제징용의 할아버지들에게 진정한 사과를 하게 하는 것은 원자폭탄 이상의 국민적 단결로 얻어낼 수 있을 것 같다.

국가의 운명이 풍전등화 같은 시절에도 국가와 개인은 용케도 버텨내고 오늘의 대한민국을 건설한 우리 민족의 저력이다. 이번에도 새 일왕은 "과거에 깊은 반성", 아베는 '반성 · 책임 없다.'는 상반된 의견을 밝혔다. 하루살이의 유언으로 이해하고 싶다. 이제 어머니의 기일이 한 달 남짓 남았다. 어머니! 그 옛날 경성방직 동료들, 정신대에 끌려갔던 친구분들을 어머니가 위로해드리고, 부릅뜬 눈을 고이 감고 영면에 드시도록 돌봐주시라고 부탁드리고 싶다. 우리 국민은 기어이 일본 전범들이 영전에 무릎을 꿇고 사과하도록 천지신명께 빌고 또 빈다.

(2019. 8. 15.)

전주 용산다리를 건널 때면

나의 어머니는 전주 용산다리(현재는 추천대교: 楸川大橋)를 건너실 때는 으레 다리 아래쪽을 바라보시면서 냇물에 떠내려가서 죽을 뻔한 나를 구해준, 어느 젊은 남자 은인에게 공덕을 못 드린 것이 죄가 되셨는지 한숨을 쉬곤 하셨다.

나의 유년 시절에 아버지는 전주역에서 근무하셨다. 당시 전주역은 현재 전주시청 자리에 있었다. 우리 집은 노송동에 있었는데 울타리도 없고 하늘이 보이는 부엌과 방 한 칸 그리고 듬성듬성 널빤지로 깔아 놓은 마루가 있었다. 조금 떨어진 골목 안에는 두레박을 이용하는 공동우물이 있었다. 집 앞에는 시커먼 연기를 내뿜으며 꽥꽥 소리를 지르는 기차가 오갔는데 건널목 간수 아저씨는 방울종을 치면서 기차가 지나갈 때는 사람들을 가로막고 종을 세차게 흔들어 댔던 곳이 내가 살던 마을 풍경이었다.

어머니는 집에서는 꽤 멀지만 가끔 빨래를 싸리나무 광주리에 이고 용산다리까지 가셔서 빨래도 하시고 다슬기도 잡으셔서 다슬기국을 끓여주셨다. 어머니가 빨래를 하러 가시는 날이면 나도 덩달아 어머니를 따라가서 다슬기 잡기나 물장구 놀이에 신이 났었다.

어느 날도 어머니를 따라 용산다리 밑에서 어머니는 빨래하고 나는 다슬기를 잡았는데 그 뒤 기억은 없다. 어머니는 빨래를 한참 하다가 뒤를 돌아보니 내가 없어져서 울음 섞인 소리로 "연식아, 연식아!" 하고 부르면서 주위 사람들에게 위험을 알리고 동정을 구하자, 어느 아낙이 "저기 아기가 떠내려가네요." 하기에 바라보니 아기는 이미 파도에 휩쓸려 조금 멀리 물 가운데로 떠내려가는데 파도에 묻혔다가 드러났다 하여 햇빛에 보였다 안 보였다 하더란다. 어머니는 "사람 살려요! 저기 내 새끼가 떠내려가요!"를 연거푸 외치면서 첨벙첨벙 물속으로 걸어 들어가니, 둑에서 사람들은 두 사람 죽는다고 여기저기서 고함을 쳤다. 그때 어느 젊은이가 잽싸게 헤엄을 치고 뛰어들어가 나를 안고 물 밖으로 나와 어머니께 인계하셨는데, 그때까지 나는 숨은 쉬면서 으앙하고 울더니 물을 토하고 살아났다고 한다.

어머니는 자기 자식 산 것만 생각하고 가슴에 안고 한없이 우시다가 정신을 차리고 보니 빨래도 광주리도 모두 떠내려갔고 주위 사람들도 모두 가버려 나를 업고 다시 노송동까지 와서 방에서 그대로 곯아떨어져 잠이 들었다. 잠을 깨고 정신을 차리니 그때서야 용산다리 냇물에서 나를 구해준 젊은 청년이 생각났다면서 '아차, 내가 내 새끼만 생각했지 그 고마운 청년한테는 인사도 못했구나!' 두고두고 빚지고 사는 사람처럼 가슴 아파하셨다.

언젠가 나와 어머니는 용산다리 시냇가까지 일부러 걸어 내려갔다. 어머니는 그 옛날 빨래터를 찾아내시고 시냇물이 불어서 둥둥 떠내려갔던 장소도 손가락으로 가리키셨다. 어머니는 나를 살려준 그 은인은 알 수 없으니 정월 보름 때 월천공덕越川功德의 섶다리라도 이곳에 놓았으면 하셔서, 마땅한 장소를 찾아보았으나 하천정비사업으로 하천은 더 넓고 깊어져서 섶다리는 불가능했다. 그리하여 마음의 섶다리만 놓고 60여 년 전의 고마운 아저씨를 생각하며 어머니를 부축하여 다시 하천 둑방을 올라왔다.

그 젊은 아저씨는 전생에 나와 어떤 인연이었을까? 그분의 자손들과 나의 자손들과도 보이지 않는 좋은 인연으로 살아갈 수 있으면 좋겠다.

(2019. 9. 13.)

꿈에 나타나서 내 목숨을 구해주신 할머니

할머니와 손자는 한 다리 건너서 형성된 혈연이다. 얼마 남지 않은 삶의 끝자락에 서 있는 할머니에게 자기를 이어줄 유일한 혈육은 바로 손자다. 손자는 자식들에게서는 얻지 못한 희망과 사랑을 듬뿍 주어도 모자라고 눈에 넣어도 아프지 않을 피붙이다.

손자는 제 부모한테는 꾸지람과 칭찬을 같이 받고 자라지만, 할머니한테는 무한한 칭찬과 사랑만 받는다. 그래서 손자의 투정의 해결사는 할머니다. 부모님께서 꾸지람을 듣고 울면서 달려가서 억울함을 하소연하는 곳은 할머니 치마폭이다. 손자의 억울함을 해소할 방법이 없을 때는 할머니의 허리춤 요술 주머니에 꼬불쳐 놓은 돈을 손자 손에 쥐여주면 만사 오케이다.

우리네 농촌에서 할머니들은 가사노동 분담은 큰 몫을 차지했다. 할머니는 칭얼대는 손자를 업고 동네 마실을 다니며 달래기도 하고, 때가 되면 논두렁과 밭두렁에서 일하는 며느리한테 젖을 먹이는 일과 집에 돌아와 다독거려 재우거나 치맛자락으로 눈물 콧물 닦아주며 키우는 손자의 육아 분담이 있어, 믿고 며느리들이 논밭에서 농사일에 전념할 수 있었다.

나의 할머니는 아들 일곱에 딸 셋 등 10남매를 두셨다. 아버지는 그 중 셋째아들이어서 할머니는 큰아버지댁에서 사셨다. 한동네에 아버지 형제분 다섯 분이 살고 계셔서 할머니는 특별한 날이 아니면 우리 집에 자주 오시지 못했다. 할머니의 친손자들도 집집마다 득실거려 다복하게 사셨다. 나의 아버지는 셋째아들이지만 사촌형은 없어서 나는 할머니한테는 제일 큰손자였다. 같은 집에 살지 않고 손자들이 많아서인지 나에게만 유별난 사랑을 주시지 않고 모든 손자를 골고루 예뻐하셨다.

내가 중학교에 입학하였을 때 교복을 입은 나의 모습을 보고 흐뭇하게 웃으며 다가와서 머리를 쓰다듬어 주셨던 할머니의 손길이 지금도 남아있다. 할머니는 내가 중학교 2학년 때 돌아가셨다. 사촌동생들이 모두 다 어려서 내가 할머니 영정을 들고 상여 앞에서 걸어갔다. 상여 소리꾼 아저씨가 방울종을 치면서 애절한 상엿소리 선창을 하면 상여를 메고 따라오시는 아저씨들이 후렴으로 따라 하셨다. 지인들이 보낸 만사輓詞의 깃발은 상여 뒤에서 힘없고 슬프게도 펄럭이면서 할머니가 평소 다니셨던 고샅길과 동네 어귀를 지나 할아버지 산소 옆까지 갔다. 큰집에서 차례를 지낼 때 벽에 걸려 있는 그때의 할머니 사진이 지금도 그대로 있어 추운 겨울날 마당에서 화톳불로 밤을 새워가며 아버지 형제들이 할머니의 상을 치렀던 기억이 새롭다.

내가 대학에 다닐 때였으니 1960년대 말이었다. 나는 광주에서 하숙생활을 했다. 어느 일요일 하숙집 방에서 낮잠을 즐기고 있는데 꿈

속에서 돌아가신 할머니가 나타나셔서 하숙집 대문을 마구 두드리시며 큰 소리로 "연식아! 연식아!" 애타게 부르셨다. 꿈에서 나는 너무 생생하고 부르는 소리에 놀라 벌떡 일어났다. 일어나 보니 하숙집 방은 연기로 가득 차 있어서 숨을 제대로 쉴 수가 없고, 앞은 연기 때문에 분간이 안 되었는데, 방 천장을 보니 천장의 전기선이 합선되어서 천장 전체가 동시에 타버려 네모진 천장 불덩어리가 그대로 방바닥에 떨어지고 있었다. 순간 잽싸게 피했다. 만약 피하지 않았으면 인화성이 높은 나일론 섬유인 다우다 이불을 덮고 있어서 천장 불이 그대로 인화성이 강한 이불을 덮쳐 나는 큰 화상을 입었을 텐데 할머니께서 꿈에 나타나서 손자의 목숨을 구해주셨다. 너무나 영험스런 경우여서 지금 생각해도 아찔하다. 사람들은 불확실한 개인의 운명을 자기 종교에 따라 기도와 실천으로 자기에게는 바람직한 운명을 인도해 줄 거라 믿는다. 그러나 혹자는 사주팔자나 관상 등을 통한 점괘로 자기 운명을 점치며 살아가기도 한다.

생전에는 손자들이 많아서 표현력이 없으셨던 할머니지만 하늘나라에서도 굽어살피셔서 나의 명줄을 이어준 할머니께 감사를 드리고 싶다.

(2019. 9. 8.)

사돈, 내가 납치, 감금되었어요

나는 3남매 자녀를 두었다. 큰딸의 시아버지는 농촌에 사시면서 자수성가하여 중농中農의 가세를 일구어 자식들 뒷바라지를 모두 끝내고 허리 펴고 살 만하시니까, 안사돈께서는 15년 전에, 사돈어른은 올 추석 전에 별세하셨다.

나의 큰딸과 사돈 큰아들의 결혼은 11년쯤 되었다. 그래서 나는 안사돈의 얼굴은 모르지만, 사돈 자녀 중에서 아버지 얼굴을 닮지 않은 자녀에게서 안사돈의 얼굴을 짐작해 보기도 한다. 다섯 자녀가 모두 객지에서 살고 있어서 사돈 혼자서 숙식을 해결하고 계셨다.

내가 군산에 살 때는 두어 달 간격으로 서로 만나서 안부도 묻고 식사도 했었다. 나보다 10세 위의 사돈이지만 형제처럼 지냈다. 내가 사돈어른을 처음 모실 때는 나의 아내와 동석하는 것을 여러 가지로 생각해보았지만, 큰딸 시어머니가 돌아가셨다고 해서 아내를 의도적으로 불참시키는 것은 더더욱 자리를 어색하게 만드는 것 같아 그냥 셋이서 식사하고 담소하면서 자연스럽게 지냈다. 그러나 겉으로는 표시를 안 해도 혼자 계시는 사돈에게 미안해하는 속내를 아셨는지 너털웃음으로 분위기를 잡아 주셨다. 식사와 주위 산책을 마치고 뉘엿뉘엿할 때 시골의 덩그러니 크고 캄캄한 집에 사돈어른을 홀로 내려놓고 돌아설 때는 마치 어느 외딴곳에 홀로 된 늙은 형님을 떼어 놓고 오는 마음이어서 시골 골목길을 계속 뒤돌아보면서 대문 앞에서 서성거리시는 사돈의 모습이 지워지지 않았다. 홀로 밤을 새우실 사돈을 생각하며 마음이 울컥했다. 그렇게 10여 년을 같이 지냈다. 행여 뵙지 못하여 눈비가 많이 오거나, 너무 덥거나 추우면 누가 먼저라 할 것 없이 안부전화를 하며 형제처럼 지냈다. 아내는 해마다 김장 때는 혼자 계시는 사돈어른을 생각하셔서 김장김치를 갖다 드리면 꼭 잊지 않고 농사지은 과일과 채소를 듬뿍 주면서 농약 안 치고 농사지은 것이니 드시라고 하셨다. 그런데 몇 년 전부터는 그 많은 농사를 모두 위탁영농으로 내놓고 노인학교에 등록하여 교육 프로그램이 겹치지 않으면 모두 수강등록을 하여 온종일 수강하고 외국여행도 틈나는 대로 하며 나름의 여생을 즐기고 계셔서 나도 덩달아 기분이 좋았다.

매년 팔월 추석 전에는 장수 선영에 계시는 안사돈 산소 벌초를 혼자 하러 가신다. 젊을 때는 고생하면서 자식들 공부시키고 이제는 한숨 돌리고 살 만하니까 자기 홀로 두고 간 것이 그리도 가슴에 맺혔는지 벌초하는 날은 가슴을 쓸어내리는 날인 것 같았다. 벌초를 마치고 안사돈 산소 앞에 일 년 내내 산소를 지키라고 심어놓은 사과나 대추가 알차고 불그스레 익으니 안사돈의 얼굴이라고 생각하셨는지 따오셔서 소쿠리에 담아 안방에 놓고 보시면서 나한테 자랑도 하셨다.

올여름도 더운 날씨가 많았다. 어느 복伏날 사돈어른에게 식사나 하시자고 전화를 했더니 통화가 안 되었다. 혹시 외국에 나가셨나, 해서 큰사위에게 물으니 얼른 대답을 안 하더니 아버지가 건강이 안 좋으셔서 수원의 모 대학병원에 입원 중이라고 했다. 그러면 내가 병문안을 가겠다고 하니, 현재는 많이 호전되어서 곧 퇴원하신다고 했다. 이틀 후에 전화로 물어보니 시골에 계신다고 했다. 다음날 사돈과 식사나 하려고 전화로 알아보니 다시 입원하셨다 한다. 여러 가지로 급하고 불길한 생각이 들어서 나와 아내는 수원의 대학병원에 가서 뵈니 여러 질병이 합병증을 일으켜 식사도 못하고 산소 호흡기에 의존하고 계셨다. 나와 아내를 보더니 금세 눈물을 흘리시며 "사돈, 내가 지금까지 앞만 보고 살아왔는데 너무 허망하네요. 이제는 내 발로 걸어 나가기는 힘들 것 같아요." 하시며 고개를 떨구셨다. 나는 순간 사돈 손을 잡고 "지금은 약도 좋고 의술도 발달하여 사돈 같은 병은 금방 나아요." 위로의 말씀을 건넸다.

전주로 내려와서 사흘쯤 지났는데 새벽 6시쯤 전화벨이 울렸다. 이 꼭두새벽에 무슨 전화일까, 하면서 전화를 받으니 병원에 입원 중인 사돈의 위급한 목소리이기에 당황하지 않을 수 없었다. "사돈, 내가 납치되어 감금되어 있으니 112로 신고하여 제발 나 좀 구해줘요." 하셨다. 순간 너무 황당하여 바로 사위에게 전화해서 알아보니 최근에 심경이 악화하여 병원에 감금되었다고 느끼시는지 자기 뜻을 들어줄 만한 사람들에게 전화를 하신다고 했다. 며칠 뒤 아침 일찍 울먹이는 큰딸의 전화가 왔다. "아빠, 아버님이 방금 별세하셨어요."

정작 자식들이 걱정할까 봐 큰 병을 숨기고 사셨는지, 얼마나 답답하고 외로웠으면 나한테 전화를 하셨는지, 그저 죄송하고 죄송할 뿐이다. 모처럼 사돈이 사셨던 군산 쪽을 바라보니 감금된 몸을 못 구해드린 것이 가슴에 맺혔다. 그런데 그날 밤 큰사위한테 전화가 왔다. 사돈어른 사십구재 때 나를 모시고 싶다는 내용이었다. 나는 소주 한 잔 올리고 싶었다. 드디어 사십구재 날이었다. 사위가 앞차로 길 안내를 하면서 출발했다. 장수지방은 여러 곳에서 접근하여 가보았으나 임실에서 장수를 잇는 13번 국도에서 걸어서는 못 올라가고 비행기를 타고 올라가야 한다고 하는 '비행기재'는 처음이었다. 비행기재 오른쪽 차창 아래는 황금 들판과 산들이 펼쳐졌다. 이렇게 산수가 수려하고 풍요로운 고장에서 오직 자녀들의 교육을 위해 근대문명의 개항도시 군산을 택하여 전 가족의 대이동을 감행하셨던 사돈께 경의가 느껴졌다.

드디어 전주를 출발한 지 40여 분 만에 산소에 도착했다. 산소 양옆에는 아직도 사돈의 얼굴처럼 사과가 주렁주렁 매달려 웃고 있었다. 이미 도착한 다른 자녀들과 손자들이 반가이 맞아 주었다.

후손들의 헌작獻爵과 재배再拜가 모두 끝나고 마지막 나의 차례가 왔다. 헌작과 재배를 마치고 어느 날 새벽에 받은 전화 "사돈, 내가 납치되어 감금되어 있으니 112로 신고하여 제발 나 좀 구해줘요!"를 다시 읊조리며, "사돈어른, 제가 못 구해드린 죄 깊이깊이 사죄합니다. 부디 너그럽게 용서하시고 영면하시길 빕니다."를 끝으로 이슬 머금은 들국화들이 만개한 산소 길을 내려왔다.

(2019. 10. 5.)

어머니의 세뱃돈

내 지갑 한쪽에는 꼬깃꼬깃 접은 만 원권 한 장이 15년째 부적처럼 지키고 있다. 생전에 어머니가 세뱃돈으로 주신 만 원권 중 한 장이다. 그간 지갑은 서너 번 새것으로 바꾸었어도 지갑지킴이 만 원권은 그대로다. 설날 아침 자손들의 세배를 받고 특히 고사리같이 귀엽고 예쁜 손자들의 손에 세뱃돈을 나누어주는 기쁨은 그렇게도 흐뭇하다.

내 어린 시절 세뱃돈은 없었고, 설날이 돌아오면 차례상을 물리고 그 자리에서 웃어른에게 세배를 드렸다. 성묘하고 어른들은 두루마기를 차려입고 나이 드신 동네 노인들 집을 찾아가 세배를 올리고 세찬歲饌을 먹으며 덕담을 주고받는 풍습이 있었다. 세뱃돈의 유래는 중국에서 들어온 것이지, 우리의 전통은 음식 대접이었다고 한다.

오늘날 설의 세시풍속은 많이도 달라졌다. 세배는커녕 제사도 안 지내는 풍속으로 변해가니 동방예의지국이란 말이 무색하다. 어린이들의 세배 모습은 귀엽기도 하지만, 세태에 따라 변하여 세배의 목적이 어른 공경보다는 세뱃돈에 집착하는 모습이다. 세배하기 전에 할아버지 할머니 손을 쳐다보면서 세뱃돈 지참 여부를 계속 살펴보며 머리를 숙여 절하는 순간까지 눈은 세뱃돈의 미련을 떨치지 못한다. 이제는 내가 할아버지로 바뀌어서 손자들이 실망하지 않도록 세뱃돈 준비를 해야 한다. 돈 없으면 할아버지 노릇도 어려운 세상이 되어 버렸다.

어머니가 주신 세뱃돈은 오랜 세월 지갑 속에서 얼마나 부대꼈는지 모서리는 닳아서 작은 실 구멍이 보인다. 아무리 비상금이 바닥나도 어머니의 세뱃돈은 지켰다. 외출 시에는 나의 심장 위에서 같이 살아서 움직이는 어머니의 징표이기 때문에 언제나 든든하고, 감사하다. "올해도 건강하고 가내 만사형통하기를 바란다."면서 세뱃돈을 주시던 어머니의 음성이 귓가에 맴돈다. 이제는 어디를 가야 뵈올 수 있는지, 기껏해야 삭망朔望이나 성묘 그것으로 생색을 내는 것 같아 어머니의 회초리로 맞아야 철이 들 것 같다.

어머니는 평소 약간의 농가 소득과 자식들이 드린 용돈으로 생활을 하셨다. 그래서 설날 세뱃돈은 자식들이 평소에 드린 용돈을 모아서 다시 자손들에게 되돌려 준 셈이다. 그래도 어머니의 품속에서 머물다가 주신 세뱃돈이니 어머니의 체온이 그대로 느껴지고 어머니의 모습이 어른거린다.

오래전부터 어머니의 세뱃돈을 지갑 안쪽에 담고 외출할 때마다 부적처럼 간직하고 다니는 것은 부부도, 형제도, 부자간도 모른다. 다만 이 글을 읽어줄 독자들만 안다. 언제인가 직원들과 하계연수 때 강원도 동강에서 래프팅 놀이를 했다. 얄궂은 래프팅 조교가 여러 번 보트를 뒤집는 바람에 온몸이 물에 젖었다. 목적지에 내려서 소지품들을 점검해 보니 종이류는 죽이 되었고, 가죽 혁대도, 가죽 지갑도 물에 탱탱 불어 형태가 뒤틀어져 있었다. 물에 불은 지갑을 열어보니 어머니의 세뱃돈은 지갑 안쪽 구석에 달라붙어 용케도 제 모습을 보존하고 있어 신기하기도 했다.

한국조폐공사에서 지폐를 만들 때는 자연의 여러 가지 물리적 현상을 대비하여 제작하였겠지만, 접어진 지폐의 모서리는 세월처럼 닳아지고 있다. 어머니의 모습이 닳아서 사그라지는 것 같아 안타깝다. 조금 더 오래 보관하고 휴대하기 위해서는 얇은 비닐로 포장하고 다녀야겠다. 인공위성이 날고 최첨단 의료과학이 생로병사를 좌우하는 세상에 석기시대의 생각으로 살아간다고, 옹졸한 꽁생원으로 보일 테지만 나에게는 어머니에 대한 신앙이다. 누가 무어라 해도 어머니의 세뱃돈은 일확천금이 아니어도 좋다. 작은 씨앗의 싹 트임으로 자손들한테는 마음의 양식이 될 테니까 말이다. 그리고 어느 절대자의 영험을 대신하여 모든 두려움을 떨칠 부적의 힘을 가지고 있다. 집을 나설 때 어머니와 동행한다는 든든함이 있다. 많은 사람의 지갑에서 돈은 마를 수 있어도 나의 지갑 속 세뱃돈은 마를 수 없다.

염량炎凉이 때를 알아 벌써 입동이 지나서인지 조석으로 손끝이 시리다. 자손들이 찾아올 때 옷가지를 보고 때를 짐작하며 더위도 추위도 모르고 누워 계시는 부모님 생각에 가슴이 저린다. 어머니 산소길 응달 쪽에는 서릿발이 땅 껍질을 받치고 있다. 그 위에 고라니 모자가 걸어간 발자국이 움푹움푹 팬 곳에는 새끼 고라니 똥이 듬성듬성 따라 올라갔다. 고라니 새끼가 작은 꼬리를 흔들며 어미 뒤를 아장아장 따라 올라갔을 모습이 그리도 부럽다. 나는 어머니 세뱃돈 지갑을 가슴에 품고 소주병과 안주를 달랑 들고 어머니 산소 길을 오르고 있다.

(2019. 11. 11.)

콩나물시루

옛날 농촌에서는 섣달그믐쯤이면 정월의 설날이나 보름맞이 준비를 시작했다. 지난가을에 거두어들인 곡식들을 이것저것 용도별로 작은 자루에 나누어 광의 시렁에 보관했다가 씨앗과 식품용으로 사용했다. 시골집 장독을 보니 녹슨 가마솥 뚜껑과 아버지가 철사로 요리조리 얽어맨 깨진 콩나물시루가 보였다. 어머니가 설 음식을 장만하실 때 사용하셨던 도구다.

어머니는 밥상에서 콩나물콩을 고르셨다. 한쪽이 떨어진 콩, 벌레 먹은 콩, 발육이 좋지 않은 콩 등 콩나물로 싹이 트지 못할 콩을 고르셨다. 어머니는 사랑방 윗목에 조금 큰 널벅지에 아버지가 만드신 Y자형 쳇다리를 올려놓고 그 위에 콩나물시루를 얹어놓았다. 어머니는 콩나물시루 바닥에 지푸라기를 두툼하게 똬리를 틀어 놓고 싹이 나게 불려 놓은 콩을 조금씩 조심스럽게 부었다. 빛을 차단하기 위해서 검은색 보자기를 두르면 어머니의 콩나물시루 설치는 끝나고 내가 할 일이 시작된다.

나는 하루에 오전, 오후로 나누어 콩나물시루에다 물을 주어야 했다. 물은 꼭 샘물로 줘야 하며 3일에 한 번씩은 새로운 물로 갈아 주어야 했다. 물을 주고 나면 콩나물시루에 빛을 차단하는 검은 보자기로 잘 덮어야 했다. 콩나물 물을 줄 때 금기사항은 화장실에 다녀왔을 때는 반드시 손을 깨끗이 씻어서 손에 묻은 염기 성분이 콩나물에 닿으면 안 되었다. 콩나물이 머리가 푸르면 검은 보자기를 잘못 덮었다는 증거이며, 잔뿌리가 많으면 물주는 것을 소홀히 했다는 증거다. 콩나물이 시들하면 화장실 갔다 와서 손을 깨끗이 씻지 않았다고 말씀하셨다. 어찌 생각해 보면 모두 다 과학적 근거가 있는 말씀이었다. 이렇게 콩나물 기르기는 설 무렵 보름 전부터 집집이 사랑방 윗목에 콩나물시루가 등장했다. 콩나물시루에 물을 주면 쪼르르 흘러내리는 물소리는 작은 실개천처럼 정겹고, 흘러내리는 물방울은 방의 공기를 정화하는 효과도 있었다. 엄동설한에도 안방에서 일거양득의 자연을 즐기는 아름다운 민족문화다.

콩나물은 국거리와 나물로 그리고 밥에 섞어서 비빔밥으로 먹었던 친근한 식품이다. 콩나물국은 뜨거운데 시원하다고 한다. 콩나물국의 온도가 아니고, 국물 맛이 얼큰하고 담백하며, 콩나물의 아삭한 식감에서 붙여진 표현이다. 전주는 대한민국 도시 중에서 콩나물국밥이 제일 유명한 도시다. 먹자골목마다 콩나물국밥집이 즐비하다. 콩나물 뿌리에 함유된 아스파라긴산은 독성이 강한 알코올의 대사 산화물을 제거하고 자연 분해될 수 있도록 촉진하는 작용을 해 숙취에 좋다. 그 외에도 다이어트와 변비, 뇌 기능 향상, 감기 예방, 피부미용 등에도 좋은 영양이 풍부한 식품이다.

지금은 가정에서는 별로 콩나물을 기르지 않는다. 시장 골목을 지나가면 명절과 관계없이 식품 가게의 구색을 갖추는 노란 콩나물이 탐스럽고 먹음직스럽게 시루에 수북하게 꽂혀 있다. 가게 아주머니는 값과 상관없이 시장에서 오가는 흐뭇한 덤 문화의 콩나물을 듬뿍 뽑아 주면서 아낙에게 정답게 다른 식품 구매를 유도한다.

요사이는 명절음식 대행업체가 많이 생겼다. 그래서 명절 제사음식을 장만하지 않아도, 할 줄 몰라도 명절 하루 전날 시장에 가면 설날 제사 지내는 데는 걱정이 없다. 나는 7남매의 장남이어서 어머니의 집안일은 물론 부엌일도 딸처럼 도와드렸다. 특히 설 때 부침개 철질 솥에 마른 솔가지로 연기도 안 나고 불티도 나지 않게 불을 조절하는 것은 내 전담이었다. 어머니는 가마솥 뚜껑을 삼발이 위에 거꾸로 올려놓는다. 부침개 참기름을 아끼기 위해 생무를 통째로 잘라서 여러 번 문지르고 돼지비계로 한참을 더 문질러 반질반질하게 윤을 냈다. 드디어 참기름을 빙 둘러 떨어뜨리고 철질을 하셨다. 조상님 제사상에 올릴 제수는 따로 만드시고, 자식들과 먹을 김치전, 콩나물전 등을 듬뿍 만드셔서 채반에 올려놓았다. 김이 모락모락 나는 김치전을 호호 불어가며 나와 동생들은 어머니를 에워싸고 앉아서 먹으며 섣달 그믐밤을 보냈다.

한 해가 저물어 가고 있다. 장독 위에 녹슨 철질용 가마솥 뚜껑과 여러 군데 철사로 매어놓은 콩나물시루가 찬 서리에 떨면서 나에게 애절한 눈길을 보내고 있다. 콩나물국도 부침개도 어디를 가나 먹을 수가 있으나, 그 시절 그 맛이 느껴지지 않아 서운할 뿐이다.

(2019. 12. 31.)

아버지의 짐바리 자전거

아버지가 돌아가신 지 벌써 26년쯤 되었다. 아버지 생전에 시장 나들이나 이웃 마을을 가실 때, 그리고 먼 논밭을 다녀오실 때는 아버지의 자가용 짐바리 자전거가 20여 년간 아버지를 태우거나 짐을 실어 나르는 우리 집 당나귀였다. 그 당나귀가 주인을 잃고 또 허청에서 20여 년간을 버티더니 어느 날 사라졌다.

아버지는 유난히 체격이 서구적이고 건장하셔서 자전거의 삼각 차대는 아버지의 몸꼴을, 자전거 앞 포크는 아버지의 팔 근육을, 전조등은 부리부리한 눈매를 연상하는 아버지의 상징물이었다. 그래서 아버지의 체격에는 신사용 자전거보다는 짐바리 자전거가 더 어울렸던가 보다. 이렇게 아버지의 짐바리 자전거는 유난히 크고 무거워서 바라만 보았지 아무나 쉽게 타지 않았다. 언제인가 서울에 사는 막내 매제가 시골집에 내려와서 마당 한가운데 받혀 있는 짐바리 자전거를 유심히 바라본다. 장인어른이 건강하시어 타고 다니시는 짐차가 좋아 보였는지, 농촌의 황톳길이 달리고 싶었는지, 자전거를 타고 동네 앞길을 모정까지 한 바퀴 돌고 있는데, 자전거와 주인이 다른 점을 보고 동네 사람들은 의아한 표정으로 서울 매제를 바라보았다. 자전거 주인은 늙수그레한 동네 할아버지인데, 뽀얀 속살에 하얀 러닝셔츠를 팔랑거리며 자전거에는 어울리지 않게 타고 가는 깔끔한 도시형 청년에 호기심과 부러움에 눈길이 쏠리는 것 같았다.

내가 공직생활을 시작하고 처음으로 새로 지은 주택을 사들였다. 이사하기 전날 아버지는 익산시 왕궁면에서 군산까지 승용차로는 1시간 거리를 아버지의 짐바리 자전거에 80kg 쌀과 기타 반찬거리를 싣고 자동차들이 쌩쌩 달리는 춥고 위험한 길을 새벽에 출발하시어, 칠순의 아버지가 3시간 만에 도착하셨다. 당시엔 집마다 연탄보일러가 일반적이었다. 아버지는 연탄 한 차를 미리 구매하시어 창고에 쌓아놓으시고 연탄불을 피우셨다. 새집에 처음 넣는 연탄불이기 때문에 온수 순환이 잘 안 되어 방은 삼척 냉방이었다. 내일 날이 밝으면 아들 내외와 손자들이 이삿짐을 가지고 들어올 텐데 방이 너무 차가워서 아버지는 옷을 입으신 채 얇은 이불 하나를 돌돌 감으시고 당신의 체온으로라도 냉기를 녹여서 아들 식구들이 따뜻한 방에 들어올 수 있도록 춥고 긴 밤을 쪼그리고 새우잠을 주무셨다. 아들 내외가 새집을 처음 장만한 것이 그리도 좋으셨는지 자식에 대한 정은 그 무엇으로도 막을 수 없고 힘이 나셨던 모양이다.

그 뒤에도 아버지는 날씨가 좋고 시간이 있을 때마다 자식 손자가 먹을 수 있는 푸성귀나 오이 · 호박 그리고 감자 등을 수시로 실어다

놓고 가셨다. 어느 날 나는 아버지에게 말씀드렸다. "아버지, 저희 식구들을 위해서 구경도 오시고 이것저것 갖다 주시는 것은 감사하고 좋은데 오가실 때 도로가 위험하니, 자전거는 타지 마시고 버스로 오세요."라고 했다. 그리고 '남이 알면 아들 며느리가 공무원이라면서 늙은 아버지 차비를 안 줘서 익산에서 군산까지 자전거로 갔다 온다고 할 게 아니냐.'고 했다. 아버지는 집에서 금마 버스정류장까지 짐을 들고 걸어가서 한참 기다리다가 군산 가는 버스 타고, 정류장에서 너희 집까지 걸어가면 그 시간이 그 시간이라고 하셨다. 결국, 나와 아내의 설득으로 아버지는 짐바리 자전거 대신 버스로 오셨다. 내가 아버지의 진심을 헤아리지 못하여 서운하셨는지 자전거로 오시는 횟수보다는 점점 줄어들었다.

그렇게 건강하셨던 아버지는 지병이 악화하여 거의 1년 동안 투병생활을 하셨다. 피골이 상접하신 아버지는 거동도 어려워 겨우 마루에 걸터앉으시다가 허청에 힘없이 서 있는 자전거에 다가가서 자전거를 어루만지며 건강해서 자전거와 함께했던 지난날들을 회상하시는지 눈을 들어 먼 산을 바라보셨다. 마당에서 지팡이를 짚고 걸어야 할 때는 지팡이 대신 짐바리 자전거를 가까스로 움직여 잡고 왼손은 핸들을, 오른손은 안장을 잡고 마당을 돌고 계셨다.

결국, 아버지는 돌아가셨다. 시골집에 들를 때마다 홀로 남은 아버지 짐바리 자전거에 마음이 쏠린다. 그래서 기름걸레로 여름날 아버지 등멱을 할 때, 수건으로 밀어드리는 심정으로 아버지 자전거를 닦고 있다. 그때마다 나는 혼자 계시는 어머니에게 "어머니, 아버지 짐바리 자전거는 누구도 건드리지도 말고, 가져가지도 못하게 하세요."

라고 자전거와 어머니를 볼 때마다 당부했다. 어머니는 "염려 마라. 고물 장사가 여러 번 팔라고 하고, 동네 사람들이 와서 고쳐서 사용한다고 달라고 해도 안 된다고 했다."라고 하셨다. 어느 날 자전거가 보관된 허청 천장을 보니, 아버지가 생전에 자전거 타이어 바람을 넣던 펌프, 그리고 바퀴 베어링 등에 윤활유를 넣던 작은 기름 주입기가 먼지와 기름에 뒤범벅된 채 꽂혀 있었다. 더 가슴을 아프게 하는 것은 손가락 끝이 모두 구멍이 뚫리고 해진 면장갑들이 가지런히 포개져 있었다. 아버지가 저 면장갑을 끼고 여름에는 땀방울을, 겨울에는 콧물을 닦으시던 모습을 무던히도 보았다. 좀더 새 장갑도 많은데 하필이면 헌 장갑만 끼고 다니셨을까? 그렇게 아끼셔서 자식들에게 무엇을 더해주려고 사셨는지, 부모 속을 모르는 자식들은 이제야 후회스럽다.

그 뒤 어머니는 악성 골다공증으로 요양병원에서 5년간 계시다가 돌아가셨다. 그래서 시골집은 텅텅 비어서 아버지의 짐바리 자전거가 혼자 집을 지키고 있었다. 아래 동생과 나는 번갈아 시골집을 점검하며 둘러보았다. 그런데 어느 날 시골집에 가보니 대문은 활짝 열려있고 마당에는 쇠붙이를 끌고 간 흔적이 있었다. 정신이 번쩍 나서 허청을 보니 아버지 자전거와 쓸 만한 철 고물들을 몽땅 털어갔다. 그렇게 아버지가 애지중지하셨던 짐바리 자전거를 지키지 못한 불효가 가슴을 후빈다. 지금도 시골집 마당에 들어서면, 어느 못된 사람한테 끌려간 짐바리 자전거가 아버지 얼굴처럼 떠오르곤 한다.

(2020. 2. 24.)

어머니의 재봉틀

나의 어머니 새댁 시절의 유일한 유품인 재봉틀이 남아있다. 어머니는 실오라기와 관련된 것들을 늘 가까이하셨다. 처녀 시절에는 서울에 있는 '경성방직 주식회사'에서 1940년대 초반까지 근무하셨다. 결혼 후에도 모시와 삼베 그리고 무명천과 관련된 길쌈도 늘 함께하셨다. 그래서인지 새댁 때는 재봉틀을 장만하셔서 삯바느질도 하셨다.

어머니가 돌아가신 지 벌써 3년이 지났다. 어느 날 시골집 창고 문을 여니 봉창 사이로 햇빛 한 줄기가 비추는데 거미줄에 뒤엉켜 우두커니 앉아있는 어머니의 재봉틀이 눈에 띄었다. 어머니가 돌아가시고 세간들을 정리한다고 처마 끝에 잠깐 놓아두었는지, 재봉틀 나무 부분이 빗물에 부풀려져 너덜너덜해졌다. 순간 소홀히 하여 잃어버린 아버지의 짐바리 자전거가 생각났다. 시골에 계신 어머니가 아들 집을 찾아왔는데 너무 일찍 오셔서 문을 열 수가 없자 날이 새도록 처마 끝에서 비를 맞으며 아들 내외와 손자들이 일어날 때까지 기다리셨다. 옷은 젖어서 덜덜 떨다가 들어오신 어머니 모습처럼 재봉틀이 보여 목울대가 울렁거렸다.

나는 재봉틀의 먼지를 털고 수건으로 닦아서 승용차 뒷좌석에 실었다. 생전에 어머니를 모시듯 아파트로 와서 거실 옆 내 눈높이 베란다에 놓았다. 어머니는 눈썰미가 있고 손끝이 야무져서 어지간한 생활의복은 직접 만드셨다. 어머니의 재봉 솜씨는 수준급은 아니어도, 그 시절 양복점은 큰 도시 쪽에나 있었고, 옷 수선집은 생각도 못했던 때라 어머니의 재봉틀 부업은 괜찮은 편이었다. 당시 마을 앞에는 육군 27연대 영외 숙영지 부대가 주둔하고 있었다. 그때만 해도 군인들의 피복은 몸의 치수에 맞게 호수가 나오지 않아서 구럭 같은 군복을 몸에 맞게 줄여 입는 것이 유행이었다. 어머니의 재봉 솜씨가 군부대까지 알려져서 군인 아저씨들이 우리 집에 와서 옷 수선을 맡기셨다. 나는 가끔 방과 후에는 어머니가 수선한 군복을 부대 앞 정문에서 아저씨에게 갖다 드리고 삯을 받아 오기도 했다.

특히 여름철 모시 등거리나 삼베 잠방이는 어머니가 주로 만드시는 옷이어서 우리 집은 물론, 동네 사람들도 가끔 어머니에게 주문하여 입기도 했다. 나는 추석이나 설이 제일 싫었다. 어머니는 시장 포목점에 가셔서 양복 옷감을 떠다가 재단하셔서 나의 양복을 지어주셨다. 어쩐지 어머니의 실력이 미덥지 않아 사람들이 내 옷만 쳐다보는 것 같아 학교 갈 때는 윗도리를 벗어서 들고만 다녔다. 누구 옷보다도 정성과 사랑으로 한 땀 한 땀 박음질하여 만드신 옷이었을 텐데 철부지 시절 투정만 부리고 빨리 닳아 없어지기만 바랐었다. 그런데 동네 사람들은 어머니가 지어주신 옷을 즐거이 입고 다녔다.

내가 중고등학교 시절에는 바지의 엉덩이나 무르팍에 구멍이 뚫리면, 안쪽에 다른 옷감을 대고 눈에 띄게 옷 색깔과 대칭되는 실로 네모진 거미집 모양의 무늬로 박음질하는 것이 유행이었다. 내 옷은 물론 친구들 옷까지 내가 어머니 재봉틀로 해주거나, 놀다가 뜯어진 옷도 꿰매 입을 정도로 어머니 재봉틀을 좋아했다. 난이도가 적은 신주머니와 자투리 헝겊 조각을 요리조리 이어서 밥상보까지 만들기도 했다. 어머니는 빙그레 웃으시며 "너는 여자가 되려다가 남자가 되었냐."며 어머니 따라하는 짓이 흐뭇하셨던 모양이다.

세상은 산업사회로 급변하면서 사회의 모든 의식주문화도 산업사회 형태로 변하여 옷도 맞춤옷에서 기성복으로 바뀌었다. 어느 도시든 가장 번화가에는 양복점이 즐비하는 것이 상가 구조의 기본이었으나, 지금은 눈을 씻고 찾아봐도 양복점 찾기가 그리 쉽지 않다. 이제는 뜯어지고 해진 옷은 웬만한 비싼 옷이 아니면 수선해 입지 않고 버리거나, 세탁소에 부탁해서 고쳐 입는 세상이 되었다. 어머니의 재봉틀도 언제부터인가 안방에서 사랑방 구석으로 옮겨졌다.

어머니의 한참 시절에는 힘차게 재봉틀 발판을 누르시면 작은 벨트는 돌림 바퀴에 전달되어 노루발은 계속 옷감을 뒤로 밀어냈고 재봉틀 바늘은 쉴 새 없이 드르륵드르륵 박음질을 계속했다. 어머니의 힘찬 발목 놀림과 재봉틀의 박음질 소리가 어우러졌다. 어머니가 만드신 옷이 그리도 좋으신지 아버지는 걸쳐 입으시고 담배 한 모금을 빠시며 흐뭇해 하셨다. 명절 때마다 내 옷을 손수 지어주셨던 어머니가 떠나가시니 이제는 앙상한 재봉틀만 그대로 쉬고 있다.

어머니의 재봉틀보다 먼저 옮겨온 길쌈 도구들도 옹기종기 모여 있다. 삼베나 모시껍질을 얇게 벗겼던 모시칼(삼 톱), 작은 실오라기에 풀을 먹였던 베 솔(풀 솔), 날줄을 고정해 주는 바디, 날줄에 씨줄을 엮어주는 베북(실 통), 날줄과 씨줄을 촘촘히 엮어주는 바디집 등 베틀만 없지 거의 가져왔다. 할머니의 할머니 때부터 사용했을 길쌈도구와 어머니 새댁 시절부터 사용하신 재봉틀이 같은 주인을 모셔서인지 정답게 어우러져 있다. 달그락달그락 느리고 여유 있는 나무 마찰음의 베틀 소리와 드르륵드르륵 잽싸고 생동감 있는 금속음의 재봉틀 소리가 교대하면서 나를 잠재우고 있다. 나는 어머니의 재봉틀과 길쌈도구를 보며 어머니를 회상할 수 있어서 좋다.

(2020. 3. 2.)

한식날寒食-과 시묘侍墓 살이

우리 민족의 세시풍속은 농경과 협동 그리고 조상숭배 등을 근본으로 한, 사람과 신과의 관계를 빌고 감사드리는 풍속으로 점철됐다. 4대 명절은 설날, 한식, 단오 그리고 추석이다. 효 사상은 살아계실 때는 물론 돌아가신 뒤에도 생전의 불효를 반성하고 명복冥福을 비는 뜻에서 조상님들의 묘소 관리와 보호에도 온갖 정성을 다하고 있다. 이렇게 민간에서는 한식寒食을 동지로부터 105일째 되는 날로 4대 절사節祀라 하여 조상의 산소를 찾아 겨우내 무너진 묘소에 흙을 돋우는 성토盛土작업이나 잔디 보수작업을 하고 제사를 지냈다.

상례喪禮 절차 중 하나인 시묘侍墓살이는 부모님이 돌아가셨을 때 자식은 탈상脫喪할 때까지 3년 동안 묘소 근처에 움집을 짓고 산소를 돌보고 공양을 드리는 일이다. 3년이라는 기간은 혼자 먹고 활동할 수 없는 유아기 동안 길러주신 부모님의 은혜에 보답하는 기간이다. 부모님이 살아 계시던 때와 똑같이 아침저녁으로 문안드리고, '공양'이라고 부르는 간단한 상차림도 했다. 또한, 부모님의 죽음이 자신의 불효에서 비롯되었다고 생각하여 3년 동안 수염과 머리카락도 깎지 않고 허름한 상복喪服을 걸치고, 자식으로서 해야 할 도리를 다했던 효문화 풍속이었다. 시묘살이 후에도 불효자는 하늘 보기가 두렵다고 집 밖의 생활은 언제나 삿갓을 쓰고 일생을 근신하며 살았다. 참으로 기네스북에 오를 효의 민족이다.

나는 시묘살이는커녕 삿갓을 쓰고 반성하면서 사는 것을 흉내조차도 내지 못했으니 천하의 불효자가 분명하다. 그래서 하는 것이 삭망성묘朔望省墓를 하면서 불효를 반성하고 보름 동안의 삶을 추스르며 살아가고 있다. 한식寒食의 유래는 여러 가지로 전해오는데 그중 하나는 날씨가 건조하고 모든 숲이 완연한 새싹이 나오기 전이라 산속은 매우 건조해서 마치 모든 숲이 가장 발화점이 낮은 불쏘시개가 되어 있다. 그러므로 조상님의 묘역도 불 붙을 염려가 있어서 인화 물질 지참은 물론 음식도 차가운 음식寒食으로 먹도록 했다는 전설이 전해 오고 있다.

조상님께 제사 지내는 일 그리고 개인적으로 신앙생활을 하는 것은 나름의 인간 사후에 영혼이 있다고 믿는 데서 비롯된 것으로 본다. 그래서 살아 있는 사람들은 조상의 묘소나 종교의식의 제전에서는 옷깃을 가다듬고 살아온 삶을 반성하고 내일의 삶을 추슬러보는 계기의 장소다. 어느 민족이든지 세시풍속은 그 민족만이 이어져 오는 민족혼이다. 우리의 세시풍속은 권선징악을 바탕으로 한 효도와 우애가 그 근본정신이다. 그래서 국난극복도 개인 생활의 어려움도 헤쳐나가고 있다. 사람을 중시하고 지켜야 할 도리를 으뜸으로 여겼던 얼마나 대단한 홍익인간의 민족이냐! 조상님들에게 새삼 감사드리며 후손의 도리를 다시 한 번 반성해 본다.

오늘은 일요일이자 식목일, 한식날과 겹치는 날이다. 집안 동생들과 3년 전에 조상님들의 묘지 정화사업을 했는데, 분묘와 석물들만 세웠지 묘지에 알맞은 조경수는 식수하지 않아서 한식날에 묘지 보수 작업과 조경수를 식목하기로 했다. 조상님들 묘역에 심을 나무를 생각하니 여러 가지로 조심스러운 생각이 든다. 나무는 한번 심으면 그 자리에서 몇 백 년을 살 수 있어야 한다. 수종樹種 선택도 심사숙고해야 하고 나무 수형도 가장 건강하고 예쁜 나무 선택에 신경이 쓰인다. 조경수로는 우리 조상들의 사당, 서원 그리고 묘역 등을 지키고 있는 100일 동안 꽃이 피는 선비들의 지조를 대변하는 배롱나무(나무 백일홍)로 결정했다.

산소에 심을 나무는 백일홍 순종으로 훤칠한 나무 여덟 그루이다. 익산 시내권 5일장을 알아보니 오늘은 5일과 10일 장날인 황등 장날이다. 그리고 다른 묘목 시장도 서너 군데 알아보고 출발했다. 가는 길에 금마시장을 들러보니 다른 정원수나 유실수는 있어도 배롱나무는 한 그루도 없다. 오늘의 주 목적지 황등시장에 도착했다. 묘목을 파는 곳은 세 군데가 있었다. 그중에서 한 곳만 배롱나무가 있는데 네 그루만 있었다. 묘목 품종도 보며 골라야 하고, 여덟 그루가 안 되어서 군산 근처의 묘목원으로 갔는데 그곳은 두 그루뿐이 없단다. 마치 코로나 번창기 때 마스크 사러 이곳저곳 약국을 찾았던 기분이다. 오전 중에는 묘목을 구매하고 오후에는 식수작업을 해야 할 텐데 걱정이다. 할 수 없이 이곳저곳에서 낱개라도 사서 모으기로 하여 겨우 여덟 그루를 채웠다. 늦은 점심을 때우고 동네 동생 세 명과 아내까지 다섯 명이 작업을 하여 오후 4시경에 마쳤다.

아내는 종부宗婦의 자격으로 아침부터 내 뒤를 따라다니면서 한식날 조상님 묘소에 조경수 식목작업과 묘지 전역에서 작은 돌 캐내기, 쓰레기 수거 등에 모처럼 바쁜 하루를 보냈다. 산에서 내려올 때는 몹시 피곤했는지 한 걸음 한 걸음 걸을 때마다 아이고, 아이고를 계속했다. 만화방창萬化方暢 춘삼월에 나들이 유혹을 뒤로하고 종부의 임무를 수행해 주어서 감사했다. 주차장에 내려와 모자를 벗어 먼지를 터니 흙먼지가 일어났다. 조상님들이 나보다 종부宗婦를 더 사랑하셨는지 피곤하지만, 아내의 얼굴이 밝고 좋아 보였다.

자동차가 익산순창 간 전용도로에 진입하니 혁신도시 부근부터 지체 현상이 눈에 띄게 느껴졌다. 사람들은 사회현상에 대하여 본인이 처한 경우로 해석해 버리는 경우가 있다. 전주시 평화동 나들목 입구에 도착하니 남과 북에서 밀려오는 자동차들로 산속에 흩어져 있는 조상님들의 수많은 산소들이 모여 와 엎드려 있는 것처럼 도로에서 꼼짝조차 하지 않았다. 겨우 움직일 때는 갓난아이 걸음처럼 아장아장 몇 걸음 걷다가 다시 멈추었다. 이렇게 많은 차가 한식날 조상님 묘소를 찾아 사초莎草를 하고 오다니, 참으로 기특하고 착한 후손들이다. 그런데 차량 앞 유리 와이퍼 부근과 뒷유리 움푹 팬 곳에는 하얀 벚꽃 잎이 녹지 않은 눈처럼 쌓여 있었다. 어찌했던 조상님 묘소도 돌보고 화전놀이도 갔다 오는 사람들로 생각하고 싶다. 사람들은 길 위에서 지쳐있어도 오늘의 즐거움을 계속 유지하려는지 밝은 표정으로 길섶의 민들레처럼 서로 웃고 답하니 하늘나라에 계신 조상님들도 오늘 수고했다며 흐뭇하게 웃으시는 것 같다.

(2020. 4. 5.)

어머니의 검정 고무신

한국의 6 · 25 전쟁 직후 1960년대 초에는 금마초등학교 옆 시골장터에 가면 미군 작업복을 염색하고, 미군 통조림 깡통으로 각종 생활도구를 만드는 곳, 그리고 찢어지거나 해진 검정 고무신을 때워주는 곳이 있었다. 참으로 어렵게 살던 전후戰後 시대의 생활풍속도였다. 지금이야 활동 장소에 알맞은 각종 신발이 등장하여 맞춰 신고 생활하지만, 당시엔 특별한 경우를 제외하고는 남녀노소 투박한 검정 고무신이 보편적이었다.

검정 고무신은 얇은 통고무로 만들어져 보온이나 단열이 되지 않아서 겨울에는 발이 시리고, 여름에는 발바닥이 뜨겁고 땀이 질퍽거려 신고 다니기에 불편했었다. 그 시절에도 외출용 나들이 신발로는 조금 값이 비싸고 고급스러운 흰 고무신이 있었다.

놀이기구나 장난감이 귀하던 나의 어린 시절에는 고무신 한 짝을 고무줄로 묶어서 술래가 땅 위에서 질질 끌며 원을 돌리면 친구들은 깡충깡충 뛰면서 고무신을 피하는 놀이가 있었다. 고무신 한 짝을 입과 귀에 대고 전화놀이, 고무신 한 짝을 구부려 다른 한 짝 위에 끼워 넣어 자동차 모양을 만든 자동차 놀이도 했었다.

어머니는 여름철 밭에 나가실 때는 모시적삼에 삼베 치마를 입으시고 어김없이 검정 고무신을 신고 나가셨다. 어머니는 장남인 나에게는 집에서 공부만 하도록 배려하시고 대부분 호락질로 밭농사를 지으셨다. 새참도 변변치 않아 내가 할 수 있는 일은 주전자로 우물에서 시원한 냉수를 떠서 갖다 드리는 정도였다. 어머니가 일하시는 뒷동산 밭까지 가는 길에는 계절에 따라 산딸기, 오디 그리고 멕딸기가 있었다. 나는 검정 고무신 한 짝을 벗어서 거꾸로 잡고 나무 기둥에 힘껏 여러 번 내리쳐서 먼지와 흙을 털어내고 산딸기를 따서 검정 고무신에 가득 채워서 한쪽 발은 맨발로 한 손은 주전자 다른 한 손은 산딸기 고무신을 들고 뒤우뚱뒤우뚱 어머니 혼자 일하시는 밭으로 걸어갔다.

새참 대신 주전자 물과 검정 고무신의 산딸기를 드리면 어머니는 "여기 올 시간이면 공부나 열심히 하고, 너나 먹지 무엇하러 가져왔어?" 하시면서 더워서 나는 땀인지 고마워서 나는 눈물인지 흙먼지에 범벅된 물이 어머니의 양 볼에서 주르륵 흘러내렸다. 어머니는 밭을 매면서 고무신 닳는 것이 아까우신지 아니면 발바닥 땀이 나서 미끄러워서인지 으레 밭에서 일하실 때는 밭머리에 검정 고무신을 벗어 놓고 일을 하셨다. 고무신 닳는 것도 아깝고 일의 능률을 위해서 그렇게 하셨나 보다.

언제인가 어머니는 이웃집에 품앗이로 그 집 밭에서 일을 하셨다. 그런데 여름날 불볕더위와 지열로 낡아서 얇아진 고무신이 녹아 찢어져서 못 신게 되셨다. 할 수 없이 평상시대로 고무신을 벗고 그 집 밭일을 마치고 한낮이라 맨발로는 걸을 수 없이 길바닥이 뜨거워서 발바닥을 오므려 가며 불편스럽게 걸어오는데, 그 집 따님이 "아주머니, 제 신발 신으셔요." 하고 얼른 곱디고운 손으로 신발을 벗어서 어머니 앞에 놓았다. 순간 어머니는 이렇게 마음씨 착한 며느릿감이 있을까 하고 "아냐, 나는 괜찮아. 맨발로 가면 가시 찔려. 거기나 신고 가." 하면서 신발을 그 집 딸에게 되돌려 주고 뜨거운 황톳길이 덥고 피곤해도 그 고마운 마음으로 잊으시고 맨발로 집으로 오셔서 마루에 걸터앉은 나에게 고마운 고무신 이야기를 하셨다.

아버지는 주로 논일을 하셨다. 아버지는 체구가 건장하셔서 고무신도 어머니의 치수보다 더 큰 검정 고무신을 신으셨다. 아버지는 부상마을 앞 논에서 일을 하시면서 논 물꼬에서 옹기종기 모여 있는 송사리와 새우 등을 그 큰 고무신 두 짝에 가득 잡아 오셨다. 어머니는 시래기를 넣고 민물고기 시래기탕을 한 솥 끓이면 온 식구가 오랜만에 포식했다.

어머니들은 검정 고무신과 농번기에는 밭에서, 농한기에는 베틀에서 하루해를 보냈다. 농한기에 여인들의 대표적인 일은 길쌈이다. 어머니의 길쌈 솜씨는 동네에서 모두 알아주었다. 그래서 베틀에서 베를 짜는 것은 우리 것은 물론이고 동네 사람들의 일까지 도맡아서 베를 짜셨다. 주로 베를 짜는 시기는 봄철 춘궁기와 겹쳐서 이루어지고 있어 동네 아주머니들은 어머니에게 여러 가지 간식거리를 갖다 드렸다. 나는 어머니의 간식을 얻어먹는 재미로 베틀방을 의도적으로 들락거렸다. 어머니 베틀에서 쇠꼬리(베틀 동력 전달을 이어주는 끈)에 연결된 끌신(베틀에 발의 힘을 이용해 동력을 전달해주는 신발)은 어머니의 헌 검정 고무신이다. 그래서 연신 끌신을 잡아당겼다 놨다 하면서 베틀을 움직이면 베틀은 달그락달그락하면서 한 올 한 올 베가 짜지고 있었다. 베틀방의 달그락 소리는 쉴 새 없이 움직이는 어머니 검정 고무신의 생명의 소리이다. 이렇게 어머니는 한평생 검정 고무신과 삶을 같이하셨다.

언제인가 큰아버지댁 할머니 제실祭室을 보니 큰어머니께서 평생 한과 설움의 상징인 검정 고무신 대신 모든 일손을 놓고 여유롭게 나들이 갔던 할머니의 마지막 흰 고무신을 수세미로 정갈하게 닦아서 할머니 영정 앞에 놓은 것을 보고 그것만으로 할머니에 대한 위안이 되었다.

어머니의 마음은 시커멓게 타서 검정 고무신 색깔이 되었고, 평생 흘린 땀과 눈물은 강물보다 많을 것 같아 눈물바다 건널 때 배 타고 가시라고 고무신 배가 되었으며, 어머니의 속은 뭉그러지고 상처투성으로 찢어지고 해진 고무신이 되었는가 보다. 이렇게 한과 설움의 헌 검정 고무신은 마루 밑 구석에 차곡차곡 쌓였다. 철모르는 새끼들은 검정 고무신 몇 켤레로 엿장수의 달랑 엿 한 가락과 바꾸어서 단물을 빨아먹는 즐거움에 취해있다. 아무리 철부지의 행위라지만 이 나이에 생각하니 그럴 수도 있겠지, 아니면 그래서는 안 된다고 무엇이 옳은지 선뜻 판단이 서지 않는다.

(2020. 8. 20.)

큰아버지의 입학 선물

나의 초등학교 시절은 의무교육이었다. 그러나 그것도 어려워 학교를 제대로 다니지 못하고 중도 포기하는 친구들도 있었다. 중등교육은 밥술이나 먹거나 어지간한 교육열이 있는 가정이 아니면 엄두를 못 냈다. 더구나 대학은 한 마을에서 최고 부자가 아니면 꿈도 못 꾸던 시기였다. 어머니는 누구보다도 장남인 나에게는 최선을 다하셨기에 각종 학비는 꼬박꼬박 챙겨 주셨다. 전주 시내 H고등학교에서 입학통지서가 왔다. 대개 입학 시기는 춘궁기와 겹쳐서 시골에서 현금 마련은 너무 어려웠다. 아버지의 융통으로 겨우 입학금을 마련하여 등록을 마쳤다.

나의 입학 소식은 아버지가 입학금을 융통하러 다니시면서 소문이 온 마을에 퍼졌다. 다음날 이른 아침에 큰아버지가 찾아오셔서 당시 백미 90kg 1가마니 값을 선뜻 내놓으시며, 연식이 교복이나 맞춰 입히라고 주고 가셨다. 당시 우리나라는 모든 물가가 쌀값으로 기준이 되어서 일반 공무원 초임 봉급은 쌀 2~3가마에 해당되는 액수였다.

지금 생각해도 거금이고 고마운 큰아버지셨다. 나는 그 돈으로 전주 시내 최고급 교복점에서 교복을 맞춰 입고 모자와 가방도 샀다. 입학식 후에 새 교복을 입고 큰아버지 댁에 가서 고맙다고 인사를 드렸다. 큰아버지는 교복 입은 나를 한 바퀴 도시면서 공부 열심히 해라, 하시고 밭으로 가셨다. 고샅길을 걸어서 집으로 오는데 동네 아주머니 아저씨들이 선망의 눈빛을 주시면서 덕담도 건네 주셨다.

아버지와 어머니는 장남 장녀가 아니시지만, 나는 친가와 외가에서 제일 큰손자였다. 그래서 큰아버지는 나에게 기대도 많이 하셨고 후원도 아끼지 않으셨다. 그 시절 추석 때 큰아버지는 교복 입은 나를 데리고 익산 함열읍의 종중 중시조(파시조) 묘역과 제각을 둘러보게 하시고, 그곳 집안 어른들을 뵙고 일일이 인사를 올리며 집안의 장조카란 말을 빼놓지 않고 소개하셨다. 가문의 임무와 책임을 심어 주시면서 집안 어른들의 지도 편달도 부탁하셨다. 제각 대청마루에 계신 수염이 허옇고 망건을 쓰신 제일 웃어른이 나의 손을 잡으시면서 훌륭한 사람이 되어 부상마을에서 구씨 가문을 중흥시키는 인물이 되라고 당부하셨던 말씀이 잊히질 않는다. 그러나 나는 큰아버지에게 그렇게 속 깊은 효도를 한 번도 못 했다. 참으로 불효스럽고 매정한 조카였다.

막내 작은어머니도 교복 입은 나를 데리고 익산시 팔봉면 석암리 친정 동네를 일부러 방문하여 나는 알지도 못하는 사람들에게 일일이 인사 소개를 하셨다. 그 동네에는 공교롭게 큰고모댁이 있어 고모 집에서 점심을 먹었다. 고모님은 고등학교 교복을 입은 친정 조카가 대견한지 어깨를 쓰다듬으시며 공부 열심히 하여 훌륭한 사람이 되라고 하셨다. 지금 생각하니 당시에는 시골에서 고등학교 교복 입은 학생이 선망의 대상이어서 시댁 조카를 데리고 자랑삼아 다니셨는가 보다.

당시 큰아버지는 내가 사는 지역의 종친회장으로 빈약한 종재 그리고 모자라는 일손으로 선영을 모시는 일에 최선을 다하셨다. 아버지 형제 중에 6 · 25 한국전쟁 때 한 분은 전사하셨고, 한 분은 전쟁 참전 후유증으로 지병을 얻어 돌아가셔서 할머니는 두 아들을 6 · 25 한국전쟁에서 잃으셨다. 그 일로 큰아버지는 익산시 유족회장을 지내셔서 원호사업에 관련된 일을 맡으셨다. 익산시 거주 유족인들이 하루도 빼놓지 않고 큰집을 방문하기도 했다. 생전에 성격이 정갈하셔서 의관을 깔끔하게 챙기고 다니셨다. 턱수염도 길게 놔둔 적 없이 언제나 깔끔하셨다. 농사를 지으면서도 멍석에 닭똥이나 농기구에 흙 하나 묻히지 않고 정갈하게 정리정돈을 잘하여서 마치 군대에서 병기점호를 대비하듯 모든 살림이 완벽하셨다.

내가 교직에 있을 때 아버지가 돌아가셔서 큰아버지는 집안의 대소사를 나와 상의하셨다. 할아버지 · 할머니 산소를 이장하시고 여러 가지 석물을 세우면서 장조카이고 할아버지 · 할머니에게는 큰손자인 나에게 비석에 새길 할아버지를 소개하는 글을 써서 올리라고 하셨다. 그래서 몇 날을 심사숙고, 정성을 다하여 할아버지 비석의 글을 근찬謹撰해 올렸다. 큰아버지는 흡족해하면서 나를 볼 때마다 칭찬하셨다. 지금도 추석이나 설 성묘할 때는 할아버지 비문에 새겨진 나의 글을 읽어보면 그때가 새록새록 떠오르고 집안 대소사를 관장하셨던 큰아버지가 아른거린다. 아버지 7형제 중 큰아버지는 늘 생활이 정갈하셔서인지 제일 오래 사셨다. 그러나 인명재천이라고 큰아버지도 연로하니 지병이 악화하여 말년에는 안방에서 간이침대 생활로 하루하루를 버티셨다. 어느 날 찾아뵈니 몰라보게 수척해져 "연식아, 내가 죽으면 너의 아버지가 누워계시는 옆으로 갈란다." 하더니 몇 개월 후에 향년 87세로 돌아가셨다. 살아계셨을 때 더 찾아뵙고 손도 잡아드릴 걸 하고 후회가 된다. 따뜻한 교복으로 나를 감싸주셨던 큰아버지셨는데 말이다.

큰아버지 산소는 아버지 산소 옆 조금 위에 계신다. 오늘은 집안 어른들 산소를 벌초하는 날이어서 큰아버지 산소를 둘러보았다. 때 이른 구절초가 숲속의 귀한 산삼처럼 딱 한 송이가 예쁘게 피어있어 살아생전에 그렇게도 정갈하셨던 큰아버지 얼굴이 겹쳐졌다. 나의 고등학교 앨범에는 큰아버지가 마련해주신 교복 입은 사진이 있어 더더욱 생각이 떠오른다. 세월이 흘러 이제는 내가 집안의 어른이 되었다. 집안 조카들에게 나는 그 옛날 큰아버지처럼 후덕하고 조카들을 사랑하고 있는지 반성해 본다. 큰아버지! 그 교복 3년 동안 잘 입고 졸업하여 대학도 마치고 공직에서 40여 년간 봉사하다가 10여 년 전에 퇴직하여 이제야 큰아버지의 고마움을 추슬러 본다. 큰아버지가 마련해주신 교복을 입고 공부 열심히 하여 과연 훌륭한 사람이 되었는가? 집안 어른들이 나에게 성원해주신 만큼 열심히 살고 성공했는가? 집안 조카들이 나를 어떤 사람으로 생각하는 인물인가? 큰아버지 산소 앞에서 뉘우쳐 본다.

(2020. 9. 20.)

어머니의 3년상喪

경자년庚子年은 어머니가 돌아가신 지 3년째 되는 해이다. 옛날에는 부모님이 돌아가셨을 때 자식은 탈상 때까지 3년 동안 묘소 근처에 움집을 짓고 산소를 돌보고 공양을 드리는 일, 즉 시묘살이를 하여 생전의 불효를 뉘우치며 명복을 빌었다. 나는 그런 효자는 못 되고 3년 동안 그날 하루는 우천도 불문하고 외국 여행도 삼가며 간단한 주과포酒果脯로 삭망성묘(朔望省墓: 초하루와 보름에 산소를 찾아뵘)를 해왔고, 앞으로도 계속할 예정이다. 나에게 부모님 산소는 종교적 장소다. 사람들은 주일에 한 번씩 교회나 절을 찾아서 속죄하고 경건한 심신을 가다듬듯 나 또한 목적은 같고 절차나 방법이 다를 뿐이다.

나의 어머니는 5년간 악성 골다공증으로 병원에 계셨다. 말년에는 기력이 쇠진하여 의식은 있어도 고통스러운 나날을 보내셨다. 우리 어머니보다 어머니가 일찍 돌아가신 대학 친구는 "자네는 그래도 어머님이 살아계신 것만으로도 위안과 희망이 있지 않은가?" 하면서 비록 병석에 누워계시지만, 살아계신 어머니 자체를 부러워하면서 위로의 말을 건네주었다. 그러나 어머니는 결국 돌아가셨다. 의학적으로 규명된 것은 아니지만 사람들은 운명 직후 잠깐은 귀는 그대로 열려있다고 믿는다. 운명 직전에, 자손들에게 무슨 말을 하고 싶은지 입술과 목울대가 가늘게 움직이는 어머니의 모습을 보게 되었다. 이때 자손들은 찢어지는 가슴을 움켜잡고 마지막 삶을 마감하고 떠나가시는 어머니의 귀에다 대고 불효했던 사연을 사죄하고 모두 다 잊고 가시라며 보내드렸다. 그랬더니 어머니의 두 눈가에는 알아들으셨다는 뜻인지 뜨거운 눈물이 주르륵 흘러내렸다. 인간의 모든 희망은 살아있을 때뿐이다. 이제는 부모에게 불효했던 후회는 땅을 치고 통곡해도 아무 소용이 없었다. 인간의 죽음 뒤에는 아무것도 할 수 없게 검은 장막은 서서히 내려지고 모든 것을 뒤덮어 버린다.

어머니는 생전에 불교의 익산지역 신도회장을 하셨다. 그래서 제례의식에 대해서는 철두철미하셔서 우리 집은 제사를 지낼 때는 예법이나 예절에는 전통불교제례를 고수하고 있다. 어머니는 조상님들 제삿날 제수는 어머니가 시장에 가셔서 일일이 손수 고르시고 장만하셨다. 나와 동생들은 집 안팎을 쓸고 닦는 일과 어머니 뒷일을 돌봐드리는 것이 전부였다. 그런데 이제는 어머니가 돌아가시고 어머니가 하시던 일을 나와 동생들이 하고 있다.

제삿날 우리 집은 아침부터 철질하는 냄새와 불땀 좋은 마른 솔가리 타는 연기가 온 집안에 가득했다. 나와 동생은 제사 후에 오랜만에 먹어볼 색다른 제사음식에 신이 났다. 어머니가 조리하시는 옆에서 도와드리면서 음식 부스러기가 나와도, 조상님들이 제사 시간에 잡수시기 전까지는 자손이 먼저 먹어서는 안 된다고 하시면서 다른 그릇에 모두 담으시고 뚜껑을 덮어 놓으셨다. 나와 동생은 참았던 침이 넘어가는 소리가 쪼르륵 나는 것 같았다. 그런데 그 어머니가 돌아가신 지 오늘이 3년상喪이 되는 날이다. 참으로 인생은 허무하고 덧없다.

고향 집 마당에 들어서니 어머니가 어서 오라 하시면서 물 묻은 손을 행주치마에 닦으시며 내 손을 덥석 잡으신다. 그리고 부엌으로 들어가셔 제사음식 만드는 모습이 아른거려 순간 눈물이 그렁그렁했다. 우리 형제는 7남매이다. 부모님 제사 때는 거의 빠지지 않고 참석한다. 가장 멀리 살고 항상 직장생활에 바쁜 막내 매제에게 고맙다. 제수 준비는 동생은 삼색실과를 중심으로 모든 과일을 전담하고, 나는 나머지를 준비한다. 제사상 병풍은 내가 『사자소학』 '효행 편'에서 글귀를 따서 불효에 대해 속죄하는 마음으로 먹을 갈고, 한 자 한 자씩 써서 만들었다. 제사 때는 펼쳐 세운 병풍 문구를 항상 속으로 읊조리며 순간이나마 반성하고 있다. 어머니 삼년상 제례가 끝났다. 나는 축문과 지방을 떼어서 대문 밖에서 마지막 소지燒紙로 부모님을 배웅해 드렸다.

현재 부모님 제사를 모시는 집은 우리 형제들이 낳고 자란 그 집이다. 그러나 우리나라 전통제례에는 장남이 사는 곳에서 부모님의 제사를 모시는 것이 관례이다. 어머니 3년상 제례를 모시고 음복하는 자리에서 내년부터는 내가 사는 전주에서 부모님 제사를 모신다고 선언하고 부모님께도 그렇게 아뢰었다. 돌아가신 부모님의 생전 고향 집에서 제사를 지내지 않고 전주에서 모시는 것을 서운하시겠지만, 여러 가지 사정을 아실 테니까 너그러이 받아 주시리라 믿는다.

언제인가 부모님 상喪 후에 일본에 갔다 온 적이 있다. 비행기가 활주로를 박차고 치솟더니 하얀 구름 위를 떠서 날아가고 있었다. 사람이 죽으면 하늘나라로 간다고 들었다. 비행기 창문 밖을 아무리 살펴봐도 부모님이 계시는 곳은 보이지 않고 하얀 구름바다 위에 비행기만 미끄러져 날아가고 있었다. 오늘 어머니 제삿날에 그 구름이 또 몰려와 석양에 붉은 얼굴로 웃고 있었다. 아마도 부모님이 계시는 곳은 구름 나라인 것 같다. 입추와 백로가 지나서인지 밤에는 서늘하다. 아래 동생은 농사지은 수확물을 올망졸망 나누어 묶어놓고 형제들에게 나누어 준다. 아내와 제수씨는 제수 음식을 분배하여 이 집 저 집 차에 실어 놓는다. 내일이 출근하는 월요일이라 먼 데 사는 동생들부터 빠져나가기에 바쁘다. 그렇게 시끌벅적하던 집안이 금세 절간처럼 조용하다 못해 쓸쓸하다. 아마도 부모님 생전에 명절 때 왔다가 썰물처럼 빠져나갈 때의 부모님 심정을 내가 맞고 있다. 제일 마지막 부모님 집 마당을 빠져나와 전주 집으로 향하는데 앞의 가로등이 뒤로 계속 밀려가는 모습에 옛날과 현재가 바뀌듯 만감이 교차했다.

(2020. 9. 13. 음력 7. 26.)

제5부

작은 호루라기

방황하는 청춘靑春들
울타리와 담
노인과 신호등
어느 종손과 납골당
쇠뜨기 관광과 개복숭아
친구와의 약속
나는 익산益山 사람이다
수필은 나의 작은 손거울
4월의 러브레터
어느 계모의 여행가방
꼰대[Comte]와 멘토Mentor
자유의 종(自由鐘: Liberty Bell) 전설
신神의 묘수, 7진법
마당

방황하는 청춘靑春들

청춘靑春은 푸른 봄이다! 푸른색은 새 생명이 움틀 때 첫 번째 색깔이며, 봄(春)은 일 년 중 맨 첫계절로 청춘靑春은 온갖 생명이 약동하는 봄이다. 그래서 청춘靑春은 남녀의 연정이 어울려 삼라만상의 새 생명을 잉태하는 출발점이다.

청춘이 없다면 희망의 씨앗도 싹트지 않으며, 인류의 지속적인 삶도 기대할 수 없다. 청춘을 돕고 유지해 주는 것은 위대한 하늘의 태양과 생명의 근원인 땅의 물 그리고 그 사이에 가득 찬 공기이다. 모든 생명체의 보편적 발아發芽 조건은 햇볕과 적당한 온도와 수분이 필요하므로 우주는 청춘의 태반이다.

부모는 자식의 청춘을 위해 헌신을 다하며 때로는 희생하기도 한다. 대부분의 종교 창시자들은 청춘을 고민하다가 나름의 해결책으로 경전經典을 남기며 종교를 만들기도 한다. 국가 역시 청춘들의 꿈의 실현을 위해 모든 것을 돕는 가장 힘 있는 포괄적 단체이다.

히말라야산맥을 정복하고 인류에게 험준한 설산의 생생한 정보를 알려주며 도전정신을 일깨워 주는 사람도 바로 청춘들이다. 해저 2만 리를 탐사하고 미래 해양 연구 자료와 보고寶庫적 가치를 제시한 자도 바로 청춘들이다. 최후의 격전지에서 수류탄을 투척하고 고지를 탈환하여 조국의 승전 깃발을 가장 먼저 꽂은 자도 바로 청춘들이다. 이렇게 청춘들은 인류를 위하여 위험을 정복하고 탐험하며, 조국을 위해 수류탄에 목숨을 실어 장렬壯烈하게 산화散花한 자들도 바로 청춘들이다.

오늘의 청춘들은 취업의 족쇄에 얽매어 청춘을 불사르고 골방에서 바늘로 바위를 뚫고 있다. 청춘들은 억지 춘향이의 결혼보다는 이상의 날개로 훨훨 날아다니며 기성세대의 간섭과 틀에서 벗어나 홀로 삶에 익숙해졌다. 취업은 해야 하나 결혼은 미지수로 기성세대의 삶의 문제풀이 방정식과 다르게 풀고 있다.

잘못 제시된 삶의 목표로 질곡의 수렁에서 헤어나지 못하고 암흑의 동굴에서 허우적대며 출구를 찾으려고 방황하는 불쌍한 청춘들이다. 그들은 우리 미래의 거울이며 버팀목이다. 거울이 없으면 미래를 알 수 없고, 버팀목이 없으면 사회는 순식간에 함몰된다.

나는 대화 없이 토라져 앉아 있는 자식과 이웃의 청춘을 위해 무엇을 했는가?

사회는 방황하는 일탈의 뒷골목에서 청춘들을 위해 무엇을 선도했는가?

국가는 총알이 빗발치는 전장에서 돌아온 청춘들의 심신을 얼마나 치유했는가?

국가는 청춘들의 신문고 절규를 얼마나 귀담아 듣고 정책에 반영했는가?

인생의 가장 아름다운 황금의 꽃봉오리를 피우려는 청춘들에게 좌절과 비애를 안겨준 우리는 모두 공동정범이다. 자기 피붙이 청춘들은 염려없다 하여 사회적 청춘들을 외면하면 천둥은 호령하고 벼락은 회초리로 매섭게 되물을 것이다. 이제라도 각성하여 황금의 꽃봉오리를 피우도록 구태의연한 법과 제도는 환골탈태換骨奪胎하여 청춘들을 도와주고 눈물을 닦아주며 가슴으로 안아주어야 한다.

누가 청춘의 심장을 물방아 고동이라고 하고, 끓는 피에 뛰노는 심장은 거선巨船의 기관汽罐과 같다고 했는가? 오늘 우리의 청춘들은 우리나라 실업자 3명 중 하나인 40여만 명 청년실업자 청춘들이 연료도 바닥나고 기관도 고장난 무인선장無人船長 실업호失業號에 승선하여 우리의 아들딸들이 망망대해를 표류하고 있다.

나와 사회 그리고 국가는 방황하는 청춘들을 손잡아 안아주며, 청춘들의 매듭을 풀어주고, 국가 위기 사업을 가장 우선순위에 놓고 절체절명絕體絕命의 각오로 청춘들의 문제를 해결해 주어야 한다. 지는 해는 어둠이 가렸지만 어둠을 헤치는 것은 뜨는 해 청춘이기 때문이다.

울타리와 담

울타리는 풀이나 나뭇가지 등을 얽어서 집 주위를 둘러막거나 경계를 표시하는 것이며, 담은 집의 가장자리나 일정한 공간을 흙이나 돌 따위로 쌓아 올린 것으로 같은 장소에 재료에 따라서 그리고 열린 공간과 닫힌 공간의 의미로 대조되기도 한다.

울타리는 순수한 우리말로 자연의 재료인 수수깡, 싸리나무, 섶나무 등의 나뭇가지를 엮어서 설치하여 이웃끼리 바라볼 수 있고, 이야기하며 요즘 같은 봄철에는 김이 모락모락 나는 쑥백설기를 접시에 듬뿍 담아 건네면서 정을 주고받는 장소적 의미가 가득한 곳이다.

담은 밖으로부터 안을 보호하고 침입을 막기 위하여 쉽게 넘어 들어올 수 없고 안이 들여다보이지도 않아 공간을 서로 다른 성격으로 나누기 위해서 설치한 구조물로 단절과 감시 그리고 적대적 의미의 상징성이 있다.

우리 시골집 울타리 아래는 민들레가 듬성듬성 피어있고 개나리 울타리에는 봄을 가장 먼저 알리고 싶어 잎은 나오지도 않았는데 노란 꽃이 길고 가느다란 가지마다 너무 촘촘히 피어 무거워서 모두 다 낚싯대처럼 휘어져 있다. 참새들은 개나리꽃 향기에 취해 졸고 있다가 심술꾸러기 검둥이가 어슬렁어슬렁 기어 오다가 힐끗 쳐다보니 혼비백산 날아가면서 개나리 꽃가지를 흔들어 놓는다. 봄의 향기가 온 동네에 퍼져 정답고 따스함이 울타리에 가득하다.

이웃마을 어느 집을 보니 무슨 비밀을 지켜야 해서인지 귀중한 물건을 보관해야 해서인지 어른이 팔을 쭉 펴서도 닿지 않을 높이에 시멘트 담장을 빙 둘러 설치하고 그 위에는 철조망을 얹어놓고 구석구석에는 CCTV(폐쇄회로텔레비전)까지 설치하였다. 무슨 국가 중요시설인가, 아니면 교도소로 착각할 정도의 담벼락 집을 보니 한 사회에서 서로 다른 보금자리를 보는 것 같아 씁쓸하다.

울타리는 누구든지 들어오고 싶으면 들어오라는 뜻으로 이곳저곳 개구멍이 많다. 그 구멍으로 개들도 드나들고, 동네 개구쟁이들도 들랑거렸다. 심지어는 밤늦게 마실 다녀오시던 어머니께서 사립문을 삐걱거리고 열면 가족들의 잠을 깨울까 봐 그 개구멍으로 살며시 들어올 때도 있었다. 그래서 우리의 울타리는 고향의 멋이었으며, 그 시절 사람들의 향수였다.

울타리는 사람들만의 쉼터가 아니다. 복사꽃 붉은 가지 위에는 싸리나무 가지를 얼기설기 엮어서 집을 지어 알을 낳고 새끼를 길러내던 까치 둥우리가, 탱자나무 가지에는 호랑나비 애벌레가 득실거리고, 갓난아기 주먹보다 더 작은 뱁새는 어느 사이 새끼를 치고 나갔는지 앙증맞은 둥우리만 매달려 있다. 울타리 아래는 몇 년간 쌓인 부엽토 거름을 용케도 알고 돼지감자도 무성하게 자라 돼지도 먹고 사람도 먹는다.

울타리 아래서 각시풀을 뜯어 인형 머리를 만들고 탱자나무 가시로 박음질하여 사철나무 잎사귀로 옷을 만들어 인형 옷을 입혀 놓고, 각시 신랑 역할을 분담하며 소꿉장난하던 친구들은 어느 하늘 아래에 있을 테지만 눈부신 백발 때문에 못 오나, 주름살이 너무 깊어 못 오나, 고향 집 오갈 때 울타리 너머 친구 집을 오늘도 바라본다.

토머스 모어는 『유토피아』에서 지나친 인클로저(enclosure: 울타리 두르기)를 부정적 의미로 "양이 인간을 잡아먹는다."라고 표현하기도 했다. 미국 대통령 도널드 트럼프는 모슬렘 이민자들과 난민들의 미국 입국을 금지하기 위하여 멕시코와의 국경 지대에 거대한 장벽을 건설하겠다고 밝혔다. 이에 미 의회에서 예산안 합의에 실패하여 셧다운 shutdown의 곤혹을 치르고 있다. 동기야 어쨌든 간에 지나친 담벼락의 설치는 바람직하지 않다는 역사적 교훈은 말해준다.

스페인의 천재 건축가 '안토니 가우디'는 "직선은 인간의 선이고, 곡선은 신의 선이다."라고 했다. 직선에는 자동차가 쌩쌩 달리고, 곡선에는 인간들이 정답게 걸어간다. 직선 위에는 시멘트 담벼락이 철옹성처럼 버티고 있어 개미 새끼도 얼씬거리지 않는다. 곡선 위에는 이것저것 생울타리 나무들이 꽃도 피고 열매도 맺어 벌 · 나비가 떠날 줄을 모른다.

우리 민족의 생활문화는 이웃사촌 상부상조 등 언제나 허심탄회한 울타리 문화가 즐비했는데, 기계문명과 산업사회가 등장하면서 담장

문화가 이웃과 심지어는 가족까지도 멀어지게 하여 소통과 대화가 줄어들고 있다. 마음의 벽돌을 허물고 닫힌 단추를 열어젖혀 담을 헐고 더 듬성듬성하고 훤히 보이는 울타리를 만들어야 한다. 인간이 인간답게 사는 것은 사회 속에 살면서 주고받는 삶 속에서 비롯된다.

노인과 신호등

신호등은 육지에서는 도로에 설치해 교통 신호를 알리기 위하여 켜는 등이다. 그 외에도 항공기의 위험구역을 나타내거나 항공기의 교통을 관제하기 위하여, 또는 선박 간, 선박과 육지 사이에서 모스부호(Morse Code)를 발신하기 위하여 사용하는 신호등은 하늘, 땅, 바다에서 모두 다 인명을 보호하는 것이 가장 주된 목적이다.

우리나라에서 교통신호기가 처음 등장한 것은 1940년 무렵이고, 1978년에는 중앙통제시스템을 갖춘 온라인 신호시스템이 등장하게 되었다. 유·초등학교 커리큘럼에 움직이는 빨간 신호등이 등장한 것도 그렇게 오래되지 않아서 교통안전 시설물이 적은 시골의 노인들은 신호등에 대한 공식적 교육과정도 받지 못했고, 자동차의 교통량도 적어 신호등의 필요성을 알면서도 귀찮은 존재로 여기고 있다.

90이 훨씬 넘어 보이는 할머니가 지팡이 하나로 저어새가 부리로 더듬거리듯 내가 사는 전주시 완산구 평화동 사거리 광장을 신호등은 아랑곳하지 않고 하루도 빼놓지 않고 지나간다. 그곳을 경유하여 운전하는 분들은 한 번쯤 그 모습을 기억할 것이다. 신호등이 그 할머니에게는 불편하고 거추장스러운 존재일 것이다.

큰 도시의 노인들은 비교적 도시문화에 익숙하여 신호등 문화를 잘 안다. 모두 다 신호등을 잘 지킨다. 교외郊外나 농촌에서는 신호등 준수문화가 미흡하다. 그곳에는 보행자뿐만 아니라 운전자도 신호등을 어겨서 20여 년 전, 나는 시골 마을 입구 횡단보도를 건너다가 신호등을 무시한 차량에 치여 병원에 입원한 적이 있다. 그때 오른쪽 눈썹 위에 생긴 상처가 지금도 남아 있다.

녹색 신호등이 켜지면 좌우를 살피고 오른손을 번쩍 들고 횡단보도를 예쁘게 걸어가는 어린이는 틀림없이 유치원생이거나 초등학교 1~2학년 어린이들이다. 그런데 그 어린이가 어느 날부터 손들고 건너가는 것은 고사하고 적당한 기회에 횡단보도를 건너가는 요령을 터득하여 건너간다. 아마도 지금까지 어린이가 횡단보도 건널 때 했던 행동을 어른들은 아무도 하지 않아 손해 봤다는 느낌에서 빚어진 행동일 수도 있다. 교육은 학습과 모방 그리고 경험으로 이루어진다.

전 세계 어딜 가도 통하는 것들이 있다. 그중의 하나가 바로 교통신호등이다. 해외여행이 빈번하여 노인들을 모신 여행사 가이드의 힘든 부분은 역시 외국의 신호등 앞에서 안전지도라 한다. 나이 드신 어른들은 숟가락 · 젓가락 문화에 익숙해져서인지 생소한 포크와 나이프 식문화를 기피한다. 몸에 익은 제도와 습관은 늘 편안하게 다니던 오솔길이었는데 하루아침에 바꾸어 버린 포장도로와 신호등이 거인처럼 우뚝 서서 붉은 눈망울을 굴리며 길을 막고 있으니 부정적 마음도 나올 수 있으리라.

행정안전부가 발표한 2017년 전국 교통사고 사망자 4,185명 중 노인 보행 사망자가 906명이며 335명이 무단횡단으로 교통사고를 당했다고 한다. 남양주경찰서 관내 별내파출소 유석종 소장은 아파트 노인정 등을 방문하여 교통안전교육 중 왜 무단횡단을 하느냐고 물으니 예상치 못한 답변이 나왔다. 바빠서라기보다 신호가 바뀌는 짧은 시간에도 서 있으면 허리와 다리가 아파 기다리기 힘들어서 무단횡단을 한다는 의외의 답변이었다. 유 소장은 무단횡단을 하지 않을 환경을 만들어야겠다고 결심했고 오랜 노력 끝에 접이식 의자를 개발하여 신호기 전봇대에 부착 비치하여 노인들의 호응도가 높아 많은 기관이 본받고 있단다.

어린이는 움직이는 적색신호등이라 하는데, 노인들은 '빨간 럭비공 신호등'으로 표현하고 싶다. 경제 발전, 의학기술의 발달로 인한 평균 수명 연장으로 전체 인구 중에서 65세 이상 노인 인구가 20% 이상이면 초고령 사회라고 한다. 도시보다 촌락의 고령화 현상이 심각하며 전라남도, 전라북도, 경상북도 등은 농촌 지역 노인 인구 비율은 20% 이상으로 이미 초고령사회다. 여기서 추론할 수 있는 것은 앞으로 노인들의 교통사고는 계속 증가하리라는 결론이다.

노인들 보호구역(老人保護區域, Silver Zone)은 노인복지시설, 자연공원, 도시공원, 생활체육시설도 노인보호구역 지정대상이 될 수 있다. 노인보호구역으로 인정하면 대상 시설의 주 출입문을 중심으로 반경 300m 이내의 도로 중 일정 구간을 보호구역으로 지정한다. 노인 보호구역으로 지정된 시설의 출입문과 가장 가까운 거리에 있는 간선 도로의 횡단보도에는 신호기가 설치된다. 이런 것들은 도시 중심 실버 존의 형태이지 농어촌의 경우에는 이런 시설도 전무하여 노인들의 교통사고가 야생동물의 로드 킬 흔적을 보는 것 같은 소름이 끼친다. 20% 이상인 농어촌 거주 노인들 보호구역 설치도 시급한 일이다.

요사이는 종합편성채널이 셀 수 없이 많아졌다. 그런데 그 어느 채널에서도 노인들의 교통신호등을 알려주는 프로그램은 본 적이 없다. 일반 프로그램은 베끼기 프로그램, 유사 프로그램이 많은데 말이다. 방송사는 공익광고든 간접광고든 노인들의 교통안전 광고를 꼭 방송해달라고 주문하고 싶다.

평생 성실하게 가족과 국가에 소임을 다하며 살아온 노인들이 의식은 멀쩡하지만, 몸이 따라주지 않기 마련이다. 그들은 이 땅의 산업전사들이었고, 가장으로서 모두 추앙받아야 할 무명의 애국자들이다. 그들이 안전하게 신호등을 활용할 수 있으면 좋겠다.

(2019. 4. 11.)

어느 종손과 납골당

인류의 장례문화는 사회적 환경보다는 자연환경에 적합한 장례 방법을 선택하여 이어져 오고 있다. 그러나 오늘날 대부분의 국가는 장례문화를 자연환경과 국토의 효율적 활용을 고려하여 분묘墳墓를 지양하고 화장火葬 등을 통한 장례문화를 권장하고 있다.

지구촌의 보편적인 장례문화는 토장土葬이었다. 그것은 구석기시대 이래 지금까지 인류가 시행한 가장 대표적인 묘제墓祭의 하나지만 인류는 자연환경에 적합한 장례를 선택하여 치러 왔다. 조장鳥葬을 치르는 티베트는 바위산으로 뒤덮인 산악지대여서 궁여지책의 장례문화였고, 국토 97%가 사막으로 형성된 이집트에서는 모래 속에 매장하다 보니 부패하지 않고 건조해 버리는 미라 장례문화가 성했다. 고대 국가 시절에 여러 국가는 전쟁에서 희생된 아군의 시체를 머나먼 본국으로 운송하려면 화장火葬하여 운반하는 방법밖에 없어 화장火葬장례가 비롯되었다 한다.

나의 고향 종친회宗親會는 선조先祖들께서 넉넉한 종산宗山을 마련하여 물려주시어 그간 자손들이 적당한 법적 절차를 밟아서 선영先塋에 장례를 모실 수 있어서 조상님들의 음덕을 늘 깊이 새기면서 감사하게 살고 있다.

종산의 넓이와 비교해 자손들의 번창은 그리 많지 않아서 조상님들을 모시는 시제나 종무회의 등에서는 아쉬움이 크다. 나의 조부모님께서는 3형제 중 막내셨다. 둘째 종조부從祖父께서는 후사後嗣가 없으셨고, 큰종조부님께서 집안의 대소사나 종중의 모든 일을 주관하시다가 돌아가시자 인지능력이 부족한 종손인 당숙이 종중 일을 담당하기에는 어려워 결국 나의 백부伯父님이 종사宗事를 관장하시면서 자손들의 화목과 조상숭배를 신조로 헌신하시다가 작고하셨다.

몇 년 뒤 당숙도 돌아가셨다. 평소 당숙은 생계가 어려워 생활보호대상자로 지정되어 어렵게 살아가셨다. 모든 장례절차도 국가의 혜택 아래서 치러지니 조문객들에게 죄스러운 마음도 들었다. 장례도 결국, 화장해서 익산의 모 영묘원에 20년 한정으로 모셨다.

예초기가 보급되지 않았던 당숙의 젊은 시절에는 백부님과 종산에서 그 많은 조상님의 산소 벌초와 사초莎草를 전담하셨다. 그야말로 굽은 나무가 선산을 지킨 산증인이셨다. 생존 시 당숙은 사리에는 조금 어두운 분이셨지만 선산 지키기와 조상숭배에는 가장 으뜸이셨다. 양명일 때 당숙은 집집마다 방문하여 조카들을 불러 모아 조상님들 성묘를 앞장서서 지도했던 우리 집안의 종손이셨다. 당숙의 조상숭배 정신을 조상님들이 어여삐 여겼는지 슬하에 남매를 점지해주셨다. 그러나 그 자녀들도 유전인자 탓인지 아니면 다잡고 지도를 못한 교육 탓인지 보통의 아이들보다 인지능력이 떨어졌다. 생전 백부님께서는 가문의 후손을 염려하여 백방으로 재종동생을 주선하여 결혼을 시켰다. 납골당에 계신 분들이 꼭 그런 것은 아니지만 나의 좁은 소견으로는 당숙은 사당祠堂에서 조상님들과 신주神主로 모셔져야 할 종손이시다. 조상님들의 선영 양지바른 곳을 두고 골방 같은 영묘원에 모시는 것은 혈족으로서 마음이 아프다.

해마다 시제 제수 음식을 장만하실 때 당숙께서는 힘든 일을 모두 맡아서 하셨다. 그 모습이 지금도 또렷하다. 읍내 시장에서 제수 음식 장을 보아서 지게로 짊어오기, 동네 먼 공동 우물에서 물을 물지게로 지어 나르는 일, 절구에 떡방아 찧는 일, 시제 당일 선산 산소마다 제기祭器와 음식을 나르는 일, 그야말로 교통수단도 운반 도구도 생활 도구도 변변치 않았던 시절에 오직 조상님들 숭배하는 마음으로 헌신하며 굽은 나무로 선산을 지키다가 한 줌의 재가 되어 답답하고 숨 막히는 단지 속에 갇혀 계신다.

어느 해부터 내가 종중의 총책을 맡게 되었다. 제일 급선무는 당숙의 유골을 선산에 모셔서 영혼이라도 훨훨 날아다니시도록 해야겠다고 종무회의에서 결정을 했다. 그 결정이 난 뒤에 공교롭게도 당숙모의 지병이 악화하고 낙상까지 겹쳐 익산의 모 요양병원에 입원 치료 중이셨다. 호전의 기미는 없는 상황까지 가고 있다. 그래서 당숙모가 별세하시면 납골당에 계신 당숙님과 함께 모실 장지를 굴착기를 운용하고 있는 매제의 도움과 집안 동생들, 조카들 그리고 이웃 주민들의 도움으로 장지를 마련했다. 이제는 사후에 조상님들을 뵈어도 꾸지람을 듣지 않을 것 같다.

어느 어린이의 가슴앓이 추억이 있다. 장터 모퉁이를 지날 때 문수대로 진열한 신고 싶었던 운동화, 좌판 위에 셀로판지로 포장된 먹고 싶었던 오색 눈깔사탕, 가게 천장 옷걸이에 걸어놓은 입고 싶었던 검정 교복 등 모두 다 어린 시절에 신고 싶고, 먹고 싶고, 입고 싶었던 것들이다. 그것들도 추석대목 장날 어머니 치맛자락을 붙잡고 매달리면 해결되었던 것들이다. 그러나 그 시절 어린 가슴을 뭉클하게 하여 작은 가시로 박혀 지워지지 않으면 상처는 지울 수 없다. 집안 조카들을 그리도 챙기셨던 종손 당숙의 애틋함이다. 얼굴은 땀방울로 얼룩져 주름살 고랑으로 황토 먼지가 고여 있고, 수염은 깎지 않아 밤송이 같았다. 손톱 밑에는 검정 퇴비 찌꺼기가 그대로 있어도 당숙의 몸에서 나는 달짝지근한 땀냄새는 조상님들의 체취 같았고, 인자한 눈빛은 언제나 조카들을 굽어보셨다. 나이 차이가 크셔도 형제 같았던 당숙! 지금도 옆에 계셔 어린 조카들 손을 잡고 조상님들의 산소를 안내하실 것 같은 당숙은 이제는 안 계신다. 추석명절이 돌아오니 더욱 뵙고 싶다. 조촐한 장례식에 눈은 제대로 감으셨는지, 당숙에게 불효 같은 죄송한 마음이 작은 가시로 남아있다. 장례문화도 인간과 자연이 공존하며 지속 가능한 형평성으로 변하고 있는 세상에 종손의 납골을 선영의 산소로 모시려는 것은 그래도 시대사조에 역행하는 일인지 묻고 싶다.

(2019. 8. 8.)

쇠뜨기 관광과 개복숭아

과학문명은 자연현상을 모태로 하여 연구하고 발전시키는 것이므로 아무리 최첨단의 과학도 결국은 자연현상의 원리를 찾아내어 응용한 것이다. 인류의 생·노·병·사도 위대한 자연의 대순환 원리이기 때문에 자연현상을 무시한 연구는 허용될 수 없으며 결국 도태되고 만다.

조물주는 온 천지에 인간들이 살아가도록 자연환경을 조성하고 먹이사슬의 환경도 기후와 풍토에 알맞게 배분하여 형태와 품종은 서로 달라도 그 속에 함유된 영양소는 고르게 함유시켜 인류는 서로 다른 환경 속에서도 필수 영양소를 고르게 섭취할 수 있게 했다. 그런데 과학문명이 발전할수록 영특한 인간들은 조물주가 숨겨 놓은 자연의 비밀을 연구하고, 이론으로 발표하여 때로는 자연의 위계질서가 붕괴할까 우려도 된다. 성급한 인간들이 자연 속에 뛰어들어 검증되지 않은 부분까지 자기 맘대로 해석하고 섭취하여 오남용의 부작용을 일으키는 안타까운 현상을 보기도 한다.

언제인가 언론에서 쇠뜨기의 효능이 만병통치약이라고 보도되자, 전국 유원지의 산과 들에는 관광객들이 관광보다는 쇠뜨기 뜯기에 열중하여 '쇠뜨기 관광'(?)이라는 우스갯소리도 있었다. 그 시절 내가 많이 오갔던 전군도로에서도 갓길에 차량을 세우고 사람들이 쇠뜨기를 뜯는 진풍경을 보았다. 나도 덩달아 죄 없는 쇠뜨기만 뜯어다가 활용도 않고 그냥 버린 적도 있다. 그런데 지금은 사람들이 쇠뜨기를 쳐다보지도 않는다.

우리나라 전통 풍습에 귀신을 쫓는 대표적인 나무는 복숭아나무이고, 제사상에 금기시된 과일은 복숭아다. 조상님들 제삿날에는 복숭아나무 부근에는 얼씬도 못하게 했다. 그래서 그런지 우리 집은 물론 시골 어느 집도 울안에는 복숭아나무를 심지 않았다. 보통 복숭아를 먹고 씨를 아무데나 버려서 자라난 것이 개복숭아가 되어 우리나라 산야에는 그 나무가 지천으로 널려 있다. 식물 이름에 접두사 '개'를 붙이는 경우는 귀하지 않고 흔하다는 의미다. 요사이 개복숭아가 그 옛날 쇠뜨기 이상의 붐이 일어나 개복숭아를 묘목으로 가꾸어 판매하고 있어 개복숭아를 약용 및 정원수로 심고 가꾸는 정원문화도 유행하고 있다.

개복숭아는 개량종과 접을 붙이지 않고 보통 복숭아씨가 발아하여 자랐기 때문에 야생동물들로부터 보호를 받기 때문인지, 유난히 솜털이 많고 씨가 단단하여 좀처럼 깨지지도 않으며 과육果肉은 껍데기만 있어서 이빨로 긁어먹어야 겨우 맛볼 수 있다. 그래서 어렸을 때는 그냥 따서 장난치다 버리는 과일로 기억된다.

언제부터인가 케이블 TV에서 '자연인'이라는 프로그램이 있는데 본방송을 비롯해서 동시에 여러 채널에서 재방송되었다. 특히 하절기에 자연인들이 담그는 발효식품 단골 메뉴에 개복숭아가 빠지지 않는다. 최근 학계에서 발표한 개복숭아의 효능은 유기산 및 알코올류, 펙틴(과일의 다당류) 등 섬유소 질이 풍부하며, 특히 개복숭아는 기침과 천식에 도움이 되고, 몸속 노폐물과 니코틴 배출 등 금연에 도움이 되는 것으로 알려졌다. 농가 소득 증대를 위한 개복숭아 재배가 늘고 있으며, 관련 제품들도 출시되고 있어 개복숭아에 대한 격세지감이 있다.

아내가 최근에 개복숭아 나무에 대해서 관심이 커졌다. 이른 봄 야산에 잎보다 먼저 분홍색 꽃이 피고 열매는 복숭아처럼 생긴 작은 핵과核果라고 설명했더니 기어이 실물을 보러 가자고 했다. 아파트에서는 볼 수 없어서 나는 고향 뒷동산으로 갔다. 고향 뒷동산은 보름이 멀다 하고 뻔질나게 오르내려 능선과 골짜기마다 훤히 다 꿰고 있어서 개복숭아 있는 곳으로 바로 데려가니 입을 쩍 벌리더니 금방이라도 개복숭아 열매를 모두 따서 발효식품으로 담글 기세였다. 나는 열매가 너무 익어서 과즙이 적고 약효가 없다고 설득하고 산딸기 한 움큼으로 달래면서 내년 봄을 기약하고 내려왔다.

귀신도 무서워하고 조상도 싫어하는 먹잘 것도 없고, 볼품도 없는 개복숭아가 이제는 건강식품으로 주목을 받고 있다. 자손들이 건강해야 조상들도 모실 수 있으니 제수 과일은 안 올려도 개복숭아가 건강식품이라니, 나도 먹어 보고 시골 앞마당 울밖에 개복숭아 한 그루를 심어보고 싶다.

(2019. 7. 7.)

친구와의 약속

인간의 삶은 작은 약속을 위해서 때로는 큰 약속을 버려야 하는 경우가 있다. 나는 고향 또래 친구들의 모임에 참여하고 있다. 어려서부터 한마을에서 태어나고 자란 친구들이다. 아랫집에 사는 친구 영호의 아버지는 6 · 25 한국전쟁 때 공산집단에 비협조적이라고 하여 내장산 부근에서 총살을 당하셨다. 친구는 월남전에서 공산군과 싸우다가 고엽제 후유증으로 신체 한쪽을 못 쓰는 반신불수의 몸이다.

고향 집에 오갈 때 친구를 보면 운명의 신이 너무 밉다. 불편한 몸으로 농사를 짓느라고 손등은 나무껍질처럼 거칠고 상처투성이 친구의 손을 잡아보면 희멀건한 내 손이 한없이 부끄럽다. 동네 또래들이 지금은 뿔뿔이 흩어져 살아도 오래전부터 계모임을 하고 있다. 봄에는 고향 부근 가까운 음식점에서, 가을에는 외지에서 1박 2일 동안 모처럼 죽마고우 시절로 돌아가 이야기로 밤을 꼬박 새운다.

친구는 농촌에서 농산물 운반 및 가까운 거리 이동용으로 조그마한 트럭을 겨우 운용하고 있다. 그래서 1박 2일 코스에는 내 승용차로 부부 합승하여 가고 있다. 올해는 친구 아내의 건강이 좋지 않아서 참석이 어렵다고 한다. 그래도 어지간하면 같이 가자고 여러 번 설득하여 11월 2일 야유회 모임을 갖기로 했다. 그런데 돌연 변수가 발생했다. 나는 신아문예대학 수필반에 등록하여 김학 교수의 지도로 서울의 『수필시대』 84호에서 수필 부문 신인상을 수상했다. 이 나이에 나의 수필 실력은 부끄러운 수준이지만 기회를 줄 테니 잘해야 한다는 말씀으로 알고 아주 고맙게 생각했는데 『수필시대』에서 신인 등단패 수여식이 11월 2일에 있으니 참여하라는 초대장이 왔다. 수필 신인상 등단패 수여식은 어쩌면 나의 늘그막에 새로운 삶을 설계해준 공식적인 인증이어서 참으로 중요하니 꼭 참석해야 할 자리다.

그런데 올해는 여러 이유로 참석이 어렵다는 친구를 겨우 설득하여 참여 승낙을 얻어 놓고, 인제 와서 내가 딴소리로 친구와 1박 2일 야유회를 같이 갈 수 없다고도 할 수 없는 일이었다. 나 혼자만의 기회주의자로 친구의 가슴에 못을 박아서는 안 되었다. 그렇다 『수필시대』에게 양해를 구하기는 쉬워도 순진한 친구를 설득하려 함은 친구한테는 두고두고 서운하고 응어리로 남아 불편한 삶을 더 어렵게 할 것 같았다.

주위의 지인들은 친구를 다시 설득하고 일생에 한 번 있는 신인상 등단식에 꼭 참가하기를 권장하는 사람들도 있었다. 부자간에 이데올로기로 상처받고, 자연에 순응하면서 오직 농사일만 천직으로 알고 흙에 묻혀 맨발로 차가운 도랑물 적셔가며 살아가는 친구를 슬프게

해서는 안 된다고 양심은 나를 나무랐다.

친구들 부부 동반 16명이 충남 서산시 만리포펜션에서 11월 2일(토)부터 1박 2일 정기모임을 갖기로 예약했다. 수필 등단식을 비롯하여 내가 꼭 참석해야 할 모임이 하필이면 그날 5개나 겹쳐있어 결국 두 군데는 사전 양해를 얻어 인사치레로 대행했다. 11월 2일 다섯 군데 일정을 아우에게 자초지종을 말하니 아우가 만리포해수욕장까지는 아우 승용차로 몸이 불편한 친구 내외를 모셔다드리겠다고 한다. 얼마나 고마운지 같은 태반胎盤에서 태어난 형제애가 고마웠다. 우리 내외를 위해서 아들딸들이 며칠 전에 대천에 있는 펜션을 11월 2일과 3일로 예약해 놓았단다. 자식들이 부모를 위하여 없는 시간을 서로 쪼개서 맞춘 모처럼의 모임인데 무어라 탓할 수 없어서 저녁때쯤에 참석하기로 했다. 그래서 두 군데는 사전 양해로 해결되어서 '서울 수필 등단식 → 대천 아들딸들 모임 → 서산 만리포 수목원 친구 모임'으로 결정되었다.

나는 아침 일찍 대천역 주차장에 주차해 놓고 용산으로 가는 열차표를 알아보니 주말이라 좌석은 없고 입석만 있었다. 내려올 때를 생각해서 하행선 열차표를 예매하니 아내와 열차 호실이 떨어져 있는 좌석은 있다고 한다. 그것도 주말인데 감지덕지한 마음으로 구입하고, 용산행 입석표로 열차에 올랐다.

서울에서 공식적 수필등단식이 끝난 시간은 오후 5시경이었다. 저녁 식사 및 여흥시간을 반납하고 지하철을 타고 용산역에 가서 예매한 열차를 승차하기에는 빠듯했다. 서울에서 모든 일정을 마치고 대천역에 내리니 밤 9시가 넘었다. 자식들이 있는 펜션에 도착하니 밤

10시가 다 되었다. 할 수 없이 친구들 만남은 내일 아침에 만나기로 하고, 부모를 위해 아들딸들이 모인 대천펜션에서 파김치가 된 채 그대로 곯아떨어졌다. 새벽에 각방에서 잠자는 손자들의 얼굴 모습만 보기에는 너무 서운해서 다리를 쓰다듬어 주고 펜션에서 출발했다. 1시간 30분 만에 서해안 새벽안개를 뚫고 서산 만리포펜션에 도착했다. 친구들은 벌써 오늘 일정 채비를 챙겨 나온다. 그렇게라도 친구들을 만나니 반가웠다. 어제 동생 승용차를 타고 온 친구 내외는 반가워서 어쩔 줄 모른다. 모두 다 이야기 주제도 어투도 깨복쟁이 시절로 돌아가 주고받으니 어제 하루 첩보작전처럼 지나갔던 일들을 까맣게 잊을 수 있어 좋았다.

철 지난 만리포 해변의 산책과 아기자기한 수목원을 둘러보았다. 점심으로 서산 시내 수산물시장에서 광어회에 생선탕을 곁들였다. 맛도 좋지만, 친구들의 만남이 그리도 좋은지 왁자지껄한 분위기가 식당 안을 압도한다. 식사 후 친구 아내들은 조금 있으면 닥칠 김장용 젓갈 구매에 재미를 붙여 또 시간 가는 줄 몰랐다. 서산에서 내년 봄을 약속하고 헤어졌다.

차는 서해안 고속도로 하행선을 미끄러져 내려갔다. 하늘은 맑고 공기는 부드러웠다. 고속도로 주변에는 단풍의 전령사 개옻나무들이 여기저기 애드벌룬처럼 단풍을 알리고 있었다. 드디어 자동차는 시골 친구 집 대문 앞에 도착했다. 친구는 불편한 몸을 겨우 움직이며 다가와서 내 손을 잡고 놓아주질 않았다. 친구들의 우정은 어느 단풍보다 더 곱게 물들어가니 그저 흐뭇하고 고마울 뿐이었다.

(2019. 11. 3.)

나는 익산益山 사람이다

나는 익산시 왕궁면 도순리 부상천扶桑川에서 태어났다. 나는 공직에 있을 때는 직장 따라 주소를 옮겼지만 퇴직 후에는 바로 본적지로 복귀했다. 중국 선진先秦시대 대표적인 지리서 『산해경山海經』에는 거대한 뽕나무가 동쪽의 해 뜨는 바다에 있었다고 하여 동쪽을 부상扶桑이라 했다. 그런데 우리 마을은 그 동쪽에 시냇물이 흐르고 있어 부상천이라 했다.

익산시益山市는 대한민국 전라북도 서북부에 있는 도시다. 익산益山의 문리적文理的 의미는 이로운 산이라는 뜻이다. 그래서인지 민족의 곡창 호남평야를 미륵산彌勒山과 용화산龍華山이 나란히 어깨를 맞대고 배산임수背山臨水로 익산시를 품고 있다. 익산은 삼한 중 마한馬韓의 도읍지로 이미 옛적에 역사적인 수도로서 그 역할을 하였고, 그 후 백제시대에 와서도 백제문화의 중심부에서 그 역할을 다한 아주 역사성이 깊은 곳이다.

나는 올해 개교 108년인 금마초등학교 48회 졸업생이다. 재학 당시 소풍은 걸어서 갔었다. 어머니가 소풍날 싸주신 쌀밥 도시락을 다 먹지도 않고 남겨서 쌀밥 도시락을 기다리는 동생들한테 갖다 주어야 했다. 소풍 장소는 어린이 걸음으로 두세 시간 거리에 있는, 주로 문화재 코스였다. 그 시절에는 새로운 것도 없고 맨날 가는 곳으로 또 가서 싫증을 느꼈는데, 지금 생각하니 복에 겨운 투정이었다. 소풍 장소로는 미륵사지석탑(彌勒寺址石塔 국보-제11호), 왕궁리 오층석탑(王宮里五層石塔 국보-제289호), 심곡사(深谷寺 지방-제192호), 익산 쌍릉(益山 雙陵 사적-제87호), 익산 함벽정(益山 涵碧亭 지방-제127호), 사자암(獅子庵 지방-제104호), 익산 구룡마을 뜬바위 등이었다. 그런데 2015년 미륵사지와 왕궁리 일대 익산지역의 소풍 장소는 모두 유네스코 세계문화유산으로 등재되었다.

익산은 한국불교 성지의 요람이다. 미래 부처님 미륵불彌勒佛이 56억 7천만 년 후에 용화수龍華樹) 아래서 성불成佛하여 사바세계에 유토피아적 이상세계(=龍華思想)를 펼친다고 한다. 익산의 주산主山은 전설적인 미륵산彌勒山과 용화산龍華山이다. 익산 미륵사지益山彌勒寺址는 우리나라에서 최대의 사찰지寺刹址이다. 익산 미륵사지 석탑益山彌勒寺址石塔은 국내 석탑 중 가장 크고 오래된 석탑이다.

우리나라 최고最古 최대最大 불교성지 '미륵사지', 근대 종교의 발상지 '원불교' 총본부, 상해에서 김대건 신부가 사제 서품을 받고 돌아온 기념으로 세운 전라도에서 가장 오래된 성당(1906년) '나바위성당', 남녀유별을 구별한 ㄱ자 교회 '두동교회'는 모두 익산에 있어, 익산에서는 해마다 4대 종단(기독교, 천주교, 불교, 원불교 등) 종교인들이 종교의 벽을 넘어 화합과 구도求道의 길을 함께 걷는 종교성지순례대회가 열린다.

신라 제26대 진평왕의 딸 선화공주와 훗날 백제의 30대 왕이 되는 무왕武王, 서동이 어린 시절 공주를 연모하여 퍼뜨린 「서동요薯童謠」의 전설은 미륵산과 용화산 골짜기마다 사랑과 낭만의 흔적이 가득하여 봄에는 진달래와 산벚꽃이, 여름에는 아까시 꽃향기가, 가을에는 단풍이 그리고 겨울에는 함박눈으로 연인들을 불러 모은다. 그래서인지 미륵산과 용화산의 등산로는 익산 시민들의 뒷동산이 되어 토방의 디딤돌처럼 반질반질하다.

목포에서 신의주까지 이어지는 국도 1호선은 우리 마을 옆을 지나 익산지역 동쪽을 관통하고 있다. 조선 시대부터 국도에 30리마다 역驛을 세워 중앙과 지방 사이의 공문 전달, 관용품과 세공물의 운송, 관리들의 공무 여행을 위해 말[馬]을 대여하고 숙식을 제공했던 역驛 터가 우리 마을에 있었다. 어렸을 때는 그곳에 다 쓰러져 가는 초가집 한 채가 있었는데, 그 집은 헐리고 말[馬] 여물을 먹이는 곳이 아닌, 자동차 여물을 먹이는 '역驛 터 주유소'가 생겼다. 역驛 터에서 조금 올라가면 조선 명기名妓 황진이가 사랑한 선비 소세양(연산군 10년, 1504년 과거급제 종1품 좌찬성)에게 보낸 러브레터가 비문에 각인된 「소세양 신도비神道碑(지방 유형문화재 제159호)」가 있다. 가수 이선희가 번안하여 「알고 싶어요(1986년)」란 곡으로도 유명하다. 고개를 넘으면 '가람 이병기 선생'의 생가와 문학관이 있다. 바로 앞산이 용화산 중턱으로 해가 지고 달이 뜨면 가람 선생의 시상詩想이 저절로 떠오르게 되는 곳이다.

익산은 철길 트라이앵글 지역으로 호남선, 전라선 그리고 장항선이 교차하는 교통의 요지이다. 수도권에서 일을 보고 익산 오는 데는 언제 어느 시간이든지 편하게 고를 수 있어 철길 천국이다. 최근에는 KTX 익산역이 유라시아 대륙철도 거점 역으로 지정되길 바라는 시민들의 염원을 담은 범도민적 기원행사 및 정책 세미나 등이 지속해서 열리고 있다.

육로 또한 호남 지방 교통의 관문이다. 호남고속도로와 새만금 포항 고속도로 그리고 서해안 고속도로가 인근으로 지나며 국도 1호선이 지나는 사통팔방四通八方 교통 요지이다. 그래서 호남 지방을 담당하는 익산지방국토관리청과 한국철도공사 전북본부가 익산에 위치한다.

익산 함열역에서 익산역 사이 철길에 얽힌 유명한 노래도 빼놓을 수 없다. 이 철로를 지날 때 1956년 5월 민주당 대통령 후보 신익희 선생의 뇌내출혈 사고로 슬픈 사랑과의 이별을 노래한 박춘석 작곡, 손인호 노래, 「비 내리는 호남선」, 시골역 철길 가에 피어있는 코스모스에서 그리운 사람들의 얼굴을 떠오르게 하는 임종수 작곡, 나훈아의 노래, 「고향역」 등은 익산시만 가지고 있는 철길 노래 속의 사연들이다.

익산 금마는 새로운 비상을 꿈꾸고 있다. 금마 지역은 대통령 공약사업인 고도古都 르네상스를 중심으로 고도 보존과 정비사업을 추진해 명실상부한 마한 · 백제 역사를 대변하는 고도古都 중의 고도로 도약을 준비하고 있다. 소재지를 돌아보면 타임캡슐을 타고 옛 백제를 찾아온 양, 여기저기에서 석공들의 망치 소리가 그치지 않고 고래등 같은 한옥들이 들어서고 있다. 고샅길을 지날 때 담장 아래 이끼 낀 기왓장 하나도 도랑의 작은 돌멩이 하나도 모두 다 익산을 오랜 풍상에도 1400년 전의 이야기를 전해주는 것 같다.

익산은 전국에서 가장 질 좋은 화강석 산지로 유명하다. 익산석益山石은 단단하면서 이물질이 적을 뿐만 아니라 특히 철분이 적어 오랫동안 부식되지 않는 장점을 갖고 있다. 특히 익산 황등석은 국회의사당, 독립기념관, 청와대 영빈관에 사용되는 등 최고급 자재로 통용되고 있다. 우리나라 최고의 석탑인 국보 제11호 미륵사지석탑도 황등석으로 만들어졌다.

나의 본관本貫은 전라남도 화순군 능주면이 본관인 능성 구씨綾城具氏다. 그런데 나의 파-시조派始祖의 묘소와 제각은 익산 함열 동지산에 있다. 나의 조상은 익산에 터를 잡고 가문을 세우셨다. 나는 익산의 정기를 받고 태어나고 자랐기에 먼 훗날 다시 익산의 산야에 묻혀 익산의 흙과 물과 공기로 돌아갈 것이다.

'나는 익산益山 사람이다.' 익산의 풍요로움과 세계인들이 찾고 있는 유네스코 세계문화유산에 등재된 익산문화가 좋다. 나의 서재 뒷창문을 열면 언제나 미륵산과 용화산이 다정한 형제처럼 앉아서 나를 굽어보며 "너는 익산 사람이다." 하며 빙그레 웃는다.

"위대하고 경이로운 도시-어메이징 익산AMAZING IK SAN."

(2019. 11. 14.)

수필은 나의 작은 손거울

사람의 일은 때와 장소 그리고 성별과 나이에 한정되어 있다. 하지만 수필은 언제 어디서나 내가 있는 곳에서 볼펜과 종이만 있으면 작업이 가능하니, 평생의 일거리로서 감사한 친구가 아닐 수 없다. 그러니 수필 습작은 나에게 알맞고 꼭 하고 싶은 일이다. 그 일거리는 투정도 하지 않고 항상 나를 기다리고 있다. 언젠가 교수님과 문우님들 앞에서 내 손에 볼펜을 쥘 힘만 있어도 수필은 꼭 쓰겠다고 다짐한 적도 있었다. 희로애락의 어느 경우든지 낯꽃 한 번 변하지 않고 수필은 나를 그대로 이해하고 표현해주고 있다. 자연은 여행자에게는 친구요, 동반자라고 했다. 이제 과거를 거슬러 여행하며 사는 나에게 수필은 동반자가 되었다.

신아문예대학에서 수필 공부를 시작한 지 1년쯤 되었다. 처음으로 수필을 써서 교수님에게 첨삭지도를 받고, 동료 문하생들의 논평과 토론을 거쳐 최종 교수님 지도 말씀을 듣는 게 수필 수업의 과정이다. 처음에는 수필 학습의 도입, 전개, 결론의 절차 적응도 낯설었다. 이제야 당구풍월 격으로 학습 분위기에 나름대로 익숙해지고 있다. 교수님 덕택으로 일간신문에 나의 글이 게재되었을 때는 가슴이 콩닥거렸고, 수필 중앙지 『수필시대』 84호에서 등단했을 때는 자만까지 생겼다. 참으로 수필 초보자의 자세 치고는 가관이었다.

아직도 수필쓰기 걸음마 단계인 내가 감히 수필은 어쩌고저쩌고 할 수는 없다. 1년을 수료하는 과정에서 어설프지만 학습했던 몇 가지가 기억에 남는다. 수필은 자기의 삶 중에서 독자에게는 공개하지 않고 글을 쓴다면, 책상 서랍에 열쇠를 채워 숨겨 놓은 일기장에 불과하다. 수필은 많은 독자와 공유하여 그들의 바람직하고 다양한 사고가 필자의 고립된 사고를 일깨워주고 또 필자는 공통된 사고를 수용하여 습작할 때 참고하여 많은 독자의 호응도를 끌어내야 한다.

수필은 이제 막 인공조림을 한 산속에서 시추기로 관정管井을 파고 길어 올린 지하수가 아니다. 묵묵히 살아온 사람들의 이야기이다. 산세가 깊고 수목이 울창하여 언제나 물을 머금고 있는 청산의 옹달샘에는 맑은 물이 솟아 나와서 목마른 길손들에게 목을 축여준다. 길손들은 우물터의 물맛을 생활 속에서 기억하면서 다시 한 번 찾아가거나 다른 사람들에게 그 옹달샘을 소개하기도 한다. 그래서 수필은 관정의 물맛보다는, 누구나 쉽게 접근하여 자연의 맛을 마실 수 있는 옹달샘이어야 하므로 필부필부匹夫匹婦들의 진솔한 삶 이야기여야 한다고 믿는다. 모든 문학작품은 자연에서 소재를 찾고 자연의 섭리대로 표현하는 것이 작품이 갖추어야 할 독자에 대한 도리라고 본다.

전북수필 어느 선배가, 사석에서 '수필은 평범하면서도 특이한 감동을 주는 글이어야 한다. 예컨대 '어머니'에 대한 이야기를 하면서 이 세상 누구나 자기 어머니에 대해 애틋함은 있기 마련인데 이런 사람들이 느끼지 못했던 감동을 준다.'는 각오로 글을 써야 한다고 했다. 20세기 초에 파리에서 일어났던 '신미술운동' 중에 피사체를 여러 방향에서 바라본 그림을 합성해서 완성하는 입체파立體派 운동이 있었다. 수필도 남다른 감각으로 독자의 공감대를 형성하기 위해서는 5감은 물론 영감靈感을 동원한 체험과 관찰을 통한 공통적이면서 자기만의 독특한 글이어야 한다고 본다.

가끔 나는 글을 인터넷에 올려 지인들과 공유하면서, 특히 글을 읽어준 독자에게 한 사람씩 나의 글을 다시 띄우고 가상 화면에 독자를 초청하여 독백 어조로 내가 글을 읽어주고 독자의 반응을 듣는다. 독자는 사회적 신분과 성별 그리고 나이에 따라 다른 평가를 해준다. 여기서 나는 독자의 평을 듣고 수필을 첨삭하거나, 다음 습작 때 참고하여 글을 쓰기도 한다. 호주머니에서 작은 손거울을 꺼내 보듯이 인터넷이 가능한 장소나 기기만 있으면, 언제 어디서나 손거울처럼 나의 수필 스마트 폰을 들여다본다.

수필은 필자의 진솔한 삶의 표현이라고 했다. 삶이 바람직하지 않은 작가의 작품에 진실함이 담겨있지 않으면 거짓이다. 그래서 수필가는 편견과 고정관념을 탈피하는 보편타당한 사고를 가지고 생활에 임해야 한다. 그렇다고 의식적이고 가식적인 행동을 수필로 옮겼을 때는 군더더기의 수필이 되어 독자들은 금방 실망한다. 독자를 위한 삶이 아닌, 즉 수필을 쓰기 위한 삶이 아니고 바른 삶을 살다 보면 내공이 이끼처럼 쌓여서 진솔의 거름종이를 거쳐 글로 이어질 때 걸작은 아닐지언정 수필의 형태는 갖추어진다고 본다.

평생의 동반자, 수필을 오늘도 작은 손거울처럼 호주머니에 넣고 다니면서 이제는 시도 때도 없이 꺼내어 바라본다. 아련하지만 아쉬웠던 과거, 고희까지 살아왔지만 변화무쌍한 현실, 나보다는 자손들의 미래의 삶을 작은 손거울에 담아보면서 살고 있다. 나는 오늘도 '수필아, 고맙다!'고 감사의 뜻을 표하고 싶다.

(2020. 1. 28.)

4월의 러브레터

미국 태생 영국 시인 T. S. 엘리엇(1888~1965)은 제1차 세계대전이 끝나고 유럽의 황폐한 상황을 상징적으로 표현한 「황무지」 서두에서 "4월은 가장 잔인한 달"이라고 표현했다. 향토적 서정시인 박목월은 「4월의 노래」에서 괴테의 소설 『젊은 베르테르의 슬픔』 주인공 베르테르가 이루지 못한 사랑의 고뇌를 목련꽃 그늘 아래서 그의 편지를 읽으면서 청춘의 고민을 이해하고 다시 사랑을 꽃피울 수 있는 희망의 메시지를 젊은 가슴에 던져주고 있다. 퇴폐적이고 염세적인 시대사조를 낙천적으로 승화시킨 박목월은 T. S. 엘리엇과 괴테를 아우르는 「4월의 노래」를 띄웠다.

인간은 벼랑의 길을 걷다가 바위틈에 안간힘을 다해 뿌리를 내리고 억척스럽게 살고 있는 야생화 한 송이를 보며 희망을 발견하고 새로운 삶의 목적을 정하는 경우도 있다. TV 앞에서 휴먼 드라마 한 편을 감상하고 그들의 삶에 흠뻑 젖어 자신의 삶이 얼마나 사치스럽고 투정만 부렸는지를 깨닫게 된다. 그래서 현재의 삶이 행복하고 가족의 소중함을 새삼스럽게 일깨우며 멀어진 가족들의 어깨를 얼싸안고 재도약을 시도하는 가족들도 있다.

사람들은 코로나19의 공포 때문에 문틈으로 바깥 동정만 살피면서 살고 있는데, 이런 걸 아랑곳하지 않고 종달새는 하늘 높이 떠올라 새끼를 낳고 기를 둥지를 만들기 위해서 새털구름을 부지런히도 물어 나르고 있다. 올해는 코로나19 때문에 지구촌 삼라만상이 오금을 움츠려서 앉은뱅이가 되고 있는데, 조상님들은 선견지명이 있어 윤 4월을 덤으로 주셨다. 자리에서 벌떡 일어나서 기지개를 켜고 여유롭게 봄의 생기를 호흡하라는 윤 4월로 봄을 잡아둘 수 있어 그래도 위안이 된다.

코로나19를 잠재울 완연한 봄은 아니지만 이렇게라도 숨통이 트일 수 있는 것은, 숨은 의료진들의 헌신과 희생 때문이다. 중국 신종 코로나의 발병을 처음 발견하고 위험을 세상에 처음으로 알리면서, 중국 정부의 입막음으로 제대로 대처하지 못했다고 폭로한 중국 의사 '리 웬 링아'는 환자를 치료하다가 병이 옮아 결국 사망했다. 한국의 A 원장은 외래 진료 중 확진환자 접촉으로 감염, 코로나19 확진 판정을 받아 입원 치료 중 대구 경북대병원에서 50대 개인의원 의사로서 사망했다. 그 외에도 세계 각처에서 코로나 때문에 많은 의료진이 희생되었다는 보도가 있었다. 자신을 희생하여 인류의 생명을 지킨 위대한 영웅들이다. 그들의 영전에 향불이 꺼지지 않도록 마음의 분향焚香을 올려야겠다.

평화동 D아파트 창 너머 과수원에 배꽃이 메밀꽃처럼 온 밭을 뒤덮고 있어 올해 4월의 마지막 배꽃을 보여주고 있는 것 같아, 불현듯 아프리카 오지에서 질병 퇴치를 위해 일생을, 특히 의료봉사에 삶을 다했던 슈바이처가 떠오른다. 어느 날 노벨상을 받으러 가는 기차에서 특등실을 마다하고 3등실에서 환자들을 진료하면서 덴마크까지 갔다는 신문 기사는 진정 의료인의 표상이었다. 슈바이처가 고향을 떠나 아프리카로 가던 날 4월의 봄날 뒷동산 과수원의 하얀 배꽃이 만발하여 배꽃 하나하나에서 부모님 얼굴 그리고 친구들의 얼굴로 비춰 보여, 아프리카에서 봄날에 배꽃을 보면 고향 뒷산과 부모님과 친구들을 볼 수 있어 위안으로 삼고 오직 의료봉사만 전념했단다. 예나 지금이나 진정 '히포크라테스 선서'로 다시 태어난 의사들은 환자들의 질병 치료를 신이 부여한 마지막 삶의 의무로 생각하고, 세계 각처 코로나19 전장에서 바이러스와 싸우며 인류의 생명을 지키고 있는 숭고한 헌신에 경의를 보낸다.

지금은 지구촌 전체가 코로나19 때문에 정치, 경제, 사회, 문화, 군사, 종교 등이 대자연의 재앙에 속수무책으로 금세기의 인류는 T.S. 엘리엇의 「황무지」 서두처럼 '4월은 가장 잔인한 달'로 기억될 것이다. 그리고 우리나라뿐만 아니라 세계 각처에서 코로나19 때문에 삶이 어려워 생을 마감하여 '베르테르'의 뒤를 따르는 사람들도 속출하고 있다. T.S. 엘리엇과 괴테가 암울한 작품을 발표하여 공연한 트집으로 인류의 재앙이 순환되는 듯하여 원망스럽기도 하다. 그러나 우리의 향토 시인 박목월 님의 4월의 목련꽃 그늘 아래서 T.S. 엘리엇과 괴테의 시름일랑 단숨에 날려 보내는 「4월의 노래」는 민족의 서정시로, 국민 가곡의 노랫말로 많은 방송가에서 희망의 메시지로 띄워주고 있어 시들어가는 국민에게 약동의 힘이 된다.

우리 민족은 평상시에는 직업에 따라 전국에 흩어져 살거나, 외국에 나가 살다가도 집안이나 가정에 대소사가 있을 때는 열 일 제치고 달려와서 합심하여 일을 돕는 민족이다. 이번 코로나 사태 때에도 '출애굽기' 못지않게 조국으로 돌아오고 국민들은 두 손 들고 환영할 때 눈시울을 적셨던 장면이 있었다. 우리나라 코로나의 극복사례를 세계 여러 국가가 벤치마킹하고 있다. 참으로 위대하고 자랑스러운 민족이다.

질병관리본부는 중국 후베이성 우한의 코로나 19를 국내에서 확인한 때는 1월 20일 오전 8시였다. 그런데 이번 4월 말과 5월 초 연휴가 한국 잠입 100일쯤 되는 날이어서 국민의 개인적 위생관리 수칙이 해이해질까 봐 목이 마르게 호소하고 있다. 우리 민족의 시조始祖 할머니는 항암과 항균 효과가 있다는 마늘과 핵폭탄이 투하된 곳에 제일 먼저 싹을 틔운다는 생명력이 강한 쑥을 먹으면서 100일 동안 동굴에서 버티면서 인간으로 환생했다는 그런 민족의 후예이기에 코로나 19 국민수칙 지키기 100일을 거뜬히 이겨낼 거라 믿고 싶다. 잔인한 4월은 속거천리速去千里하여 5천만 민족이 주동이 되어 77억 세계 인구들과 얼싸안고 목련꽃 그늘 아래서 의료진들의 수고에 고마워하며 4월의 노래를 응원가로 띄워 보내고 싶다.

(2020. 4. 30.)

어느 계모의 여행가방

여자는 신체적 조건이 남자보다 열악해도 평균수명이 긴 이유는 낳은 자식을 잘 키우고 돌보라는 조물주의 뜻이다. 그래서 어머니한테는 모성애母性愛라는 특별한 DNA를 부여했다. 모성애는 자식에 대한 어머니의 사랑, 본능적이고 무조건적인 성격을 말한다. 모성애는 자기 자식뿐만 아니라 모든 사람에게 느끼는 측은지심, 보호 본능도 넓은 의미의 모성애라 볼 수 있다. 계모繼母는 아버지가 재혼하여 얻은 아내로 '어머니를 잇는 사람'이다. 낱말 자체에는 부정적 의미가 없는데도 계모라 하면 동서고금의 악녀를 떠올리게 된다.

내가 금마초등학교에 다니던 시절 우리 마을 또래 여자 친구가 3학년 때까지는 다녔는데 계모의 눈치를 보다가 결국 학교를 그만두고, 외가댁으로 쫓겨 갔던 일도 있었다. 우리 어머니는 막내 외숙이 다섯 살 때쯤 외조모가 돌아가셔서 계모의 설움을 많이 받았다고 말씀하셨다. 어린 시절 읽었던 동화책에 등장하는 계모들은 한결같이 악독하게 묘사되었다. 콩쥐에게 밑 빠진 독에 물을 채우도록 구박하는 『콩쥐

팥쥐』의 팥쥐 엄마, 장화가 낙태했다고 거짓말하고 연못에 빠뜨려 죽이는 『장화홍련전』의 새어머니 허 씨, 모든 재산을 빼돌린 『심청전』의 뺑덕어멈 등은 의붓자식을 학대하는 계모의 전형이다. 서양에서도 계모의 학대는 여전했었다. “신데렐라는 어려서 부모님을 잃고 계모와 새언니들에게 구박을 받았더래요~.”(동요) 학대하는 계모와 학대당하는 의붓딸 신데렐라나, 새어머니에게 구박을 받고 쫓겨나 일곱 난쟁이에게 구제되어 생활했으나, 새어머니가 자객을 보내서 여러 번 살해하려 했으나 가까스로 백설공주로 탄생했다. 이게 서양 계모들의 이야기다.

그러나 계모가 가슴으로 낳은 자식을 위해 헌신하신 이야기도 많다. 청산리 대첩을 승리로 이끌었고, 광복 이후 초대 국무총리 겸 국방부장관으로서 국가의 기틀을 마련한 철기鐵騎 이범석 장군은 어린 시절 ‘개구쟁이’로 유명했다. 이범석 장군은 1900년 10월 20일 서울에서 태어났다. 장군의 집안 형편은 풍족했다는데 그가 태어난 지 얼마 되지 않아 어머니를 잃고, 아버지는 일이 바빠 장군과 많은 시간을 보내지 못했다고 한다. 혼자 시간을 보내는 일이 많았던 장군은 동네 골목대장이 되어서 아이들을 끌고 다니며 말썽을 피웠다고 한다. 장군의 아버지는 계속되는 아들의 심한 장난에 화가 났고, 도끼를 던지고 말았다. 장군의 아버지가 장군을 향해 도끼를 던지는 순간 계모가 장군을 감싸 안았고 도끼는 계모의 무릎에 떨어지게 되어 이후 계모는 평생 다리를 절었다고 한다. 장군이 말썽을 피울 때마다 그를 늘 감싸주었던 계모는 장난기 많은 개구쟁이였던 이범석 장군을 독립운동가로 키워낸 계모다. 계모와 장군의 모정은 장군이 남긴 개구쟁이였던 자신을 끝까지 믿고 신뢰한 계모 '김해 김씨'에 대한 사모思母의 정을 자신이 집필한 저서『우동불』에 소개하고 있다.

서양에서 가장 훌륭한 새어머니는 링컨의 계모 '세라 부시 링컨'을 아니 들 수 없다. 새어머니는 링컨이 책 읽기를 좋아하는 것을 알고는 여기저기서 좋은 책들을 빌려다 주곤 했다. 그때마다 링컨은 밤이 깊어가는 줄도 모르고 책 속에 파묻혀 지냈다. 간혹 아버지가 링컨이 밤늦게까지 책을 읽다가 아침에 늦게 일어나는 날이면 못마땅하게 여기며, "이제 더는 책을 빌려오지 말아요. 농사나 지을 아이가 책은 읽어서 뭘 해요!" 하고 핀잔을 주곤 했다. 그러면 새어머니는 "여보, 나는 링컨을 친엄마(낸시)처럼 키우고 싶어요. 낸시도 애정을 가지고 성경과 독서를 통해 아이들을 양육했잖아요. 링컨은 다른 아이들과 달리 총명하고 지혜로워요. 반드시 훌륭하게 자랄 거예요. 당신도 함께 도와주세요!"

새어머니는 겨울 농한기 때 6km나 떨어진 학교에서 링컨이 공부할 수 있도록 했다. 거기서 링컨은 쓰기, 읽기, 산수를 배웠는데, 특별히 글쓰기에 놀랄 만한 발전을 보였다. 동네 사람들도 링컨이 글을 잘 쓴다는 소문을 듣고 편지 쓰는 일이나 특별한 문서가 필요할 때면 그를 찾아와 도움을 청하곤 했다. 새어머니는 링컨에게 글 쓰는 능력 못지않게 탁월한 언변의 은사恩賜가 있다는 것을 알고는 윌리엄 스콧이 쓴『웅변 연습하기』라는 책을 선물로 주었다. 그는 그 책에서 읽은 대로 숲 속을 거닐며 나무들을 사람들로 생각하고 우렁찬 목소리로 연설 훈련을 거듭했다. 이 책은 링컨이 정치가로서 대중들 앞에서 어떻게 연설해야 하는지를 구체적으로 가르쳐 준 책이었다. 훗날 링컨은 대통령에 당선된 후 새어머니 사라 부시의 묘지를 찾아가 “새어머니는 참 지혜로우셨고 사랑이 많으셨다. 나에게 자주 성경 이야기를 들려주셨고 특히 책을 읽는 습관을 길러 주셨다. 이 자리에 있기까지 나는 새어머니께 사랑과 신앙의 빚을 많이 졌다.”라고 회고했다.

잊을 만하면 계모들의 충격적인 어린이학대 사건이 보도되고 있다. 오늘 TV 뉴스에서 전 국민의 눈시울을 적셨던 ‘여행용 가방에서 7시간 갇혔다가 끝내 숨졌던 9세 어린이의 죽음’이 보도되었다. 또래의 손자를 둔 할아버지로서 슬픔을 가눌 수가 없었다. 그래서 오늘 오후 일정을 모두 접고 근신의 마음으로 기성세대로 사는 사람으로서 사회문제의 공동책임을 느끼고 자숙 해 보았다. 그 좁고 악마의 소굴 같은 곳에서 엄마가 얼마나 보고 싶고 무서우면 소변을 가누지 못했을까? 계모가 그 정도에서 용서해 주지 또 다른 가방에 감금하여 그 어린 천사가 끝내 숨지고 말았다. 다시 한 번 그 천사의 명복을 빈다. 모든 어린이의 할아버지뻘인 나는 맑은 하늘이 두려웠다. 공자孔子의 7대손 공빈孔斌이 고대 한국에 관한 이야기를 모아서 쓴 『동이열전東夷列傳』에서 한국을 동방예의지국東方禮儀之國이라 했는데 이제는 언어도단言語道斷의 나라가 되었다.

또 다른 충격은 자기의 핏덩이를 버리고 떠난 생모가 그 핏덩어리가 계모 밑에서 온갖 설움과 고생을 하면서 남긴 유산을 법에서 분배받을 권리가 있다고 꾸역꾸역 들어온다는 뉴스, 전직 대통령의 전처 아들과 계모 아들 간에 부모의 유산상속을 둘러싼 분쟁 뉴스다. 한때는 한 나라의 대통령의 아들들이니 국민의 모범을 보여야 할 사람들이다. 사회가 개인적이고 이기적인 사회로 변하다 보니까 이혼도 많아지고, 그에 따른 재혼도 많아지면서 의붓자식에 대한 범죄도 잦아지고 있다. 의붓자식에 대한 범죄의 근본적 원인은 목적 범죄가 아닌, 상대적 감정이 쌓여 폭발한 일탈행위이기 때문에 관계기관들이 이런 문제를 줄이기 위해 노력하고 있으나 명쾌한 해답을 찾을 수 없는 것 같다. 모든 국민은 특히 주위에 의붓 유 · 아동들에게는 모성애의 정신으로 측은지심, 보호본능으로 살펴보고 도와주어야 하리라 믿는다.

(2020. 6. 4.)

꼰대[Comte]와 멘토Mentor

동일한 사물이나 사건이 사람에 따라서 우호적이거나 적대적으로 바뀌는 경향이 있다. 아마도 그 사람만의 편견이나 사회적 가치관의 오류에서 빚어진 결과 때문이라고 볼 수 있다. 이러한 편견과 오류를 바로잡아 개인의 바른 삶을 추구하고 사회를 안정시키는 데는 시간과 노력이 뒷받침되어야 한다. 기독교는 로마의 변화를, 유교는 중국을 변화시키는 데는 많은 희생과 저항이 따랐다. 최첨단 우주과학시대에 베이컨의 '우상론'을 범하도록 방임하는 것은 모두 다 미필적 공동정범이다.

요사이 비속어로 쓰이는 용어 중에 '꼰대'가 있다. 이제 내가 나이를 먹어가니 사람들이 나를 두고 지칭하는 것 같아 더더욱 신경이 쓰인다. 주로 남자에게만 사용되는 용어인데 아버지를 욕할 때 쓰는 말이거나 나이 든 사람을 지칭할 때 또는 선생이나 세대 차이 나는 아저씨들을 지칭하는 말로 쓰인다. 시대의 흐름에 둔감하여 젊은이들에게 공감대가 떨어질 때 주로 사용한다. 프랑스어로 백작을 콩테(Comte)라고 한다. 이를 일본식으로 부른 게 '꼰대'인데, 이완용 등 친일파들이 작위를 받으면서 자신을 '꼰대'라 자랑스럽게 칭했다. 이후 일제로부터 작위를 받은 친일파들이 보여준 행태를 '꼰대 짓'이라 하기 시작했다는 것이다. 젊은이들이 알고 쓰는지 모르고 쓰는지 참으로 민족의 수치스러운 단어이다. 그러나 이제 일제강점기의 꼰대는 없다.

우리 조상들은 많은 시행착오 속에 사물을 분별하고 판단하여 아는 일, 즉 인식의 근원은 오직 경험에서만 찾을 수 있다는 경험론을 자녀와 주위의 젊은이들에게 설파했다. 경험론은 많은 과학적 실험의 결과이다. 그러나 자녀들은 착오를 뒤늦게 자각하고 그 말씀이 옳았다, 또는 젊은이들은 그 어른 말씀이 옳았다 하며 때늦은 후회를 한다. 이렇게 우리의 나이 든 어른들은 사회적 규범이 미흡한 시대에는 가정과 사회에서 바른길을 인도하거나 나쁜 길을 가로막아주는 지팡이 역할을 했다.

아프리카 속담에 한 명의 노인이 사라지면 도서관 하나가 사라진다라고 하지 않았던가? 그런데 언제부터인가 신세대들은 나이 든 세대를 대화나 토론의 기회도 없이 선입견으로 장벽을 쌓고 소통 부재의 세대로 치부해버려 세대 간 갈등의 골은 깊어지고 있다. 신세대들은 기성세대들을 단순한 생물학적 보존의 연결고리로만 인식하지 말고, 굴곡 많았던 사회적 상황과 도전 불능의 자연환경을 지혜와 용기로 버티면서 오늘의 우리 생명과 삶의 터전을 물려주신 진정한 멘토로 이해해야 한다. 물론 세대 간의 대화 광장에 나서기 위해서는 기성세대도 고정관념이나 폐쇄된 사고는 과감히 탈피해야 한다.

'멘토Mentor'는 상담 상대, 지도자, 스승, 선생 등과 같은 뜻으로 널리 쓰이고 있는데, 어원의 유래를 보면 다음과 같다. 10여 년에 걸친 트로이 전쟁을 그리스 연합군의 승리로 끝낸 주역은 이타카의 왕 오디세우스이다. 그가 고안한 거대한 목마의 위장으로 트로이를 멸망시켰다. 오디세우스는 원정을 떠나면서 아들 텔레마코스를 친구인 멘토르Mentor에게 부탁한다. 트로이를 지원한 신들의 노여움으로 전쟁이 끝나도 집으로 돌아가지 못하자, 멘토르는 텔레마코스를 아버지로서, 스승으로서, 상담자로서 이끌었고 덕분에 텔레마코스는 아버지 없이도 훌륭한 청년으로 성장했다. 그 뒤에 그의 이름 '멘토'는 '한 사람의 인생을 지혜와 신뢰로 이끌어주는 사람'을 뜻하는 단어가 되었다.

나이 든 세대가 꼰대에서 탈피하여 멘토로 존경받는 것, 젊은 세대가 꼰대의 고정관념에서 멘토로 받아들이는 것은 모두 다 세대 간의 고정관념을 탈피하여야 한다. 세대 간의 단절은 사회의 유지와 발전에도 걸림돌이 되어 인류의 바람직한 삶을 퇴보시키거나 멸망을 자초할 수도 있다. 여기에는 공교육 커리큘럼도 각성해야 하며 비공식 교육 매체인 SNS 등 대중매체도 문자나 보도 하나에도 세대 간의 갈등을 부추기는 꼰대와 멘토를 정화된 내용으로 처리해야 한다. 꼰대들의 멘토가 없다면 우리는 동물적 본능 외에는 삶이 전수되는 것이 없다. 모든 종교의 경전들은 수세기 전의 고운님들의 말씀들이다. 그들의 경전은 따르고 실천하면서, 당장 자녀들을 위해서는 목숨이라도 내놓을 듯한 피붙이의 간절한 설교는 꼰대처럼 받아들이는 것은 모순된 이론이다.

나는 평소 성격이 개방적이지 않고 소심한 성격이라 생기발랄한 K

여자고등학교에서 보낼 때는 학생들의 나이와 사고의 차이가 있었는지, 숨긴 표정과 들리지 않은 소리를 많이도 느꼈다. 궁여지책의 한 방법으로 평소 KBS-1TV의 「가요무대」를 좋아하면서도, 1980년부터 1994년까지 역시 KBS-1TV에서 제작 · 방송됐던 젊음의 리듬과 웃음을 밝고 건전한 노래의 중심으로 엮고, 개그맨과 출연자가 함께 꾸미는 콩트 코너가 가수들의 무대 사이사이에 배치된 프로그램이었다. 주요 시청층인 대학생과 청소년층의 문화 행사를 소개하는 장이 되기도 했던 「젊음의 행진」을 의도적으로 시청하여 젊은이들의 사고와 사회적 사조를 이해하는 데 많은 도움이 되었고 학생들과의 거리도 좁힐 수 있었다. 꼰대는 케케묵고 고리타분한 스크루지 영감 같은 석기시대의 사람만은 아니다. 때로는 근검절약과 자립심을 길러 바람직한 삶을 제시하고 실천하는 놀부의 숨은 철학관을 발견할 수 있다.

젊음이 세월의 길을 걷다 보면 자기도 모르게 마음도 몸도 어느 사이 꼰대로 변해있다. 나이가 들수록 사람 속에 어울려서 살아야 한다. 내가 꼰대를 탈피하고 멘토로 다가가기 위해서는 내가 그들 속에 들어갈 여유를 상대방에게 비워달라 하지 말고, 나를 먼저 도려내고 줄여서 다가설 때만 꼰대에서 멘토로 전환이 가능하리라 믿는다.

(2020. 9. 7.)

자유의 종(自由鐘: Liberty Bell) 전설

산업사회가 고도화되고 물질 만능의 시대가 되면서 정부기관과 산업조직의 부패와 비리도 비례하여 역사 이래 많은 정권이 뿌리 뽑고자 노력했지만 잊힐 만하면 부패 비리 사건이 터지고 있다.

중국 고대 사회에서 이상 사회로 손꼽히는 요임금, 순임금의 시절에도 눈물겨울 정도로 부패와 비리를 바로잡기 위하여 '감간지고敢諫之鼓'라는 제도 등을 만들어 백방으로 노력했으나 도둑 한 명을 열 사람이 못 당한다고 부패와 비리 근절은 못했단다.

우리나라 조선 태종 때인 1401년 7월 송宋의 제도를 따라 등문고登聞鼓를 설치한 후 8월 신문고申聞鼓로 이름을 바꾸었으며, 11월에 신문고를 통한 청원 · 상소 · 고발 등의 처리규정이 마련되었으나 세종 때 잠시 승문고升聞鼓로 이름을 바꾸었다. 처음에는 대궐 안 문루에 설치하고 순금사가 관리하다가 의금부 당직청으로 옮겼다. 소원할 때 서울은 주무 관사에 올리고 지방은 관찰사에게 올렸는데, 그 뒤 억울한 일이 있으면 사헌부에 고하고, 그래도 억울하면 신문고를 쳐서 왕에게 직소했다. 한때 폐지되었다가 성종 때인 1471년 다시 설치되었고, 또다시 폐지되었다가 영조 때인 1771년 복구되는 등 여러 차례 변화를 겪으면서 말기까지 이어졌다. 백성의 억울함을 풀어주기 위한 제도로 설치되었으나 이용이 엄격히 통제되었기 때문에 실제로는 효율성이 없었단다.

서양의 '자유의 종(Liberty Bell)'은 미국 펜실베이니아 주 필라델피아 독립기념관에 있는 종이다. 예전에는 펜실베이니아 주립청사(현재는 독립기념관으로 명칭 변경)의 첨탑에 있었으며, 이 벨은 런던에 있는 래스터 앤 팩(오늘날의 화이트 체펄 벨 폰드리)에게 1752년 주문 제작한 것으로 "모든 땅 위의 모든 사람들에게 자유를 공표하라(Proclaim LIBERTY throughout all the land unto all the inhabitants thereof)."라는 문자를 새겨 주조되었단다.

1776년 7월 8일 '미국 독립선언' 낭독을 표시하기 위해 종이 울렸으며, 1830년대 노예제도 폐지론자 학회에서 상징으로 채택되었고, 그들은 '자유의 종(Liberty Bell)'이라고 불렀단다.

이 종은 냉전기에는 '자유의 상징'으로 사용되었고, 1960년대에는 항의 집회의 장소로 인기 있는 곳이었으며, 1976년 오랫동안 있었던 인디펜던스 홀에서 근처의 인디펜던스 몰 내의 유리관 속으로 이전되었고, 그 후 2003년 근처의 더 큰 공간인 '자유의 종 센터(Liberty Bell Center)'로 옮겨져서 미국의 독립과 자유 그리고 민주주의의 상징으로 세계 시민들에게 각인되어 있는 종鐘이다.

그런데 세계 여러 나라에는 유사類似 자유의 종도 많고 또 자유의 종에 관한 얽힌 이야기도 종소리처럼 많이 전해 내려오고 있다.

서양 어느 나라에서는 임금이 시민의 억울함, 고통, 원성 등을 들어 보고 해결하는 방법으로 자유 종의 종각鐘閣을 세우고 종을 매달아 종끈을 당겨 종을 치면 민원民願을 즉시 해결해 주었단다.

처음에는 시민들은 진정 억울함이나 소송 거리 등이 대부분이었으나 시간이 지날수록 이웃 간의 시기와 질투 그리고 모함의 내용으로 바꾸어 가는 경향이 보여 국가에서는 아예 종을 치지 못하도록 병사를 배치하여 절대 종각 출입을 금지시켰단다.

이렇게 몇 년이 지나고 이 나라에는 공교롭게 가뭄이 지속되어 기근饑饉과 질병의 창궐猖獗 속에서 가렴주구苛斂誅求로 생활이 어려워도 감히 누구 하나 자유의 종을 칠 수가 없었다.

그런데 무더운 여름날 오후에 몇 년 동안 잠자던 자유의 종이 한낮 뙤약볕을 찢어 놓을 듯 '자유의 종'이 광야에 댕~댕~댕~ 울려 퍼져 많은 시민들은 불편한 몸을 추스르고 종각으로 몰려들었고 임금도 금지된 종을 누가 쳤을까 하며 신하들을 대동하고 황급히 종각으로 달려왔다. 그때까지도 종소리는 그치지 않고 울려 퍼지는 것이었다.

임금과 시민들이 종각을 에워싸고 종각 속을 들여다보니 그때까지 종을 치는 것은 사람이 아니고 비루먹고 뼈만 앙상한 말[馬] 한 마리가 포도 넝쿨로 꼬아 엮어 만든 종 줄을 연신 물어뜯으니 쉽게 끊어지지 않아서 종소리가 그치지 않았던 것이다. 그 고을은 몇 년 동안 가뭄과 질병으로 시민들의 생활이 어렵게 되자 집에서 기르던 말도 내쫓으니 이 말은 며칠 동안 먹지도 못하고 더위에 지쳐서 종각의 시원한 그늘에서 쉬고 있는데 말 눈에는 포도 덩굴로 매달아 놓은 종 줄을 보고 한 줌의 요깃거리라도 채워보자고 계속 물어뜯어 흔드니 포도 넝쿨

종 줄은 쉽게 끊어지지 않고 종소리만 계속 울려 퍼졌던 것이다.

이때 임금은 비루먹은 말을 보고 집에서 기르는 가축이 저 정도로 죽을 지경인데 하물며 시민들은 삶이 얼마나 어려울까를 판단하고 자유의 종에 의해서 선정을 베풀었다는 전설 같은 이야기도 있다.

민주정치에는 민의에 가장 충실하다는 직접 민주정치가 있고 현대 국가의 광역성, 복잡성 등 때문에 유일한 간접 민주정치가 실시되고 있으며 두 정치제도를 절충한 혼합 민주정치가 많은 국가에서 실시되고 있다.

우리나라에서도 직접 민주정치제도로 국민(주민)투표제, 지방 자치제 그리고 주민발안 제도 등이 있다.

현재 청와대 홈페이지에서 설치 운영되고 있는 '국민청원 및 제안'도 직접 민주정치의 한 형태로 그 옛날 신문고와 자유의 종과 엇비슷한 느낌이 든다.

청와대는 지난 8월 국민청원 게시판을 개설하면서 한 달 동안 20만 명 이상의 국민이 참여한 청원에 대해서는 장관이나 청와대 수석비서 관급 관계자가 공식 답변을 내놓겠다고 밝힌 바 있다. 요건으로는 욕설 및 비속어를 사용한 청원, 폭력적이고 선정적인 내용을 담은 청원, 청소년에게 유해한 내용을 담은 청원, 허위 사실이나 타인의 명예를 훼손하는 내용이 포함된 청원 등은 관리자에 의해 삭제될 수 있다고 밝혔다.

그래서인지 최근에는 국민적 이슈issue가 되는 사건들을 청와대 홈페이지를 두들겨 마비될 정도의 국민들의 참여가 대단하다.

최근 청와대는 '꼭(30일 이내에) 20만 명 이상이 동의하면 답한다.'는 기준을 갖고 하지 말고 그 정도로 많은 국민이 관심을 갖고 청원하면 답하라는 취지로 융통성을 부여했단다.

제발 신문고의 결말과 자유종의 우스꽝스러운 용두사미龍頭蛇尾는 되지 않기를 기대해 본다.

신神의 묘수, 7진법

오늘은 일요일이라 모처럼 집에서 편히 휴식을 보내고 있다. 새삼스럽게 천지를 6일 만에 창조하시고 휴일을 맞으신 하느님께 감사하고 싶다. 천지창조를 30일 만에 만드셨으면 30일마다 휴일이 되어 몸은 일에 지쳐 녹초가 되었을 것이고, 3일 만에 끝내셨으면 쉬는 것도 지겹고 지갑은 텅텅 비었을 것이다. 7일마다 휴일을 정하여 인간의 생체리듬도 어느 사이 그렇게 적응하게 한 신神의 묘수 7진법에 감탄한다.

인간의 탄생을 축하할 때도 7이란 숫자가 등장하고, 죽음을 애도하는 때도 7이란 숫자는 어김없이 등장한다. 의료시설이 없고 출산 상식도 미약한 전통사회의 출산에서는 미신과 생활과학을 병행한 산후조리에 임했다. 아이를 낳으면 금줄을 쳐서 대문이나 산실 앞에 두르고 산모와 신생아는 질병 감염을 우려하여 잡귀나 뭇사람의 출입을 금했다. 아기가 태어난 뒤 첫이레 · 두이레 · 세이레 때마다 특별한 의례를 치르고, 100일째 되는 날에는 '백일잔치'를 했다. 죽은 자에 대해서도 의미와 절차는 달라도 불교에서는 49재, 기독교에서는 49주기 추도 예배 등으로 명복을 기원하는 7의 의식절차가 있다.

자연의 신비를 감상할 수 있는 색, 소리 그리고 순환의 법칙에는 신비하게도 7진법이 숨어있다. 인간이 지상에서 가장 아름다운 색깔을 감지할 수 있는 것은 '7빛깔 무지개'라고 한다. 그래서 모든 색깔은 무지개의 7빛깔을 기본으로 하며, 7빛깔을 적당히 배합하여 다른 색깔을 만들기도 한다. 무지개는 착함과 희망의 상징이다. 과학적 입증 이전에 무지개는 동화책에서부터 전설과 이야기 속에 권선징악을 주제로 하는 무지개의 상징이 많다. 그리고 종교의 경전에서도 '약속'을 의미하는 계시로 보이기도 한다, 어떤 종교에서는 가장 착하고 나약한 자들이 천국으로 가는 길에 무지개다리를 놓아주는 경우를 비유하기도 한다.

새소리, 바람 소리, 천둥소리에서부터 아름다운 성악가의 노랫소리도 모두 기본 7음계 7옥타브에서 조화를 부리는 것이란다. 음악에서 음계란 음높이대로 배열한 일련의 음들의 집합을 말하는 것으로, 초기 서양음악에서 옥타브를 7개(도, 레, 미, 파, 솔, 라, 시)의 음으로 나눴는데, 중세의 음악가들은 선법旋法이라 부르는 다양한 7음계를 사용하는 것이 가장 기본이었다고 한다. 7음계 역시 신이 만든 자연음을 인간이 찾아낸 7진법의 한 수이다.

1869년 화학자 멘델프가 물질의 원소들을 그의 원자량의 순서로 나열해 보니 7주기를 가지고 모든 원자가 7번째마다 같은 성질의 원소가 반복되는 것을 발견했다. 그리고 7주기가 7번 반복하면 끝이 나는데 이것이 하나님이 만든 7진법의 주기율(화학 주기율표)이다. 이 지상에서 우리가 사용하고 있는 물건은 수억 가지가 넘지만, 이것들의 구성 원소를 분석하면 모두 이 주기율표의 7주기 7열 속에 다 들어가게 되는 참으로 수백 번 놀라도 부족할 정도로 정밀한 신의 한 수 7진법의 화학적 규칙성에 경탄하지 않을 수 없다.

모든 물건의 원소는 신이 만든 7진법의 원소주기율표에 의해서 구성되고 만들어져 있다. 그 물질을 표현하는 색깔은 7진법의 무지개 색깔이 기본이다. 그리고 그 물질의 소리를 들을 수 있는 것도 7음계의 비법이다. 참으로 신의 한 수 7진법을 과학이 검증하여 인간은 자연 속에 신의 존재를 경외의 자세로 받아들이고 살아야겠다. 인간은 간혹 과학의 증명이 어려운 현실을 종교나 신의 세계로 치부해 버리는 경우가 있다. 참으로 인간의 우매함을 신의 핑계로 정당시하려는 꼼수이다. 조물주는 수만 종의 작은 미생물에서부터 거대한 고등동물에 이르기까지 하나하나에 칩chip을 설치하여 생명과 질서를 불어넣으셨다. 그리고 우주의 질서를 만드셔서 개별과 전체가 공존과 조화 속에 살아가도록 전체의 질서를 만드셨다.

우리는 서녘 하늘에서 수만 마리의 철새들과 다큐멘터리 제작으로 만든 바닷속에서 수만 마리의 물고기들이 어느 순간 외부적 충격에도 한 건의 충돌과 사고 없이 질서와 조화 속에서 대응하는 것을 보면서 감탄하기도 한다. 역시, 신의 한 수인 7진법의 본능을 입력한 것으로 인식된다. 인간은 과학의 힘을 빌려 자연의 7진법의 신비를 찾아내어 요리조리 변형 시켜 삶의 도구나 제도로 만들어 사용하기도 한다.

고대 서양 사회에서는 성인成人의 팔 · 손가락 · 발처럼 쉽게 파악할 수 있는 기준을 선택해서 '야드yard', '인치inch', '센티미터cm'를 만들었다. 동양에서도 엄지와 중지를 뻗은 길이를 '주척周尺', 중지의 첫째 마디와 둘째 마디 사이의 길이를 '촌寸'으로 정했다. 이처럼 동 · 서양의 도량형度量衡은 인간의 신체적 길이를 공통으로 정하여 상품 거래나 세금을 징수하는 데 사용했다.

우리 인간들은 어느 때부터인지 7진법보다는 세계적인 공통 진법인 10진법에 익숙해져 있다. 만물의 영장인 인간은 어느 동물보다 손가락 발가락이 뚜렷하게 10개가 있어 10진법의 기초도 손가락, 발가락에서 나왔다는 설이 유력하다. 지금도 가장 원시적인 셈법에는 손가락 발가락을 동원한 가감 셈법이 응용되고 있다.

오늘은 신이 주신 일요일이다. TV를 켜니 무지개 7 빛깔의 화면에서 7음계의 선율을 기반으로 한 영화음악이 눈과 귀를 황홀의 날개 위에 얹고 어디론가 떠나간다. 학림學林의 10진법 손가락, 발가락도 어느새 흥에 겨워 7진법 음률의 박자에 맞춰 꼼지락거린다.

(2020. 10. 25.)

마당

마당은 많은 기쁨과 노여움과 슬픔과 즐거움을 아우르는 장소였다. 우리의 토속문화도 관혼상제의 의식도 모두 다 마당에서 이루어지고 보존되었다. 마당은 개인에게는 살아온 자서전의 한쪽이요, 민족에게는 청사靑史의 한 권을 내포한다. 어쩌면 우리의 마당은 고대 그리스의 도시 국가에서 고대 민주정치의 발상發祥인 시민들이 모여 다양한 활동을 하는 야외 공간 마당에서 정치, 경제, 사회, 문화, 종교의 태반胎盤으로 의미를 두고 있는 아고라agora와 비견된다.

어머니는 날씨가 풀리자 겨우내 모아두었던 유정란有精卵을 둥우리에서 꼼짝 않는 암탉에게 넣어주셨다. 암탉은 사람이 접근하면 깃털을 세우고 성난 자세로 식음을 전폐하고 20여 일 동안 알을 품고 있다. 그때부터 양수도 마르지 않은 병아리들이 알껍데기를 깨뜨리고 온갖 힘을 다해 나온다. 하루만 지나면 개나리 꽃잎으로 염색한 뽀송

뽀송한 병아리들이 앙증맞은 다리로 봄 마당에서 꼭꼭거리는 어미닭 뒤를 아장아장 따라다녔다. 참으로 생명 탄생의 경이로움이 느껴졌다. 20여 일 동안 먹지도 못하고 알만 품었던 어미 닭은 뼈만 앙상한데 어쩌다가 마당 구석에서 모이를 발견하면 어미 닭은 배고픔도 참고 또 새끼를 불러 모아 먹이를 먹인다. 인간이 본받아야 할 모성애의 본능이다. 이렇게 봄날의 마당은 뒤뜰 송홧가루 날리는 장독에서 장 익은 냄새와 빨랫줄에서 제비가 지저귀는 마당에서 어미 닭은 병아리를 데리고 논다.

여름 장마에 처마 아래 낙숫물 자리 마당은 동그랗게 작은 구멍이 개미집처럼 패어있고 하얀 작은 모래는 마당으로 펴져 있다. 소나기가 그치자 마당의 지열에서 나는 수증기는 여기저기서 고물고물 올라온다. 소나기 때 기어 나온 지렁이와 달팽이를 지난봄에 부화한 병아리는 얼추 중병아리가 되어 어미 닭 없이도 혼자 돌아다니면서 몸보신하기에 신바람이 났다.

농촌의 마당을 가장 긴요하게 사용하는 계절은 가을이다. 지난봄과 여름 그리고 가을 한 해 동안 농부의 땀과 자연이 일궈낸 곡식을 갈무리하는 방법은 마당에서 개상질치거나, 도리깨로 타작을 했다. 아버지는 콩을 거두어 마당에 펴서 2~3일 정도 뒤집어가며 말려서 도리깨로 콩 타작을 하셨다. 도리깨를 어깨 위까지 올렸다가 시계 방향으로 한 바퀴 돌린 후 그 반동으로 콩대를 내리치면 콩대가 박살나면서 콩알이 튀어나왔다. 어머니는 홀태로 벼를 마당에서 훑었다. 가을일은 부지깽이도 돕는다는 말처럼 나는 학교에 갔다 오면 마루에 책보를 던져 놓고 참깨와 들깨를 돗자리 위에 놓고 작은 나뭇가지로 털면서 부모님 일손을 도와드리기에 바빴다.

겨울의 농촌 마당은 월동준비 장소이다. 가을에 탈곡하지 못한 볏단은 물 빠짐이 좋은 마당 구석에 탑처럼 노적을 쌓아 놓아서 노적의 크기와 높이를 보고 그 집의 농사 규모를 측정하는 경우도 있었다. 그 마당 귀퉁이에는 김장 항아리를 묻어서 부식副食을 조달했다. 뒷마당 옆에는 겨우내 땔감을 준비하는 아버지의 도끼질 소리가 그치지 않더니 툇마루와 헛간에는 장작더미가 가지런히 처마 끝까지 쌓여서 일 년 내내 눈이 와도 땔감 걱정은 없었다. 밤사이 함박눈이 내려 마당은 하얀 백설기 떡이 소복하다. 그 위로 쥐들의 발자국을 보니 노적가리에서 겨울 양식 걱정 없이 집을 짓고 살 모양이다.

아버지는 동생들이 태어났을 때마다 마당 입구, 대문에 금줄을 달아 부정한 사람의 출입을 금지했으며, 마당 한구석을 싸리비로 정갈하게 쓸어 왕겨 한 삼태기를 붙고 동생의 태胎를 태워 뒷동산의 깨끗하고 좋은 땅에 묻어 주셨다. 우리 집 마당은 아버지와 어머니의 환갑잔치를 벌였던 곳이다. 우리 집 마당은 나의 결혼식장에서 예식을 치른 후 처가댁의 상객들을 맞이했던 장소이다. 큰아버지집 마당은 부상마을 전체에서 제일 크기 때문에, 마을 회관이 없었던 그 시절에는 추석과 설 때면 마을 청년들이 주축이 되어 동네 어른들을 위로해 드리는 효도잔치가 큰집 마당과 대청에서 이루어졌다. 큰집 여산 큰누나도 그 마당에서 족두리를 쓰고 차일 아래서 혼례식을 했다. 이렇게 큰집 마당은 마을의 중요 행사장이었으며, 동네 아이들의 놀이 장소여서 마당에 팔방개 놀이 등 각종 놀이 코트를 그려놓아서 마당은 늘 사금파리 자국으로 얼룩졌다.

우리 집 마당은 장례예식장이 없었던 시절에 아버지가 돌아가셔서 장례식을 치렀던 곳이다. 그곳에서 2박 3일 동안 조문객을 맞이하여 마당에서 참나무 장작으로 화톳불을 놓고 밤샘을 했다. 출상하던 날, 어머니는 상여를 붙잡고 질질 끌려가며 아버지를 마지막 보내드리면서 통곡하셨던 곳이다. 그 화톳불 자리의 흙은 까맣게 타서 3년 이상이나 검게 남아 있어 볼 때마다 아버지 생각에 가슴이 저미었다.

우리 집 마당은 흙으로 메꾸어진 반질반질한 마당이었다. 아버지는 지게를 지고 대문으로 들어오셔서 마당에서 하루의 짐을 내려놓고 마무리하셨던 곳이다. 그렇게 땀과 눈물과 정으로 다져진 흙마당은 간데없고 딱딱하고 정 붙일 곳 없는 시멘트 마당에는 아버지의 지게 대신 트랙터 등 농기계들이 들랑거려 외계인 마당에 온 기분이다. 우리네 마당은 생로병사가 함께하는 장이었으며, 희로애락의 삶이 개인과 사회와 국가의 하루의 삶과 일생의 삶이 버무려진 태반胎盤 같은 곳이었다.

그리스의 아고라agora가 권리와 의무를 강조하며 무미건조한 맞춤형의 광장이라면, 우리의 마당은 관용과 봉사 그리고 자비와 양보를 기초로 한 진솔한 삶의 마당이다. 오랜만에 시골집 마루에 앉아 있으니 삐걱 대문이 열리면서 아버지가 들어오시는 환상이 보였다. 아버지는 지나간 세월에 얽매이지 말고 이제는 지게를 벗어 놓고 트랙터로 갈아타서, 다랑논 갈지 말고 대지를 갈아 씨를 뿌리고 가꾸어 더 넓은 세상에서 살라면서 나가시는 것 같았다.

(2020. 9. 9.)

제6부

아내와 같이

장성호 수변水邊길을 거닐며

대학친구 부부모임 송년회 장소를 전남 장성호로 정했다. 교통이 한산하고 주차장이 여유 있는 전남백양사역에서 11시 30분쯤 만나서 다음 일정을 의논하기로 했다.

전주에서 광주는 대략 1시간 20여 분 정도이고 광주에서 백양사역까지는 40여 분 걸린다. 나는 전주에서 9시 30분쯤 출발했다. 그런데 자동차 전용도로 교통 안내판을 보니 1시간여 만에 백양사 진입로가 보였다. 백양사역은 광주까지 갈 것 없이 바로 가는 것을 잊고 1시간이나 너무 일찍 출발했다. 평소 성격이 조급하고 특히 여행 갈 때 서두르는 습성 때문일까? 가끔 있었던 일이라 오늘도 아내는 그러려니 했다.

나는 백양사로 가서 시간을 보내고 적당한 시간에 백양사역으로 가기로 마음먹고 백양사 입구에 들어섰다. 너무나 적적하여 지난가을 단풍시즌을 생각하니 사람 살지 않는 곳처럼 쓸쓸했다. 그렇게 이른 아침도 아닌데, 간밤에 상점 앞에 주차하여 아직도 녹지 않은 서리를 뒤집어쓴 자동차 몇 대가 전부이고, 개미새끼 한 마리도 얼씬거리지 않아 잠에서 덜 깬 마을 같았다.

멀리서 매표소 앞을 보아도 매표 관리인이 보이지 않아 아마도 비성수기에는 자유롭게 출입할 수 있도록 하여 오늘은 입장료도 주차료도 받지 않은 것 같아 기분이 좋았다. 매표소 앞에서는 주위를 살피며 슬금슬금 진입하면서 공짜로 주차할 곳을 찾고 있는데 인적이 없던 매표소에서 직원이 튀어나오더니 친절하게 안으로 들어가라고 했다. 순간 공짠데 친절하다 생각하며 기분 좋게 안으로 들어가려는데 차를 세우며 창문을 내리라고 했다. 두 분 아직 경로는 아니신 것 같다면서 경로우대자가 아니면 입장료를 내라는 것이었다. 순간 젊다는 말에 기분이 좋았다. 속으로 경로우대 혜택을 받은 게 언제인데, 하면서 두 사람 다 경로우대 혜당자라고 하니 주차료 4,000원만 내라는 것이었다.

이전에 백양사에 갔을 때는 개울 건너 징검다리도 붐볐는데 오늘은 아무도 없어 부부는 약속이나 한 것처럼 징검다리를 건너서 대웅전이 있는 경내로 바로 진입하여 이곳저곳을 둘러보았다. 11시가 다 되어 백양사역으로 출발해야 친구들과 만날 것 같아 광주 친구들에게 전화로 이제 백양사역으로 출발한다고 하니, 그 친구는 그대로 백양사에서 기다리라고 했다. 오늘 목적지가 백양사를 거쳐야 가는 코스란다.

광주 친구 부부들은 자동차 한 대로 합승하여 백양사역을 가지 않고 곧바로 이곳으로 도착했다. 오늘은 장성호 수변도로 걷기와 출렁다리 건너기 그리고 관광보트로 장성호 유람을 한단다. 친구 중 한 사람은 월남 전유공자로 웬만한 공공시설의 주차료와 입장료는 무료이기 때문에 공짜로 들어왔다고 약을 올렸다.

차량 두 대에 남자와 여자끼리 나누어 타고 이야기를 하면서 7~8분 만에 오늘의 최종 목적지인 장성군 북이면 장성호 수변길 진입로가 있는 수성마을에 도착했다. 친구가 예약한 집은 장성호 산기슭에 있는 언덕 위의 '수성 황토방'이었다. 약간 비좁은 주차장에 조심스럽게 주차를 하고 황토방으로 들어가니 지붕만 빼놓고 온통 황토로 집을 지어 황토 특유의 냄새가 기분 좋게 반겨주었다. 방바닥은 화목보일러로 데워 놓아서 방바닥이 쩔쩔 끓어 방석이 없으면 견딜 수 없었다. 입고 온 옷을 하나둘씩 벗더니 결국 여름옷으로 바꿔입고 점심을 먹었다.

'수성 황토방'은 언덕에 집을 지었는데 정면은 통유리로 마감하여 장성호의 풍경이 한 폭의 그림 같았다. 장성호에서 잡은 민물메기탕과 뒤뜰에서 방목한 닭백숙을 주문하여 소주 한 잔씩 마시며 50여 년간의 우정을 확인하면서 이야기에 불이 붙었다.

세 부부는 장성호 수변 길 걷기에 나섰다. 이곳 장성호는 원래 영산강 지류인 황룡강에 위치한다. 영산강 유역종합개발사업의 일환으로 1969~72년에 타당성 조사를 실시한 뒤 1973년 7월에 공사에 착수하여 1976년 10월에 준공했다. 댐의 형식은 중심 점토 사력댐으로 댐의 높이는 36m, 길이는 603m이다. 총저수량은 8,480만 톤으로 유역면적 122.80㎢, 만수위 면적 68.87㎢이다. 몽리 면적은 139㎢로 광주광역시 · 나주시 · 장성군 · 함평군 일대에 관개용수 및 생활 · 공업용수를 공급하고 있다. 장성호는 1977년에 국민관광지로 지정되어 연간 17만 7천4백여 명의 관광객을 유치하고 있다.

나는 1960년대 말부터 1970년대 초에 광주에서 대학에 다닐 때 전주를 버스로 가려면 국도 1호선을 이용하는 경우가 대부분이었으나 어쩌다 중간 경유지가 바뀌면 장성호댐을 막기 전에는 이곳 황룡강 옆 산기슭 길을 흙탕물을 튕기면서 지그재그로 지나갔었다. 비포장 길이 눈에 선하며 몇몇 초가지붕들이 옹기종기 모여 굴뚝의 뽀얀 연기가 솟아오르던 모습이 아련한데, 그곳에 살던 수몰민들은 지금 물속에 잠긴 고향이 얼마나 그리울까?

전국에서 가장 아름다운 7.5km의 트래킹 코스인 '장성호 수변 길' 중 산길과 호반 길을 함께 걸을 수 있도록 조성돼 숲과 호수의 정취를 동시에 느낄 수 있는 '장성호 수변 길'의 백미는 호숫가를 따라 설치된 1.23km의 나무 데크 길이다. 호숫가에 설치된 나무 데크 길을 받치고 있는 많은 기둥은 맹그로브 뿌리처럼 호수에 촘촘히 박혀 수면 위에 대칭으로 굴절되어 또 다른 조형미를 느끼게 했다.

데크 마루 길과 계단 길 그리고 작은 오솔길을 세 부부가 걸어가니 낙엽이 수북하게 쌓여 눈에는 포근함과 풍성함이, 귀에는 바삭바삭거리는 속삭임 소리가 그리고 발바닥에는 푹신푹신하며 후끈거리는 감촉이 구름 위를 걷는 기분이었다.

주위의 숲은 상록수를 제외한 나무들이 모두 다 옷을 벗어 가느다란 나뭇가지들이 추위에 바르르 떨고 있었다. 텃새들이 앙상한 나뭇가지의 추위가 걱정되어서 그런지 꼬리를 쉴 새 없이 흔들며 부리로는 무어라 지저귀는데 아마도 나무의 추위보다는 수변 길 방문객들에게 반가워하는 인사인 듯싶었다.

수변 길 중간 코스 언덕배기에는 편백나무숲 군락지가 조성되어 있었다. 이곳은 통나무 계단이 만들어져 운치도 있고 경사도 완만하여 힘 안 들이고 갈 수 있는 길이었다. 편백나무 숲을 지나가니 피톤치드 향이 하늘거리는 바람을 타고 기분 좋게 풍기며 내 옷에 흠뻑 젖어드는 것 같아 며칠 동안 냄새에 취하고 싶었다. 피톤치드 향이 너무 좋아서 꼭꼭 눌러 한 움큼 쥐여 비닐봉지에 담아 자녀들에게 나눠주고 싶었다.

출발 1시간 30분쯤에 어슬렁어슬렁 걸어서 출렁다리에 도착했다. 그런데 아내가 보이지 않았다. 짐작하니 평소 고소공포증이 유별난 아내가 출렁다리 건너기를 포기하고 어디에 숨어 있 는 것 같았다. 주위를 살펴보니 화장실 모퉁이에 숨어 있었다. 나는 손짓으로 빨리 오라고 하니 걷기 싫은 걸음걸이로 출렁다리까지 기어서 오는 것이었다. 바람이 불어 심하게 출렁거리는 다리를 아내의 손을 잡고 겨우 건너갔다.

출렁다리의 정식 명칭은 '옐로 출렁다리'이며 총길이는 154m로 옛날 고려 시대에 이곳 황룡강에 하늘에서 황룡이 내려와 강에서 목욕하고 나오니, 마을 사람들이 황룡을 수호신으로 떠받들게 되고, 그 이후로 강 주변에 노란 꽃을 심었다는 전설이 전해진다. 그래서인지 교각 양쪽 다리 설주는 거대한 황금 철제물로 용상화龍像化하여 설치했다.

출렁다리를 건너가니 해남海南의 땅끝마을처럼 지형과 분위기가 비슷했다. 그곳에는 많은 방문객이 휴식을 취하고 있었다. 어떤 70세 안팎으로 보이는 아주머니는 양손에 보행보조 목발을 짚고 신발을 질질 끌며 남편 같은 사람이 앞에서 뒷걸음치면서 부인의 보행 연습을 시키고 있는 것 같아 늘그막의 순애보 장면 같아 가슴을 뭉클하게 했다. 나는 나이도 젊고 육신은 멀쩡하지만, 그간 아내한테 소 닭 보듯 했던 나 자신을 돌이켜 보게 했다.

장성호 수변 길 코스는 갈 때는 걸어서 출렁다리까지 가고 부근의 간이 선착장에서 관광보트를 타고 장성호를 가로질러 물보라에 파묻혀 수상 관광을 즐기며 되돌아오는 코스가 있었다. 그런데 우리 일행이 관광보트에 승선할 시간쯤에는 순간 돌풍도 불고 기온도 급강하하여 걱정스러웠다. 한 친구가 이렇게 풍랑이 일면 바다에서는 출항이 금지되지만, 관광보트 승선 관람 시간이 10여 분간이니 괜찮을 거라며 안심을 시켰다.

다른 팀들이 앞 보트에 승선하여 멋지게 가는 것을 보니 은근히 용기가 생겨 우리 팀도 얼떨결에 승선하여 보트 바닥에 비치된 구명타이어를 보니 3개 뿐이었다. 한 집에 하나씩으로 해결하라는 것 같았다. 그런데 관광보트가 호수의 중간쯤 갈 때는 위험보다는 거칠고 빠르게 호수를 날아가고 싶은 충동이 일었다. 보트의 좌현에 앉아 있는 사람들은 진행 방향과 물보라를 역풍으로 맞아 웃옷을 흠뻑 젖기도 했다. 10여 분 만에 선착장에 도착하니 아쉬웠다.

하선하여 점심때 식사했던 수성 황토방에 도착하니 4시 30분이었다. 저녁식사를 아무리 일찍 해도 1시간쯤이나 남았다. 일행은 황토방에 누워서 따끈하게 몸을 데웠다. 윗목을 보니 오래된 노래방기계가 보였다. 아마도 처음 개업할 때는 사용이 가능했어도 그간 손님마다 함부로 사용하여 이제는 고장난 기계를 그대로 방치한 느낌이 들었다. 조금 있으니 주인이 저녁 식사 주문을 받았다. 5시 30분쯤 식사할 수 있도록 주문하고, 노래방 기계를 세팅해 주면서 선곡하라고 했다.

언제든지 노래방 기계를 켜놓고 선곡하라면 사람들은 손사래를 치면서 뒷걸음을 치다가도 반주곡이 나오고 어느 정도 분위기가 무르익으면 슬슬 선곡책을 뒤적거리며 마이크를 잡는데 오늘 친구 부부 모임도 그대로였다. 선곡이라야 40~50년 전에 유행했던 흘러간 노래였지만, 모두 축 처진 박자와 불안한 음정으로 더 웃음을 자아냈다. 그러다 보니 어느새 저녁 식사 시간이 되어서 반주飯酒까지 주거니 받거니 하며 송년의 덕담을 마무리하면서 다음 모임을 약속하고 각자의 집으로 향했다.

전주까지는 1시간 10여 분 거리. 도로 사정이 좋고 도로 안전표지 설치도 잘되어 있지만, 이곳의 지형지물은 나에게는 생소하고 또 밤길이라 신경이 쓰였다. 나는 어두운 밤길을 더듬거리면서 무사히 집에 도착했다.

나그네가 하룻길을 걷다 보면 말도 보고 소도 보며 개도 본다고 했던가? 술도 얻어먹고 밥도 얻어먹고 욕도 얻어먹고 칭찬도 들었다. 생각지도 못했던 일들이 닥치는 게 인생살이이고 새옹지마塞翁之馬이니 너무 신경 쓰지 말고 그저 두루뭉술하게 살아야겠다. 나는 오늘 타임캡슐을 타고 50여 년 전을 보았고, 마천루의 망루에서 세상을 보았는데, 그것들이 눈꺼풀을 좀처럼 놓아주질 않아 밤잠을 설치게 했다.

좋아하는 홍어회도 못 먹고

사람들은 태어난 고향의 먹거리에 따라 식성이 정해지기도 한다. 바닷가에서는 해물을, 산촌에서는 육류를, 들녘에서는 푸성귀가 자연히 평생의 식습성으로 굳어진다.

나는 산과 들을 겸비한 지역에서 출생하여 채식과 육식을 겸하는 습성이 있고, 아내는 군산에서 낳고 자라서 해물이 익숙해 모임이나 외식 때는 꼭 해물이 우선이고, 식사 때도 젓가락이 해물에 먼저 가는 식습성이 있다.

지난 4월 14일 일요일에는 고향마을 이장님과 청년회가 주축이 되어 어르신들을 모시고 순천만 국가정원과 남원 광한루 일대를 다녀왔다. 순천만 국가정원 일대를 여러 번 다녀왔어도, 오늘은 아내와 이따금 내리는 보슬비를 맞으며 샅샅이 뒤져가며 모처럼의 오붓한 시간을 보냈다. 유치원생처럼 그네 의자에 앉아서 발을 땅에 딛고 힘차게 밀치면서 몸도 마음도 내려놓으니 하늘의 구름과 옆의 나무들이 덩달아 같이 왔다 갔다 움직이며 호응해 주니 그네에서 일어설 줄 몰랐다.

청년회장이 12시 30분까지 버스에 탑승해야 한다기에 조금 서둘러 버스에 탑승했더니 비가 오락가락해서인지 동네 어르신들은 이미 모두 승차하셨다. 점심은 조금 늦은 시간에 꼬막정식을 먹었다. 반찬은 꼬막을 재료로 한 것이 서너 가지가 나왔는데 그중에서 꼬막회무침이 단연 주메뉴인 것 같았다. 누가 먼저라 할 것 없이 꼬막회 먹기에 경쟁이 붙었다. 아내도 뒤질세라 꼬막회무침 먹기에 바빴다. 저녁때 집에 돌아온 아내가 속이 부글부글 끓으면서 설사를 했다. 나는 평소 먹던 정로환을 권하면서 내일 병원에 가보기로 했다.

아침에 아내에게 어떠냐고 물으니 괜찮다고 했다. 나는 그래도 병원에 가서 진찰받고 치료하라고 하면서 익산으로 출근했다. 오후에 집에 와서 물으니 이상이 없다고 했다. 그런데 밤에 화장실 가는 횟수가 잦았다. 아무래도 어제 먹은 꼬막 때문인 것 같았다. 병원에 가자고 하니 알아서 갔다 올 테니 어서 다녀오라고 했다. 그렇게 수요일까지 갔는데, 아내의 얼굴과 걸음걸이를 보니 심상치 않았다.

다음 날 40여 년 동안 이어온 대학동창 부부모임에서 전남 나주 영산포에 가서 '홍어회'를 먹는 날인데 홍어회를 좋아하는 아내가 갈 수 있을지 걱정되었다. 그렇다고 이미 예약된 모임을 미룰 수도 없었다. 아침 일찍 병원에 가서 진찰을 받으니 익힌 음식 외에는 절대 들지 말라며 집에서 안정을 취하라고 했다. 그렇다고 영산포 홍어회에 대한 기대에 부풀어 기다리고 있을 친구 내외들에게 찬물을 끼얹을 수도 없고, 자초지종을 의사 선생님에게 말씀드리고 긴급 수액주사를 맞고 30분 정도 늦는다고 연락하고 영산포로 내려갔다.

치료와 수액주사를 맞아서인지 아내는 살 것 같다며 물을 연신 마시면서 영산포 '전라식품' 홍어횟집에 도착했다. 벌써 큰 접시에 불그스레하고 싱싱한 홍어회를 먹음직스럽게 담아 놓아 군침이 돌았다. 평소 홍어회를 좋아했던 아내가 한 첨도 들지 않고 창백한 얼굴로 식은땀만 흘리고 있으니 친구들 내외가 이구동성으로 물었다. 지금까지의 상황을 이야기하니 홍어회를 맛있게 먹던 친구 내외들이 미안했는지 분위기가 잠시 주춤해졌다. 평소 같았으면 어깨를 흥청거리며 젓가락으로 홍어회를 집어 먹기에 경쟁이 붙었을 친구들에게 미안했다.

결국 목요일 영산포 홍어회 먹기 오후 일정은 취소하고 공금으로 한 집에 10만 원 상당의 홍어회를 구매하여 각자 집에 가서 먹기로 했다. 빨리 전주 집에 가서 아내에게 휴식을 취하도록 하라고 신신당부하기에 집에 돌아와 죽을 쑤어서 저녁을 대신했다. 잠은 언제 들었는지 기억이 없고 눈뜨니 아침이었다.

아침 숟가락을 놓자마자 바로 어제 그 병원으로 다시 갔다. 의사 선생님은 어제 잘 갔다 왔느냐며 나의 얼굴을 힐끗 쳐다보았다. 나는 속으로 아내의 건강이 중요하냐, 친구 모임이 중요하냐, 문제를 나에게 던지는 것 같은 기분이 들었다. 나는 정답을 말할 수 없다는 표정으로 고개만 숙였다. 어제 혈액검사 결과는 특이한 사항은 없는데 아내의 혈압이 안정 수치 이하로 내려가 있어 여러 가지 종합처방이 필요하다고 했다. 아침 10시에 시작한 수액주사가 오후 5시 30분쯤에 끝났다. 내일 아침에 한 번 더 나오라고 했다.

나는 음력 매월 초하루와 보름날에는 부모님 삭망朔望 성묘를 하고 있다. 오늘은 공교롭게 보름날이지만 아침부터 오후까지 병원에서 아내를 돌보느라 부모님 산소를 못 가는 줄 알았는데, 춘분이 지나서인지 해가 길어져서 부모님 산소에 도착하니 6시 30분이었다. 구름 속의 해는 서쪽 중천에 걸려있었다. 오늘은 노란 저고리 붉은 치마를 곱게 차려입고 앳된 얼굴로 시집와서 나이 먹고 건강이 약해진 아내를 돌보지 못한 죄가 크다. 내가 자식들을 위한 것보다 생전에 나에게 몇 배 더 잘해 주셨던 부모님께 불효했던 죄가 부모님께 드린 소주잔에 비추는 것 같아 만감이 교차했다.

(2019. 4. 19.)

신혼시절의 추억

6월 1일은 새로운 삶을 시작했던 우리 부부의 결혼기념일이다. 1970년대 초, 지방에서의 신혼살림은 대개 셋방살이가 보통이었다. 더구나 공무원 월급으로 단독주택은 꿈도 못 꾸었다. 나 역시 신혼초에는 셋방살이부터 출발했다.

그 시절엔 에피소드도 많다. 장롱 크기와 셋방 집 문의 크기를 비교해보지도 않고 계약하여 막상 이사 가던 날 주인집 마당에서 위약금을 주고 다시 이삿짐을 다른 집으로 옮겼던 일도 있었다. 벽에다 못을 박고 싶으면 아내와 하나둘셋을 동시에 외치면서 아내는 문을 열었다 닫는 소리를 내고, 나는 그 소리에 맞춰 망치로 벽에다 못을 박았다.

그때는 전기계량기가 분리 설치가 안 되어 전기요금은 주인집이 셋방의 전등 수와 식구 수를 고려하여 일방적으로 분배 통보하는 식으로 납부하게 했다. 전기계량기가 주인집 현관 안에 설치되어서 전기요금이 얼마나 나왔는지 확인할 수도 없었다. 만약 전기 검침을 확인하여 정확한 요금 분배를 요구할 때는 주인집이 방 빼라고 하면 언제든지 빼겠다는 의사 표시였기에 속이 상해도 울며 겨자 먹기 식으로 주인이 내라는 대로 전기요금을 내야 했었다.

전기다리미나 전기담요 같은 전열기는 마음대로 쓸 수도 없었다. 전기계량기가 주인댁 현관 출입구의 눈높이에 붙어있어서 계량기가 빨리 돌아가면 금방 셋방에서 전열기를 사용 중임을 알아채고 주인집 아주머니는 연신 헛기침을 하면서 이달 전기요금은 셋방이 더 내야 한다는 암시를 했고, 설령 계량기 돌아가는 것을 확인하지 않아도 알 수 있었다. 그래서 전열기를 사용하고 싶으면 주인댁이 모두 외출했을 때 몽땅 사용했다. 그래도 평소 적용 방식 비율로 분배할 테니까 나의 손해는 적었다. 그 무렵은 수돗물 사정도 지금처럼 콸콸 쏟아지는 것이 아니고 사정이 안 좋을 때는 수도꼭지에서 병아리 눈물처럼 찔끔찔끔 나오기 때문에 늦은 밤에 수돗물을 받는 것이 대부분이었다.

그러던 어느 해 6월 1일이 일요일과 겹치게 되어 가장 경제적인 비용을 투자하여 뜻깊은 결혼기념일을 보내기로 했다. 대중교통수단을 이용하여 가장 가까운 곳에 가서 놀다 오기로 아내와 합의하고 점심 때 김밥을 둘둘 말아서 통째로 비닐에 싸고 콜라 한 병을 준비한 것이 다였다.

군산역에서 익산 가는 완행열차를 타고 다시 익산역에서 대전 가는 완행열차로 갈아타고 가다 논산역에서 내렸다. 원래 목적지는 온양을 가기로 했는데 차창 밖 관광 안내표지판을 보니 논산역이 부여를 가는 길을 안내하기에 그냥 논산역에서 내렸다. 부여 가는 교통을 알아보려고 역전 다방으로 들어갔다. 다방에 들어서기가 무섭게 다방 마담이 자리에서 잽싸게 일어서더니 "어서 오세요." 하더니 어제 파마를 하고 와서 아직도 머리에서는 파마약 냄새가 가시지 않은 냄새를 마담은 약간 코끝을 모아서 피하는 표정이면서도 커피 팔 욕심에서인지 "어머, 파마 잘 나왔어요. 어디서 하셨어요?" 하면서 커피 주문을 받았다. 그러고 보니 아내와 다방에서 커피를 마셔 본 기억도 꽤 오래된 것 같다.

마담의 설명을 들으며 다방 벽에 붙어있는 관광포스터를 보면서 부여에서 관광 일정등을 계획하고 부여행 버스를 탔다. 부여는 초등학교나 중학교 때 단골 수학여행코스였는데 인근 지역사회에 살면서도 정작 부여여행은 처음이었다.

부여는 옛 백제의 도읍지며 낙화암의 슬픈 전설이 서린 곳이다. 박물관을 구경하고 부소산扶蘇山으로 올라가다가 늦은 봄비를 만났다, 그리 많이 오는 비는 아니었으나 우산 없이 잠시 서 있으면 옷을 촉촉이 적실 강수량이었다. 박물관 뒷길 부소산 중턱쯤에서 비를 만났기 때문에 비를 피할 수단은 어른 키 정도의 소나무들뿐이었다. 할 수 없이 가장 잎사귀가 촘촘한 소나무 아래서 비를 피하는데 비가 좀처럼 쉽게 그칠 기미를 보이지 않아 아예 마음 편히 쉬고 있었다.

점심때가 지나서인지 시장기가 들었다. 우리는 가랑비가 모여 간혹 큰 빗방울로 한 방울씩 떨어지는 소나무 아래서 썰지 않은 김밥을 꺼내 입속에 넣고 한 입씩 베어 먹으니 이 세상 어느 김밥보다 맛이 있었다. 다른 사람 눈에는 아마도 전쟁 중 공수된 전투식량으로 끼니를 때우는 병사들 모습이었을 것이다. 그렇게 김밥을 먹고 콜라 한 모금씩 마시니 어느 황제 부럽지 않은 점심이었다. 그렇게 식사를 대충 마치니 비도 그쳤다.

부소산扶蘇山은 부여읍 쌍북리, 구아리, 구교리에 걸쳐 있는 해발 106m 고도를 가진 마을 뒷산 정도의 부여 진산이다. 평지에 돌출했으며, 동쪽과 북쪽은 가파르고 백마강과 맞닿았다. 부소산 이름은 『세종실록 지리지』의 기록에 처음 선보이며, '부소扶蘇'의 뜻은 백제 시대 언어로 '소나무[松]'의 뜻이 있어, 부소산을 '솔뫼'라고 보는 학설이 있다. 부소산은 평상시에는 백제 왕실에 딸린 후원 구실을 하였으며, 전쟁 때에는 사비도성의 최후를 지키는 장소가 되었다.

부소산 내에 있는 군창지, 사자루, 삼충사, 서복사지, 영일루를 구경하고 나당연합군에게 유린당할 때, 수많은 백제 여인들이 꽃잎처럼 백마강에 몸을 던졌다는, 전설이 깃든 백화정에 오르니 바로 코앞이 낙화암이었다. 숲 아래 고란초로 유명한 고란사皐蘭寺도 보였다. 고란사로 내려가 절벽의 고란초를 보며 약수 한 모금을 마시고 비스듬히 보이는 낙화암 절벽을 보니 조선 시대 우암 송시열 선생이 썼다는 '낙화암落花岩' 글씨가 선명하게 보였다. 『삼국유사』에는 타사암(墮死岩-사람이 떨어져 죽은 바위)이라고 기록되어 있단다.

이렇게 흥망성쇠의 백제 고적답사를 마치고 논산행 버스에 오르니 버스 안은 콩나물시루처럼 사람이 꽉 차 있어 손잡이를 잡지 않아도 넘어지지 않았다. 낮에 내린 비에 모두 젖어서인지 후덥지근한 냄새뿐이었고, 가끔 중간 정류장에서 내리고 오르는 승객 때문에 조금은 불편했다. 논산역에서 군산역으로 올 때는 완행열차 좌석이 여유가 많아 열차 한 대를 전세 낸 기분이었다. 아주 기분 좋게 결혼기념일을 보내고 집으로 오는 길에 짜장면으로 저녁을 때우니 더없이 기분이 좋았다.

다시 셋방의 부엌문을 열고 들어가니 큰일이 벌어졌다. 아침에 나갈 때 수돗물이 나오지 않아 틀다 만 수도꼭지에서 온종일 수돗물이 콸콸 쏟아져 부엌은 한강이 되어 부엌문 틈으로 물이 넘쳐 흘렀다. 물이 연탄아궁이 공기구멍까지 넘쳐 연탄불도 꺼졌고 연탄화덕도 망가졌다.

하루 종일 넘친 수돗물 요금 변상을 주인집이 어떻게 계산할지도 걱정되었다. 안집 주인댁의 동태를 살펴보니 그 집 역시 아침에 일찍 외출하여 그때까지 오지 않은 것 같았다. 우리 부부는 얼른 방의 불을 끄고 주인집이 눈치 못 채게 어두운 방에서 걱정하다가 잠이 들었다.

아침에도 인기척을 내지 않으면서 조금 일찍 출근하고 오후에 퇴근 후 시내에서 배회하다가 어두컴컴할 때 셋방에 살짝 들어가서 생활했다. 그런 생활은 수도요금이 계산되는 말일까지 지속했는데, 결국 말일쯤에 안집 아주머니가 '이달에는 수도요금이 조금 많이 나와서 더 내야 한다.'는 양해의 말뿐, 다른 말이 없어서 우리 부부는 아무 대꾸 없이 평상시보다 많이 나온 수도요금을 건네주었다.

그 집에서 몇 년 살다가 우리는 처음으로 새집을 장만하고 내 이름으로 문패를 달았다. 그 옛날 집주인 아저씨가 별세하셨다는 기별이 와서 우리 부부는 그 집으로 조문을 갔다. 현관문을 들어서니 제일 먼저 약속했던 전기계량기가 눈에 들어왔다. 아주머니는 잊지 않고 조문을 와서 부의금까지 주니 고맙다는 표정이셨다. 나는 속으로 '아주머니 부의금 속에는 그 옛날 제대로 계산하지 못한 수도요금도 포함되었습니다.'라고 뇌까리며 상갓집을 나섰다. 가난한 신혼 맞벌이부부를 여러 가지로 보살펴주어서 고마웠다.

(1976년 결혼기념일에)

아사녀의 발길을 따라서

인간의 힘은 자연의 위력에 비하면 하잘것없는 존재다. 연약한 육체, 짧은 생명을 영원불멸의 자연물처럼 여기며 언제부터인가 애니미즘 사상에 사로잡혀 있다. 종교가는 인간의 이런 연약한 심정을 설파하여 자연의 위력을 신의 섭리로 내세우거나 상징물을 만들어 신앙信仰의 모태로 삼기도 한다.

오랜만에 불국토佛國土의 성지 토함산吐含山을 답사하기로 하고 아내와 함께 여행계획을 세웠다. 아내는 나귀 등에 실을 것과 봇짐에 가져갈 준비물을 챙기느라 새벽부터 바쁘다. 나는 장거리 여행이라 전날 승용차 종합검진도 받고, 미리 기름도 충분히 넣어두었다. 서쪽의 끝 백제에서 동쪽으로 서너 시간 달려가니 속세의 나쁜 것들은 모두 마셔서 삼라만상이 행복하게 살도록 정화된 기운을 토해낸다는 명불허전의 서라벌 토함산吐含山이 우리 부부를 반겨 맞아 주었다.

숙소에서 불국사까지는 자동차로 10여 분 거리여서 여행 보따리를 내려놓고 올라갔다. 5천 년 장구한 세월 동안 민족문화의 정수로 천오백여 년 세월 너머 현대의 무지한 중생들에게 불국토의 장엄함과 사모의 마음을 일으키는 불국사 경내로 들어섰다. 옛날 수학여행 때는 대웅전으로 가는 동쪽의 자하문(백운교, 청운교)과 극락전으로 가는 서쪽의 안양문이 있어서 자하문 돌계단을 올라 대웅전으로 갔었는데, 이제는 돌계단의 안전사고 위험 때문에 계단 출입을 막아놓고 옆길로 올라가라 했다. 안전을 안 지킨 사람보다 안전사고 보강을 소홀히 한 단체가 더 미웠다.

경내에 들어서니 천오백여 년 전 '아사달과 아사녀'의 가슴 저미는 순애보가 깃든 석가탑의 전설이 눈시울을 적시게 했다. 불국사가 재상 김대성에 의해 크게 개수되면서 경덕왕을 통해 사비성에 사는 백제 최고의 석공 아사달에게 불국사에 탑을 세워 달라고 부탁하여, 결혼한 지 석 달 만에 부인 아사녀를 두고 아사달은 서라벌로 왔다. 그 뒤 아사녀는 날마다 눈물을 짓다가 아사달을 찾아 불국사로 찾아왔다. 불국사 작업장에는 외부출입자를 감시하는 병사들의 경계가 삼엄했었다. 먼발치에서 석공들의 망치 소리를 듣다가 잠이 들었는데 스님이 나타나서 석탑 공사장에는 특히 부녀자의 출입이 절대 금지되었다며, 완성된 석탑 모습이 연못에 비치면 그 때 만날 수 있다고 했다. 아사녀는 날마다 연못에 완성된 석탑 모습이 비치기를 기다리는데 어느 날 아사달이 신라의 공주와 혼인할 거라는 소문을 듣고 아사녀는 연못에 몸을 던져 죽고 말았다. 아사달은 아사녀가 서라벌에 왔다는 소문을 듣고 찾아 나섰지만 이미 아사녀는 물에 빠져 죽은 뒤였다. 결국 아사달도 연못에 몸을 던졌다. 그 뒤에도 탑의 그림자가 비치지 않았다 하여 석가탑을 무영탑無影塔이라고 불렀다. 둘의 사랑이 비록 죽음으로 끝났지만 '무영탑'의 전설 속에서 두 사람을 기리는 것은 그 못다한 사랑의 아름다움이 석가탑을 통해 빛나고 있기 때문이다. 우리 부부는 공교롭게도 아사달 부부의 고향 백제에서 출발하여 너무나 안타까운 사연의 무영탑 앞에 섰다. 나도 모르게 모처럼 아내의 손을 꼭 잡고 못다한 아사달 부부의 슬픈 사랑을 되돌아 보았다.

석가탑의 슬픈 사연에 매료되어 의자에 앉아 시선은 석가탑에서 떠날 줄 몰랐다. 아직도 경내에는 인부들이 무거운 돌을 운반하는 목도질 모습이 아른거렸다. 아내가 옆구리를 쿡 찌르며 "아니, 석굴암엔 안 가요?" 했다. 그때서야 정신이 번쩍 들고 다음 목적지가 생각났다.

불국사에서 석굴암까지는 자동차로 20여 분 거리다. 주차장은 산등성이를 깎아 만든 곳이어서 모든 자동차들이 산꼭대기에 딱정벌레처럼 옹기종기 엎드려 있었다. 차창을 열고 밖으로 나오니 동북쪽 하늘이 허연 바닷물로 가득 차 보였다. 순간 여기가 동해인가 하고 자세히 보니 거대한 골안개가 덮여 있었다. 주차장에서 석굴암까지 가는 길은 포장도로가 아닌 주위의 굵은 모래로 깔아 놓아서 촉감이 좋았다. 진입로를 오가는 석굴암 관광객들을 보니 외모가 인도계열 사람들이 유난히 많았다. 아마도 부처님의 나라 인도에서 신라시대 아사달의 동아시아 불교 조각에서 최고의 걸작품을 감상하고 부처님의 은덕을 되새겨 보고자 찾아온 듯싶었다.

석굴암 본존불本尊佛인 석가여래좌상釋迦如來坐像은 모든 부처님상이 다 그러하듯 유독 온화하여 우리 민족의 국난을 지켜주고 잘살게 해

주신 은덕의 부처님으로 생각되어 모든 것을 내려놓고 숙연해진다.

다음날 아내는 동해안의 문무대왕릉文武大王陵을 보고 싶다 하여 숙소에서 1시간여 만에 동해에 도착하니 해수욕 계절이 아니어서 그런지 사람들은 보이지 않았다. 사람들이 북적거려야 구경 욕심도 생기지 아무도 없으니 아쉬웠다.

화장火葬한 뒤 해변에서 200m 떨어진 동해바다 바위에 묻으면 용이 되어 동해로 침입하는 왜구를 막겠다는 유언에 따라 큰 바위에 장사를 지냈다는 그 대왕암만 보았다. 갈매기들이 문무대왕의 영혼을 지키는 듯 대왕암을 몇 겹으로 빙 둘러싸고 있었다.

오는 길목에서 감은사지感恩寺址에 들렀다. 문무왕文武王이 왜군을 진압하기 위해 죽어서 용이 될 테니 수장水葬하라 하여 그의 아들 신문왕神文王이 즉위해 해룡이 된 문무왕이 들어와 살도록 금당金堂의 바닥구조가 H자형의 받침석과 돌다리처럼 수로水路를 만들고 그 수로가 동해까지 이어지게 만들어 부왕(문무왕)의 영혼인 용이 자유롭게 드나들 수 있게 지었다는 절이 바로 감은사다. 지금은 돌기둥의 수로만 보인다. 신문왕의 효심이 가득 서린 감은사지를 내려오는데 인근 숲속에서 '으헝 으헝' 소리가 나더니 고라니 새끼 한 마리가 풀숲을 헤치고 나와서 사람을 봐도 전혀 경계심이 없이 멀뚱멀뚱 바라보다 다시 숲속으로 사라졌다. 서라벌에 아사달 부부의 애절한 사랑과 신문왕의 효심을 되새기면서 달리다 보니 우리의 승용차는 어느새 백제 땅에 들어서고 있었다.

(2019. 07. 10.)

고추 꼭지 따기와 재채기

고추는 얼큰하면서도 개운한 입맛을 더해주는 매운맛을 내는 우리나라의 대표 식자재이다. 맵다고 하면서 더 먹게 되는, 어느 식탁 위에서도 빠지지 않는다.

고향에는 부모님이 경작하시던 전답이 있다. 지난해 12월 말쯤 체신관서에서 근무하던 아우가 정년퇴임을 했다. 아우도 허우대만 컸지 농사일은 별로 해본 경험이 없어서 부모님이 경작하시던 논밭을 가꾸느라 힘이 드는 모양이다. 가끔 고향에 들르면 아우가 익숙지 않은 농사일에 비지땀을 흘리며 일할 때는 짠한 마음이 들 때가 한두 번이 아니었다. 나는 농사일을 눈으로만 보았지, 실제 일을 해본 경험이 별로 없기에 아우는 나를 아예 논밭에는 발도 못 디디게 한다.

해마다 가을이면 부모님은 수확한 농산물을 모든 자식들에게 골고루 나누어 주셨다. 고향 집에 오면 손에 들려주거나 택배로 부쳐 주셨다. 값으로 치면 큰돈은 아니지만 자식들의 목구멍으로 넘어가는 게 그렇게도 흐뭇하셨던 것 같다. 자식들은 부모님의 땀과 정성이 깃든 것 같아 쉽게 먹지도 못했다. 이제는 부모님이 모두 돌아가셔서 가을 추수철에는 고향 허청에서 자식들을 기다리는 농산물 꾸러미들이 떠오를 뿐이다.

아우는 부모님 대신 형제들에게 농산물을 나누어 준다. 이달에도 부모님 삭망에 성묘를 하러 갔는데 광에서 고추포대와 참깨 봉지를 가져와 내 차에 실어 주었다. "내가 농사 지은 것이니 형님 갖다 드세요." 했다. 나는 순간 고마워서 "힘들게 농사 지을 때 쳐다보지도 않았는데 미안하구나. 잘 먹을게." 하면서 옆에 있는 제수씨에게 "제수씨, 농사 짓느라고 수고하셨어요. 염치가 없습니다."라고 겸연쩍은 인사를 했다. 아무튼 식구들 먹으려고 농약도 한 번 안 치고 재배한 고추라면서 잘 드시고 형님, 형수님 건강 챙기시라고 신신당부를 했다.

내가 부모님의 가업을 승계하여 동생들에게 해야 할 일을 아우가 대신하고 있으니 마음은 편치 않다. 아내는 농약을 치지 않은 무공해 김장용 고추와 참기름을 짤 참깨까지 얻어 오니 입이 귀에 걸렸다.

집에 돌아오자마자 아내는 벌써 김장 준비에 신바람이 났다. 나는 아내 기분을 부추기느라고 고춧가루를 빻으려면 고추 꼭지를 따자고 아내한테 말했다. 평소 같으면 토를 달 텐데, 오늘 고추 꼭지 따는 일은 그저 호호하하다.

면장갑을 끼고 고추 꼭지를 따는데 나는 다른 사람보다 매운맛에 알레르기 반응이 예민하여 쉴 새 없이 재채기가 났다. 재채기를 할 때마다 시원하고 스트레스가 해소되는 것 같아 더 힘주어 재채기를 연속으로 하니, 아파트 전체가 울렸다. 아파트 주민들이 창문을 열어 젖히고 어느 집에서 요란한 재채기 소리가 들리는지 고개를 내밀고 못

마땅한 표정을 짓는 것 같았다. 할 수 없이 수건으로 입을 막고 재채기를 하니 소리는 작아졌지만 횟수는 더 많아졌다.

아우는 이 고추로 김장을 하여 우리 부부만 먹는 줄 아는데, 아내는 결혼한 작식들에게 좋은 것 다 퍼주려 하니 재채기도 안 하고 그저 싱글벙글한다. 하늘에 계신 부모님은 아우가 나에게 부모님 대신 베푼 것을 기뻐하실 것이다. 아우는 나의 차에 실어주면서 나의 건강을 생각하며 흐뭇했을 것이다. 아내는 자식들에게 김장을 해서 나누어 줄 때 입은 함박만 할 것이다.

조상님의 음덕이 자손만대까지 베풀어지니 가을은 더없이 좋다. 좋은 것은 자식들에게 다 나누어 주고 우리 부부는 김치 쪼가리 하나로 밥을 먹어도 가장 행복한 밥상이 될 것 같다.

(2019. 8. 30.)

전어회와 친구들

농경사회는 모든 농사일이 개인의 노동력에 의존하던 시기였다. 더구나 수확기에는 일손이 모자라서 부지깽이도 한몫을 한다는데 가을 농사일이 얼마나 힘들었으면 추수 전에 집을 나간 며느리가 있었을까? 그 며느리를 집으로 불러들이는 방법은 전어구이의 냄새가 산 넘어 다른 동네까지 풍겨 전어를 먹고 싶은 며느리가 다시 시댁으로 돌아오게 했다니, 그 전어가 가을의 별미 아니겠는가?

나는 50여 년간 대학동기 부부모임을 격월제로 주로 전남지역에서 가졌는데 이번에는 전북지역에서 갖기로 했다. 그래서 점심은 금마저수지 아래 '물머리집'에서 새우와 동자개매운탕을 주문하고 찹쌀 청주를 반주로 곁들여 거나하게 마셨다.

전남지역에서는 쉽게 올 수 없는 마한문화권 지역이라 미륵사지를 중심으로 관광에 나섰다. 차량으로 5분 거리인 미륵사지 국보11호 미륵탑을 관람했다. 나는 초등학교 시절부터 고무신이 닳도록 자주 왔던 곳이어서 옛날 추억들이 떠오를 뿐이었다. 다시 국보 289호 왕궁5

층석탑으로 이동했는데 여자들은 인근 찻집에서 남자들이 올 때까지 차를 마시며 유리창 너머로 탑을 바라보고 있었다. 따가운 적외선 햇볕보다는 시원한 청량음료가 미용과 건강에 좋은 것 같았다. 여자들은 스타킹 하나 고르는데도 온 백화점을 몇 바퀴 돌면서 쇼핑을 한다. 백화점 구석에서 기다리는 남자들의 심정은 아랑곳하지 않는다. 문화재 관람에만 열중한 오늘의 남편들과 대조가 된다.

다시 일행은 사적 87호인 백제 무왕과 선화공주 능으로 추정하는 익산 쌍릉으로 가고 있다. 이 길은 시골 들녘과 야산 비탈을 거쳐야 한다. 만발한 길가의 코스모스는 먼 곳에서 온 친구 내외들을 환영한다. 고추잠자리들도 질세라 차창 앞을 날갯짓으로 손짓하고 있다. 선화 공주와 서동 왕자의 전설을 떠올리면서 어느덧 쌍릉에 도착했다. 쌍릉을 한 바퀴 도는데 숲속에는 토실토실한 알밤이 여기저기 떨어져서 서동 왕자가 선화 공주에게 갖다 드리라는 건지, 찾아온 관광객의 선물하라는 것인지 쉽게 판단이 서지 않았다.

차는 전어회를 먹으러 오늘 여행의 최종 목적지인 군산횟집으로 갔다. 한 친구가 군산 장항 간에 새로 개통된 다리를 가보자고 하여 이미 개통된 하굿둑을 건너서 장항 해변도로를 일주하여 새로 개통된 '동백교'에 들어섰다. 오후 한나절이 되어서 태양의 빛은 서해를 반사경으로 그 빛이 차창으로 바로 비쳐서 실눈을 떠야 볼 수 있었다. 다리 난간에 앉아 있는 갈매기들을 향해 소리를 지르고 손짓을 해도 갈매기들은 하루도 수십 번이나 그런 행동을 많이 보아서인지 저 할 짓만 계속하고 있다. 드디어 비린내 물씬 풍기며, 파도 소리, 뱃고동 소리로 왁자지껄한 해망동 횟집단지에 도착했다.

횟집단지 2층으로 올라가니 군산에 재직 시절 단골집 주인아주머니는 손을 크게 벌려 금방이라도 안아줄 기세로 반갑다는 인사를 온몸으로 했다. 전어회를 주문하니 주방 아주머니는 대가리와 꼬리 그리고 비늘과 내장을 제거하고 난초잎처럼 가늘고 뾰쪽하게 포를 떠서 회 접시에 국화 꽃잎처럼 가지런하고 예쁘게 담아 왔다. 너무 예뻐서 젓가락으로 그 모습을 헝클기가 멈칫거려졌다. 술 좋아하는 친구는 전어회를 안주로 술을 마시니 '권주가' 이상의 목소리로 다른 사람은 이야기할 기회도 주지 않고 흥겨워하니 주위 친구 내외들도 덩달아 어깨를 들썩인다.

횟집 서쪽 유리창은 따가운 햇볕을 가리기 위해서 녹색 햇빛 차단지로 발라 놓았는데 어떤 짓궂은 손님이 담뱃불로 지져놓은 동그란 구멍으로 햇빛이 들어와서 거의 바닥이 드러난 전어회 접시를 비추었다. 친구들은 전어회는 실컷 먹었으니 전어구이 맛을 보자고 했다. 전어구이를 주문하여 먹으려니 냄새는 집 나간 며느리가 다시 돌아올 만하기도 한데 앞에 먹은 전어회 맛 때문인지, 배가 부른 탓인지, 남자들은 별로 좋아하지 않았다. 이런 분위기에도 여자들은 여기서 저녁 식사를 때울 생각인지 기어이 해물탕에 저녁 식사를 하자고 했다.

벌써 항구의 밤은 깊어가고 있었다. 깜박거리는 등댓불은, 나이 드신 어른들에게 밤이 더 깊어지기 전에 집으로 돌아가시라고 하는 것 같았다. 광주 친구들은 서해안고속도로로, 나는 전군도로로 핸들을 돌려 다음에 만날 것을 기약하며 아쉬운 작별을 했다.

(2019. 9. 28.)

쇠무르팍牛膝

인간은 예로부터 자연 재료를 이용한 질병의 치료와 예방법을 통해서 건강을 유지하고 장수를 누리는 법을 터득해 왔다. 첨단 의학기술이 발달한 현대에도 민간요법은 사라지지 않고 있다. 그래서인지 지금도 생약 재료로 처방한 단방약單方藥의 민간요법이 이용되고 있다.

아내는 막내딸인데 장남인 나와 결혼했다. 장남과 막내딸은 서로 다른 형제 역할에서 자란 탓인지 결혼 초에는 어색했다. 그때마다 장모님은,

"여보게, 구 서방. 우리 희순이를 어린 막내 여동생처럼 생각하고 보살피며 잘살아주게."

라고 말씀하셨다. 그 말씀이 명언이었다. 지금도 아내는 막내딸로 태어나 부모님들이 일찍 돌아가셔서인지 부모님들의 사랑이 많이 그리운가 보다. 아내는 자녀 중에서 막내딸을 자신의 분신으로 여기는지

맛있는 음식을 보면 막내딸을 못 잊는다.

막내딸은 결혼하여 외손자가 벌써 돌이 지났는데도 아직 젖을 떼지 못하고 모유로 기르고 있다. 결혼 전에는 유독 허우대가 크고 건강했던 막내딸이 요사이는 눈에 띄게 야위어 보인다. 그리고 가끔 관절통을 호소한다. 누가 자기 엄마의 딸이 아니라 할까 봐 산후통 징후도 똑같다. 딸은 멀리 떨어져 서울에 살고 있다. 전주에서는 아들 집 손자 돌보느라 산후조리를 제대로 못 해 준 딸에게 아내는 미안해 한다. 어디서 무슨 소리를 들었는지, 막내딸에게 약도 해주고 자신도 먹는다며 시골에 가면 쇠무르팍을 많이 캐오라고 한다. 쇠무르팍은 시골에 가면 밭두렁이나 산모퉁이에 지천으로 널려있다. 줄기 마디가 마치 소의 무릎처럼 단단하고 굵게 튀어나와 쇠무르팍이라 하며, 옛날부터 관절에 좋은 약용식물로 알려졌다.

나는 시간이 있을 때마다 시골집 밭두렁과 울타리 밑 그리고 뒤 야산에서 조그마한 쇠스랑을 들고 쇠무르팍을 캐기 시작했다. 동네 사람들은 평소에 안 하던 짓을 하니 지나가다가 일부러 가까이 와서 살펴보고 간다. 어떤 아주머니는 "무엇하시려고 캐요?" 하고 묻는다. 나는 "예, 제 아내가 삭신이 쑤시는데 쇠무르팍을 달여 먹으면 좋다고 하여 캐다 달라네요." 했더니 알았다는 뜻인지 빙그레 웃으며 지나간다. 평소 고향에 오면 논밭을 둘러보고 뒷산을 오르내릴 정도였지, 산나물 하나 뜯어본 적이 없는 내가 며칠 동안 약초를 캐니 신기했던 모양이다.

쇠무르팍의 줄기는 모두 말라버려 죽은 듯 보였으나 쇠스랑으로 파헤쳐보니, 뿌리와 줄기 경계에는 벌써 새싹이 내년 봄을 준비하고 있었다. 뿌리마다 겨울을 지낼 양분인지 물주머니처럼 가득 차 있다. 겨울을 나려고 땅 위에서는 죽은 척하면서 땅속에서는 새봄을 준비하며 기다린다. 인간의 생명을 부지한다고 생명체를 캐내는 것이 욕심인 것 같아 미안하다. 이렇게 캐기 시작한 쇠무르팍은 비료 포대로 두 개나 되었다. 줄기를 잘라내고 뿌리만 정리해도 꽤 많다. 시골집 지하수로 깨끗이 씻으니 언뜻 보기에는 인삼 뿌리 같고, 향은 한약 특유의 냄새가 나서 이래서 약이 되나 보다 싶었다. 나는 아내의 기쁜 모습을 상상하며 집으로 가지고 돌아오니 아내는 반가우면서도 조금 늦었다는 표정이다. 내용인즉 내가 쇠무르팍을 캐오는 날짜가 너무 길어서 아내는 건재상에서 구매하여 다른 약재와 가미하여 제조해서 택배로 발송하여 이미 막내딸이 복용하고 있단다.

어느 집에도 다 그렇듯이 어머니들은 근검절약의 산증인들이다. 우리 집도 예외는 아니어서 조금 유통기간이 지난 음식물 혼자 처리하기, 어두컴컴한 곳에서 설거지하기, 청소기보다는 비 걸레로 청소하기 등으로 아들딸들과 실랑이가 자주 있다. 이번 막내딸 쇠무르팍 일도 재료는 내가 시골에서 구해오기를 바랐고, 제조만 약탕 집에서 맡겨 최소의 비용으로 최대의 효과를 얻으려는 알뜰 작전이었을 것이다. 그런데 그 작전에 전략 변경이 생긴 것 같다. 자기의 분신이라 생각하는 막내딸의 전황戰況에는 비용보다는 시간이 더 매우 급한 모성애가 우선이었던 것이다.

나는 아내에게 당신도 막내딸처럼 약탕 집에서 다른 재료도 가미하여 복용하라고 했더니, 돈이 아까워서인지 그 많은 쇠무르팍 뿌리를 채반에 말려서 차로 마시고 있다. 아내의 몸이 건강해야 자식들의 건강을 챙겨줄 텐데 그것 몇 푼 아껴서 무슨 떼부자가 된다고 자기는 몸으로 때우고 자식들은 돈으로 때우는지 모르겠다.

(2019. 12. 16.)

황진이가 사랑했던 남자, 소세양

남녀 간의 사랑은 사회적 신분의 벽 때문에 이루지 못해서 안타까움을 주기도 하지만, 때로는 사회적 지위나 국경을 초월하여 세기의 사랑을 보여주어 연인들의 로망이 되기도 한다. 전북 익산시를 지나가는 국도 1호선 길섶에는 사랑 이야기 전설이 가득하다.

익산시 왕궁면 왕궁리 유적지 옆 국도 1호선 건너편에는 보물 제46호로 지정된 익산 고도리 석조여래입상의 사랑 이야기가 있다. 동쪽의 여자 석상과 서쪽의 남자 석상은 옥룡천을 사이에 두고 약 200여m쯤 떨어져 서로 바라보고 있다. 음력 섣달 그믐밤에 옥룡천이 꽁꽁 얼면 두 석상이 서로 건너가 끌어안고 그동안 맺혔던 회포를 푼다. 새벽에 닭이 울면 헤어져서 다시 제자리로 돌아가 또 1년을 기다리며, 천년의 사랑을 이어온다는 전설이 있다. 쉽게 만나고 너무 쉽게 헤어져 사랑 탓만 하는 오늘의 사람들이 돌 입석의 천년의 사랑을 배웠으면 한다. 국도 1호선이 고개를 넘고 있는 미륵산과 용화산의 산기슭에는 나무 한 그루 풀 한 포기 돌멩이 하나에도 서동과 선화 공주의 사랑의 전설이 깃들어 있어 삼척동자도 알고 있다. 더는 설명이 필요 없는 사랑의 혼으로 이어져 온 지역이다.

대전에 사는 4촌 여동생의 아들이 대전 유성에서 결혼하는 날이다. 나와 아내는 자가용으로 1시간 남짓 달려 예식장에 도착했다. 예식이 끝나고 돌아올 때는 소한이 눈앞인데도 날씨는 봄날이어서 드라이브하기 좋았다. 귀가할 때는 고속도로 대신 지방 국도 1호선을 타고 내려오면서 차창을 여니 기분 좋은 훈풍이 내 얼굴을 만지며 아내 머리카락을 흔들어 준다. 모처럼 우리도 신혼부부의 기분을 내면서 길가의 지형지물에 대하여 알은체하는 소리를 누가 먼저라 할 것 없이 계속 주고받았다. 자동차는 어느덧 충남 경계를 넘어 내 고향 전북 익산으로 진입, 쑥고개를 넘고 있었다. 우측 용화리 탄곡마을 입구 주차장에 잠시 차를 세우고 우리 부부는 양곡暘谷 소세양蘇世讓의 신도비神道碑가 있는 언덕에 올랐다.

이곳에서 남쪽을 바라보면 용화산 아래의 용화리 저수지가 바로 발끝에 있다. 확 트인 저수지에는 맑고 잔잔한 물이 가득했다. 황진이 고향 개성에서 날아왔는지 기러기 한 쌍이 사랑놀이의 물질로 일렁이는 작은 물결은 호수를 웃음으로 바꾸어 놓는다. 그야말로 한 폭의 화조도花鳥圖이다. 아내는 "참 좋다! 참 좋다!"를 연거푸 읊으면서 눈을 떼지 못한다. 이곳은 서너 번이나 탐방한 적이 있다. 그중에는 서예교실에서 소세양 신도비를 탁본하러 찾아온 적도 있었고, 수필 글감을 얻으려 방문한 적도 있다. 그중에는 아내와 온 적도 있는 것 같아서 그런 분위기로 아내한테 이곳을 말했더니, 아내는 처음으로 와 본 곳이라며 어머니 포대기 속같이 따뜻하고 아늑한 사랑의 풍광을 그저 좋아하면서도, 어떤 여자와 왔느냐고 질투 반 의문 반으로 되묻는다.

조선의 절세가인 황진이의 가슴을 설레게 하며 눈시울을 적셨던 사대부 대열 중에 소세양도 빠지지 않는 인물이다. 소세양은 조선 중기(성종~명종, 1486년~1562년)에 전북 익산시 금마면 신룡리에서 태어났다. 77세를 살면서 풍성한 삶을 영위했다. 소세양의 신도비에는 연산군 10년(1504)에 진사가 되고, 중종 4년(1509) 문과에 급제하여 벼슬길에 올랐다. 직제학 · 승정원 · 동부승지 등을 지냈으며, 명종 때 좌찬성까지 올랐다. 형조판서 등을 거쳐 1533년 중추부지사中樞府知事 때 진하사進賀使로 명나라에 다녀왔다. 이어서 호조, 병조, 이조판서를 거쳐 우찬성右贊成이 되었다. 조선 시대 문관 직제에 편성된 임금을 제외한 모든 직책은 두루 거쳐서 사직 후 고향 익산益山으로 은퇴했다. 이런 천하의 인재, 소세양이 한때는 황진이와 러브스토리가 있었다. 소세양蘇世讓은 서울의 유명한 벼슬아치 시절에 황진이의 소문을 듣고 동료들에게 이렇게 장담하고 개성으로 갔다.

"내가 그녀와 30일 기한을 정해 동거하되 하루라도 기한을 어기면 사람이 아니다."

그는 그녀와 정을 통하고 30일 기한을 채우고 헤어지는 날, 둘이서 개성의 남대문 누각에 올라 술을 마셨다. 이때 황진이가 시 한 편을 써서 바치며 말했던 양곡暘谷과 명월明月의 관계는, 조선조 숙종 때 활약한 임방任埅의 『수촌만록水村漫錄』 기록에 나와 있다. 황진이가 일생을 통해 남성으로서 사랑했던 사람은 소세양이었다 한다.

황진이가 소세양을 그리워하며 쓴 시를 가수 이선희가 노래로 번안하여 불렀던 「알고 싶어요」(달 밝은 밤에 그대는 누구를 생각하세요~)는 유명하다. 그런데 소세양과 황진이의 사랑 이야기는 소세양의 신도비에는 일언반구一言半句도 없다. 사대부 가문에 한낱 기생의 연모戀慕를 신도비에 각인刻印한다는 것은 상상도 못 했을 시대적 금기사항이었다. 그러나 양곡과 명월의 혼은 불사조가 되어 오늘도 소세양의 무덤 앞 호수에서 부리를 서로 비벼대며 사랑을 속삭이는가 보다.

시대의 관념과 제도의 벽 때문에 가장 순수하고 아름다운 청춘들의 사랑을 가로막아서는 안 된다. 청춘의 사랑은 누구에게 양보할 수도, 대신할 수도 없기 때문이다. 오직 그들만의 특권을 실현하여 누리도록 해야 한다. 나는 살며시 아내의 손을 잡아 보았다. "우리는 소세양과 황진이의 하룻밤 풋사랑이 아닌, 47여 년을 지킨 천생연분이요, 그리고 묘비에 적어도 떳떳하고, 죽어서도 같은 장소에 묻힐 부부요, 혹 그간 서운한 사랑이 있었다면 용서하세요."를 뇌까리니 벌써 국도 1호선 전주 끝자락인 평화동 진입로에 이르렀다.

(2020. 1. 4.)

산수유꽃 보러 가기

지구촌 전체가 '코로나 바이러스-19'의 창궐로 인간의 삶을 공포의 도가니에 몰아넣고 있을 뿐 아니라 종교의식마저 접고 있다. 만물의 영장인 인간은 무엇이든지 정복하여 인간 위주의 삶을 살 것같이 기세 등등했지만, 끔찍한 대자연의 재앙 아래서는 속수무책으로 슬슬 긴다. 정치가와 과학자들은 합리적인 묘약을 준비하느라 바쁘다.

벌써 몇 주째 국가는 모든 국민의 활동을 통치차원에서 규제하지만, 대유행 질병 감염에 숨죽이면서 개인적 예방에 신경을 곤두세우며 하루하루를 살고 있다. 적의 공습을 피하려고 지하 벙커에서 라디오 방송에 의존하며 전쟁 중의 삶을 사는 것 같다. 꽤 오랫동안 모든 생활을 규제하여 칩거로 소화해내고 있으니 울화통이 터진다. 아파트 옆 라인 아들의 집 손자도 안절부절못하면서 학교에 가고 싶다고 투정을 부린다. 잠깐 밖에 나와서 아파트 양지 쪽 정원을 보니, 인간을 빼놓고 모든 생명체는 인간들의 대재앙에는 끄떡도 하지 않고 보란 듯이 계절의 변화에 순응하고 있다. 아마도 수억 년 동안 자연을 거슬리지 않고 살아온 결과인 것 같다. '코로나 바이러스-19'에 쩔쩔매는 인간을 비웃기라도 하듯이 산수유꽃은 작은 꽃대를 우산살처럼 받치고 노란 꽃잎을 속눈썹처럼 내밀며 웃고 있어 위안이 되고 외출을 하라고 유혹한다.

시내를 돌아다니면 사람들은 모두 다 마스크를 쓰고 두 눈만 말똥거려 침묵의 도시로 변한 지 오래다. 행여 거리에서 사람을 만나면 서로 미리 피하고 마주치지 않으려는 세상이 되어 버렸다. 인간의 순수성은 난리 때 알 수 있다더니 요사이 세태를 두고 하는 말인 것 같다. 이젠 인간은 사회적 동물이 아닌, 혼자 사는 동물로 변하는 것 같다. 나는 아내와 이른 점심을 먹고 부근에서 산수유로 유명한 구례 산동마을로 향했다. 작년 이때쯤 휴일에 구례 산동의 산수유를 구경 갔다가 구례 입구에서 자동차와 인파에 밀려 도로에서만 2시간 가량 있다가 겨우 전주로 되돌아온 일이 있다. 오늘은 주중이고 모두 다 '코로나 바이러스-19' 때문에 외출을 자제하는 때라 사람도 자동차도 없으리라는 생각으로 무조건 산동마을로 내려갔다. 자동차 전용 도로에는 모두 다 외출을 자제해서인지 물류 이동의 화물차도 승용차도 어쩌다가 한 대씩 지나간다. 이 난리 속에 사람들이 산수유 구경 가는지 알면 욕할 것 같아 산동마을을 둘러보면서도 미안했다. 산동마을 역시 사람 움직임이 뜸했고, 행정관서 앞에 담당 공무원만 얼씬거리고 있었다.

자동차는 구례 화엄사 입구 버스정류장에서 잠깐 쉬면서 남의 눈을 피해 화장실만 다녀와서 차창 밖으로 버스정류장을 보니, 촌로 부부가 앉아서 버스를 기다리며 우리 쪽을 보는 것 같아 주차장을 재빨리 돌아 나오려는데, 일전에 내가 민원서류를 부탁했던 고향 면사무소에서 근무하는 여자 제자한테 전화가 왔다.

"선생님, 부탁하신 서류가 다 되었어요. 그리고 요사이 '코로나 바이러스-19'가 무서우니 외출보다는 집에서 건강을 챙기세요."

"응, 고마워. 집에서 꼼짝하지 않고 TV만 보고 있어. 염려 마."

산수유 구경 나온 것을 숨기니 미안했다. 아내도 나를 힐끗 쳐다보더니 피식 웃는다. 그러나 저러나 남의 눈을 피했든 양심을 속였든 이 난리통에 구례까지 산수유꽃을 보러 왔는데 남들 의식하다가 그냥 가는 것 같아 전주로 올라갈 때는 가장 안전속도로 자동차를 몰면서 도롯가에 핀 산수유꽃을 보면서 갔다.

구례 들녘을 바라보니 세상 사람들은 파리 목숨 같은 삶을 조금 더 부지해보자고 새벽부터 마스크를 사려고 장사진을 치고 있다. 그런 삶과 아무런 관계가 없다는 듯이 땅을 갈고 씨 뿌리는 것만이 삶을 유지하는 수단이라며, 농부들은 밭두렁에서 검정 폐비닐을 연신 걷어내고 있었다. 그 검정 폐비닐들이 바람에 나부껴 어느 상여 뒤를 따르는 만사輓詞의 깃발처럼 출렁거리고 있었다. '코로나 바이러스-19'로 죽어가는 인간들을 의미하는 묘한 뉘앙스로 다가왔다. 밭과 산기슭에 노랗게 물든 산수유를 바라보니 며칠 동안 움츠렸던 스트레스가 날아가는 듯했다. 이따금 돌풍이 불어 산수유나무 사이에 피어 있는 매화꽃 가지들이 일부러 휘청거리며 산수유만 보지 말고 매화꽃도 보고 가란다. 먹는 것도 보는 것도 한정된 것일 때 서로 먹으려고 보려고 하지, 이렇게 지리산 자락에 지천으로 흩어진 산수유꽃을 나 혼자만 보려고 하니 더 보고픈 욕심도 없다. 그래도 눈을 들어 자세히 보니 조금 더 바람막이 양지쪽에는 산수유가 흐드러지게 피었고, 북풍받이로 오뚝하게 서 있는 나무들은 검은 가지에 듬성듬성 노란 점만 찍고 있어 아직은 만개의 계절이 아닌 것 같았다.

참, 세상 살기 어렵다. 남을 의식하니 내가 살기 불편하고, 나만 살려니 양심이 따라다니면서 나를 감시한다. 언제인가는 '코로나 바이러스-19'가 평정되겠지만, 인간들은 변덕스러운 양심을 숨기고 천연덕스럽게 살아가는 모습이 가증스럽다. 나 혼자만 살겠다고 새치기하며 마스크를 사는 인간들, 오늘의 재앙을 반성하지 않고 또 내일도 오늘처럼 산다면 호모 사피엔스Homo sapiens를 포기하고 인간과 원숭이의 공동 조상인 드리오피테쿠스Dryopithecus로 돌아가 살자는 것과 같다. 하기야 이 난리통에 나들이 나갔던 나는 인류 진화의 어떤 유형에 속할까?

(2020. 3. 5.)

구이저수지 둘레길을 완주하고

사람들은 나이가 들수록 변화와 혁신보다는 안전을 추구하여 늘 하던대로 해야 마음이 편한 것 같다. 그것은 꼭 공직에서 오랫동안 제도와 규제 속에서 길든 습관만은 아니고, 타고난 천성에서 비롯된 것 같다. 오늘은 전주로 이사 와서 술박물관 쪽으로 여러 번 구이저수지 수변 길을 갔다 온 적은 있으나, 애초 계획을 깨고 처음으로 둘레길을 완주하여 자신을 칭찬하고픈 하루다.

아들도 교직에 있는데 봄방학 무렵에 '코로나 바이러스-19' 때문에 개학이 미루어져서 몇 주째 학교에 출근하여 직무연수로 하루를 보내고 있어 작년에 무릎 수술한 자리를 재활운동도 할 겸 구이저수지 쪽으로 잠깐 다녀오자고 했다. 아들과 아내는 간단한 등산복 차림으로, 나는 캐주얼 외출복으로 나섰다. 술박물관 주차장에 도착하니 '코로나 바이러스-19' 때문에 박물관은 휴관 상태여서 보통 때보다 주차된 자동차는 헤성헤성했다. 오늘도 평소처럼 작은 고개를 넘어 데크길까지만 왕복하기로 하고 출발했다.

아내는 날씨도 좋고 경치도 좋으니 산등성까지 갔다 오자면서 앞장을 섰다. 산등성에 도착할 무렵에 작은 빗방울이 내리기 시작했다. 데크길이 아니고 흙길이어서 길은 금방 흙탕물로 변하면서 미끄러웠다. 나와 아내는 관계없지만 아들이 걷다가 조금이라도 미끄러지면 무릎 수술 자리에 큰 부담이 될 것 같았다. 비는 계속 내리고 있어 뒤돌아가자니 산비탈 흙탕길이 위험하고, 구이면 소재지까지 걸어가자니 길이 멀었다. 할 수 없이 안전한 쪽으로 선택하여 시내버스나 택시로 술 박물관까지 가기로 했다. 봄비를 맞으며 걷기 싫은 길을 걸어갔다. 아내는 원래 코스를 어겨서 이런 결과를 초래한 것이 미안했는지 연신 헛웃음을 치며 저녁 식사는 영양식으로 하자고 했다.

저수지 끝쪽을 돌아서 마을길에 도착하니 시내버스정류장이 보였는데 그렇게 반가울 수가 없었다. 식구들은 비도 그치고 시내버스 시간도 알아볼 겸 정류장 의자에 앉아서 이것저것을 살펴봐도 시내버스 정류장만 있지 운행은 안 하는 것 같았다. 모악산 자락 전주순창 간 전용도로에는 자동차들이 씽씽 달리고 있었다. 둘레길 안내판을 보니 조금 걸으면 구이면 행정복지센터이니 그곳에서 시내버스나 택시를 타고 출발지로 가기로 했다. 그런데 구이면 행정복지센터는 바로 코앞의 거리가 아니고 구이 호수마을 전원주택단지를 지나서 작은 들과 산을 넘어서 30여 분이나 더 걸어야 했다. 호젓한 마을길을 걸어가니 비닐하우스에 떨어지는 빗소리는 우두둑우두둑 입체 음향효과를 내니, 갈 길 바쁜 나그네에게는 조바심을 더욱 가중시켰다. 둘레길

옆 가옥들은 약속이라도 한 것처럼 행여 행인들이 귀찮게 해코지라도 하는 것인지, 집마다 멍멍이를 대문에 묶어놓아 무조건 짖어대니 둘레길 문화가 언짢게 느껴졌다. 몸은 지쳤지, 속은 부글부글 끓어오르지, 날은 저물어 가는데 호수 위쪽을 보니 십계의 구원길처럼 희미한 둑이 보였다. 바로 출발지로 가는 지름길이었다. 여기까지 고생하며 왔는데 무슨 시내버스, 택시냐며 끝까지 걸어가기로 했다.

저수지 제방 길은 빨간 고추를 멍석에 널어 말리는 가을 농촌의 모습처럼 빨간색 아스콘으로 예쁘게 포장되어 아늑하고 기분이 좋았다. 오른쪽 호수에는 맑은 물이 가득한데 오리 떼들이 수영을 즐기고, 왼쪽에는 크고 건강한 벚나무들이 제방 길 아래 일렬로 길게 늘어서 있다. 벚꽃이 만개하는 계절에는 꽃구름 위를 걷는 기분일 것 같았다. 벌써 아내는 아들네 식구들과 봄나들이 계획에 들떠있다.

사람 마음처럼 간사한 것이 없다. 조금 전까지는 구이저수지 하면 외래종 배스처럼 보기 싫고 짜증나서 무엇도 눈에 들어오지 않더니, 지금은 모든 것이 좋아 보인다. 전주로 이사 와서 발견한 가장 좋은 나들이코스로 여기 오길 잘했다고 생각했다. 화가 나서 그랬는지 추위도 몰랐는데, 긴장이 풀리니 추위가 느껴졌다. 옷은 흠뻑 젖어 몸속의 열기가 밖으로 내뿜어서 윗도리에는 작은 서릿발같이 안개 물방울이 뒤엉켜 있었다. 아들이 털어주니 작은 물방울들이 떨어졌다. 머리는 빗물에 노출되어서 열기를 빼앗아 갔는지 한기가 들었다. 손수건을 꺼내어 닦고 네 귀퉁이를 옭아매 모자를 만들어 쓰니 발산하는 열을 차단하여 한기가 금방 멎었다. 비로소 구이저수지의 주위 풍경이 눈에 들어왔다.

풍수지리에서 모악산母岳山은 여자 산이고 경각산鯨角山은 남자 산이며 그들이 청혼하여 아름다운 결혼으로 인해 구이면 저수지에는 생명의 근원이며 풍요의 상징인 물이 넘쳐흐르게 되었다. 그 물은 전주시, 완주, 김제, 익산 등에 생활용수와 농업용수를 공급하는 그릇 같은 고마운 저수지다. 날씨는 언제 그랬느냐는 식으로 비는 그치고, 서쪽 하늘 구름 사이로 저녁노을은 조물주의 위대한 천지창조의 빛처럼 강렬하게 비추고 있다. 몸은 피곤했지만 보람찬 하루였다. 시시각각으로 변했던 밴댕이 속을 누가 알까 두렵다. 출발 3시간여 만에 술박물관 주차장에 도착하니 6시가 다 되었다. 조금은 늦은 시간이어서 모든 자동차는 떠났는데 그래도 홀로 주인을 기다리는 내 자동차가 기특했다.

아내의 약속대로 푸짐한 저녁식사를 위해 구이면 생고깃집 주차장에 도착하니, 손님이 너무 많아서 차 한 대도 주차할 수 없었다. 할 수 없어 전주 시내 단골집으로 가서 꼬리곰탕으로 저녁을 먹었다. 무엇이든지 평상시대로 해야 함을 일깨워주는 하루였다.

(2020. 3. 7.)

옥녀봉에서 견훤대왕 왕릉까지

어떤 외압적인 행위로 집안에만 붙박이처럼 틀에 박혀 옴짝달싹못하고 있으니, 평소에는 잘 나가지 않던 외출 유혹이 더 등을 떠민다. 오늘은 학교에서 결재할 일도 있고, 손자를 돕는 아내도 시간 여유가 있어 익산 인접 도시인 논산지역을 같이 둘러보기로 했다.

인터넷을 뒤적여 강경읍 금강지류에 있는 '옥녀봉'과 연무읍 부근에 있는 '견훤왕릉'이 색다른 곳이어서 나들이 목적지로 정했다. 학교에서 결재를 마치니 11시가 조금 넘었다. 오늘은 화요일이어서 나와 아내는 출생년도 끝자리가 의료용 마스크를 구매할 수 있는 날이다. 복잡한 시내보다는 한적한 면 소재지의 약국에서 마스크를 사려고 강경 가는 길에 황등면 소재지에 들렀다. 약국 앞을 보니 지나가는 사람도 없고 유리창 안으로 보이는 약국 안에도 사람이 없었다. 혹시 안 팔면 어쩌나 하면서 약국 문을 열고 들어가니 약사님이 반가이 맞아주었다. 마스크를 사러 왔다고 하니 약사는 접수 절차를 마치고 마스크를 주었다. 지난주 전주 시내에서 줄을 서가며 힘겹게 샀던 것과는 너무 대조되어서 기분이 묘했다.

내비게이션에 나타난 강경읍 옥녀봉을 보니 황등면에서 30여 분 이내의 거리였다. 옥녀봉은 달 밝은 보름날 하늘나라 선녀들이 이 산마루에 내려와 경치의 아름다움을 즐겼고 맑은 강물에 목욕하며 놀았다는 전설을 간직하고 있었다. 주차장에서 옥녀봉 공원으로 올라가는 소라 등껍데기 같은 나선형 길을 돌고 돌아서 봉화대까지 오르니, 갑작스러운 짭조롬한 강경 새우젓 강풍이 단단히 신고식을 치르게 하여 힘들었다. 바람 때문에 실눈을 뜨고 아래 전경을 보니 금강지류가 한눈에 보였다. 강풍에 갈댓잎들은 성난 파도처럼 그칠 줄 모르며 금방이라도 쓰나미가 되어 옥녀봉으로 밀려올 기세였다. 옥녀봉 정자에서 바라보면 사방이 거칠 것 없이 훤하고, 논산평야가 한눈에 들어왔다. 강 건너 들녘에는 논산 지역의 특용작물 재배 딸기밭 단지 수만 평의 비닐하우스가 강풍에 살아남기 위해서 땅에 넙죽이 엎드려 안간힘을 쓰는 것 같아 안쓰럽기도 했다. 강풍 속에서도 산과 강과 들이 끄떡없이 의연함을 보니 조상님들의 호연지기浩然之氣를 길러줬던 대자연의 경외敬畏스러움에 마음이 숙연해진다.

옥녀봉 7부 능선쯤 내려오니 초가지붕의 'ㄱ'자 교회가 발길을 멈추게 했다. 우리나라의 근대문화 수입의 전파 역할을 했던 기독교 문화의 흔적이라 그냥 지나칠 수 없어 대문을 열고 들어가 보았다. 강경침례교회는 향토 유적으로 지정되어 있는데 이곳은 조선시대 말기 인천과 강경을 오가면서 포목장사를 하던 지병석 집사 가택으로 1896년 2월 미국 보스턴의 침례교단에서 파송한 파울링 선교사가 거처를 정한 곳이다. 한강 이남에 지어진 최초의 'ㄱ'자형 교회로(김제 금산ㄱ자 교회 1905년, 익산 두동ㄱ자 교회 1929년) 당시 남녀칠세부동석, 남녀유별이 엄격한 유교 전통의 사회상을 엿볼 수 있었다. 주차장에서 조금 걸어가니 박범신『소금』의 배경이 되었던 집이 잡초 속에 슬레이트 지붕을 간신히 머리에 이고 버티고 있어, 주위의 청결이 아쉬웠다. 강풍이 아무리 몰아와도 볼 것을 샅샅이 훑어보니 점심시간이 훌쩍 지나갔다.

점심시간이 되어서 강경 읍내를 이리저리 둘러봐도 식당은 있는데 인적도 드물고 모두 문을 닫은 것 같았다. 설령 식당 문이 열려있다고 해도 선뜻 들어갈 기분이 아니었다. 그렇게 망설이다가 자동차는 강경읍을 벗어나 연무읍 견훤왕릉甄萱王陵 쪽으로 향했다. 읍내를 조금 벗어나니 대로변에 음식점 두 군데가 보였다. 하나는 '시골집'이고, 하나는 '싸리집'이었다. 우선 간판이 정다운 시골집으로 들어가려니 건물 앞에 사정이 있어 폐업한다는 주인댁의 플래카드가 바람에 휘청거렸다. 할 수 없이 싸리집에 들어가니 여러 식탁이 있는데 두 군데만 손님이 식사를 하고 있었다. 이 집의 주된 메뉴인 우렁쌈밥을 주문하여 식사하니 점심때가 지나서인지, 아니면 우렁쌈밥이 맛이 있어서인지 마파람에 게 눈 감추듯 식사를 마쳤다. 돈을 지불하고 먹었어도 주인장한테 미안한 감이 들어서 칭찬을 했다.

"사장님, 내가 사장님 설거지하기 쉽게 하시라고, 반찬 그릇을 전부 비웠네요."

"맛있게 잡수셔서 감사합니다."

자동차로 15분 가량 가니 견훤왕릉에 닿았다. 이곳은 내가 수없이 지나다녔던 길목이다. 그런데 그때마다 왜 지나치고 이제야 왔을까?

1,000여 년 전의 견훤대왕에게 죄송한 마음이 들었다. 후백제 부흥의 꿈을 이루고자 칼을 갈고 활시위를 수없이 당겼을 견훤대왕, 묘지 형태나 묘지 주위의 조형물을 볼 때 당시는 후백제의 부활도 실패하고, 몰락한 죽음이어서 장례의식도 초라하게 치러졌을 것 같았다. 그래서 이렇게 들 가운데 작은 야산에 묻었으리라. 이곳이 견훤왕릉이라는 표시는 행정관청에서 설치한 작은 안내판과 1970년 견씨 문중에서 세운 비석 '後百濟王甄萱陵(후백제 왕 견훤릉)'이 유일하다. 소박하다 못해 쓸쓸하고 적막하기까지 했다. 정말 여기가 한 시대를 풍미했던 영웅의 묘란 말인가?

견훤이 넷째 아들 금강金剛에게 왕위를 잇게 하려다 맏아들 신검神劍의 반란으로 실패하고, 금산사金山寺에 갇혔다가 몰래 도망하여 고려에 항복, 후백제가 멸망하자 울분과 번민에 싸인 채 등창[背瘡]으로 연산連山에서 죽었다 한다. 견훤은 죽음 앞에도 제국의 꿈 남쪽 하늘 끝 완산벌 전주를 그리워하여, 묘의 좌향도 전주 쪽을 향했다는 전설이 있다. 묘지 참배를 마치고 주위를 살펴보니, 허름한 철책 아래 석축 사이에 때 이른 제비꽃 한 송이가 보랏빛으로 견훤대왕의 피멍을 토해내듯 나의 가슴을 쓸어내리고 눈시울을 젖게 했다.

아쉬운 견훤왕릉 참배를 마치고 주차장 화장실로 들어갔다. 화장실 출입문을 열자마자 센서에 의해 동시홍보 녹음방송이 나왔다. 견훤왕릉 해설보다는 행정당국의 홍보 내용 일색이었다. 견훤왕릉이 있기에 주차장과 화장실이 있는데 견훤왕릉 방송은 일언반구도 없었다. 어느 사이 나의 애마愛馬는 전주성에 입성하니 천여 년 전의 후백제 군사들의 말발굽 소리가 귓전을 진동하며 다가오는 것 같았다.

(2020. 3. 17.)

아내의 소망, 작은 정원

인간 거처에 주택을 지은 것은 인위적인 것이고, 정원을 꾸민 것은 자연적인 것이다. 동서고금에 지위 고하를 막론하고 규모와 형태는 달라도 집과 정원은 물리적 환경이면서도 정서적 환경을 채워주는 보완재적 관계다. 우리 민족 정감의 상징이었던 초가 3칸에는 아낙들에게 삶의 공간이었던 장독대가 있었다. 그 장독대 옆 손바닥 크기의 귀퉁이에는 봉숭아, 맨드라미 그리고 함박꽃 등이 제철마다 피어 친정집을 생각나게 하고 시집살이를 위로해주는 유일한 장소였다. 어느 제국의 황제는 사랑하는 부인이 죽자 영묘와 정원을 겸한 아름다운 정원을 만들어 왕비를 추모하는 사랑 이야기의 정원을 만들었다. 유네스코는 인류의 정원으로 선정하여 세계의 유산으로 기리고 있다.

나의 어머니도 꽃을 좋아하여 익산 왕궁 고향 집 장독대 뒤 담장 아래에는 봉숭아를 많이 심으셨다. 어머니는 봉숭아 꽃잎을 따서 명반가루와 으깨어 아주까리 잎에 싸서 손톱에 올려놓고 각시풀로 돌돌 묶어서 꽃물을 들여 주셨다. 무뚝뚝한 아버지도 가끔은 묘목 시장에서 꽃나무를 사다가 뒤뜰 언덕에 심으셨는데, 지금은 커다란 나무가 되어 제철이 되면 꽃잎을 피워 아버지를 생각나게 한다.

아내도 무척 꽃을 좋아한다. 그중에서도 앙증맞은 작은 꽃을 좋아한다. 여름날 뜨거워진 길섶 자갈밭 사이로 더 뜨겁고 가물어도 살아갈 수 있도록 물주머니를 잎과 줄기에 가득 채우고, 작은 꽃잎을 삐쭉이 내밀어 행여 밟고 지나가도 다시 일어서는 어느 약자의 삶의 표시인 양 살아가는 채송화를 좋아한다. 해마다 꽃씨를 채집하고 다시 심어서 우리가 사는 곳에서는 채송화가 식구들과 언제나 함께 산다. 정원이 있던 개인 주택에서 40여 년간 살다가 전주시 완산구 평화동 D 아파트로 이사를 와서 답답해진 아내는 늘 주택으로 이사를 하여 흙을 밟으며 작은 정원을 꾸미면서 살고 싶다고 한다.

정원이 있는 개인주택을 처분하고 아파트로 이사 온 이유는 아들 내외가 교직에 있어서 손자 뒷바라지를 위해서이다. 아침에는 아들 집으로 출근하여 손자에게 아침을 먹이고 등교시키며 설거지로 시간을 보내고, 오후 5시가 넘어서야 집으로 돌아와 작은 정원 손질에 시간을 보낸다. 아파트 베란다 세 곳에 작은 종류의 꽃나무를 키우고 있다. 한정된 베란다 면적에 여러 종류의 화분을 배치해야 하므로 화분 크기도 커피잔 크기와 컵라면 크기의 화분이 대부분이어서 대략 100여 개쯤 된다. 처음에는 지저분하고 답답해 보였는데, 지금은 시멘트 정글에서 그런 취미도 없으면 개인 주택의 정원 가꾸는 꿈을 대신할 수 없을 것 같아 요사이 나는 화초의 누른개비를 떼어주기와 식물도

감이나 인터넷을 이용하여 이름을 찾아서 이름표를 만들어 하나씩 붙여주고 있다.

아내는 아침과 저녁때는 화분을 점검한다. 시간이 있을 때마다 인근의 화원에서 화분갈이 및 꽃나무 관리법을 배우고 있으며, 인터넷 정보를 활용하여 이제는 제법 꽃나무를 잘 기른다. 특히 휴일에는 화분 하나하나를 보살피면서 쌔근쌔근 숨쉬며 도담도담 자라나는 작은 변화를 보면서 흐뭇해 하여 눈은 작은 화분과 맞추고 손끝은 화초를 어루만지면서 생명체의 교감을 나누고 있다. 아들 집에서는 손자 기르는 데 온 정성을 다하여 손자가 무럭무럭 자라고 있으며, 우리 집에서는 꽃나무가 무럭무럭 자라고 있다. 아내는 손자와 작은 화분을 애지중지하며 사랑을 주니 자신도 천진난만한 어린애로 돌아가는 것 같아 정신건강이 좋아 보인다.

모든 생명체에는 영혼이 있다고 한다. 그래서 그 생명체를 다룰 때는 사랑과 정성을 다해야 한다. 작은 식물도 늘 꺾고 짓밟기를 좋아하는 사람이 오면 진저리를 치고, 사랑하고 보살펴 주는 사람이 오면 손을 내밀고 좋아한다고 한다. 어느 벌목 전문가의 말에 의하면 과학적으로 증명된 것은 아니지만, 밀림에서 수백 년 된 원시림을 벨 때면 나무가 서러워서 우웅하고 운다는 말을 들었다. 어쩌면 나무들의 영혼을 무시한 인간들의 처사 때문이다. 우리네 시골에 당산나무를 보호하는 이유는 그 당산나무도 생명체로 수백 년 동안 마을을 지키며 사람들과 함께 살아온 영혼이 있으니, 당산나무를 함부로 옮기지도 베지도 말라는 뜻으로 생각된다. 아무리 작고 보잘것없는 작은 꽃나무이지만 생명과 영혼이 있다고 생각할 때 자연의 경외를 소중히 다루고 보살펴야 하리라.

취미생활도 여러 가지가 있겠지만 생명체가 있는 것에 인간의 정을 줘가며 삶의 한쪽을 채워가는 것도 바람직하다고 생각한다. 손자가 장성하여 어느 정도 세월이 흐르면 아내도 개인 주택으로 이사를 하여 작은 정원을 꾸미며 살아야 할 텐데, 아무리 정원이 딸린 개인주택이 있어도 주위의 정서가 삶의 분위기에 맞아야 하니 그것도 걱정이다. 나이가 들수록 너무 먼 시골보다는 문화시설과 특히 의료시설이 가까운 곳에서 살아야 한다고 한다. 인간의 삶은 자연적인 환경도 중요하지만, 인위적인 환경도 무시할 수 없기에 아내의 여러 가지를 충족할 정원이 딸린 개인주택을 어떻게 마련해야 할지 걱정이다.

(2020. 7. 29.)

제7부

힘들어도 청춘

씨간장 항아리 옮기기
출가出家, 그들이 산사山寺로 간 까닭은
살아 있음은 희망이다
내 집 마련과 문패
차비로 빵 사먹고 3시간 걸어가기

씨간장 항아리 옮기기

70여 년이 된 장독대를 옮기려니 이만저만 걱정이 아니었다. 어머니 어깨높이에 둘레는 어머니와 여동생이 양팔을 벌려 겨우 잡을 정도 크기로 씨간장이 가득 담긴 항아리가 터줏대감처럼 떡 버티고 있다. 너무 크고 무거워서 여럿이 옮기려고 애를 써도 좀처럼 끔쩍도 하지 않는다.

내 고향은 익산 왕궁이다. 50여 년 전 현재 집터에 선친께서 5칸 기와집을 지으시고, 7남매를 이 집에서 낳고 길렀다. 이제는 부모님 모두 돌아가셨고 형제자매들도 모두 결혼하여 북적대던 모습도 시끌벅적하던 웃음도 사라졌다. 부모님 제사 때만 가까스로 모여 부모님을 추모하고 형제들의 에피소드를 되살릴 정도일 뿐 평소는 텅 비어 불효스런 마음이다.

현재 나는 군산의 개인 주택을 처분하고 아들이 사는 전주 아파트

근처에 따로 아파트를 구해 살면서 손자를 돌보고 있다. 그런데 2018년 말, 아랫동생이 공직에서 정년퇴임을 했다. 동생도 부모님이 사시던 집이 덩그러니 비어있으니 속이 상했는지 부모님 집에 들어와서 살겠다기에 그렇게 하라고 허락했다.

부모님이 지으신 지 50여 년이 넘어서 동생이 본채는 그대로 살리고 나머지 부분은 집수리를 해서 이사를 한다는 계획을 세웠다. 장독대도 예외 없이 옮겨야 했다. 장독대의 제일 큰 항아리는 옛날 할머니가 어머니에게 씨간장 씨균을 대물림시키셨고 아내도 어머니의 씨간장 항아리를 전수하여 현재까지 보존하고 있다. 아내는 그렇게 크고 무거운 씨간장 항아리를 어떻게 옮겨야 할지 걱정이 태산이었다.

씨간장 항아리는 어린 시절 나의 추억이 담겨 있다. 동네 또래 친구들과 숨바꼭질할 때는 숨을 수 있는 유일한 장소였고, 장독 가에 심어놓은 봉숭아꽃을 한 움큼 따서 조약돌로 뭉개어서 아주까리 잎사귀에 싸서 손톱에 꽃물을 들이던 추억도 씨간장 항아리와 함께했다. 어머니가 부엌에서 조리하시다가 간장을 떠오라면 간장종지를 들고 항아리 뚜껑을 겨우 열면 간장은 바르르 떨면서 흰 구름과 나의 얼굴을 그대로 비춰주었다. 토실토실하고 귀여운 내 얼굴이 지우기 싫어 한참이나 지켜보다가 간장 종지를 내려놓으면 그대로 일그러졌던 항아리.

동생한테 전화가 왔다. 간장 항아리를 아무 탈 없이 옮겨 놨으니 염려 말라는 내용이었다. 아내는 감사하지만 그렇게 크고 무거운 항아리를 옮겼다는 말에 의심하는 눈치였다. 큰 항아리가 어디 금이 가고 깨지지 않았는지 날이 새면 자기 눈으로 확인해야겠다는 것이다.

날이 밝자 나와 아내는 부리나케 고향 부모님 집으로 달려갔다. 벌써 집수리를 위해서 안채만 남기고 허청, 광, 축사와 차고 등은 모두 헐어버렸고, 장독대의 각종 옹기그릇도 모두 옮겨졌다.

간밤에 비가 제법 내려 파헤쳐 놓은 흙이 빗물에 반죽이 되어 푹푹 빠지고 신발에는 흙이 갱엿처럼 달라 붙는데도 아내는 자동차에서 내리자마자 허우적대며 임시로 옮겨 놓은 씨간장 항아리로 달려가 요리조리 살펴보면서 깨진 데는 없는지, 뚜껑을 열어보고 간장에 흙탕물이나 이물질은 들어가지 않았는지 한참을 살펴보더니 회심의 미소를 지었다. 이상 없다는 표정이었다.

어제 비가 그치지 않아 오늘은 집 수선작업을 못해서인지 집에는 아무도 없었다. 익산 시내에 있는 동생에게 전화로 집수리하느라 고생이 많다며 위로를 하고 무거운 씨간장 항아리를 어떻게 옮겼느냐고 물으니 굴착기로 여러 군데 안전띠로 엮어서 사뿐히 들어 옮겼다고 했다. 그것은 상상도 못하고 개미 역사하듯 옮기는 것만 생각하여 항아리는 금이 가고 빗속에 흙탕물이 튕겨 간장에 섞였을 씨간장 항아리만 생각했으니 동생한테 미안할 뿐이었다.

(2019. 4. 2.)

출가出家, 그들이 산사山寺로 간 까닭은

나의 유년 시절, 어머니는 사월 초파일이면 작은 보따리 하나 들고 불공佛供을 드리려고 절에 가곤 했었다. 산비탈길을 오를 때 뻐꾸기가 울어대고, 아까시 하얀 꽃잎은 부처님 마음처럼 곱게도 휘날렸었다. 그 절, 그 길을 이제는 누구와 같이 걸어야 할까? 부처님 오신 날이면 어릴 때 절에 갔던 그 기억이 떠오른다.

사람들은 별별 수단과 방법을 동원하여 목적을 달성하고자 노력한다. 문구를 써붙이기도 하고, 신체 일부를 변화시키기도 한다. 자신의 언행이 정해진 궤도를 따라 가도록 감시의 눈초리와 가시밭길의 회초리를 의식하며 비장한 행동을 하기도 한다.

요사이는 걸핏하면 삭발削髮하고 투쟁적인 행동을 과시하기도 한다. 법과 제도보다는 본인 또는 집단의 억울함만을 여론에 호소하는 삭발, 유권자의 관심과 시선을 끌려는 삭발, 어느 스포츠팀의 성적 부진을 탈피하기 위한 팀워크를 위한 삭발, 연예인들의 대중 인기를 의식한 삭발, 기존 세력이나 갑질의 지배세력에 반항하는 삭발 등 별의

별 삭발이 있다.

많은 사람들의 삭발 의식을 거슬러 올라가면 대체로 종교적 의식절차로 귀결歸結된다. 일부 종교에서는 더 높고, 더 헌신적인 종교적 삶을 시작하는 의식으로서 머리의 일부를 자르거나 밀어버리는 삭발을 했다. 이처럼 초기 기독교 수도자들에 의해 시작되고 발전된 삭발의 전통은 이후 7세기까지 가톨릭교회에서는 일상적인 일로 여겨지고 행해졌다. 불교에서는 오늘날에도 여전히 승려로 입문하는 의식을 치를 때 삭발을 하며, 그 뒤에 자격을 제대로 갖춘 승려가 될 때 다시 삭발식을 거행한다.

우리 눈에 익은 삭발은 불교 스님들에게서 엿볼 수 있다. 삭발은 출가出家 정신의 상징이다. 불교의 출가 수행자는 머리를 깎고 물들인 옷을 입어야 한다고 율문律文은 규정하고 있다. 불교의 출가 수행자가 머리를 깎는 것에는 두 가지 의미가 있다. 하나는 다른 종교의 출가 수행자와 모습을 다르게 하기 위함이요, 또 하나는 세속적 번뇌를 단절함을 뜻한다.

나는 부처님 오신 날을 맞이하여 KBS의 특집 프로그램으로 25년 만에 공개되는 스님들의 사관학교 행자 수계 교육원에서 행해진 「출가出家, 그들이 산사로 간 까닭은?」을 우연히 시청했다. 50세 늦깎이 출가자부터 갓 스물이 넘은 젊은 청춘들의 복숭아털이 채 가시지도 않은 너무나 여리고 곱고 천진난만한 동자승 같은 모습이 초여름 보리수나무 햇살 사이로 부처님의 미소처럼 빛나고 있다. 그들이 선택한 수행의 길, 스님으로서의 시작점 행자行者에서 예비 승려가 되기까지의 밀착 기록을 담은 프로그램이었다.

행자수계원에서 수계受戒 중인 예비 승려들의 얼굴이 클로즈업될 때마다 중생衆生의 눈으로는 사바세계娑婆世界에서 이루지 못한 꿈을 경쟁자도 도움자도 없이 홀로 부처님의 나라에서 이루려는 실낱같은 희망으로만 보여 내가 가지고 있는 것은 무엇이든지 다 주고 싶은 마음이 들었다.

아무리 한이 맺히고 괴로워도 그냥 그 매듭을 풀고 가족과 함께 살지, 하며 달래 보려 했던 심정이 그대로 가슴에 응어리가 되어 숨을 가쁘게 하고 눈물샘을 쥐어짜게 했다. 도솔천兜率天의 망루에서 석가세존께서 사바세계의 나 같은 중생들을 보았을 땐 티끌 같은 삶이요, 먼지 같은 욕심의 멍에를 짊어진 삶이 어리석고 애처롭게 보일 것이다.

수계식의 꽃은 단연 연비의식燃臂儀式이다. 삭발이 외형적인 의식이라면 연비의식은 내면적인 의식이다. 열반涅槃을 향해 온몸을 등불처럼 태워 속세의 빚과 인연과 번뇌를 한순간에 태워 부처님 제자로 입문하는 문턱을 넘는 순간이다.

자신의 몸을 빌려서 낳은 자식을 부처님 제자로 보내는 어머니의 양 볼에는 뜨거운 눈물이 주룩주룩 흘러내려 수계식 강당 바닥으로 떨어졌다. 승려가 된 자식의 법명法名을 부르면서 어머니는 "스님, 훌륭한 스님이 되세요." 하신다. 사바세계娑婆世界의 부모로서 마지막 합장合掌 인사라 생각되니 또 코끝이 찡하고 한동안 목이 메었다.

사미니계(沙彌尼戒: 나이 어린 중이 지켜야 할 열 가지의 계율)를 받기 위해 자신이 평생 가르침을 받고자 하는 은사 스님 밑에서 초심자로서의 밥 짓는 일과 나무하는 일, 그 밖의 온갖 허드렛일도 기꺼이 도맡아야 하며, 동시에 사찰에서 필요한 기본의식과 그에 따르는 송경誦經을 익힌다. 이 모든 일이 특별한 지도에 의해서가 아니라 행자 자신이 사찰의 잡다한 일을 하면서 스스로 터득하고 암기하는 자발적인 교육과정이다.

속세의 어머니와 인연을 끊고 수계식을 마친 수도승은 두 번째 수도 과정인 또 다른 산사山寺를 향해 오직 삼의일발三衣一鉢만 걸치고 절 모퉁이 담장을 돌아서 바랑은 기우뚱기우뚱 가사袈裟 자락은 펄럭펄럭하는 뒷모습을 보며 소리 없이 흐느끼는 어머니를 뒤로한 채 홀연히 사라진다. 뒤돌아서 어머니를 위로하고 눈물을 닦아드리면 속세의 인연을 다시는 끊을 수 없어서였을까? 훗날 억조창생億兆蒼生을 구제할 천하의 고승高僧이 된다 해도 부처님 이전의 천륜天倫이 석양 너머로 사라진다고 느껴지니 중생에게는 억누를 수 없는 비통함이 엄습한다. 어머니와 자식은 서로가 부처님께 자기의 몫을 대신해 달라고 합장合掌하며 염주를 굴렸을 것이다.

이 여름이 가고 풍성한 녹음은 단풍이 물들고 또 낙엽이 지면 제비떼가 날아가고 기러기들이 날아올 때쯤 산사에는 싸락눈을 시작으로 함박눈이 소복소복 쌓일 것이다. 그때도 수도승은 바랑을 메고 동빙한설凍氷寒雪에 짚신을 신고 속세로 내려가 설법과 탁발托鉢을 하면서 형극荊棘의 터널을 걸을 것이다. 해는 저물어 산사로 오르는 길은 폭설이 발목까지 파묻혀 지형지물의 분간이 안 된다. 산사로 이어진 전깃줄은 하얀 실타래를 늘어놓은 것처럼 무겁게 공중에 걸쳐 있다. 그 실타래를 짐작으로 울퉁불퉁한 산길을 더듬더듬 걷다가 아뿔싸, 눈밭에 턱을 걸친 채 잠이 든다. 산비탈의 조릿대들이 우르르 달려와 바스락바스락하면서 잠을 깨워도 잠을 깨울 수 없다. 보다 못한 곤줄박이 부부가 날아와서 양 눈두덩을 날개로 비벼대어 스님을 깨웠다. 그사이 스님은 고향 집에 다녀와 어머님을 위로해 드리고 마지막 속세의 허물을 벗고 산사를 향해 허우적허우적 걸어간다.

종교는 달라도 모든 수도자는 부모와의 인연을 끊을 수는 없다. 내일은 어버이날이고, 일요일은 부처님 오신 날이어서 생전에 절을 좋아하셨던 어머니가 더 그립다.

(2019. 5. 7.)

살아 있음은 희망이다

모든 생명체는 계절과 주위 환경 변화에 용케도 적응하는 생체리듬을 타고났다. 그래서 사람들은 그 생명체에서 일어나는 다음 반응에 대하여 기대하기도 하고, 염려하기도 한다. 더구나 그 기대 체體가 사람인 경우에는 더더욱 그러하다. 지나가 버린 시간은 뛰어가도 잡을 수 없다. 현재 살아있는 순간순간이 가장 희망적이고 행복한 것임을 명심해야겠다. 인간은 중요한 일의 약속 또는 계약은 반드시 살아있는 사람을 주체로 살아있는 시간을 전제로 이루어진다.

지금은 모두 자라서 결혼하여 학부모가 되었지만, 어린 시절에 어느 생명체가 성장하면서 변화의 모습에 관찰일기를 써가면서 좋아했던 큰딸과 아들이 떠오른다. 큰딸은 작은 화분에 나팔꽃 씨앗을 심었다. 속 씨앗은 단단한 껍질을 뚫고 붓털처럼 하얗고 연약한 뿌리를 내리더니 새끼 고래 꼬리지느러미 같은 예쁜 떡잎을 펼친다. 나팔꽃은 앙증맞고 작은 나비 더듬이 같은 넝쿨손으로 더 높은 곳을 향해 안간힘을 다해 기어오른다. 어느 날 아침에 나팔꽃은 보랏빛 꽃망울을 터

트리며 식구들을 깨워준다.

아들은 비가 온 뒤 집 뒤뜰 웅덩이에서 우뭇가사리 같은 것에 백포도 송이처럼 뒤엉켜 있는 개구리알이 신기했는지 두 손을 모아 표주박처럼 만들어 개구리알을 가져와 어항에서 기르기 시작했다. 개구리알은 작은 올챙이로 변신하더니 꼬물꼬물 헤엄치는 것에 정신이 팔렸다. 밥알, 멸치가루 그리고 빵부스러기를 부지런히 모아서 올챙이 밥주기에 재미를 붙였다. 뒷다리가 나오고 앞다리가 나오더니 아가미도 생기고 어느 날 꼬리는 사라지고 예쁜 개구리가 되었다. 남매는 창가에 있는 나팔꽃의 자람과 개구리의 성장에 각자 자기들의 도움으로 예쁜 나팔꽃과 예쁜 개구리의 생명이 탄생되었다고 자부심을 느끼고 환호작약歡呼雀躍의 성취감에 젖어있던 모습이 떠오른다. 만약 나팔꽃과 올챙이가 중간에 죽어서 실패했다면 희망은 절망으로 바뀌어 행복해하는 모습은 볼 수 없었을 것이다. 그래서 인간의 희망스러운 기대는 남녀노소 불문하고 오직 살아있는 생명체에서만 찾을 수 있는 것 같다.

1963년에 개봉한 이탈리아 흑백 영화, 「부베의 연인(La Ragazza De Bube)」에서, 제2차 세계대전 말 이탈리아 처녀 '마라Mara'가 빨치산 지하운동을 하는 '부베Bube'를 만나 사랑하는 사이가 되었다. '부베'가 친구를 죽인 경찰을 살해한 죄로 체포되어 14년간의 형을 언도받는다. 마라는 부베가 자유의 몸이 될 날을 기다리는 동안 주위의 온갖 유혹도 뿌리치고 부베의 연인으로 한 달에 두 번씩, 눈비 오는 날도 그를 만나러 가는 기차여행이 시작된다. 애잔한 배경음악과 더불어 순애보 영화는 우리의 정서와는 달라도 요즘에도 올드팬들의 사랑을 받고 있다. 고전소설 「성춘향」에서 성춘향과 이몽룡의 사랑 이야기도 너무나 익숙한 주제다.

만약 부베에게 사형선고가 집행되었다면 마라는 14년 동안 부베를 기다렸을까? 이몽룡이 안전사고로 사망했어도 성춘향이 감옥에서 신관사또의 유혹과 가혹행위를 견뎠을까? 두 여인의 공통점은 연인戀人이 살아있기에 실낱같은 희망이지만, 일편단심의 절개로 꿈을 이루었던 것이다.

나의 어머니는 5년간 악성 골다공증으로 병원에 계셨다. 말년에는 기력이 쇠진하여 의식은 있어도 고통스러운 나날을 보내셨다. 우리 어머니보다 어머니가 일찍 돌아가신 대학 친구는 "자네는 그래도 어머님이 살아계신 것만으로 위안과 희망이 있지 않은가?" 하면서 비록 병석에 누워계시지만 살아계신 어머니 자체를 부러워하면서 위로의 말을 건네주었다. 그러나 어머니는 결국 돌아가셨다. 의학적으로 규명된 것은 아니지만 사람들은 운명 직후 잠깐은 귀는 그대로 열려있다고 믿는다. 운명 직전에 어머니는 자손들에게 무슨 말을 하고 싶은지 마지막 입술과 목울대의 작은 움직임이 바르르 떠는 모습을 보게 되었다. 이때 자손들은 찢어지는 가슴을 움켜잡고 마지막 삶을 마감하고 떠나가시는 어머니의 귀에다 대고 불효했던 사연을 사죄하고 모두 다 잊고 가시라고 보내드렸다. 그랬더니 어머니의 두 눈가에는 알아들으셨다는 뜻인지 뜨거운 눈물이 주르륵 흘러내렸다. 인간의 모든 희망은 살아있을 때뿐이다. 이제는 부모에 대한 불효했던 후회는 땅을 치고 통곡해도 아무 소용이 없다. 인간의 죽음 뒤에는 아무것도 할 수 없게 검은 장막은 서서히 내려지고 모든 것을 뒤덮어 버린다.

평소에는 아옹다옹하며 경쟁과 갈등의 대상이었던 상대 정당의 정치인들이거나, 전장에서 치열하게 싸우다 죽은 적군 장수의 죽음 앞에는 언제 그렇게 했느냐는 식으로 시치미를 떼고 상대방에게 칭찬 일색으로 명복을 빈다. 그렇다! 죽음의 객체는 모든 것을 종식하는 것이기 때문에 죽은자에게는 경쟁도 미움도 희망도 없다. 오직, 살아있을 때나 경쟁과 갈등의 대상일 뿐이다. 살아있는 사람들 간의 선의의 경쟁과 갈등은 때로는 나와 상대방간의 바른 삶을 충동질하는 반전의 에너지로 승화하여 인간의 삶을 윤택하게 한다. 우리가 살아 있음은 그래도 희망이요 행복이다. 개똥밭에 굴러도 이승이 저승보다 좋다고 하지 않던가?

(2020. 3. 28.)

내 집 마련과 문패

전통과 가문을 중시했던 우리 민족은 절차와 형식에도 특별했다. 사람의 존재 표시를 살아서는 집의 문패로, 사후에는 묘지를 표시하는 비석에서도 남다른 신경을 썼다. 그 옛날 높은 벼슬을 했거나 충절을 기리기 위해 나라에서 표창한 내용을 붉은색 바탕의 솟을대문(紅門-홍살문)을 세우고, 그 홍문에 내거는 현판을 패액牌額이라 했다. 그래서 홍문紅門과 패액牌額을 줄여서 문패門牌라 했다. 개인주택의 소유권이나 법률적 변동 표시로는 등기가 있고, 형식적 표시로는 대문에 문패를 달았다.

예나 지금이나 신혼부부가 내 집을 마련하기란 하늘에서 별 따는 것처럼 어려웠다. 나와 아내는 교직과 체신관서에서 박봉으로 셋방살이 신혼살림을 다섯 번이나 옮겨다니면서 내 집 마련까지 이를 악물고 살았다. 아내는 내 집 마련 전까지는 아이들을 남의 집에서 눈치

보며 키울 수 없다고 했다. 그래서 큰딸(5세)과 아들(2세)은 시골 어머니 집에서 길러주셨다. 토요일에는 분유통을 사 들고 시골집에 다녀오는 것이 일이었고, 올 때마다 아내는 눈물바다였다. 주중에는 어머니가 시골의 어려운 살림에서도 손자들을 키우느라 정신적 물질적 어려움이 많으셨다. 어머니는 어린 손자들에게 엄마, 아빠 얼굴 익히기와 호칭을 가르칠 때 안방 벽에 걸린 아들 · 며느리 결혼사진을 가리키며 가르치셨다. 그래서 동네 어른들이 놀러 오셔서 엄마, 아빠 어디 있느냐고 물으면 둘이 동시에 벽에 걸린 결혼사진을 가리켰다. 나와 아내가 시골집에 갔을 때도 엄마, 아빠의 얼굴도, 호칭도 사진으로만 각인된 어린것들에게 죄를 지은 느낌이었다.

아내는 내 집 마련을 위한 생활 작전이 피나는 전투였다. 교통비를 아끼기 위해 비 오는 날이 아니면 자전거로 아침에는 아내를 뒤에 태우고 같이 출근하기, 저녁때도 같이 퇴근하는 것이 예외가 없었다. 1970년대 서민 식량으로 유명했던 '통일벼 쌀'을 그것도 가장 저렴한 농협에서 구매하여 버슬버슬한 밥을 조석으로 몇 년이나 먹었을 때 불평 한마디할 수도 없었다. 어쩌다가 손님이 들이닥치면 통일벼 밥을 지어 올릴 때 나와 아내는 부끄러워 죽을 맛이었다. 그러나 목표가 차곡차곡 쌓이고 있어 생활이 불편할 뿐이지 오히려 기쁨은 더해갔다.

언제인가 방학 때 내가 시간적 여유가 있어 딸과 아들을 잠깐 데려다 놓았다. 엄마 아빠보다는 할머니를 찾으며 보채기 시작하면 속이 상했다. 그런데 갑자기 학교에 출근해야 할 일이 생겼다. 비상수단으로 새끼들의 간식거리를 충분히 주고 셋방에다 가두고 밖에서 문을 걸어 잠그고 갔다. 골목길 나가면서 뒤돌아보니 자식들은 셋방 집 유리창에서 골목에서 멀어지는 아빠의 모습에서 눈을 떼지 못했다. 후다닥 학교 일을 마치고 집에 돌아오니 남매 얼굴은 콧물 눈물로 뒤범벅된 채 아빠를 기다리다가 그대로 잠이 들었다. 부모가 책무를 다하지 못한 결과를 어린 새끼들이 감수해야 하는 현실을 보고 그저 죄 없는 자식들에게 미안할 뿐이었다.

또 다른 방학 때 군산 K여고 재직 시절이었다. 여고생들이 셋방살이하는 담임선생님 집을 기어이 온다고 했다. 나는 방도 좁고 누추하니 집 장만하면 오라고 했더니 그래도 사는 모습이 궁금하니 온다고 했다. 온다는 날 점심때 새끼들 점심을 미리 먹이려고 간장에 단무지를 작은 쟁반에 차려서 한창 먹이고 있는데, 골목 안에서 호호 깔깔 웃음소리가 들리더니, 주인집 대문에서 '선생님' 소리가 요란했다. 나는 먹이다 만 밥 쟁반을 벽장에 몰아넣고 부리나케 주인집 대문으로 달려가 쪽문을 열어주었다. 골목 상점에 나가 과자 · 빵 그리고 음료수를 점심 대용으로 사 들고 방에 들어오니 여학생들이 킥킥거리면서 웃음을 참느라 어쩔 줄을 몰랐다. 상황인즉, 학생들이 방에 들어왔을 때 분명히 밥과 반찬 냄새가 났는데 밥상이 감쪽같이 사라져서 이상하다고 했는데, 우리 집 애들이 벽장을 가리키며 먹다 만 밥을 달라고 하길래 벽장 문을 열어보니 먹다 만 밥과 반찬이 있었다는 것이다. 참으로 담임선생님인 내 모습이 작아지는 느낌이었다.

그렇게 5년간을 버티었더니 저축한 목돈과 약간의 은행 대출로 내 집 마련이 가능했다. 퇴근 때나 휴일에는 이곳저곳 공인중개사 사무실을 뒤져가며 알맞은 집을 한 달 가량 자전거 뒤에 아내를 태우고 내

집 마련을 위해서 다녔던 때가 그렇게 행복했고 가장 즐거웠다. 군산 시청이 이사 온다는 인근 주택지역인 군산시 경장동 498-7에 대지 75평 건평 24평의 그림 같은 집을 샀다. 드디어 남의 집 문패로 그것도 쪽문으로 살금살금 드나들거나, 저녁 늦게 올 때는 그 쪽문도 닫아버려 자전거를 세워 놓고 그 위에 올라가서 담을 살짝 넘어갔던 생활도 끝났다. 아내와 나는 집 등기부 권리증을 서로 어루만지면서 임금님의 교지敎旨처럼 곱게 싸서 장롱 밑바닥에 넣어두었다.

아빠 엄마 결혼사진이 아빠 엄마로 알고 있는 딸과 아들을 데려다 놓으니 낯을 가리고 서먹서먹한 분위기로 쉽게 다가오지 않아서 또 한 번 가슴이 저렸다. 인근 석물 다루는 공장에 찾아가 "具然植"이란 문패를 주문하여 대문 기둥에 달았다. 이제는 법률적으로도 형식적으로도 우리 집이었다. 그 당시만 해도 학교 친목회에서 집들이가 성행했다. 술과 음식을 장만하여 40여 분의 선생님들을 모셨다. 술이 거나하게 취하신 선생님들은 지덕地德을 밟아야 한다면서 노랫소리가 담을 넘고 골목 안을 채웠다. 동네 사람들과 행인들은 담 밖에서 무슨 구경거리라도 있는 것처럼 기웃거려 미안하기도 했다. 며칠 뒤에는 형제들과 집안 어른들도 모셨다. 큰 외숙은 평소 건축업에도 종사하셨고, 나에게 늘 성원을 아끼지 않으셨다. 집 안팎을 샅샅이 둘러보시고 공무원 박봉에 집 장만하느라 수고했다고 등을 어루만져 주셨다. 역시 건축업 전문가답게 한 곳을 지적해주셨다. 거실 마루 밑에 통풍구가 없다 하시며 그대로 방치하면 마루가 서서히 썩는다고 하시면서 통풍구 위치와 개설 방법까지 알려주셨다. 그 뒤 여러 곳을 손질하고 그 옛날 간장에 단무지로 자식들에게 점심을 먹였던 것을 기억할 여

고생들도 별도로 초청하여 아내는 점심을 대접했다.

내 집은 백만장자한테는 초라한 오두막으로 보일 테지만, 나에게는 아내와 자식들이 오붓하게 살아가는 행복의 보금자리였다. 아내는 피아노도 사들여 자식들이 딩동댕하며 피아노를 치는 소리가 그칠 줄 몰랐다. 그때 골목길은 포장이 안 되어서 나는 담 밑에 코스모스를 심었다. 가을이면 코스모스 꽃잎처럼 하늘거리는 나비 떼가 날아와 우리 집 피아노 소리에 맞춰 춤도 추었다. 그 집에서 막내딸도 출산하여 그 막내딸이 출가하여 아기 엄마가 되었다. 불가피한 사정이 있어 그 보금자리를 정리하고 처음으로 전주 시내 아파트로 이사하면서 마지막 대문 기둥에 있던 문패를 떨리는 손으로 떼어서 잠깐 가슴에 품고 전주로 가져와서 보관하고 있다. 어쩌다가 군산 나들이를 할 때는 일부러 옛날 그 집 골목을 둘러보곤 한다. 그때 그 시절이 그렇게도 좋았기 때문이다.

(2020. 6. 6.)

차비로 빵 사먹고 3시간 걸어가기

나는 금마국민학교를 다녔다. 그 당시 금마국민학교는 읍내 시장 부근에 있었는데, 내가 4학년 때쯤 지금의 자리로 옮겼다. 학교 울타리 측백나무 사이로 생과자 빵집이 보였다. 쉬는 시간마다 달려가 생과자 집에서 빵을 사먹는 사람들의 입을 보는 것이 눈으로 먹는 즐거움이었다. 그래서 어른이 되면 빵장수가 되어서 빵이나 실컷 먹겠다고 시작종이 치면 교실로 달려가면서 다짐을 했었다.

빵의 기원은 정확하지는 않으나, 서기전 3,000년쯤 바빌로니아인들로부터 시작되었다고 한다. 우리나라에는 조선 말엽에 비밀리에 입국한 선교사들에 의해 알려졌을 것으로 추측된다. 이들 선교사들이 숯불을 피워 구운 것이 마치 소의 생식기 우랑牛囊과 같다고 하여 우랑떡이라고 불리었다고 한다. 8 · 15 광복과 6 · 25 전쟁을 겪으면서 원조물자로 공급된 밀가루 · 분유 · 설탕 등으로 빵은 급속도로 대중화되기 시작했다.

우리 마을 4km 위쪽 용화리라는 마을에는 시골인데도 공교롭게 빵 공장이 있어 어린 나에게는 늘 가보고 싶은 곳이었다. 그때 친구들의 말에 따르면 그곳에 가면 빵을 얻어먹을 수 있다는 솔깃한 말을 듣고서도 가보지는 못했다. 현재는 수십 년 전에 빵 공장은 폐쇄되었다. 친구들이 먹었던 것은 빵 부스러기였고 그것도 그곳에서 근무하는 우리 동네 아저씨들을 만났을 때 얻어 먹었다. 이렇게 어려서부터 줄곧 나는 빵 마니아였던 셈이다.

1960년대 나는 전주에서 고등학교에 다녔다. 사람의 성장 곡선이 가장 가파른 것은 청소년기인 고등학교 시절이다. 그래서 누구나 고등학교 때 식욕은 일생을 두고 가장 왕성한 시기다. 나는 전주 외가댁에서 학교에 다녔고, 시골집은 익산 금마에서 약 2km 떨어진 고개 넘어 부상천 마을이었다.

효자는 아니지만, 그 시절에도 토요일이면 어머니가 보고 싶어 으레 고향 집을 다녀 와야 직성이 풀렸다. 전주 시외버스터미널에서 금마까지는 비포장도로에 버스 속력도 좋지 않아서 대략 50분 정도 걸렸다. 차비를 조금 아끼는 방법은 전주에서 몇 대 안 되어 듬성듬성 오는 시내버스를 겨우 비비고 타면 숨이 막힐 정도로 빽빽했다. 이때 일부러 버스운전기사가 출입문 쪽과 안쪽 승객을 골고루 분산시키기 위해 버스가 멈칫하면 순식간에 버스 안은 느슨해졌다. 조촌동에 있었던 동산우체국 앞 종점에서 하차하여, 금마 경유 논산 가는 시외버스로 환승하는 것이 가장 차비를 절약하난 방법이었다. 시내버스 종점에서 하차하면 많은 학생들이 우글거렸고 길 건너편 양지바른 좁은 길목 어귀에는 빵집이 행인들을 유혹했다. 밀가루로 반죽하여 만든 찐빵이 너무 익어 손톱만큼 벌어진 틈새로 흘러나온 팥소를 보는 순간 별의별 수단을 동원해서 먹고 싶은 충동을느꼈다.

호주머니를 뒤져보니 겨우 차비 외엔 여유가 없었다. 순간 머릿속에는 빵도 사서 먹고 시골집도 갈 수 있는 방정식 문제 풀이가 시작되었다. 해답은 우선 차비로 빵을 사 먹고 걸어가는 방법이었다. 빵값을 차비로 치르고 게눈 감추듯 빵을 먹고 걷기 시작했다. 가을걷이한 늦가을이라 밤에는 제법 쌀쌀했다. 집에 빨리 갈 욕심으로 논두렁 밭두렁을 가로질러 가니 신발과 바짓가랑이는 온갖 흙투성이가 되었다. 빵을 먹지 않았으면 벌써 고향 집에 도착하여 어머니가 끓여준 토란탕과 된장찌개를 먹고 있을 시간이었다. 한참을 바삐 걸으니 이마에선 땀이 흘렀다. 음력 보름경이라 달은 환하게 비춰 그렇게 어둡지는 않았는데 한참 걷다가 달을 보니 달도 나를 따라 걷고 있었고, 내가 고랑이나 두렁을 건너뛰면 달도 따라 뛰었고 빨리 뛰면 빨리 뛰고 느리게 뛰면 느리게 뛰다가 멈칫하고 바라보면 시침을 떼고 그대로 서 있었다. 조금 쉬면 달도 쉬는 느낌이어서 좋기도 하고 나를 흉내내는 것 같아 기분이 나쁘기도 했다.

그럭저럭 3시간 정도 걸어서 집에 도착하니 어머니는 대문밖에서 서성이시면서 나를 기다리고 계셨다. 순간 아들의 주제를 보니 아랫도리는 흙투성이고 얼굴은 벌겋게 달아올라 땀으로 미역을 감은 아들 모습에 놀라서 아들의 손을 잡고 "어쩐 일이냐! 응? 어쩐 일여?" 물으시면서 어려운 곳을 헤쳐 나온 아들이 너무 반가우신지 나를 쓰다듬으셨다. 어머니의 걱정스러운 모습을 보고 나는 웃으면서 "별일 아녜요."라고 하면서 방으로 들어가 자초지종을 말씀드렸다. 어머님의 눈가에는 이슬이 맺히셨다. 뱃속에 들어간 빵은 온데간데없고 허기가 들어 평소에 먹던 밥보다 3배나 더 먹었다.

군대생활 때도 담배는 원래 안 피웠고 술도 잘 못 마시는 체질이라 외출 외박 때는 어김없이 빵집만 다녔다. 매월 말 토요일에는 전투식량으로 배급되는 군대 건빵이 그렇게도 좋았다. 결혼 후에도 아내는 내가 빵을 좋아하는 걸 알고 커피집보다는 빵집을 자주 갔다. 지금도 아내는 시장을 보고 집에 올 때는 빵 몇 개를 꼭 사 가지고 온다. 출가한 자녀들도 친정집에 들를 때면 빵을 사 온다. 그런데 그렇게 좋아했던 빵도 이제는 두서너 개만 먹으면 그만이다. 살면서 그사이 빵을 너무 많이 먹어서일까 아니면 나이가 들어 식욕이 감소한 것일까? 그 옛날은 빵이 없어서 못 먹고 지금은 빵이 있어도 안 먹는다.

요사이도 하얀 김을 내뿜는 빵집 앞을 지나갈 때는 그 시절이 떠올라 발이 멈추게 된다. 가끔 빵집에서 빵을 먹을 때는 다리품 팔아 빵을 사 먹고 3시간 동안 그 먼 길을 터벅터벅 걸어갔던 추억이 떠오른다. 그때 나를 따라 갔던 달님은 여전한데 그때의 그 소년은 머리가 희끗희끗한 할아버지가 되었다.

(2020. 5. 16.)

제8부

개구쟁이 시절

추석대목 이발소 풍경

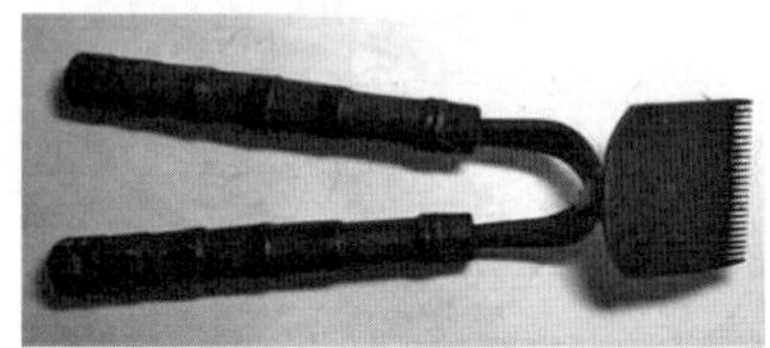

아주아주 오래전 내 나이 대여섯 살 때쯤 추석무렵에 아버지 손을 잡고 찾아간 이발소는 익산 금마金馬에 있었다. 서양식 집 마당에서 나무의자에 앉히더니 흰 보자기를 목에 두르면서 이발소 아저씨는 머리카락이 눈에 들어가니 눈을 꼭 감으라고 했다. 그리고는 양손잡이 바리캉으로 구레나룻 부근에서 장배기까지 쇠똥구리 주둥이 같은 이발 기계로 밀어 올려 깎았다. 이따금 싹뚝 자르지 못한 머리카락 한두 개가 뽑혀서 몹시 아팠다. 그때마다 나는 '아야!' 하면서 눈물을 찔끔 찔끔 흘렸다.

살짝 실눈을 뜨고 보니 아프다는 나의 소리를 듣고 아저씨는 바리캉 톱니 사이에 끼어 있는 머리카락을 힘차게 훅훅 불더니 무슨 물방울을 지푸라기 끝에 적셔서 바리캉 톱니에 떨어트리고 한두 번 움직여 보고 다시 깎았다. 그렇게 여러 번 반복하여 이발을 겨우 마쳤는데 얼굴 눈물자국에 붙어 있는 머리카락들이 뒤범벅이 되었다. 이게 나의 어린 시절 추석 이발소 풍경이었다.

그 시절 유일한 단백질 공급원은 추석 때 먹게 되는 돼지고기였다. 장터 푸줏간에서 돼지고기를 서너 근斤 사다가 집에서 요리할 때 돼지털이 제대로 깔끔하게 처리되지 못하여 듬성듬성 남은 돼지털을 보고 사람들은 추석대목 이발한 것 같다고 했었다.

그때는 집안의 대소사나 명절 때만 사람들이 한꺼번에 이발소에 몰려들기 때문에 이발소 아저씨는 그 많은 이발 손님을 대충대충 할 수밖에 없었을 것이다. 간혹 잘리지 않은 머리카락이 남아있어서 그렇게 비유적으로 표현했을 것이다.

초등학교 시절 시골 이발료는 여름에는 보리 한 말[斗], 가을에는 벼 한 말을 후불로 주면 일 년 내내 필요시 읍내 이발소에 가서 이발을 할 수 있었다. 어머니는 더부룩하게 자란 나의 머리를 이발소에 갈 시간과 이발료를 아끼기 위하여 가끔 옷감 자르는 큰 가위로 깎아주셨는데 아무리 잘 다듬고 곱게 깎아주셔도 가위 자국이 나타나기 때문에 개구쟁이 친구들은 쥐뜯어먹었다고 놀려댔다. 그 머리카락이 적당히 자라기까지는 고통의 흔적이었다.

나는 성격이 소심하고 외모를 남한테 보여주는데 신경을 많이 쓰는 게 이발이어서 헤어스타일과 이발소의 선택에는 남다른 고집이 있다. 좋아하는 머리형은 뒷머리 옆머리를 높이 치겨 올려 깎는 상고머리를 1980년 초 1~2년 빼고는 지금까지 고수하고 있다.

보통 남자들의 머리형은 더부룩한 형태이기 때문에 조금 잘못 잘랐어도 눈에 띄지 않고 헤어드라이어로 자기 취향대로 고쳐서 바로 잡을 수 있다. 그러나 상고머리는 한 번 잘못 자르면 다시 이발할 때까지 언짢은 느낌이 계속되기 때문에 취향에 맞는 이발소를 선택하려고 발품을 파는 성격이다. 그렇게 찾아가 정한 이발소는 지금도 꼭 달력에 다음 이발 날짜를 표시하는 그 이발소의 마니아가 된다.

내가 군산에 살 때부터 30여 년간 다녔던 단골 이발소는 '신안 이용원'이었다. 이발소의 미닫이식 문을 열면 롤러가 닳아서인지 찌이찍 찌이찍 소리를 내면서 롤러는 움직이지 않고 사람의 힘으로 열고 닫히는 문이었다.

천장은 빗물이 새어서 여기저기 얼룩이 있고, 또 검은 곰팡이도 피어있었다. 칙칙한 천장과 벽 그리고 바닥 모두 다 낡고 오래되어 세월의 흔적을 고스란히 보여주는 이발소였다. 그래도 나에게는 익숙해져서 그런지 시골집 안방 같은 분위기여서 문턱을 들어서는 순간 금방 친숙해졌다. 이발소 주인아저씨는 전남 신안이 고향인 것 같다. 이발소 간판도 고향 이름인 것 같았고, 자주 쓰는 남도 사투리가 구수했었다.

아저씨는 나의 머리통의 좌우대칭 및 요철 부분을 정확히 꿰뚫고 계셔서 어디를 살리고 어디를 좀 더 깎아야 할 부분인지 아셨기에 그저 의자에 앉아 있다가 이발이 끝나면 일어나면서 "수고하셨어요!" 하면 되었다. 그런데 지금은 전주로 이사한 지 6년째다. 나는 퇴직 후 조그마한 봉사활동과 취미생활을 하고 있다. 그래서 주중에 잠은 전주에서 자고 활동은 주로 익산에서 한다. 달력에 표시된 이발 날짜에 맞춰서 익산에 갔을 때 군산으로 가서 지금도 신안 이용원에서 이발을 하고 전주로 온다. 이발을 할 때는 전라북도 3시(전주→익산→군산→

전주)를 경유하는 유별난 고집을 부리고 있다. 그렇게 군산에 있는 신안 이용원에 가야 이발소 주인아저씨한테 구체적 주문 없이도 깔끔하고 개운한 이발을 할 수 있기 때문이다. 이발소 주인아저씨는 그냥 전주에서 깎으라고 권한다. 아마도 나한테 미안해서 하시는 소리인 것 같다.

오늘은 명절 끝이어서 성묘를 마치고 처가 집 산소에 성묘하러 가는데 공교롭게도 옛날 어린 시절 아버지 손을 잡고 찾아갔던 첫 이발 경험의 금마이발소 건물터 앞을 지나가려니 별의별 생각이 떠올랐다. 그냥 평범하게 깎아도 될 텐데 쓸데없는 이발 습관을 버리지 못하고 있는 것 같다.

불현듯 추석때 부모님들도 보고 싶고, 돼지고기를 숭덩숭덩 잘라서 묵은김치에 볶아주셨던 어머니의 추석 영양식도 먹어보고 싶다. 덧없이 흘러간 세월은 간데없고 부끄러운 이발 고집만 남은 것 같다.

(2018. 12. 4.)

찹쌀~떡 메밀~묵♬

동지섣달 그믐밤은 왜 이리 길고 날씨는 을씨년스러운지 모르겠다. 별들은 모두 하늘에 얼어붙은 채 떨고 있고, 적막한 시골집 온동네를 억누르고 있다.

아기 단풍잎 하나가 바람에 뒹굴다 누에섶 같은 창문 살에 집을 짓는지 꼼지락거리는 소리에 선잠이 깨었다. 희미한 창호지에 비친 벌레 같은 아기 단풍잎을 바라본다.

멀리 간 엄마가 그리워 솔숲에서 청승맞게 울고 있는 새끼 부엉이 소리가 무서워서 나는 아랫목 이불속에 얼굴을 파묻고 어머니 손을 꼭 잡고 잠들었던 유년 시절의 겨울밤도 있었다.

겨울밤 좁디좁은 빙판 고샅길에서 곡마단 어릿광대의 애틋한 트럼펫 연가戀歌인 양 '찹쌀~떡 메밀~묵' 행상의 가냘프고 긴 목청의 외침은 겨울밤을 갈기갈기 찢어 놓는다. 울부짖는 듯한 외침의 진동이 문풍지를 두드리고 등잔불 심지를 건드려서 불그림자를 갸우뚱하게 한다.

낮에는 버스나 기차에 탑승하여 껌이나 일용품들을 팔고, 밤이면 시골 겨울밤에 '찹쌀~떡 메밀~묵' 행상들의 모습은 6 · 25 직후 부모형제를 잃은 고아들의 삶의 한 장면이었다.

'찹쌀~떡 메밀~묵!' 외치며 지나가던 시절은 모두 다 어려운 시기였다. 저녁 끼니도 석연찮고 출출한 시간이지만 행상의 찹쌀떡을 사 줄만한 경제적 여유가 없어 그저 그림의 떡일 뿐이었다.

'찹쌀~떡 메밀~묵' 장수는 언제나 돈을 주고 사지 않아도 찹쌀떡을 먹을 수 있을 것 같아서 나는 찹쌀떡 장사를 하고 싶었다. 이웃집 대문 앞에서 찹쌀떡 장수가 오래 머무는 것을 문틈으로 보니 그 집은 우리보다 부자여서 떡도 많이 사고 실컷 먹을 것 같아 부러웠다.

어쩌다가 어머니가 푼돈을 모아 찹쌀떡을 사주는 밤이면 어머니 치마를 붙잡고 따라나가 찹쌀떡 장수를 살펴보았다. 머리에는 조바위 같은 털모자를 썼고, 옷은 서너 벌 껴입어서 단추가 겹겹이 잠겨있었으며, 고무신에 새끼줄을 여러 번 동여매어 미끄럼을 방지했었다.

나무로 만든 중국집 자장면 배달상자 같은 것을 어깨에서 내려놓더니 하얀 포대기를 젖히고 납작한 찹쌀떡을 꺼내어 어머니가 건넨 돈만큼 어머니 손에 올려놓았다. 나는 빨리 집에 가서 먹고 싶어 침만 꼴깍꼴깍 삼켰다. 안방 등잔불에 비친 찹쌀떡은 몇 개 안 되어서 내 몫을 생각하니 많아야 두 개 정도일 것 같았다. 어머니가 주신 찹쌀떡을 씹지도 않고 빨아먹었다.

밤이 깊었는지 이제 몇 집 남은 호롱불이 마을을 지키고 있었다. 구들장도 벌써 식어버렸고, 화롯불도 이미 꺼져버려 한기가 느껴졌다. 오늘 밤도 '찹쌀~떡 메밀~묵' 장수는 언 손을 호호 불며 지나가는 것 같다. 방은 춥지만 그래도 나는 얼마나 호강인가?

지금은 연령대별로 계절에 따라 놀이문화와 여가활동도 다양해졌다. 그때 겨울날 낮에는 양지바른 토방에서 소꿉장난을 했고, 밤에는 어두컴컴한 안방 포대기 속에 발을 모으고 오순도순 맨날 똑같은 어머니의 옛날 이야기를 들으며 밤을 새우던 가족중심문화는 다람쥐 쳇바퀴 돌 듯 반복되었다. 겨울 기온만큼이나 차갑고 무미건조한 그야말로 삼류극장 영화필름보다 낡아버린 추억이 되었다.

이젠 '찹쌀~떡 메밀~묵' 장수 대신 치킨과 피자를 주문 배달하는 스쿠터 엔진 소리만 들린다. 나에게는 운치도 맛도 모두 어설프다. 선물과 너그러움, 그리고 넉넉함의 상징인 산타클로스 할아버지에게 부탁하여 '찹쌀~떡 메밀~묵' 장수에게 두툼한 털모자와 외투 그리고 사슴 썰매를 빌려주어 이번 겨울에는 따뜻하고 안전하게 '찹쌀~떡 메밀~묵' 장사를 하도록 했으면 좋겠다.

(2018 동짓날 밤에)

쥐불놀이

우리는 농경문화, 특히 벼농사를 주로 하는 수도작水稻作문화를 기초로 이루어졌다. 농사철에 씨를 뿌리고 가꾸기를 게을리하면 가을에 수확할 수 없기에 근면과 협동과 상부상조는 몸에 배었고, 민속놀이도 대부분이 농경문화에서 시작되었다.

쥐불놀이 역시 지역에 따라 다소 차이는 있으나 농경문화를 공통분모로 한다. 논두렁이나 밭두렁에 불을 놓아서 해충을 박멸시켜 풍년을 기약하는 민속놀이다. 아무 때 아무 곳에나 불을 놓으면 산불 등으로 번져 인명과 재산에 피해가 있으므로 정월 들어 첫 번째 쥐의 날, 즉 상자일上子日이나 대보름날 밤 농촌에서 논두렁이나 밭두렁에 일제히 불을 놓는 민속놀이다.

쥐불놀이는 한자어로 서화희鼠火戱 또는 훈서화燻鼠火라 하는데 『동국세시기東國歲時記』에 의하면 정초 쥐의 날에 마을에서 콩을 볶으면서 사람의 식량을 축내는 쥐를 향해 "쥐 주둥이 지진다, 쥐 주둥이 지진다."라는 주문을 외우고 횃불을 사른 것에서 유래했다는 이야기도 있다.

쥐불놀이기구로는 불땀이 좋은 싸리나무나 옹이가 있는 소나무가지 또는 솜방망이로 횃대를 만들어 사용했다. 쥐불놀이는 논두렁 밭두렁을 태우는 것 외에 편을 갈라 많은 면적을 불태우는 마을이 이기는 방식도 있고, 큰 내나 둑이나 다리를 먼저 건너거나 차지하는 마을이 이기는 방식도 있다. 따라서 농악대를 앞세우고 서로 건너려고 하는 과정에서 상대편을 다리 밑으로 밀쳐 내거나 횃불을 던지거나 내리쳐서 밀쳐내기도 한다.

인류 최초로 불을 사용한 호모 에렉투스는 번개와 같은 자연현상에서 우연히 얻은 불씨를 살려 동굴을 밝히거나 횃불을 만들어 짐승을 쫓았으며 추위를 쫓는 데도 불이 유용하다는 것을 알게 되었다. 불로 익힌 음식은 날 것보다 소화가 잘됐고, 풍부한 영양을 섭취할 수 있어 몸이 더 튼튼해졌으며, 두뇌도 발달했다.

인류에게 불의 등장으로 자연 정복이 가능했고, 문명의 발전을 가속화시킬 수 있었으며, 현대사회에서 삶을 윤택하게 만들어 주는 공기와 같은 필수 요소다.

한국전쟁 당시, 유엔군이 전장에 보급되었던 전투식량 C-레이션 중에서 캔can 껍데기(깡통)의 재활용은 우리의 생활문화에도 많은 변화를 가져왔지만, 특히 정월 대보름날 쥐불놀이 도구로 깡통이 등장한 것도 그때부터였다.

우리 마을 뒷산에는 논산훈련소 훈련연대가 주둔해 있어 군부대 쓰레기 소각장에 가면 쥐불놀이용 깡통을 쉽게 구할 수 있었다. 큰 못으로 깡통 아래는 듬성듬성 옆에는 촘촘히 구멍을 뚫고 빨랫줄 철사 한 토막을 잘라서 불 깡통 줄을 만들어 밤늦게 실컷 놀다가 빨랫줄 때문에 어머니한테 혼쭐이 났던 철부지 시절 나의 쥐불놀이였다.

'봄철 불꽃은 잘 안 보인다.'라고 하는 말이 있다. 봄에는 공기가 매우 건조하여 숲과 낙엽들도 최고로 건조하여 가장 낮은 발화점에서 불쏘시개로 적합하여 연기도 없이 불꽃만 훨훨 타오르기 때문에 불꽃은 계속 번져도 사람 눈에는 잘 보이지 않아 불이 무섭게 번진다는 뜻이다. 그래서 산불이 번지기 쉬운 가을부터 '산불조심'라는 깃발이 전국 산 입구의 도로변에는 어김없이 펄럭이며 입산 금지와 산불 예방을 호소하고 있다.

그런데도 혹자는 우매한 인간인가 아니면 고도의 미필적 고의성 인간인가 잘못된 쥐불놀이나 잘못 다룬 불씨로 수십 년 자란 수목들을 불태워 온 산을 까맣게 잿더미로 만들거나 천년고찰 문화재 등을 소실燒失하여 발을 동동 구르며 온 국민의 가슴을 쓸어내리게 한다.

인류가 불을 사용하여 문명의 발전을 앞당겼고 삶의 윤택도 가져왔다. 아무리 묘약이라도 용법과 용량을 어기면 독약이 될 수 있다. 계수나무 아래서 떡방아 찧는 토끼를 보며 횃불을 밝히고 소원을 빌었던 쥐불놀이는 어디로 갔는가? 선진국들은 달에서 계수나무를 불태우고 토끼를 몰아내어 우주까지 정복하려는 야심찬 불꽃 전쟁이 이 시간에도 주도되고 있다.

우리 민족의 쥐불놀이는 흙냄새 물씬 나고 정이 넘쳤던 민족의 정서다. 끈끈한 정이 꺼지지 않는 모닥불 같은 소박한 문화다. 자연의 순리대로 살았던 착함의 직업인 농자천하지대본農者天下之大本 자손들의 문화이다. 순수와 착함은 정의의 잣대이며 진리의 횃불일진대 우리의 쥐불놀이를 인류문화에 실어 많은 민족에게 권장하고 싶다.

이태백처럼 술에 취해 저 달에 가서 놀고 싶은 욕망도 아니고, 그렇다고 장대로 달을 따서 망태에 담아 불을 못 켜는 순희네 집 안방에 달아주려는 욕심도 아니다. 그대와 손을 꼭 잡고 초동들의 쥐불놀이하는 불꽃이 달무리처럼 훤하게 퍼지는 모양을 바라보면서 계수나무 아래서 오순도순 사는 토끼 부부처럼 작은 소망 빌어보며 살고 싶을 따름이다.

(2019. 3. 10.)

잃어버린 책보

새 중에서 가장 약삭빠르고 날렵한 새는 참새다. 그 참새가 실수한 경우를 '참새가 제 꾀에 넘어져 코방아를 찧었다.'라고 한다. 세상을 너무 약삭빠르게 살다가 손해를 볼 때 주위에서 경고성 의미로 비유한 표현이다. 그 참새처럼 행동한 사람이 성인인 경우는 고의성 질책으로 보겠지마는, 철부지 어린이 경우는 귀여운 실수로 웃어넘기기도 한다.

내가 초등학교 2~3학년 때로 기억된다. 시골집 아래에 사시는 할아버지는 5일장 날만 되면 병아리를 길러서 시장에다 팔거나, 어미돼지에서 새끼를 길러 팔아서 자식을 대학까지 졸업시켜 출세시킨 할아버지로 유명했다. 어느 날 학교 수업을 마치고 또래들과 길을 걸어 집으로 가는데, 이웃집 할아버지는 병아리와 돼지새끼를 모두 파셨는지, 짐자전거 뒤에 커다란 네모 대나무 짐받이가 텅 비어서 털털거리면서 지나가셨다. 친구들은 약속이라도 한 듯이 우르르 몰려가서 저마다 책보를 풀어내려 할아버지 대나무 짐받이에 넣었다. 할아버지는 무거우신지 휙 돌아보시더니 책보 가져가라고 소리를 치셨다. 그래도 아이들은 들은 척도 하지 않고 달려서 할아버지 자전거를 따라가고 있었다, 또 할아버지는 소리를 지르니 아이들은 그때서야 각자 자기 책보를 꺼내었다. 나는 속으로 '바보들 뭣 하러 책보를 꺼내 할아버지는 우리 아랫집에 사시니까 나는 할아버지 집으로 가서 책보를 가져오면 되는데 생각했다. 느긋하게 걸어서 할아버지 댁으로 가서 나의 책보를 찾으니, 할아버지는 모두 한꺼번에 내려놓고 왔다고 하셨다.

순간 앞이 캄캄했다. 참새가 제 꾀에 넘어져 코방아를 찧은 셈이다. 신작로 자갈밭을 고무신 바닥이 질퍽거리도록 숨차게 달리면서 아무리 찾아보아도 내 책보는 보이지 않았다. 돌아오는 길에 길옆 논고랑까지 살펴보아도 책보는 없었다. 나는 집으로 들어갈 수가 없어서 겁먹은 얼굴로 울타리 가에만 빙빙 돌다가 어머니와 눈이 마주쳤다. 어머니는 심상치 않은 나를 보시더니, "야, 왜 집에 안 들어와?" 하시며 마실을 나가셨다. 어머니가 돌아오실 때는 울타리 옆에 주저앉아서 울고 있으니, 어머니는 "아가, 왜 그래? 아가, 왜 그래?" 하시면서 무엇이든지 다 들어주겠다는 뜻으로 물으셨다. 나는 책보를 잃어버렸다고 얼버무리니, 어머니는 용서해 주신다는 표정이 돌변하셔서 나의 등을 손바닥으로 계속 치시면서 "야, 이놈아 그것이 어떤 것인데 잃어버려? 네 아버지 알면 맞아 죽으니 나가버려!" 하시면서 분을 못 이기고 그냥 집으로 들어가셨다.

집에서 혼날 때 어머니는 언제나 내 편이었고 아버지만 무서웠는데, 오늘 어머니의 태도에 아버지의 큰 눈과 억센 팔뚝이 무서워서 학교 가는 길을 다시 찾아보아도 책보는 없었다. 해가 뉘엿뉘엿하니 어두움이 아버지의 얼굴처럼 서서히 다가왔다. 나는 울타리 주위에서 집안 쪽을 살펴보니 창문에 비친 그림자를 봐서는 평소와 다름이 없고 아버지의 기침 소리만 들렸다. 평소 같으면 이 시간에 나는 방 안에서 무엇을 하고 있었을까? 시간대별 생각을 하고 있는데, 언제 아버지가 밖에 나오셔서 "야 밥 안 먹고 뭣 혀? 어서 가서 밥 먹어!" 하셨다. 오늘 사건 전모를 아셨을 텐데 저렇게 나오실 분이 아닌데 두려운 마음으로 방문을 열고 들어갔다. 밥상 위에는 모두 다 식사가 끝나고 내 밥만 덩그러니 남았다. 동생들은 아무 말 없이 나의 얼굴과 어머니 얼굴을 동시에 바라보면서 분위기는 조용했다.

나중에 동생들한테 들은 이야기로는 어머니가 아버지의 불같은 성격을 미리 아시고 아버지한테 그놈 안 죽을 만큼 때려주고 타일러 주었으니 용서해주라고 하셨단다. 그러면 그렇지, 두 분 다 그럴 분이 아니신데 하면서 반전된 부모님의 행동을 이해하면서도 불안한 집안 동정을 살피면서 하루하루를 보냈다. 책보를 잃어버린 시기는 여름방학이 얼마 남지 않은 1학기 말쯤이어서 학교 수업은 한 달 남짓 남았다. 부모님들은 동네 집집마다 방문하셔서 나보다 바로 위 상급 학년 부모님에게 작년의 헌 교과서를 몽땅 얻어 오셔서 그중에서 쓸 만한 책을 골라서 새 책보를 장만하셔서 싸주셨다. 그렇게 나의 책보를 잃어버리고 남의 책으로 공부를 했으나 주눅이 들어 공부를 제대로 하지 못했다.

그런데 그 책보는 누가 주워갔을까? 할아버지는 하나 남은 책보를 따라오는 사람도 없는데 왜 내려놓았을까? 사람은 자기의 잘못보다는 상대방의 잘못을 들추어 자기 잘못을 합리화하려는 모순된 방어론이 있는 것 같다. 책보 속에는 몽당연필 몇 자루와 쓰다 만 노트 몇 권이 있었을 텐데 잃어버린 사람은 어린 학생이고 자기한테는 별 사용가치가 없었을 텐데 무엇 때문에 주워갔을까? 그 사람이 사뭇 미워진다. 아랫집 할아버지도 미웠다, 아버지의 불호령을 직감하시고 사전 제압하신 어머니, 자식의 사고를 처벌보다는 훈계로 자식을 교화하셨던 부모님, 자식의 효도보다는 몇 배의 사랑으로 되돌려 주셨던 부모님의 깊은 사랑을 되새겨 본다.

초등학교 시절 책보를 잃어버렸던 신작로는 폐쇄되었다. 그래서 책보를 매고 등·하교 했던 도로는 흔적만 있고 잡초만 무성하여 인적도 드물다. 나는 일 년에 한두 번 의도적으로 지나가 보며 낡은 앨범에서 추억을 들춰보듯 회상에 젖어본다. 지금도 남을 믿고 의지하려는 마음을 떨치지 못할 때도 있다. 바람직한 사고가 아니니 바꿔야지 하면서도 쉽게 바꾸지 못하는 것은, 참새의 유전인자가 묻어왔는지, 오류된 행동의 결과를 쉽게 잊어버리는 건망증이 있는지, 과학적으로 검증을 해봐야 할 것 같다.

(2020. 1. 25.)

원두막과 개똥참외

비닐하우스나 온실재배시설이 없던 시절, 여름 한 철 밭농사의 특용작물로는 수박과 참외가 농가 소득의 한몫을 차지했다. 수박, 참외밭을 관리하거나 쉬면서 사러 오는 손님들을 맞이하는 장소로는 그 밭머리에 지어 놓은 원두막園頭幕이 있었다. 냉방시설도 없던 시절이라 한여름에는 논밭에서 일하던 마을 사람들의 유일한 만남과 피서처로 허름하지만 나름의 낭만과 추억이 가득 찼던 곳이다. 원두막은 고구려 고분벽화나 가야의 집모양토기[家形土器]에서 비슷한 예를 볼 수 있어. 원두막은 원시시대부터 여름의 임시 살림집으로 오랫동안 이용되었을 가능성이 있다.

우리 집 밭은 마을 어귀에 있으면서 금마시장을 오가는 신작로에서 가까워 원두막의 위치로는 최적의 장소였다. 속성 재배 방법이 없이 보통 재배의 경우 참외와 수박의 출하 시기는 여름방학 때쯤이었다. 일손이 바쁜 아버지는 논과 밭에서 일하시고, 나는 낮에는 원두막에서 여름방학 책으로 공부를 하면서 손님이 오면 아버지에게 알려드리는 것이 여름방학 때 나에게 주어진 원두막 당번의 임무였다. 그리고 밤에는 아버지가 원두막을 지키셨다. 아버지는 금마장날에는 시장 내 채소 · 과일가게에 도매가격으로 넘기시고, 평일에는 원두막에서 소매로 파시는 것이었다. 식구들은 잘 익고 좋은 참외와 수박은 먹을 수 없었고, 깨졌거나 모양이 예쁘지 않고 팔리지 않은 것만 먹었다. 점심 때도 잠깐 자리를 비우면 안 되기 때문에 나는 집으로 달려가서 찬물에 밥을 말아서 고추장에 멸치를 찍어서 후다닥 먹고 다시 원두막으로 갔었다.

원두막에는 아버지의 목침과 과일 깎는 칼, 어머니가 출출할 때 먹으라고 꽁보리를 사카린과 가마솥에서 튀긴 보리 튀밥이 있었다. 그리고 더는 낡아서 쓰지도 못할 아버지의 밀짚모자는 아마도 가을에 힘없어도 참새 쫓는 허수아비로 쓰일는지 원두막 천장 난간에 매달아 놓았었다. 아버지의 밀짚모자 검은 테를 보면 흑백영화 헌 필름을 잘라서 붙여 놓아서 검은 테를 벗겨서 햇빛에 비춰보면 필름 속의 장면에 빠져 무료한 한나절을 때운 적도 있었다. 여름날의 긴긴 낮을 보내면서 서쪽에 있는 기와집 등 같은 금마산에 해가 넘어가기를 기다려도 아니 넘어가고 제자리에 머물러 있었다. 그러다가 잠이 잠깐 든 사이 해는 벌써 넘어가 땅거미란 놈이 엉금엉금 다가와 무서움을 주는데도 아버지는 오시지 않더니, 늦게 와서 미안하다는 표시인지 헛기침 소리와 담뱃불 껌뻑거리는 불빛이 밭두렁을 올라오시면 나의 일과가 끝난다.

어느 날 저녁에는 소나기가 몹시 내려서 아버지는 그냥 집으로 오셔서 집에서 주무셨다. 나는 아침 식사 후 주전자에 물을 넣고 달랑 방학책 한 권을 들고 원두막으로 갔다. 그런데 밤사이 그렇게 소나기가 퍼부었는데 수박 서리를 당했다. 잘 익은 수박 참외를 몽땅 따갔다. 집으로 달려와 아버지에게 알렸다. 아버지도 바로 올라오셔서 간밤에 비가 와서 아직도 발자국에 고인 흙탕물과 참외 수박 덩굴 잎사귀가 떨어진 곳을 따라가 보니 이웃 대정마을로 넘어간 것만 확인했지 '도둑은 뒤로 잡아야지 앞으로 잡지 않는다.'라는 말처럼 서리 맞은 것이 그리 크지 않아서인지 아버지는 그냥 포기하셨다.

어느 나른한 오후 주전자에 물도 떨어져서 목은 마르지, 햇볕이 유난히 쨍쨍 내리쬐는데 수박이 엉덩이를 하늘로 쳐들고 있어 따먹고 싶은 생각이 굴뚝같았다. 그런데 수박은 너무 커서 혹시 아버지가 중간에 오시면 먹다 말아서 영락없이 들킬 것 같았다. 수박보다는 삽시간에 먹어 치울 수 있는 참외를 따서 먹기로 하고 누렇게 익고 배꼽이 튀어나온 참외 하나를 따서 깎을 시간도 급해서 한 움큼 입으로 베어서 혀로 밀고 앞니로 껍질을 벗겨가며 정신없이 먹고 있었다. 그런데 하필이면 그때 아버지의 밀짚모자가 하늘거리며 걸어오셨다. 후다닥 참외 껍질을 발로 밟으면서 황토 속에 밀어 넣고, 먹다 남은 참외는 밭고랑 멀리 던져 버렸는데 순간 아버지가 그것을 모두 보셨다. 이제는 아버지한테 혼날 일만 남아서 어찌할 줄을 모르고 서 있는데, "땄으면 그냥 먹지 왜 버리느냐?" 하시면서 몇 푼 벌자고 정작 자식들에게는 좋은 참외, 좋은 수박을 못 먹게 하신 것이 미안하셨는지, 아주 잘 익은 참외 하나를 따서 깎아서 나에게 주시고 아무 말 없이 집으로 가셨다. 나는 아버지가 깎아 주신 참외를 받고 아버지의 속마음을 알고서는 겨우 참외 하나를 먹었다. 그날 저녁 아버지는 마당에 생 쑥과 보리 까끄라기로 모깃불을 피워놓고 원두막으로 가시더니, 수박과 참외를 한 소쿠리 따오셔서 밀짚 방석에 둘러앉은 식구들에게 그해 참외 수박 농사 처음으로 포식을 하게 해 주셨다. 수박을 너무 많이 먹어서인지 식구들은 밤새도록 화장실만 들락날락하느라 정신이 없었다. 할머니는 막내 작은집에 사셨는데 참외 수박밭에는, 한 덩어리라도 더 팔아서 가용 돈에 보태라는 뜻인지 통 비깜을 안 하셔서 가끔 할머니댁에 아버지의 수박, 참외 심부름을 갔었다.

참외, 수박 수확 계절이 끝나면 여름방학도 끝났다. 그렇게 여름방학 동안 원두막 당번으로 열심히 일해서 그해 추석 때 아버지는 검은색 학생복과 운동화를 사주셨다. 학교에서 집에 올 때 원두막 부근 임시 화장실로 사용했던 산골짜기를 일부러 둘러 나오면 개똥참외 개똥수박이 얼마 남지 않은 가을 햇볕에 익어가는 열매가 올망졸망 붙어 있었다. 그것은 지난여름 때 아버지 몰래 원두막에서 내가 따먹고 난 흔적이었다. 지금도 산야에 가면 누가 실례했는지 개똥참외가 있어 원두막과 아버지가 떠오른다.

(2020. 7. 22.)

제기차기

"할아버지, 옛날 엽전으로 제가 한 번 장난감 만들어 볼까요?"

옆집에서 사는 손자가 어느 날 내 집에 놀러 와서 옛날 물건 모아둔 곳을 뒤지더니 엽전 하나를 골라 하는 말이다. 문득 나의 어린 시절 끔찍한 '엽전葉錢 제기 사건'이 떠올랐다.

60여 년 전 어린이 놀이문화는 대부분 구비전승과 모방학습으로 유지되고 있었다. 전주시 완산구 효자동에 있는 국립전주박물관 입구에는 옛날 놀이기구를 비치하여 어린이들에게는 신비의 놀이 기구들이고, 어른들에게는 추억을 되살리는 놀이기구를 보고 두 개의 생각이 젖게하는 장소이다. 나는 제기를 볼 때마다 땅문서 사건이 떠오른다. 제기차기 사건은 나의 철부지 시절의 웃음거리였지만, 나의 아버지한테는 가슴을 철렁하게 했던 사건이었다.

어린 시절 시골집 안방 천장과 벽 사이에 걸려있던 사진액자를 쳐다보니 사진액자 옆으로 빼쭉이 내민 새 꼬리 같은 얇은 미농지美濃紙 뭉치가 있었다. 문을 닫고 여는 작은 충격에도 작은 새 꼬리처럼 살랑 살랑 움직여서 눈을 떼지 못하고 호기심을 느끼게 했다. 사진액자는 나의 키 높이보다 약간 높은 곳에 걸려있었다. 나는 장롱 속의 베개 몇 개와 뒷방 아버지의 목침을 겹으로 쌓고 딛고 서서 팔을 쭉 뻗으니 사진액자에 손이 닿았다. 미농지 뭉치를 끄집어내어 방바닥에 내려놓으니, 그 미농지는 뿌연 먼지가 피어올랐다. 그런데 미농지 두루마리 뭉치를 펼쳐보니 세로로 빨간 줄이 그어져 있고 그 줄 사이로 한자와 한글을 섞어서 무엇이 기록되어 있었다. 미농지의 내용에는 별 관심이 없었고, 종이가 귀하고 특히 제기 만드는 종이는 더더욱 귀한 시절이라 제일 먼저 떠오르는 생각은 엽전으로 제기를 만들어야겠다는 생각 외에는 다른 생각이 떠오르지 않았다.

제기를 만들려면 가운데가 구멍이 뚫린 옛날 엽전과 미농지가 최상의 재료였기에 미농지를 보는 순간 제기의 수술 이외에는 다른 것은 상상할 수 없었다. 그 당시의 빚 문서나 땅문서 또는 계약서 등은 미농지 두 장을 포개고 그사이에 먹지를 끼워 넣어 작성한 문서는 원본을 복사하는 유일한 방법으로 위조를 방지하는 수단으로 이용했다. 원본과 복사본 사이에 사잇도장을 찍어 채권자와 채무자가 한 장씩 나누어 보관하여 증빙자료로 사용했다.

그런데 그 법적 문서로 쓰였던 미농지는 종이 결이 얇고 한결같아서 마치 마른오징어 몸통을 옆으로 찢으면 계속 한쪽으로 찢어지는 것처럼 미농지도 같은 특성이 있었다. 미농지를 찢어서 다시 손으로 꼬아 작은 고리짝을 만들어 사용했던 옛 조상님들의 생활 도구 등이 지금도 남아 있다. 나는 미농지로 제기를 만들어야겠다는 일념으로 아버지의 책상 서랍을 아무리 뒤져도 엽전은 보이지 않았다. 서랍을 거꾸로 뒤집어 방바닥에 터니 동전 한 개가 데구루루 구르더니 방 모퉁이에서 멈추었다. 미농지는 촉감이 좋았다. 살갗에 문질러 보니 간질간질하면서 너무 부드러워 계속 장난을 치고 싶었다. 미농지 한 장을 방바닥에 펴놓고 아래 끝 가장자리 중앙에 엽전을 올려놓고 김밥 말 듯이 밑에서 위로 미농지와 엽전을 최대한 밀착시키면서 말었다. 아직 말지 않은 미농지 여분을 한 손으로 누르고 엽전 말은 미농지를 힘주어 아래로 당기기를 반복하면서 미농지와 엽전 사이를 다시 밀착시켜 가면서 미농지를 둘둘 말았다. 다 만 미농지 한가운데를 송곳으로 구멍을 뚫고 그 구멍 속으로 미농지를 집어넣어서 적당 크기로 찢어 놓으면 제기가 완성된다.

나는 만든 제기로 온몸에 땀이 흠뻑 젖도록 마당에서 제기를 실컷 차니 갑자기 대변이 마려웠다. 그 당시 화장실에는 뒤처리 화장지 대신 부드러운 지푸라기를 망태 같은 바구니에 가득 채워놓고 필요한 만큼 끄집어내어 사용했던 시절이라 화장지는 꿈의 세계였다. 나는 미농지 한 장을 호주머니에서 꺼내어 가로 세로로 갈기갈기 찢어 손바닥에 놓는다. 꼭 솜 송이같이 붕 떠 있어서 입으로 훅 불어보니 공중으로 날더니 화장실 바깥 하늘까지 날아가 마당 한가운데도 여기저기 떨어졌다. 그리고 나머지 미농지로 뒤처리를 하고 나왔다.

그날 아버지는 이웃 동네에 가셨다가 들어오시더니 마당에 뿌려진 종이 가루를 집어 살펴보시고는 급히 안 방문을 열고 방으로 들어가시더니, 사진액자와 방바닥에 흩어진 미농지 뭉치를 보시더니 방바닥을 치며 대성통곡을 하시면서 그대로 주저앉으셨다. 순간 나는 미농지가 아버지를 고함과 노발대발하실 정도로 그렇게 중요하고 또 무서운 것임을 직감하고, 제기를 살며시 호주머니 속에 집어넣고 표정 관리에 임했다. 어머니도 이웃집에 마실 가셨다가 오셔서 자초지종의 말씀은 우리가 돈을 빌려줬던 사람에게 원금과 이자를 제 날짜에 갚지 않으면 담보한 논을 내놓겠다는 채권 계약서였다. 그 말도 그 당시는 무슨 내용인지 전혀 알지 못했으며 단순히 찢으면 안 되며 큰일 나는 미농지로만 알았을 뿐이었다.

그때 아버지는 어린 것이 하도 기가 차고 어안이 벙벙하여 이러지도 저러지도 못하시고 결국, 어머니의 회초리와 따끔한 훈계로 마무리되었다. 다행히 돈 빌려 간 동네 아저씨가 원본 계약서가 찢어진 줄 모르셨거나, 아니면 착하신 분이어서인지 그 뒤 채무관계는 잘 이행되었다. 나의 손자가 사리판단을 할 나이가 되면 '엽전과 미농지 이야기'를 들려줄 생각이다. 손자는 벌써 제기를 만들어서 신나게 제기를 차고 있다.

(2020. 11. 4.)

제9부

자연 그리고 사랑

산골짝의 오두막

낮에는 솔개란 놈이 제 맘대로 활개치며 창공을 날 수 있고, 밤에는 하늘에 도배된 별들을 다 쓸어안아 볼 수 있고 심호흡 한 번으로 열흘을 살 수 있는 확 트인 개활지다.

황토로 반죽한 지푸라기를 섞어 조약돌을 사이사이에 끼워 벽을 쌓고, 쭉쭉 뻗어 곧게 자란 소나무 껍질을 벗겨 서까래를 얼기설기 엮어서 지붕을 완성하니, 고대광실 부럽지 않은 아담한 보금자리가 되었다.

살강 아래 쌀독에서 표주박 종기로 한 줌의 쌀을 넣고 이것저것 섞어 지은 잡곡밥에 텃밭의 풋고추를 된장 듬뿍 찍어 씹으니 아삭거리는 소리와 풋내가 오두막의 정취를 살려준다.

빛이 바래고 누더기같은 옷이지만 잿물에 삶아 땟물을 도랑물에 헹구어 짜고 말려서 입으니 언제나 고실고실하고 어머니 품처럼 따뜻하다.

먹통 같은 밤이면 전깃불은커녕 석유등잔도 없는 산골짜기 오두막에 관솔개비로 불을 켜 온방이 시커멓게 그을려도 그 투박한 색깔과 퀴퀴한 냄새야말로 생명의 흔적들이다.

어느새 자란 솔푸덩 둥지 꺼병이형제들, 까투리 엄마는 요리조리 걸음마 연습이 한창이고 장끼 아빠는 먼발치에서 행여 어쩔까 봐 새끼들 감시에 눈을 떼지 못한다.

소나무 등걸에 자리 잡은 송이버섯 가족들은 할아버지와 손자까지 얼굴을 맞대고 오순도순 환하게 웃으며 살고 있으니, 욕심 없이 살아가는 가족들의 거울이다.

숲 속의 작은 둠벙엔 송사리들이 옹기종기 모였다. 살짝 들여다보니 후다닥 돌 틈으로 숨는다. 예쁘고 귀여워서 그랬는데 덥수룩한 수염과 푸석푸석한 머리카락의 산사람이 무서웠나 보다.

실개천에 오가는 이들이 건널 수 있게 징검다리를 놓고 언덕배기에 넓적한 큰 돌을 괴어 쉼터 의자를 만들어 놓으니 길손들은 뜸하고 산새들의 휴식처가 되어버려 새똥만 수북하게 쌓여 있다.

솔가리 한 바작 긁어 부엌 귀퉁이에 쌓아 놓고 군불을 지피니 따뜻하고 평온한 뽀얀 연기 산기슭에 퍼져 외로운 오두막의 손짓에 억새꽃들이 덩달아 춤을 춘다.

기념일에 축하 케이크나 선물이 없어도 야생화 고이 엮어 꽃목걸이를 걸어주고, 장독에 곰삭은 머루주 한 종발 서로 권하며 차가운 손을 함께 잡고 녹여주며 주고받는 '미안합니다. 사랑합니다.'가 전부다.

신록과 단풍

등골에는 촉촉한 땀이 솟고, 얼굴은 송홧가루가 뒤범벅된 채 가쁜 숨을 몰아쉬며, 고향 집 뒷동산에 오른다. 소나무 등걸에 잠시 앉아 바짓가랑이 흙먼지를 털려니 멀리 보내고 싶은 엄마의 마음이라는 도깨비바늘과 도꼬마리 씨앗이 다닥다닥 붙어 더욱더 넓은 세상에 내보내려는 어머니의 슬픈 전설이 생각났다.

뒷동산엔 조상님들과 부모님의 산소가 있다. 나의 탯줄이 이미 묻힌 곳이고, 언제인가 나의 유골도 묻힐 산이다. 낳고 자란 앞마당 같은 곳이어서 이 나이에도 답답하고 괴로울 때면 고향마을 뒷동산을 찾아가 한 바퀴 돌아오면 어느 사이 모든 것이 사그라지고 안정된다. 고향 집 뒷동산은 울창한 태고림太古林이 우거진 요세미티가 아니어도 좋다. 하늘을 삼켜버릴 그랜드캐니언이 아니어도 좋다. 해가 뜨고 해가 지는 모습을 아무데서나 볼 수 있고, 꽃과 녹음과 단풍과 함박눈을 차례로 볼 수 있는 4계절의 동산이기 때문이다. 더 절실한 것은 고즈넉한 골짜기에 조상의 영혼과 자손의 영혼이 칡덩굴처럼 함께 어우러져 위로하고 보듬어 주는 작지만 오붓한 오두막이 있기 때문이다.

몇 년 전에 산림청의 수종樹種 개량 권고로 수종도 다양하고 빽빽해졌다. 야생동물도 득실거리고 있어 숲속에는 동물들의 잠자리 흔적을 볼 수 있고, 밤에는 부엉이 우는소리가 적막을 깨운다. 길섶이나 밭두렁에는 산딸기가 석류처럼 붉게 익어 나는 검정 고무신으로 가득 따다가 밭에서 일하시는 어머니에게 드렸었다. 오늘은 빨간 산딸기를 한 움큼 따서 상석床石에 놓으니 어머니 산소의 잡초들만 하늘거리며 바람만 내 머릿결을 쓰다듬고 지나간다.

지난가을 미륵사지 앞 길가에 코스모스 꽃잎이 나비떼처럼 나풀거려 생전에 꽃을 좋아하셨던 어머니가 생각나서 그 꽃씨를 받아다가 올봄에 어머니 산소 앞에 뿌렸더니 새싹이 귀뚜라미 수염처럼 가늘고 촘촘히도 올라왔다. 그리고 몇 년 전에 심어 놓은 할미꽃은 거름기가 적어서인지 정성이 소홀했는지 잎사귀만 나왔지 꽃은 피지 않아 겉치레 효행을 보는 것 같아 남이 알까 부끄럽다.

신록의 흐름을 용케도 알아채고 장끼는 붉은 볏을 곤두세우고 흥분하여 까투리를 불러내느라 목이 터진다. 꾸엉 꾸엉을 외치는데, 뻐꾸기란 놈이 훼방을 놓는 건지, 제 새끼 낳고 기를 전셋집 구하는지 뻐꾹 뻐꾹 소리가 뒤섞여 한바탕 온산을 들쑤셔 놓는다. 숲속의 작은 길에는 검은콩 같은 고라니 똥이 여기저기 쌓여있다. 칠흑 같은 밤 억수같이 비가 내려도, 하얀 눈으로 온천지가 뒤덮여 분간할 수 없어도 이곳 뒷동산을 찾을 수 있는 것은 산자락 밭두렁마다 아버지의 땀 냄새가 절여있고, 어머니의 산소에서는 지금도 당신의 젖냄새가 가시지 않아서다.

벌써 녹음이 우거져 성하盛夏의 계절로 바뀌고 있다. 나도 이 동산에 어머니 손을 잡고 유년기 시절부터 오르기 시작했다. 그 신록이 지나고 혈기 왕성했던 성하기도 지나고 이제는 황혼의 단풍기라 생각되니 울창한 숲과 나무들이 한없이 부럽고 덧없는 세월이 야속하다.

봄은 신록이고 풍성한 결실은 단풍이다. 모든 수목은 한 자리에서 평생 네 계절을 맞는다. 나의 손자는 신록이고, 자식은 녹음이 왕성한 성하盛夏이며, 나는 단풍을 맞아 낙엽을 생각해야 하는 가을의 문턱에 있다. 천년을 살아온 나무는 그간 오직 할 말이 많겠지만 오늘도 가지를 힘껏 벌려 햇빛을 모으고, 뿌리는 영양분을 모아 손자와 자식들을 먹여 살리며, 거미와 산새들에게 둥지도 내주는 여유가 있다. 아마도 나무는 모든 것을 내려놓아서 천년을 버틴 것 같다. 물은 위에서 아래로만 흐르는데 때로는 하늘로 날아가는 경우도 있다. 바로 물의 무게를 아주 작게 줄였을 때 수증기나 안개가 되어 승천하게 된다. 나도 모든 무게를 내려놓고 푸른 하늘 흰 구름처럼 단풍잎 날개를 달고 훨훨 날아서 아름다운 유유자적悠悠自適의 단풍 나라에서 동반자와 돛을 올리고 노를 저으며 낙엽이 되어도 슬퍼하지 않는 '시몬'의 나라에서 살고 싶다.

(2019. 6. 29.)

가을 나그네

나그네는 자기 고향을 떠나 그냥 구름 따라 바람 부는 대로 물결치는 대로 떠도는 사람을 일컫는 말이다. 나는 계절 중에 모든 것이 떠나가는 것 같아 가을이 제일 싫고, 사람 중에는 할 일도 없이 떠도는 나그네가 싫다. 싫은 것 두 가지가 겹쳐진 '가을 나그네'는 그래서 더 더욱 싫다.

을씨년스러운 가을이 닥쳐오니 숲 속에 사는 벌레 중에서 크리스마스 이전에는 삶을 정리해야 할 시한부 곤충들이 불현듯 떠올라 밤잠을 설치게 한다. 유치원에서부터 어른에 이르기까지 교훈으로 두루 인용되고 있는 이솝우화(Aesop-寓話) 중 '개미와 베짱이'에서 베짱이가 마음에 걸린다. 베짱이는 봄이나 여름에 태어나서 서리가 내리는 늦가을쯤에 죽는다고 하니, 수명은 6개월, 길어야 8개월로 겨울을 모르는 곤충이다. 베짱이로서는 겨울을 나기 위한 식량 비축이나 월동 준비는 아무 의미가 없을 것이다. 그러니 짧은 삶을 살면서도 유유자적의 풍류를 실컷 누리며 배짱 좋게 살다 가는 베짱이가 부럽기도 하고 동정이 가기도 한다.

사람들은 가끔 이 세상에서 자기만 가장 기쁘고, 가장 노여우며, 가장 슬프고, 가장 즐거운 것으로 착각할 때도 있다. 그래서 불필요한 행동이 늘고, 해서는 안 될 비약도 많아진다. 때로는 기성작가가 만들어 놓은 작품 속 주제나 주인공의 희로애락에 자기를 주인공화 해서 혼자만의 세계에 도취하여 헤어나지 못하는 경우를 종종 보게 된다. 보통 사람들이 다 같이 겪는 운명인데 자가당착自家撞着에 빠져 참으로 우물 안의 개구리 같은 인간들이다.

남자들은 여러 가지 생물학적 근거도 있겠지마는 인간의 본성을 살펴보면 여성과 비교하여 정복과 성취 욕구가 강하다. 원시시대부터 채집, 사냥, 번식 등 외형적인 활동에서 보듯이 남자들은 자신의 능력을 발휘해서 무엇인가를 이루고 싶어 하는 욕구가 있다. 가을은 수확의 계절이기도 하지만 여름 내내 푸르고 풍성했던 잎사귀와 숲이 나뭇잎으로 떨어지거나 고사하는 등, 마치 왕성했던 근육은 처지고 수족은 밭아버려, 능동적이고 성취욕이 강해서 세상을 휘젓고 다녔던 젊은 시절과 이제는 의욕만 앞서는 진취력 없는 자신의 초라한 몰골과 비유된다. 아마도 남자들이 여성보다 더 가을을 타는 게 아닐까 싶다.

나 또한 보통 남자로서 위 가설의 범주에서 벗어나지 않는다. 가을은 한 해를 마무리하는 벼랑 끝의 계절이라 신神이 우리 인간을 가엽게 여겨 덤으로 주신 25시時의 하루라도 운명 앞에 발만 동동 구르게 된다. 지난 가을에 뼈저린 아픔을 주었는데도, 또 오류를 반복하는 인간들은 입이 열 개라도 가을의 전설을 변명해서는 안 된다. 낙원樂園에서 추방된 자는 낙원을 지키지 못한 원죄原罪가 있다.

가끔 꿈속에서 내가 보기 싫은 '가을 나그네'가 되어 광야에서 방황하고 있으니 모르페우스(Morpheus: 꿈의 神)는 나와는 전생에 무슨 악연이 있어서 잊을 만하면 나를 밤마다 괴롭히는지 모르겠다. 남들은 땀을 흘리며 씨 뿌리고 가꾸어 겨우살이 준비를 한다. 들녘에서 눈코 뜰 새 없어 갈퀴 같은 손으로 망태기와 소쿠리에 곡식을 담아 거두어들이는데, 가을 나그네는 슬그머니 논두렁에 앉더니 낯 두껍게 새참을 얻어먹는다. 아낙들은 초췌한 얼굴이 측은해서 적선積善하면서도 육신 멀쩡한 가을 나그네를 힐끗힐끗 곁눈질하면서 '작년에 왔던 각설이 죽지도 않고 또 왔네.'로 구시렁거린다. 가을 나그네는 그래도 못 들은 척 허기를 채우느라 수저질 하는 어깨만 휘청거린다. 내 모습 가을 나그네에 내가 화가 나서 소리를 지르고 그 소리에 잠이 깨니 꿈이었다. 어쩌다가 모르페우스의 마법에 걸려 잊을 만하면 꿈속의 '수쿠르지영감' 같은 나의 가을 나그네가 밉고 또 밉다. 차라리 카사노바나 베짱이처럼 살았으면 때깔이라도 좋지, 주제는 헐벗고 끼니조차 챙기지 못한 게 넝마주이보다 더한 꼴이다.

조물주가 우리에게 4계절을 준 것은 어쩌면 자연의 이치대로 살면서 언제나 겨울을 준비하고 살아야 한다는 것 같다. 어쨌거나 나는 인생의 봄, 여름 그리고 가을을 그럭저럭 살지는 않아서인지 인생의 늦가을을 맞이하여 살아가는 것도 나에게는 천복이며, 그냥저냥 버틸 만하다. 나이 드신 부모님은 좋은 것을 보셔도, 맛있는 음식을 드셔도, 좋은 옷을 입으셔도, 반가운 사람을 만나셔도 기쁨의 표현을 한숨과 눈물로 표현하시던 것이 엊그저께 같은데 벌써 고인故人들이 되셨다. 나는 그렇게는 살지 않아야겠다고 다짐했는데 나 또한 도로 아미타불이다.

움켜잡았던 세월은 어느 새 나를 내동댕이치고 산 너머로 훌쩍 도망가 버렸다. 의식주가 부족해서 그런 것이 아니다. 나의 몸뚱이에서 나뭇잎처럼 떨어져 나가는 사람들, 그리고 따뜻하고 그리운 정情들을 다시는 안아 볼 수 없음이 서럽다. 앙상한 고목의 절규인 양 가을 나그네는 종이쪽지 하나를 나뭇가지에 걸어 둔다. 지나간 해의 그림자보다 남은 해의 그림자가 작아서 그런 것이 아니고 애잔한 그리움이 놔주질 않기 때문이다. 그렇게 청승맞고 구질구질한 삶을 살지 않아야겠다고 하루에도 몇 번이나 다짐해도 황혼黃昏의 서쪽 하늘이 아름답다기보다는 아쉬움이 먼저다. 가을 나그네의 닳고 해진 짚신 바닥에 밤송이 가시가 뚫고 들어와 일침一針을 놓는다. 정신이 바짝 들어 세상을 보니 동녘의 서광曙光이 나를 비추며 '아직도 가을 나그네는 개미처럼 살아야 하고 할 일도 많다.' 고 한다.

(2018. 11. 28.)

먼 달의 노래 —戊戌 八月 秋夕에

무슨 사연이 있어 낮에는 구름 속에 꼭꼭 숨어 있다가 밤이면 계수나무 사이로 배시시 얼굴을 내민다.

난 그 쟁반 얼굴이 그렇게도 좋아서 귀뚜라미 손을 잡고 고무신을 질질 끌며 뜨락에 마중 나선다.

남들이 자는 밤 나 혼자 실컷 보며 이야기할 수 있고, 우리 사이를 시기하거나 미워할 사람들 없어서 좋다.

행여 내가 못 볼까 봐 높이 솟아서 토끼가 찧어 놓은 쌀가루 분을 곱게 바르고 환하게 웃고 반겨 준다.
왜 높고 멀리 있느냐 물으니 가까이 있어 쉽게 만나면 물안개처럼 사라질 애틋한 두려움 때문이란다.

봄비

겨우내 대지의 땟국물을 씻기우고, 지난가을이 부탁한 밀알의
싹 띄움을 위해서인지 솔가지 연기 사이로 봄비는 내리고 있어
부엉이 턱주가리 수염에 구슬이 대롱대롱 매달려 있다.

플라멩코 무희의 허리춤을 감싸듯 산허리를 안고 둥둥 떠 있던
허연 목화 솜이불들은 빗물에 젖어 무거워서 시나브로
산 아래로 산 아래로 미끄러져 내려가고 있다.

둠벙 속 참붕어 떼들 주둥이를 내밀고 하늘의 봄비 알갱이를
받아 마신다. 일찍 나온 소금쟁이는 물 위를 거닐면서 봄비가
그린
동그라미 물결을 쉴 새 없이 지우고 다닌다.

후루룩 뚝뚝 후루룩 뚝뚝 소리라도 나면 다른 생각 없을 텐데
고양이 기어 오는 소리보다 더 작게 봄비가 오니 별의별 생각이 꼬리를
물어 그리움의 창문을 열고 나를 일으킨다.

세월도, 사람도 모두 다 떠나버린 문턱에 우두커니 혼자 앉아 봄비 핑계로
모시 적삼 흠뻑 젖은 임이 오시면 어머니 적삼 내주며 아랫목도 권할 텐데
얄궂은 봄비는 가슴만 적신다.

(바람 한 점 없는 어느 봄비 오는 날에)

선유도 기행

사람들은 지척에 있는 유명 관광 장소는 일부러 가지 않아도 언제나 쉽게 갈 수 있어서 차일피일 미루다가 그냥 지나쳐버리는 경우가 많다. 그래서 몇십 년을 보내버리는 경우가 있다. 그러나 멀리 사는 사람들은 일부러 여행코스를 잡아서 다녀가곤 한다. 그곳 주민들은 다녀오지 않았어도 많이 다녀온 것처럼 능청을 떨면서 얼버무리는 경우를 종종 보게 된다.

나는 군산에서 40여 년이나 살았으면서도 선유도엔 한 번도 가보지 않았는데, 이번에 처음으로 선유도에 다녀왔다. 지금은 일반 학교 교육 활동도 시대적 교육목표에 따라서, 소풍이 체험학습으로 수학여행이 테마 여행으로 바꾸어졌다. 내가 1960년대에 다녔던 중 · 고등학교 시절에는 쌀이 그렇게 귀해서인지 물품 화폐로 통용되기도 했다.

시골에 사는 학생들은 하숙비 대신 하숙미下宿米 쌀 포대를 일요일에는 메고 오는 일이 일상적이었다. 수학여행을 갈 때도 농촌 학생들은 돈 대신 쌀을 가져가기도 했다. 수학여행 여관집 사장님도 쌀이 귀한 시절이라 돈보다는 쌀을 좋아했다. 선생님들은 학생 수를 계산하여 밥값을 끼니마다 쌀로 주었다. 지금 신세대들이 생각하면 곧이듣지 않을 호랑이 담배 피우던 시절의 이야기로 들을 수 있다.

나는 60여 년 전 중학생 시절에 고군산으로 수학여행을 갔었다. 쌀자루를 등에 메고 버스에서 내려 익산 기차역에서 군산행 기차를 탔다. 기차는 힘이 들어서인지 가끔 꽥꽥 소리를 지르고 하얀 입김을 내뿜으며 스쳐 갔다. 기차는 가만히 있는데 철길 옆 전봇대들이 계속 뒷걸음을 치면서 멀어졌다. 다른 산과 집들을 보아도 전봇대처럼 기차를 밀어내면서 뒤로 가는 것이 신기해서 차창 밖 풍경에 정신이 팔렸다. 어느덧 기차는 군산역에 도착했다. 선생님은 제일 앞장을 서서 가시고, 학생들은 올망졸망 쌀자루를 메고 병아리 새끼처럼 선생님을 따라갔다.

어머니가 모처럼 수학여행을 간다고 새 운동화를 사주셨는데, 기차역 옆길은 석탄 가루가 빗물에 반죽이 되어 검은 팥죽처럼 질퍽하여 새 운동화를 더럽혔다. 운동화에 신경 쓰랴 선생님 따라가는데, 신경 쓰랴 정신없이 걸어갔었다. 째보 선창까지 걸어서 모퉁이를 돌아가니 드디어 연안여객선 터미널이 있었다. 배 출항 시간이 많이 남아서 담임선생님은 집에서 싸 온 도시락을 먹으라고 했다. 생전 처음 본 인근 수산시장 그리고 바다와 부둣가나 고깃배 돛대위에 앉아서 시골뜨기 중학생들이 신기해서인지 날아가지도 않고 노려보는 갈매기가 오히려 신기했다.

드디어 고군산행 배를 탔다. 그곳에 가는 일반 사람들도 같이 선실과 갑판에 나누어 탔다. 한참을 가니 물개들이 고개를 수면으로 내밀고 다시 바닷속으로 들어가기를 반복한다. 사람들은 신기해서 야~하면서 소리를 쳤다. 나는 그 물개가 선창가 갈매기처럼 시골뜨기 나를 얕보며 약 올리는 것 같아서 싫었다. 고군산 가는 길에 작은 섬에 주민들을 내려놓거나 태우기도 했다.

군산에서 조금 먼 바다로 가니 파도에 배가 출렁거려 학생들 대부분은 뱃멀미로 점심때 먹은 밥을 여기저기서 토해내어 삽시간에 갑판이나 선실이 아수라장이 되었다. 그렇게 한참을 버티니 고군산 선착장에 도착했다. 여기저기서 어른들은 흙냄새를 맡으면 뱃멀미는 가라앉는다고 했다. 친구들은 주위에 있는 흙 한 줌을 집어서 코에 대고 한참을 걸어가니 어느 순간부터 뱃멀미는 감쪽같이 사라졌다,

선유도 여관에 도착하니 옆집 옆집까지 방을 비워놓고 학생들을 분산하여 잠자리를 정해주었다. 밥은 한 곳에서 먹었는데 집에서 풋내나게 먹었던 푸성귀보다는 처음 본 해물 반찬이 대부분이었다. 저녁을 먹고 여관집 앞바다를 보니 바닷물이 멍석에 널어놓은 벼알을 고무래로 밀고 오듯이 파도가 밀려오고 밀려가기도 했다. 그리고 물결 끝쪽에는 엄청나게 큰 바위산 봉우리 2개가 내 눈에 처음으로 들어오더니 나갈 줄을 몰랐다. 그렇게 저녁 시간을 마치고 각자 정해진 방으로 가서 잠을 청하니 낮에 뱃멀미에 시달렸는지, 누가 먼저라 할 것 없이 코골이 경쟁이 여름밤 개구리 합창처럼 이방 저 방에서 한창이었다.

아침에 일어나서 여관집 앞바다를 보니 저녁때 여관집 앞턱까지 넘

실거렸던 바닷물은 모두 빠져나가서 갯벌만 드러났다. 조그마한 게들이 개미 떼처럼 기어 다니고 있어 처음 본 나는 그것도 구경거리였다. 성큼 다가가면 약속이라도 한 듯이 그렇게 많던 게들은 자기 집 구멍으로 쏜살같이 들어갔다가 인기척이 없으면 또 기어 나왔다. 어젯밤에는 갯벌 저 멀리 물에 잠긴 듯 보였던 큰 바위산 두 봉우리가 아침에는 발목까지 전체가 보여 나에게 색다른 기억을 주는 것인 양 또 성큼성큼 다가왔다.

아침 식사 후 선생님을 따라 바닷가의 질퍽한 갯벌을 밟으며 작은 조개 잡기에 재미를 붙였다. 그리고 신비한 쌍둥이 돌산까지 올라가서 우리 마을 쪽을 바라보면서 어머니 얼굴을 생각하면서 선유도에서 보았던 재미있는 이야기를 들려주기로 했다.

오전 한나절쯤에 배가 출항한다기에 모두 다 승선 준비에 바빴다. 들어올 때 뱃멀미에 놀란 친구들은 흙 한 줌을 집어서 물에 적셔 아예 선실에 누워서 코밑에 올려놓고 연신 황토 냄새 맞기에 바빴다. 그래서 그랬는지 벌써 면역이 생겼는지 군산에 갈 때는 멀미가 그리 심하지 않았다. 그래서 선유도 하면 황토 멀미약과 쌍둥이 돌산(망주봉)이 늘 지워지지 않는다.

그렇게 60여 년의 세월이 흘렀다. 국가의 새만금 계획과 연계하여 고군산열도 개발계획으로 섬마다 연륙교가 세워졌다. 군산에서 자동차로 고군산 열도를 가 볼 수 있게 되었다. 처음 연륙교 개통 직후에는 전국 자동차들이 몰려들어 길 위에서 옴짝달싹을 못 하고 돌아간 경험이 있었다. 그래서 이번에는 주중에 마음먹고 아내와 선유도 나들이에 나섰다. 해수욕 시즌이 아니고, 주중이라서인지 자동차라고 해야 심심하면 한 대씩 지나갈 정도로 너무 한산했다. 중학교 때 어린 가슴을 채워줬던 쌍둥이 산(망주봉)이 가장 보고 싶다.

교통통제도 없고 주차료도 무료이어서 오늘은 선유도 전체를 전세 낸 기분이었다. 60여 년 전 중학교 수학여행 때 기분에 젖어 망주봉이 제일 가까운 명사십리 바닷가 주차장에 주차해 놓고 망주봉 등산길을 백방으로 물어보고 찾아보아도, 망주봉은 바위산이고 급경사이어서 등산을 금지한다는 산 주위를 에워싸고 서 있는 시장과 경찰서장의 경고문 게시판이 보였다.

할 수 없이 나와 아내는 느린 걸음으로 망주봉을 샅샅이 훑어가며 한 바퀴 돌았다. 망주봉 중턱에는 여기저기 진달래꽃 무리가 연분홍 분을 바르고 웃으면서 속상해하지 말고 구경하시라고 달래주었다. 마지막 돌아 나올 때는 망주봉 바위를 쓰다듬으면서 올라가지 못했던 마음을 달랬다. 바다 저쪽에는 그 옛날 여관집터도 어렴풋이 눈에 보였다.

나와 아내는 명사십리 백사장을 걸으면서 자꾸만 시선은 망주봉과 수학여행 여관집 쪽을 보다가 주차장에 도착했다. 그 소년이 이제는 할아버지가 되어 소년 시절을 회상하면서 선유도 망주봉이 백미러에서 사라질 때까지 눈을 떼지 못했다. 어느덧 차창 가에는 골리앗보다 몇 배나 큰 풍력발전 바람개비가 손짓하며 배웅해 주고 있었다.

(2020. 3. 24.)

춘포달빛소리수목원

산도라지를 캐러 갔다가 산삼을 캤다면 뜻밖의 횡재에 기뻐하고 산도라지 캐러 오길 잘했다며 본인의 선견지명에 감탄하면서 박장대소할 것이다. 그래서 나머지 하루 일정도 무엇이든지 잘될 거라는 생각으로 주변에 산삼이 또 있나 이 산 저 산 기웃거리며 본래의 산도라지 캐는 것을 잊어버리게 된다.

오늘은 4월 15일 21대 국회의원 선거일로 임시 공휴일이어서 아내와 함께 교외로 나가기로 했다. 안전띠를 매면서 목적지를 물으니 뜬금없이 지난 식목일에 나무 사러 갔던 황등장 일대를 돌아오잔다. 이유를 물으니 값도 저렴하고 꽃도 예뻤던 노란 장미를 황등장에서 못 사고 와서 눈에 밟힌단다. 삼식이 주제에 아내 말을 거역할 수 없어 황등장을 중심으로 익산 외곽지역에서 안 가본 지역부터 돌아서 황등장으로 가기로 했다.

익산지역에서 들이 꽤 넓다는 춘포들녘을 남쪽에서부터 훑어 북쪽으로 올라가기로 했다. 일본은 1914년에 춘포(春浦-봄 나루) 들녘에서 수탈한 쌀을 군산항에서 배로 실어 가기 위해 개통한 우리나라 철도 역사 중 가장 오래된 간이역인 춘포역(대장역: 大場驛)을 둘러보고 춘포 들녘을 뽀얀 먼지를 뒤로하면서 올라가니 100여 년 전 민족의 아픔과 일본의 만행이 들녘의 허수아비가 되어 다가왔다. 한참을 더 가니 들녘인데 넓은 시골학교 운동장 크기의 주차장에 자동차들이 빼곡히 주차되어 있었다. 주차장 크기와 자동차의 주차대수를 보면 인근에서 무슨 행사가 있는 것 같았다. 그런데 아무리 둘러봐도 행사와 관계된 건물은 보이지 않고 그렇다고 투표장도 아니다. 건물이라고 해야 주차장 입구에 아주 작은 손짜장집이 있는데 집 규모와 주차 대수는 걸맞지 않았다. 길가에 잠시 주차하고 사방을 둘러보니 대형주차장 뒤쪽에 작은 동산이 숲으로 둘러 싸여있고 꼭대기에는 큰 목조건물 같은 누각이 보였다. 눈을 들어 보니 이곳이 '춘포달빛소리수목원'이란다. 동산의 숲길에는 사람들이 삼삼오오 오르내리는 모습이 보였다. 차를 주차장에 주차하고 달빛소리수목원으로 올라갔다.

평소 작은 정원 꾸미기를 좋아하는 아내는 좋아서 어쩔 줄 모른다. 조금 올라가니 '황순원 소나기 나무'가 반겨주었다. 고교 시절 교과서에서 익혔던 황순원 님의 작품 하나하나에 애착을 두었던 터라 그중에서 시골 소년과 도시 소녀의 청순하고 깨끗한 사랑을 소나기 오는 날 원두막에서 만나 풋풋한 사랑을 나눈 작품으로 지금도 가슴을 콩닥거리게 하는 작품이다. 나는 황순원 님이 이 마을을 소재로 한 작품을 쓴 줄 알고 얼마나 당황했는지 모른다. 그런데 나무 안내판을 보니 이 나무는 500년이 넘는 마을 수호신 당산나무로 '첫사랑 나무'로 불렀단다. 나무는 너무 오래된 고목이어서 나무 안쪽이 작은 동굴처럼 벌어져 소나기가 오면 서너 사람 정도는 서서 피할 수 있는 장소로 그 옛날부터 젊은이들이 특히 소나기 오는 날 사랑을 속삭였던 장소로 알려져서 그저 웃으며 사진 한 컷만 찍고 올라갔다.

익산 달빛소리수목원은 전국 각지에서 20여 년간 수집해 가꾼 개인 사유지로 개방된 지 이제 2년쯤 된 아담한 수목원이다. 백여 종의 희귀한 고목들과 어우러진 산책로와 함께 전망 좋은 '카페 달빛 소리'도 이용할 수 있었다. 위치는 익산시 부송동 2공단 근처 춘포면 삼례 가는 길목에 있다. 특히 향수의 원료가 된다는 금목서와 은목서가 발걸음을 멈추게 했다. 금목서는 누런 꽃잎에 향이 강렬하고 은목서는 향이 은은하여 세계적인 향수 샤넬 No. 5 향수의 주원료가 되는 꽃으로 유명하다기에 아내는 연신 코끝에다 대고 있었다. 작은 고개를 넘으니 '잊지마요 목화밭'이 있었다. 지난가을에 관광객을 위하여 일부러 수확하지 않은 하얀 목화송이가 함박눈이 와서 그대로 얼어붙은 모양을 하고 있었다. 목화의 꽃말은 '어머니의 사랑'으로 목화와 길쌈에 얽힌 생전의 어머니 모습을 떠오르게 했다.

메타세쿼이아 길, 애기동백 길, 야외 예식장 등을 한 바퀴 돌아오니 운동량도 적당하고 갈증도 느꼈다. 정상에 있는 카페 달빛소리에서 음료수 두 잔을 주문하여 사방이 확 트인 2층 달빛지평선 테라스에서 가장 전망 좋은 곳에 앉아서 드넓은 춘포 들녘을 바라보니 전신의 피로와 아픔이 순간에 날아가 시쳇말로 힐링의 최적 장소였다. 나와 아내는 마치 파노라마의 상자 속에 도취한 것인 양 테라스의 장소를 옮겨가며 색다르게 펼쳐지는 풍광에 빠져 시간 가는 것을 잊어버렸다. 그때 지인한테 걸려온 전화를 받으며 시간을 보니 오후 4시에 가까웠다. 나는 아내에게 시간이 이렇게 지났는데 노란 장미를 사러 갈 것이냐고 물으니, 기어코 황등장은 가야 한단다. 부리나케 차를 돌려 시장에 도착하니 4시 30분이다. 아내는 주차하기가 무섭게 나무시장 쪽으로 달려가서 노란 장미를 찾으니 주인은 오전에 다 팔렸단다. 그러자 아내는 모든 원인이 나 때문인 것처럼 나를 바라본다. 대꾸하면 더 큰 불똥이 튈까 봐 수긍하는 표정을 지으며 다음 장날에 다시 오자고 달래서 집으로 향했다.

잘되면 내 탓 못되면 조상 탓이라더니, 내가 지은 죄는 하루 세 번 꼬박꼬박 밥 얻어먹는 죄뿐이다. 오늘 춘포달빛소리수목원을 둘러본 것은 다 좋았는데, 황등장 노란 장미 때문에 내가 덤터기를 썼다. 노란 장미가 아내 몰래 다가와서 작은 가시로 내 손등을 살짝 찌르며 '당신은 무죄'라고 들려주었다.

(2020. 4. 15.)

제10부

학교 현장에서

어느 집들이

우리 민족은 소박한 농경문화여서인지 재산을 늘리는 수단으로 전답을 사들이고 새집을 마련하여 온 식구가 오붓하게 살고 싶어 했다. 특히 새집으로 이사하는 경우에는 푸짐한 음식을 장만하여 이웃들을 대접하였다. 초대 받은 이웃들은 달걀 꾸러미나 통성냥 등을 사들고 가서 축하하며 농악을 울려 한바탕 지덕地德 밟기를 하는 정겨운 집들이 문화가 이어져 왔다.

전북 익산시에는 대안학교형 초등 4개 과정반, 중등 2개 과정반, 고등 1개 과정반으로 학력인증제반과 검정 고시반을 병행하는 재학생 80여 명, 교사 22명으로 운영되고 있는 개교 45주년을 맞는 '무궁화학교'가 있다. 나는 이 학교 교장으로 6년째 재직 중이다. 국가 보조금으로는 학교 재정이 어려워 독립건물은 없고 열약한 임대건물로 유지하다가 올해에는 교육청이 요구하는 교실 규격 6실과 교육학습 환경을 갖춘 곳으로 여러 선생님, 졸업생들 그리고 지역사회 유관단체의 후원으로 올해 2월에 이사하여 그간 고마운 분들에게 5월에야 집들이를 했다.

음식 재료는 고기 및 공산품을 제외한 채소나 과일 그리고 쌀 등은 선생님들, 졸업생들이 후원해주신 재료로 마련했는데 특히 여선생님들이 주축이 되어 손님을 대접할 음식을 조촐하지만 넉넉하게 마련하여 점심때부터 저녁때까지 얼추 300여 명이 넘게 대접을 했다.

올해는 때이른 더위로 한여름 못지않았다. 음식을 조리하는 여선생님들에게 조리기구가 내뿜는 열기가 계속 주방에 쌓이니 찜질방 같았다. 조리실에서 수고하시는 여선생님들의 턱 끝에서는 화장을 지운 땀방울이 떨어지고 등골에는 이른 봄 산골짜기 눈 녹은 물처럼 흠뻑 젖었다. 나는 선풍기 몇 대를 설치하여 해결책을 시도해보았으나 효과는 미미했다. 열기와 음식 조리 연기 속에서 가랑비 맞은 모습으로 조리하시는 선생님들을 보니 쥐구멍이라도 찾아 숨고 싶고, 할 수만 있다면 죽었다가 내일이나 깨어났으면 싶었다.

점심때가 되니 손님들이 우르르 몰려왔다. 6개 교실의 책상을 식탁으로 활용했다. 메뉴는 20여 가지로 준비하고 각 식탁에 준비된 메뉴 쪽지에 손님들이 원하는 음식을 주문하면 만든 음식을 갖다 드렸다. 조리하는 선생님들이나 서빙하는 선생님들이 모두 다 전문성이 없어서 보는 사람은 어설프게 생각할 수도 있으나 모두나 내 일처럼 도와주셨다. 왔다 가시는 손님마다 맛있고, 감사하게 먹었다고 칭찬하니 입에 붙은 말일지언정 선생님들의 노고에 위로가 되는 것 같았다.

오후 2시가 넘으니 손님이 뜸해서 가락국수로 맞바람에 게눈 감추듯 점심을 때우고, 식자재 점검과 각 교실 식당을 점검해 보니 오전과 점심때 손님들이 너무 많이 오셔서 대접이 소홀했던 점 그리고 식자

재도 거의 바닥이 나서 다시 가져와야 했다. 특히 졸업생이 방울토마토 20박스를 후원하여 식탁마다 탱글탱글하고 분홍빛 토마토를 기본 음식으로 깔아놓으니 오시는 손님마다 주문 음식이 도착하기 전 방울토마토에 손이 가면서 담소를 나눈 것이 조금은 여유로워 보였다.

뜻있는 손님들은 교실의 조명시설을 보고 조명설치를 약속해 주신 분도 계셨다. 학교 교구재나 사무용품 집기류나 여러 후원을 자처해 주시어 그것 다 받으면 부자학교가 될 것 같았다. 그 옛날 어려운 시절에 학교를 졸업하고 공직에 근무하는 중년의 졸업생 손님은 자녀들과 같이 방문하여 아버지가 어렵게 공부하며 꿈을 키웠던 학교를 소개하는 산교육의 장으로도 이용되었다.

어느 할머니는 며느리와 사위들이 할머니를 중학 졸업자로는 알고 있기에 그걸 숨기고 본교에서 중졸, 고졸과정을 마치고 대학까지 졸업하시고 서너 개의 자격증까지 취득하시어 현재는 봉사활동을 하고 계시며 졸업장과 자격증을 거실에 훈장처럼 비치하여 이제는 며느리와 사위들 앞에서도 떳떳하고 뿌듯한 삶을 살고 있다고 말씀하셨다.

70세가 훨씬 넘은 어느 할머니는 지팡이에 몸을 의지하며 화장지 한 묶음을 가지고 오셔서 이 학교 때문에 자기 평생에 초등학교 졸업장이 있고 글을 읽고 쓸 줄 알아서 이제는 '세상천지가 명경 같다.'며 눈물을 주르륵 흘리셨다. 학교가 있어 이렇게 보람된 사람들이 많으니 보다 더 진실하고 참된 사명감으로 마음을 추스르고 봉사해야 한다는 각오로 주먹이 불끈 쥐어지며 주마가편走馬加鞭의 채찍을 움켜쥐게 되었다.

오후 9시쯤 집들이 행사가 마무리되었다. 종일 손님맞이 행사로 갑자기 피곤이 엄습했다. 그래도 전주 집으로 돌아와야 했다. 에어컨을 켜다가 차창을 열기를 반복해도 졸음은 눈꺼풀을 놓아주지 않았다. 이러다가 죽으면 안 된다며 정신을 바짝 차렸다. 차선은 제일 바깥 차선을 유지하고 시속 60㎞ 정도로 유지하며 쉬지 않고 아무 노래나 목청이 터져라 부르니 잠이 달아났다. 어느 사이 아파트 주차장에 도착했다. 차린 것도 없이 손님들을 모시고 선생님들만 고생시켰다고 생각하면서 하늘의 별들을 보니 별들은 잘했다는 뜻인지 그저 깜박거리기만 했다.

(2019. 5. 23.)

잘못 탄 기차

내가 관리자로 있는 학교에서 2019학년도 초등졸업학력 인정반 졸업여행을 여수로 갔다. 세계박람회 해양공원 일대와 케이블카를 타고 남쪽 바다를 하늘에서 감상해 보는 하루의 일정이었다.

열차표는 익산역에서 일괄 구매하여 익산역에서 출발하고 나 혼자만 전주역에서 합류하기로 했다. 집안의 대소사나 어느 모임의 책임자로 행사를 주관하는 경우에는 새벽부터 서두르는 성격 때문에 늘 아내로부터 지적을 받는다. 오늘도 새벽부터 잠자리에서 살금살금 걸어 나가 오늘 행사 준비를 서둘렀다. 아내는 못마땅하다는 듯 연신 헛기침을 한다.

전주역 주변에는 자가용 주차가 불편하니, 전주역까지 처음으로 시내버스를 이용하기로 했다. 아내가 가끔 이용하는 시내버스 승차권을 처음 사용해야 하며 버스 노선도 모르는 상태에서 집 앞 시내버스 정류장에서 승차하여 전주역까지 가는 게 고민이었다. 인터넷에 들어가서 전주 시내버스에 관한 모든 것을 뒤져봐도 나의 수준으로는 이해할 수 없었다. 그렇다고 택시는 최후 수단이므로, 이번 기회에 시내버스 노선을 꼭 익혀두어야겠다고 다짐을 했다.

열차 출발시각 1시간 전에 집을 나서서 집 앞 버스정류장에 도착하여 버스 목적지를 아무리 봐도 전주역 가는 시내버스는 없었다. 대학생처럼 보이는 학생에게 전주역까지 가는 시내버스는 몇 번을 타고 가야 하느냐고 물으니, 그 학생은 스마트폰을 꺼내더니 어떤 앱을 누르면서 어르신 60번 차를 타고 가시면 된다고 했다. 말하는 순간 60번 차가 왔다. 전주역에 가기 전 시내버스는 돌연 전북대 병원으로 들어갔다. '아차 잘못 탔다.'를 속으로 외치면서 다음 정류장에 내려서 택시를 타야겠다고 생각하고 있는데 버스는 다시 전주역 쪽으로 향하고 있어 겨우 안도의 숨을 쉬었다. 전주역에 도착하니 기차 출발 30분 전이었다. 아내에게 전주역에 잘 도착했다고 전화를 하고 대합실에서 기다리고 있었다.

대합실에서 한참을 쉬고 있는데 열차 안내방송이 나왔다. 조금 후에 여수엑스포역에 가는 열차가 도착하니 승객께서는 안전한 지하도를 이용하여 4번 홈에서 대기하라고 했다. 4번 홈에서 조금 기다리니 드디어 여수엑스포역까지 가는 열차가 식식거리면서 들어오더니 숨을 죽여가며 속도를 낮춰 정차했다. 나는 16 열차 14A석에 가보니 우리 일행이 한 사람도 없었다. 아니 이게 무슨 일이지 하면서 순간 당황스러웠다. 조금 있으니 열차 안내원이 지나갔다. 나는 열차표를 보여주면서 이 열차와 차표가 맞느냐고 물으니 손님이 이 열차보다 7분 뒤에 따라오는 열차인데 혼동하여 앞차를 탔으니, 다음 역인 남원역에서 환승하라고 했다. 순간 전주역에서 내가 승차할 것으로 알고 있는 선생님들이 걱정이었다. 책임 선생님에게 내가 아침 일찍 남원에 볼 일이 있어서 일을 보고 남원에서 승차하겠다고 했다. 조금 후에 남원에서 학생들과 합류했다.

열차는 산속을 지날 때는 아침 안개를 뒤집어쓰며 달려갔다. 터널을 지날 때는 매연 때문인지 기침을 하면서 남쪽으로 남쪽으로 내려갔다. 드디어 여수 엑스포역에 도착했다. 이곳 여수는 대학 친구가 살았고, 현직 때는 교직원 연수와 학생들 소풍 등으로 너무 눈에 익은 장소다. 여수세계박람회 행사기간에는 모든 전라선 열차가 콩나물시루처럼 승객이 꽉꽉 찼으나 오늘은 여유롭게 왔다. 그 당시 행사 기간에는 구경하는 사람보다 줄 서는 사람이 많았다. 2시간 줄을 서서 20분 구경하는 진풍경이었다. 그런데 오늘의 해양공원에서 500여m를 걸었는데도 구경 나온 사람은 50여 명 정도다. 국가 예산을 지출하여 매머드 시설을 해놓고 벌써 녹슬고 떨어지거나 휘어져서 막대한 국민의 혈세를 방치하고 있으니 속이 끓는다. 국제적 행사도 좋지만, 사후관리와 연계된 시설 투자를 생각해야겠다. 꽃게장 점심 후에 오동도 입구에 있는 관광케이블카에 나누어 탔다. 케이블카 아래는 해풍으로 다져진 나뭇잎들이 참기름을 발라 놓은 것처럼 반질반질했다. 모든 지붕은 미술 선생님이 채색했는지 생동감 있게 조화를 이뤄 좋았다.

가을의 남쪽 바다는 햇살을 그대로 되받아 비추니 금가루를 뿌려 놓은 것 같아 하늘, 땅 그리고 바다 어디를 봐도 흥에 겨워 가곡 '가고파'가 저절로 나왔다. 케이블카에서 내려 돌산공원 일대를 두루 산책하니 혼자 보기 아까웠다.

오는 길에 여수엑스포 행사 때 제일 높다 했던 스카이타워 20층 전망 좋은 커피집에서 목을 축이며 앞바다의 파도 소리가 자장가로 착각하여 순간 잠이 들었다. 누군가가 "교장 선생님, 갈 시간이에요." 하면서 깨웠다. 학생들은 이구동성으로 "남원 광한루의 러브스토리를 계속하시려면 이번에도 남원에서 내리시죠." 하면서 전체가 하하 호호 웃었다. 나는 순간 아아 오늘 아침에 남원에서 환승한 것에 대해서 선생님들과 학생들은 엉뚱한 오해를 하고 있구나 생각했다. 나는 대충 얼버무리면서 겸연쩍게 웃어버리니, 학생들은 의미심장한 눈빛으로 나를 바라보았다. 차창 밖에는 벌써 땅거미가 지기 시작했다. 전주역에 도착하여 아내에게 전화를 하고 주위 사람들에게 물어물어 40여 분만에 집 쪽으로 가는 시내버스를 탑승했다. 전주역을 출발한 지 1시간 만에 아파트에 도착했다. 아내는 무사히 도착한 나에게 공연히 트집을 잡았다. '걸어서 왔어도 벌써 왔겠네!' 했다.

모든 일에 완벽한 만능 인간은 없다. 내가 분필가루 공장에서 세상에 나온 지 어언 10여 년이 되어간다. 정말 세상 물정 모르고 살았다. 열차를 전주역에서 잘못 타고 남원역에서 환승하고, 시내버스 타는 법도 몰라 40여 분만에 승차했던 하루가 저물고 있다. 나의 실수한 일과를 남원의 러브스토리로 착각한 학생과 선생님들, 융통성 없고 고지식한 남편을 원망한 아내가 이 글을 읽어줄 테니 오히려 나는 속이 시원하다.

(2019. 10. 10.)

가정방문과 담배 한 갑

가정방문은 신학기 때 선생님들이 교육지도에 참고하고자 가정의 교육환경을 살펴보고 부모님들과 면담을 통해서 교실의 교육 활동과 연계시키려는 선생님들의 교육적 출장 활동을 말한다. 1950년 말에는 우리 집에 선생님이 오셨고, 1970년대에는 내가 선생님이 되어서 학생 집을 방문했다. 그 당시는 학부모님들이 자기 자식을 지도하시는 선생님들에게 고마움의 표시로 담배 한 갑을 주시는 것이 보통이었다.

1950년대 말에는 한국의 6 · 25 전쟁 직후여서 특히 농촌은 생활이 어려워 세간살이는 변변치 못했다. 우리 집도 예외는 아니었다. 그러나 어머니는 장남인 나에게는 교육열이 남다르셨다. 그 당시 선생님들이 집에 오셔서 제일 먼저 살피는 것이 학생용 책상이었다. 우리 집에는 책상이 없었다. 어머니는 자식 기 살리려고 궁여지책으로 널찍한 밥상을 안방에 들여놓고 어머니의 앞치마로 씌워 그 위에 책 몇 권을 올려놓으셨다. 그 옆에는 어머니가 새댁 때부터 애지중지 사용하셨던 우리 집 동산動産 1호인 재봉틀을 놓으셨다. 어머니는 선생님을 맞이하시노라 바쁘셨다. 흙먼지 나는 토방과 마당에 물을 뿌리시고 수수 빗자루로 싹싹 쓰셨다. 나는 방과 마루를 걸레로 닦았다.

이렇게 선생님의 가정방문은 물론 손님이 오실 때면 집안청소를 하고 손님을 모시는 것이 예의였다. 옆집에서 선생님이 우리 집으로 오실 모양이다. 아버지는 선생님이 곧 오신다기에 헛기침을 하시더니 논 좀 둘러보시겠다며 나가셨다. 어머니는 선생님을 반가이 맞이하신다. 선생님은 안방을 보시면서 '아, 연식이 책상이 있군요!' 하신다. 어머니는 앞치마로 덮어 놓은 밥상을 책상이라고 보여드려서인지 약간 겸연쩍은 표정을 지으셨다. 어머니와 선생님은 마루에 걸터앉으셔서 교육에 관한 말씀을 나누시고 선생님은 다음 학생 집으로 가시기 위해 일어나셨다. 어머니는 선생님 대접을 제대로 못 해드려서 미안한 표정을 지으시더니 어머니 행주치마 주머니에서 아버지도 좀처럼 못 피우시는 궐련卷煙 1갑을 선생님 손에 들려주셨다.

나는 1970년대에 군산 K여자고등학교로 첫 발령을 받았다. 평소 숫기가 없는 성격이라 교실에서 수업할 때는 여학생들을 바로 볼 수가 없어서 교실 천장이나 칠판만 보고 수업하고 나오기 일쑤였다. 어느 때는 복도에서 대여섯 명의 여고생들이 어깨동무하고 길을 비켜주질 않아서 얼굴이 벌겋게 달아올라 어쩔 줄 모르는데, 나이 드신 여 선생님이 '이놈들!' 하면서 길을 터주셔서 간신히 빠져나갔던 기억도 새록새록하다. 그런 내가 1학년 담임을 맡았다. 그때도 신학기 3월에는 가정방문 기간이었다. 교감 선생님은 가정방문을 하고 방문일지를 작성하여 반드시 결재를 받으라 하신다. 그리고 민폐를 끼쳐서는 안 된다고 몇 번이고 당부하셨다. 가정 방문을 하기 전에는 학생상담 카드 등을 통해서 얻은 학생의 전반적인 것을 숙지하고 부모님과 대화에 참고했다.

군산은 항구도시여서인지 부둣가에는 피난민들이 살고 있었다. 골목 입구에서 구멍가게를 하는 학생 집을 방문했다. 학생 역시 6 · 25 전쟁 때 피난 온 가정이다. 학생 어머니는 객지 생활의 어려움과 가게를 운영하다 보니 가정학습 분위기가 어렵다고 하시면서 시원한 음료수 한 컵을 주셨다. 이것저것 상담을 마치고 다음 집으로 향하는데 학생 어머니는 가게의 담배 한 갑을 호주머니에 넣어주셨다. 나는 담배를 피우지 않으니 괜찮다고 극구 사양하니 사탕 한 봉지를 기어이 주셨다. 교감 선생님의 민폐 끼치지 말라는 말씀이 떠올랐다. 지금도 새만금방조제나 군산 해망동 횟집 단지를 갈 때면 그 여학생 집 앞을 지나다닌다.

몇 년 후에는 남자고등학교로 전출했다. 그 당시는 3학년 졸업반 담임을 맡았는데, 어느 때보다 학생들에게 전심전력을 다하여 입시지도에 최선을 다했다. 다른 학년은 몰라도 3학년들은 개인 상담도 될 수 있으면 가정방문도 소홀히 할 수 없었다. 그런데 E 학생은 개별상담은 물론 진학상담도 전혀 할 수 없는 학생이었다. 친구들의 도움으로 집 위치를 알아내어 여러 번 방문 끝에 아버지를 뵙게 되었다. 해질 무렵인데 손수레를 끌고 허름한 아저씨 한 분이 대문 앞으로 오더니 나를 보고 "누구세요?" 하시면서 만사가 귀찮은 말투였다. "예, 저는 E의 담임선생님입니다."라고 하니 "아이고 죄송합니다, 제가 E의 아버지 되는 사람입니다." 하면서 미안해서 어쩔 줄을 모르셨다. 가정방문을 통해서 아버지의 직업을 알았다. 아버지는 군산시의 청소부이셨다. 그 당시는 시청에서 고용하여 월급이 나오는 직장이 아니고, 골목골목 각종 쓰레기를 치워주고 주민들에게 몇 푼 받는 수고료로 생활을 하는 그런 직업이었다. 그리고 어머니는 생활고로 가출하셨단다. 아버지 말씀이 나는 이렇게 천하게 살아도 저라도 공부 열심히 하여 잘살기를 바라며 이 고생을 하는데 자식이 공부를 열심히 안 한다는 말씀이었다. 아버지는 제가 대접해야 하는데 집이 누추해서 들어가자는 말씀을 못 한다면서, 청소 수고료로 받은 천 원짜리 몇 장을 꺼내 주시면서 담배라도 사서 피우라고 했다. 순간 나는 큰 죄를 짓는 것 같아서 담배를 안 피우지만 사서 피운 거나 마찬가지로 고맙다면서 극구 사양하고, 아버님과 인사를 나누고 골목을 빠져나왔다. 학생 아버지는 손수레 위에 앉으셔서 담배만 피우시는지 담뱃불만 켜졌다가 사라지고 켜졌다가 사라지기를 반복했다. 결국, 그 학생은 대학 진학은 포기하고 전업사에 취직하더니 이제는 어엿한 전업사 사장님이 되었다. 그 학생 아버님은 어떻게 사시는지 찾아뵙고 싶다.

지금은 가정방문은커녕 생활기록부에 학부모의 학력이나 직업도 기록할 수 없다. 학생의 사생활을 보호하고 선입견에 의한 피교육자를 평가하고 교육해서는 안 되기 때문이다. 참으로 서로 부대끼면서 사람 냄새 물씬 풍겼던 옛날의 교실 문화가 그립다. 지금은 학생들이 뽑아주는 커피도 마시지 말아야 한다, 이러한 이유는 일부 교사들의 부실 성적成績 관리나 성性희롱 등에서 기인基因한 것이다. 교육은 서로 눈높이를 맞추고 손을 잡아주며 가슴으로 교육을 해야 한다고 했는데, 차가운 심장과 전자 배터리로 조정하는 로버트식 교육으로 정착되고 있다. 교육의 일반적인 목적은 국가 사회에 알맞은 바람직한 인간상의 형성에 있다는데 지극히 이기적이고 개인적인 인간으로 되어가는 것 같아 안타깝다.

(2020. 6. 20.)

묵향墨香에 취해 10년

공직에서 정년퇴직을 한 지 벌써 10년이 되었다. 퇴임하던 해 여름부터 묵향墨香에 취해 10년째 먹을 갈면서 거칠고 들뜬 인격을 다듬고 억누르며 하얀 한지에 한 획 한 획 글씨를 써 내려간다. 그러나 아직은 인격 수양이 미천한지 글씨는 삐뚤빼뚤 들쑥날쑥하여 지도하시는 서예실 원장님과 문하생들에게 나의 치부를 드러낸 것 같아 부끄럽다. 재능才能은 최선의 노력을 다해도 선천적 끼가 없으면 안 된다고 자기 방어적 모순된 푸념만 늘어놓다 보니 소경 개천만 나무라는 격이다.

내가 퇴직 무렵에 아내는 명예퇴직을 했다. 그래서 익산에 있는 지인의 조그마한 서비스업을 인수하여 운영해 보기로 했다. 나는 군산에서 아내와 아침 식사 후 익산으로 출근하여 오후에 퇴근을 도와주는 출퇴근 기사가 되었다. 퇴직 후 얼마 되지 않은 시기라 사회적 분위기는 어설프고 현직 때의 여운이 남아있어 퇴직자들의 전염병 격인 소위 우울증의 시기였다. 그때부터 아내를 출근시키고 퇴근 때까지 나의 시간을 활용하는 방법을 찾기 시작했다. 여러 가지 자료를 뒤적거려보니 교습소, 동호회 그리고 학원 등이 즐비하게 있었다. 그중에서 아내의 업소 거리와 제일 가깝고 나의 분위기에 맞는 정중동靜中動 서예 교실이 눈에 들어왔다.

전에는 그 길을 여러 번 오갔어도 관심이 없어서 그랬는지 보이지 않더니, 아내 근무처에서 직선거리 200여m 가까운 거리에 있는 '이소헌서예실'이다. 2층에 올라가 보니 송진 끄름으로 제조하여 만든 특유의 묵향墨香이 반겨주었다. 공간에는 연륜이 들어 보이는 문방사우文房四友들이 여기저기 널려있어서 또 다른 세계에 내가 와 있음을 직감했다. 이 세계에서 어떻게 적응해야 할까 하는 두려움도 느꼈다. 열서너 평의 서예실에는 7~8명이 방문객은 아랑곳하지 않고 임서臨書에만 열심이었다. 상투를 튼 사람은 지리산 청학동에서 수도하시면서 서예를 하시는 도사로 보였다. 어떤 젊은이는 상투 틀기는 머리카락이 아직은 짧은지 꽁지머리를 하고 검은 수염은 제각기 쫑긋쫑긋 쏘가리 수염처럼 뻗었고, 쭉 째진 눈꼬리는 서예실 분위기를 압도하여 그 성질을 죽이고 글씨 쓰는 모습이 대견스럽기도 했다. 또 한쪽을 보니 머리형은 원불교 정녀貞女 머리인 비녀를 꽂지 않은 쪽머리로 수도 신분인 성직자도 서예를 통해 수도하시는 것으로 보였다. 이렇게 밖에서는 쉽게 볼 수 없는 복장과 외모로 서예학습을 하는 문하생인 걸 보니 별천지에 있는 기분이 들었다.

내 고향 익산 왕궁 부상천 마을에도 어린 시절에는 서당書堂이 있었다. 그 서당의 훈장님은 돌아가시고 집들만 남아 지붕의 이엉은 썩어 잡초가 무성하고 썰렁한 문간에는 거미줄이 이리저리 뒤엉켜 세월이 흘렀음을 알려주었다. 나는 시간이 있을 때마다 그 서당의 울타리 사이로 글읽는 소리와 붓글씨 쓰는 모습을 보았다. 휴식 시간이면 으레 서당 앞 연못에서 학동學童들은 얼음지치기하던 모습들이 생생하게 떠오른다. 우리 집에는 어머니가 생전에 쓰시던 붓과 벼루 그리고 몽당 먹조각이 남아있다. 그리고 초등학교 때 습자 시간에 써봤던 것이 서예와의 인연 전부였다.

반갑게 맞이해 주시는 관촌官邨 박태평 원장님과 면담을 했다. 박 원장님은 일찍이 대한민국 서예대전을 비롯한 여러 서예대전에서 여러 차례 입상하셔서 큰 상만 8개, 전시회 100여 차례를 연 대한민국에서 알아주는 서예가였다. 관촌 박태평의 글씨체를 예술로 승화시킨 서예 5체(전 · 해 · 예 · 행 · 초서) 중 입신의 경지에 속하는 행 · 초서에 능한 서예계의 살아 있는 전설이시다. 각종 대회 심사위원 및 운영위원으로서도 활약하고 계신다. 전북서도협회 부회장, 마한서예문인화대전 이사장 등을 역임하고 계신다. 대한민국에서 실력 있는 떠오르는 젊은 별로 촉망되는 분이시다. 우선 면담 카드에 인적사항을 적으면서 어떻게 그리고 누구의 권유로 오게 된 동기를 물으시고, 앞으로 서예書藝에 필요한 *A*에서 *Ω*까지 상세히 일러주셨다. 그중에서 서예의 시작은 먹을 가는 것부터라며, 먹과 벼루와 물이 만나 미세한 감각으로 적당한 농도의 먹물을 만드는 시간은 한편으로는 마음을 정리정돈하는 시간이어야 하며 그만큼 서예는 몸과 마음, 그리고 정신까지 일치돼야 하는 예술이라는 말로 마치, 칼을 쓰는 무공武功과 서예는 거의 같다고 볼 수 있다고 했다. 수양이나 수행이 되어야 제대로 서예를 할 수 있으며 누구나 공감할 수 있는 예술적 서예로 승화할 수 있다는 말씀이 서예에 문외한인 나에게는 지금도 초등학교 입학 때 담임선생님의 말씀처럼 기억에 오래 남는다. 이렇게 입문의 절차를 마치고 먹 가는 법, 붓 쥐는 법, 그리고 연습지紙 접는 법 등 기본 학습 자세와 예절을 익히면서 서체별 원장 선생님의 체본體本을 보고 임서臨書에 열중했다.

우리가 평소에 무공武功을 연마하는 것은 전쟁이나 적을 만났을 때 적에 대처하고 자신을 보호하는데 있다면, 자기의 무공을 가늠해 볼 수 있는 것은 실전에 임해보는 즉, 많은 대회에 작품을 출전하여 보는 방법이 있다. 그래서 나도 서서히 전국 서예대회에 작품을 내보기 시작했다. 첫 작품 때 입선을 하여 전시실에 나의 작품이 전시되었을 때는 기쁨에 들떠 자만심까지 생겼다. 그 뒤에도 틈만 있으면 서예실에서 살다시피 하여 특선, 특선상, 그리고 10여 년쯤 지난 뒤에는 전국대회에서 우수상을 두 번이나 받게 되었다. 그 무렵 아내의 업소도 정리하고 전주로 이사를 하게 되었다. 그렇다 보니 서예실에 나가는 횟수도 조금은 뜸해졌다. 학문에는 끝이 없다고들 한다. 학문을 지도하는 사람들이 제일 싫어하는 소리는 10년쯤 되었으니 하산해야겠다는 소리란다. 스승의 입장에서는 이제 걸음마 단계인 10살짜리가 다 배웠다고 자리를 박차고 나가는 모습 같단다. 서예와 수필은 내 손에서 붓을 쥘 힘만 있으면 언제까지나 하고 싶은데, 요사이 게을러진 내가 철모르는 제자로 비쳤을까 두렵다.

"원장 선생님, 저는 10년 가지고는 어림없어요. 계속 지도해주세요."

(2020. 6. 20.)

제12회 대한민국 마한 서예 문인화 대전 우수상에 행서 구연식

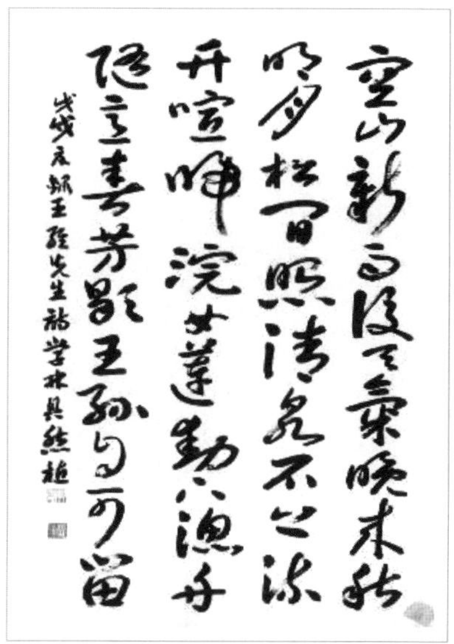

山居秋暝(산거추명) – 왕유(王維)

산골 집의 가을 저녁

空山新雨後(공산신우후): 인적 없는 텅 빈 산에 갓 비가 내린 뒤
天氣晩來秋(천기만래추): 산골의 저녁 날씨 가을빛이 완연하네.
明月松間照(명월송간조): 막 떠오른 밝은 달이 소나무 사이로 비치고
淸泉石上流(청천석상류): 샘에서 솟은 맑은 물이 바위 위로 흐르는데
竹喧歸浣女(죽훤귀완녀): 댓잎이 사각사각 빨래하던 아낙 돌아가고
蓮動下漁舟(연동하어주): 연잎이 흔들흔들 고깃배가 내려가네.
隨意春芳歇(수의춘방헐): 봄꽃이야 제맘대로 져버렸지만
王孫自可留(왕손자가류): 가을에도 이 산골은 살 만하다네.

억새꽃 추억

한국의 가을 산과 들을 수놓은 것은 알록달록한 단풍과 은빛 물결로 넘실거리는 억새파도를 기억할 것이다. 늦가을 단풍나무는 씨앗을 빙글빙글 회오리바람에 띄워 엄마 생각을 못 하도록 냉정하게 아주 멀리 보내지만, 억새꽃은 칼바람에 꺾인 허리는 일어서기를 포기한 채 산새들의 보금자리로 내준다. 서슬 퍼런 줄기는 이미 죽어 싸락눈이 바스락거리면서 앙상한 잎사귀에 소복이 쌓인다. 독수리 발톱 같은 뿌리를 거꾸로 움켜쥐고 온 힘을 다해 새싹을 품고 봄이 올 때까지 모진 겨울을 이겨낸다.

우리나라 산에서 가장 키도 크고 억센 풀이어서 이름이 억새인가? 억새 잎 언저리에는 작은 톱니 같은 칼날로 이루어져 맨살을 드러낸 사람이나 동물은 감히 범접을 못한다. 억새꽃은 어쩌면 자식을 위해 일생을 헌신하시는 부모님과 같다. 자식을 위해 언제나 울타리로 빙 둘러서서 허연 백발로 희생하시다가 생을 마감한다. 억새 꽃말은 겉은 거칠어도 속은 그렇지 않다는 친절 그리고 풀의 제왕을 뜻하는 세력, 활력 등으로 표현한다. 억새는 혼자 살지 않고 언제나 무리를 지어 살며, 키는 1~2m로 줄기는 강하고 잎사귀는 거칠어 억새 군락은 일사불란한 로마 군단의 방패부대를 연상케 한다. 그래서 억새는 숲의 제왕인지 태조 이성계는 고향 함흥에 묻히고 싶다는 유언을 하여 후손들은 함흥의 흙과 억새를 가져다가 건원릉의 억새 봉분을 만들었다. 퇴직 무렵에 선생님들과 '서해의 등대산'이라고 불리는 까마귀와 까치가 많이 서식한다고 붙여진 '오서산(烏棲山-790m)'에 올라 정상 중심의 약 2km 억새 군락지에서 멀어져가는 억새파도를 보며 지나간 세월의 미련을 날려 보내고 퇴직 후 새 삶을 다짐했었다.

익산 왕궁에 있는 우리 집 뒤에는 작은 동산이 있어 아버지는 집 뒤쪽 울타리에는 억새를 촘촘히 심으셨다. 봄에는 억새의 지존이라도 내세우듯 대쪽 같은 속잎을 하늘을 행해 솟구쳐 찌르고, 여름에는 작열한 태양열과 승부를 겨루는 무사처럼 잎사귀와 줄기는 제법 몰골이 잡혀가며 잎사귀 윗부분에는 방아깨비 배처럼 볼록하게 억새꽃을 잉태하고 있다. 가을부터는 보랏빛 꽃 수술 줄기를 서서히 추켜 올리면서 한 해 마무리를 준비하고 있다. 시간이 지나면서 억새의 기상이 늠름해지고 하얀 꽃은 파마를 한 여인들처럼 예쁘게 너울거린다. 억새 줄기는 조릿대 굵기로 어른 키만 해서 아버지는 각종 발을 엮어서 추녀 끝에 해가림막으로 매달아 놓으셨다. 어머니는 고추를 말리거나 고사리를 삶아서 말리는데 통풍이 잘되어서 자주 선반으로 사용하셨다. 길이가 짧은 자투리나 부스러기는 불땀이 좋아서 땔감으로 사용했다. 늦가을에 꽃잎이 모두 날아간 꽃줄기 모가지는 모아서 꼿꼿하고 질겨지라고 밥솥에 삶아서 빗자루를 만들어 사용했다. 시골집 창고에는 그 옛날 아버지가 만드신 창호지 바를 때 사용했던 풀 빗자루와 안방을 쓸던 방 빗자루가 몽당 빗자루가 되어 나란히 걸려있다. 억새의 하얀 꽃을 보면 늦가을에 돌아가셨을 때 아버지의 머리카락과 사랑방 부엌에서 억새 줄기로 군불을 지피시던 아버지의 모습과 아직도 유품으로 남아 있는 억새 세간들이 가슴을 저미게 한다.

아버지가 돌아가신 지 25년이 넘었다. 아버지 산소는 어머니와 같이 안장되었다. 산소의 조경은 잔디로 하였으며, 뒤쪽과 옆에는 편백으로 그리고 산소 정면에는 배롱나무를 식목했다. 망부석 앞에는 할미꽃을 심어서 삭망 성묘 때마다 보살피고 가꾸어서 이제는 모든 조경이 자리를 잡아 아늑하여 안심이 된다. 그런데 부모님 산소에서 잔디 외에 모든 풀은 잡초다. 어디서 언제 풀씨가 날아왔는지 이름 모를 잡초들이 번성하여 잔디를 몰아낼 기세이다. 그중에는 억새도 한몫한다. 억새는 뿌리를 모두 캐어내도 뿌리 한 촉만 떨어지면 금세 번성하여 요사이는 산소에서 억새 제거가 가장 힘들고 귀찮다. 농약 집에서 잔디는 살고 억새를 죽이는 농약을 살포해도 죽는 시늉을 하다가 며칠 후에 가보면 다시 살아나서 얄밉게 뾰쪽한 촉을 보란 듯이 내밀고 올라온다. 억새가 미워서가 아니라 부모님 산소가 아니라면 나에게는 의미 있고 예쁜 풀인데, 산소에서 잔디를 괴롭히는 억새는 밉다. 내가 부모님 산소를 돌보다 먼 훗날 사라진 후에 부모님 산소가 억새꽃으로 만발하여 아버지가 좋아하셨던 또 다른 진풍경의 억새꽃 대궐이 올지라도 지금은 좀 그렇다.

어머니는 억새를 싫어하셨다. 밭두렁에 지천으로 널려있어서 여러 번 손을 베었고 곡식 외에는 어머니를 괴롭혔던 잡초라는 선입견에서 오는 감정이었을 것이다. 아버지의 외모는 서구적이어서 달갑지 않은 선입견이 있어 나에게는 언제나 무서우셔서 어쩌면 가까이 다가갈 수 없는 억새이셨다. 풍류를 즐기시며 유유자적의 삶보다는 흙속에서 사시면서 흙으로 가셨기에 얼굴에는 웃음보다는 말이 적은 표정으로 사셨다. 내가 장성하여 따로 가정을 차렸어도 쉽게 다가갈 수 없는 억새이셨다. 그러나 가실 때는 억새꽃의 함박웃음을 보이시며 땅에는 하얀 억새꽃이 하늘에는 하얀 목화 구름이 웃어주는 늦가을 오후에 하얀 억새 꽃잎처럼 떠나가셨다.

나에게 억새꽃은 생전 아버지와 어머니가 생각하셨던 처지에 따라서 그리고 내가 살고 있는 상황에 따라서 애증이 교차하는 꽃이다. 억새꽃 잎줄기는 억세고 접근하기 어려워도 하얀 꽃은 한없이 순박한 꽃이다. 도도하고 표독스러운 여인 같지만, 알고 보면 풋풋한 사랑이 통하는 시골 처녀 같은 꽃이다.

(2020. 9. 9.)

가을이 오는 산사山寺에서

내일모레는 추석 명절이다. 예년 같으면 추석 준비에 바쁜 날이다. 그런데 오늘은 추석 준비보다는 나의 마음을 비우고 정화하고 싶다. 아무래도 집에서는 분위기가 마음을 바꾸어 정화되지 않을 것 같아 여러 장소를 물색해 보았다. 나 혼자만의 장소와 시간이 허락하는 곳을 물색하던 중, 집에서 자동차로 30여 분 거리인 김제 모악산 기슭에 있는 금산사로 가기로 했다.

금산사 입구 마을로 들어가니 감잎은 모두 떨어지고 작은 주황색 감들이 주렁주렁 매달려서 크리스마스트리 전구처럼 햇빛에 반짝반짝 빛나고 있었다. 금산사 입구 무료주차장에 승용차를 세워놓고 입구로 들어서는데 안내하는 아저씨가 무료입장 여부를 물었다. 경로라고 하니 미심쩍은지 신분증을 요구했다. 신분증을 보더니, 미안한지 아이고 젊으시다면서 들어가시라고 했다. 정문을 지나서 옆 산책길로 들어섰다. 요사이는 어느 절을 가나 사월 초파일 부처님 오신 날을 기리는 연등처럼 길 따라 꽃무릇이 많이도 피어서 기분이 좋다. 꽃무릇(상사화)은 이승에서 맺지 못한 사랑을 저승에서 맺도록 기원한다는 전설이 있다. 아마도 중생들에게 탐욕도 벗어 놓고 성냄도 벗어 놓고 물같이 바람같이 살다가 가기를 바라면서 심어놓은 것 같다.

계곡 언덕의 산책길을 따라서 걸어갔다. 사찰 측에서 하는지 공원관리자가 하는지 길게 자란 풀들을 베느라 온 절이 기계음으로 시끌벅적하다. 숲속 양지녘에는 단풍의 전령인 개옻나무가 한 잎 두 잎 붉게 물들인 잎을 내밀고 단풍이 곧 다가올 거라고 마중을 나와서 웃고 있다. 그늘에 마련된 벤치에 앉아서 흐트러진 마음을 추스르려고 계곡물을 바라보고 있다. 계곡물은 바닥이 훤히 보일 정도로 맑고 깨끗하다. 이따금 바람이 불어 플라타너스 고엽枯葉들이 계곡물에 떨어지니 송사리 떼들이 무슨 먹을 것이라도 떨어진것처럼 일제히 솟구쳐 뛰어오른다. 햇빛에 반짝이는 송사리를 보았는지 작은 물결의 움직임을 보았는지 어느 사이에 백로 한 마리가 물가로 살포시 내려앉는다. 긴 목을 내밀고 눈은 껌벅거리지도 않고 송사리가 뛰어올라오기만 기다리다가 거의 한 시간 만에 송사리 한 마리를 덥석 찍어서 물더니 또 마냥 기다린다. 백로에게 사로잡혀 내가 한 곳에 너무 오래 머물렀는지 내가 앉아있는 자리만 빼놓고 낙엽이 수북이 떨어져 있었다.

숲 속 길을 빠져나와 인도로 걸어가니 나의 그림자가 뒤꿈치 속에 숨어 들어가고 있어 시간을 보니 정오가 다되었다. 아직은 겨울이 멀었는데 다람쥐들이 도토리나무를 오르내리면서 도토리를 한 움큼씩 따서 앞발로 움켜쥐고 겨울 식량 창고로 달려간다. 나는 겨울 식량 준비는 고사하고 점심 식사를 하려고 아무리 둘러봐도 가게는 없어서, 늦은 점심을 먹기로 작정하고 물만 두 컵이나 억지로 마셔두었다. 모악산 금산사 일주문一柱門에 들어섰다. 어른 셋이 팔을 벌려야 닿을 수 있는 기둥이다. 일주문은 일심一心을 의미하는 것이다. 신성한 절에 들어가기 전에 세속의 번뇌로 부산히 흩어진 마음을 하나로 모아 진리의 세계로 향하라는 상징적인 의미가 담겨 있단다.

조금 더 올라가니 수백 년 아니 수천 년쯤 되어 보이는 갈참나무가 듬성듬성 제자리에서 그 오랜 세월을 버티고 살아왔음을 보여주고 있다. 티끌 같은 불평 따위로 이리 옮기고 저리 옮겨 다니는 인간을 나무라듯 굽어보고 있었다. 천왕문을 들어서니 입구 오른쪽에 오른손에는 큰 칼, 외손에는 주먹을 불끈 쥔 무섭게 생긴 증장천왕이 노한 눈으로 바라보면서만물을 소생시키며 중생들의 불만을 해결해 주신단다. 산사의 중추적 신전인 미륵전 앞에 도착하니 나처럼 육신이 멀쩡한 사람은 안 보이고 거동이 불편한 노모를 부추기면서 자녀들이 부처님 앞에 공양을 드리고 있었다. 어느 장애인은 홀로 목발을 조심스럽게 짚고 돌계단을 올라와서 부처님에게 경배를 드리고 있었다. 나이도 먹을 만큼 먹고 육신 멀쩡한 나처럼 옹졸하고 좁은 소견을 하소연하러 절을 찾은 사람은 아무도 없는 것 같다. 파란 하늘이 무섭고 부처님이 나의 속을 꿰뚫어 보시는 것 같아 부끄럽다. 이제야 부처님 뜻을 헤아린 것 같다.

노랗게 익어가는 감나무에서 타인을 위해 아름다움을 주는 고운 마음도 보았다. 꽃무릇의 전설 속에서 이 세상에서 이루어지지 않으면 절망하지 않고 기다리며 착하게 살면 다음 세상에서 이루어짐을 알았다. 고엽枯葉에서 한때는 푸르름이 왕성했어도 때가 되면 소리 없이 떨어지는 것을 보았다. 재수가 없어 백로의 먹이가 되어도 불평 없이 운명으로 받아들여 죽어 가는 송사리를 보았다. 백로에게서 욕심 내지 않고 기다리는 마음으로 목적을 이루어내는 것을 배웠다. 일주문에서 나와 다른 타인도 나와 같이 고통과 멸시의 냉대 속에서 살아가고 있음을 알았다. 갈참나무로부터 주위의 환경을 탓하지 않고 내가 한곳에서 머물며 참고 살아가는 방법을 일깨웠다. 겉은 험상궂고 무서워도 타인을 위해 좋은 일을 하는 사람도 있음을 증광천왕에서 알았다. 나보다 더 나이 많고 지체부자유자도 눈앞의 삶과 욕심에 얽매이지 않고 얼마 남지 않은 삶이라도 덕을 베풀고 현실에 고마움을 가지고 살아가는 것을 보았다.

인간이 죽어서 갈 때 입는 옷 수의壽衣는 주머니가 없다. 이승에서 저승으로 갈 때는 가져갈 것이 아무것도 없다는 뜻이다. 나는 그간 마음의 주머니를 달고 살아서 바르지 못한 마음에서 벗어나지 못했나 보다. 절 입구에서 부처님 계시는 곳까지 오늘 하루는 나에게는 마음을 추스르고 바른 마음으로 자리 잡게 해 주신 부처님의 길이었다. 미물만도 못한 자신을 부처님 앞에 어리석고 경솔했음을 반성하고 본연의 자세로 돌아가는 하루였다.

(2020. 9. 29.)

누님과 회화나무

비대면수업 기간이지만, 오늘은 학교에 관계기관이 행정점검을 나온다기에 결재 점검차 학교에 갔다. 벼 이삭이 누렇게 익은 들녘을 지나가는데, 파란 가을 하늘이 나의 나들이를 유혹한다. 무조건 북쪽 길을 향해 20여 분 달려가니 전북과 충남의 경계가 Y자 길에서 갈라진다. 오른쪽 들녘은 몇 번 왔던 농소마을이다. 배산임수의 마을은 아니지만, 들 가운데 지붕을 맞대고 옹기종기 모여 사는 마을이다. 들녘에서 일렁이는 벼 이삭 물결로 금방이라도 황금파도에 묻혀버릴 것 같은 섬마을 같은 곳이다. 논두렁에는 참게가 기어 다니고, 벼 이삭 그늘에서는 우렁이가 낮잠을 즐기는 곳으로서 문명을 멀리한 행복이 숨쉬는 마을이다.

자동차 길에서 꼬불꼬불 고샅길로 기어들어 가면 마을 한가운데는 '궁뜰도예공방'이 자리 잡고 있다. 그곳에는 들꽃같이 다소곳하고 큰

누나 같은 붙임성 좋으신 원장님이 계신다. 입구에서부터 눈에 익은 많은 꽃과 나무를 심어 놓아 주인장을 닮았는지 방긋방긋 웃으며 언제나 정답게 맞이해 준다. 정원 가운데는 황금 회화나무가 우뚝 서서 수채화의 포인트처럼 계절에 따라서 운치를 더해준다. 고교 시절 나에게는 꿈과 낭만의 거리였던 전주 시내 공보관 사거리를 잊지 못한다. 그 당시는 가로수가 없었는데 졸업 후 몇 년이 지나서 추억에 젖어 그 거리를 걸어가니 이름 모를 가로수가 커서 나를 반기고 있었다. 그 가로수는 젊은이들의 낭만과 애정이 서린 마로니에라고 생각하고 있었다. 어느 날 식물도감을 보니 마로니에가 아니고 회화나무였다. 회화나무의 옛날 이름은 마로니에로 각인되어 있다. 그 마로니에가 아니 회화나무가 누님 집 정원에서 나를 반겨주고 있었다.

궁뜰도예공방을 들어서니 원장님 자동차는 보이지 않고 낯선 자동차 한 대가 있었다. 아마도 오늘은 원장님이 출강을 나가셔서 허탕을 친 것 같다. 주춤거리면서 주위를 살펴봐도 인기척은 없다. 조금 있으니 수강생처럼 보이는 어느 아주머니가 오시더니 집 앞길에서 서성거렸다. 원장님 소식을 알 수 있을 것 같아서 반가웠다. 그런데 그 아주머니는 바로 길 아래로 내려가더니, 덩굴에서 마 열매를 따면서 힐끗 쳐다본다. 이때 검둥이가 왈왈 짖어대니 원장 선생님이 배시시 문을 열고 맞이해주신다. 아주머니는 수강생이 아니고 이웃집 아주머니란다. 원장님은 도자기는 흙[土]에다 물[水]로 이겨서 불[火]에 구워내면 도자기가 된다고 하시며, 그래서 일주일에 화火 수水 토土만 도자기 수업을 하시고 나머지는 시 낭송 등 취미활동을 하시기에 캐치프레이즈도 "궁뜰 화수토"란다.

나는 서울과 지방에서 나의 작품이 실린 수필집 여러 권을 방문 목적으로 드리면서 따뜻하고 달짝지근한 차 한 잔을 부탁드리니, 원장님은 걸쭉한 유자차 한 잔을 주셨다. 그 사이 원장님 여자 문하생 한 분이 오셔서 이야기 소재가 끊어질 때마다 도자기 가마에 군불을 지피듯 보조를 맞춰 주셔서 세상 사는 이야기가 이것저것 섞어져 이어졌다. 찻잔을 들고 마셔가며 도예공방 이곳저곳을 살펴보니, 그 사이 많이도 변했다. 창문 밖 회화나무를 둘러싼 수목들 하나하나가 얼굴을 쳐들고 나에게 글감으로 써달라며 깨금발을 딛고 눈빛을 준다. 그리고 벼의 파도가 금방이라도 추녀 끝까지 밀려올 것 같은 벼바다 같았다. 섬마을의 가을이 영글어가는 오후의 한나절이다.

벌써 해님은 서쪽 하늘로 내려가면서 집에 갈 시간이라고 눈짓을 한다. 올 때는 함열 쪽으로 와서 갈 때는 또 다른 가을 들녘이 보고 싶어 여산 방향으로 가기로 했다. 인사를 하고 일어서니 원장님은 손수 빚으신 예쁘고 앙증맞은 작은 화병 하나를 주시면서 가을꽃 한 송이를 꽂아서 감상하라고 하셨다. 자동차는 뽀얀 먼지를 내뿜으며 달렸다. 제비들은 보이지 않고 메뚜기 떼만 놀라서 날아가는 들길을 지나서 여산쪽 자동차 전용도로로 들어섰다.

한참을 달려가니 양쪽 길가에 코스모스가 예쁘게 하늘거려 눈을 떼지 못했다. 가면 갈수록 코스모스 꽃대궐 같은 곳이 있고, 언덕에는 들국화가 있어 차를 멈추고 감상하니, 바로 국내 닭고기 가공 최대 기업 하림본사 앞 코스모스길이었다. 아마도 회장님은 시골 소녀 같은 가냘픈 코스모스와 산골 처녀처럼 억세게 살아가는 들국화 꽃들을 좋아하셔서 하림 닭고기도 즐겨 드시면서 꽃처럼 청순하고 아름다운 삶을 살라는 기업 이미지인 것 같다. 얼굴을 파묻고 꽃의 향기를 맡으며 살펴보고 있으니, 꿀벌들이 잉잉거리며 뒷다리에 꽃가루를 계속 뭉치고 있었다. 차는 다시 여산 육군부사관학교 앞을 지나는데, 생도들이 체력훈련을 하는지 얍하는 기합 소리에 놀라 내려앉던 눈꺼풀을 번쩍 들어 올려 정신이 들었다. 어느덧 가람 이병기 선생 생가 마을을 지나가고 있다.

회화나무를 마로니에로 오랫동안 착각한 것처럼, 초정 김상옥 님의 「봉선화」를 초등학교 때 국어 교과서에서 처음 읽는 순간에 그리도 좋아서 가슴이 설레어 한동안 어쩔 줄 몰랐던 기억이 있다. 그래서 우리 마을 뒷산 용화산 아래 유명한 시인 이병기 님밖에 몰라서 이병기 님 시로 착각했었다. 처음 가람 생가를 찾아갔을 때 「봉선화」 시가 나왔던 장독대를 찾아가서 우리 집의 장독과 비교해 보고 집에 돌아와서 우리 집 장독대도 그렇게 꾸며봤던 해프닝도 있었다. 회화나무를 마로니에로 봉선화 김상옥을 이병기로 착각한 것을 고치고 싶지 않다. 고쳐버리면 그 시절의 추억도 사라질 것 같아서다. 그래서 이곳 마을 앞길을 지날 때마다 「봉선화」란 시를 읊조린다.

> 누님이 편지 보며 하마 울까 웃으실까/ 눈앞에 삼삼이는 고향 집을 그리시고/
> 손톱에 꽃물 들이던 그날 생각하시리/

이렇게 뇌까리다가 아파트 정원에 도착하니, 회화나무가 나를 반겨주면서 인사말이 건넸다. '나는 마로니에가 아니고 회화나무이니, 누님 보듯 이 회화나무도 보아 주시오.'

(2020. 10. 8.)

가을이 지나가는 것들

입동이 지나니 가을도 지나가는 것이 확연하다. 가을의 빛깔이 다르고, 가을의 소리가 다르고, 가을의 움직임이 다르다. 아마도 가을을 점지한 조물주의 계시에 따르는 자연의 변화일 것이다. 가장 약삭빠르고 피동적인 인간들도 마지막 남은 달력에서 가을이 저만치 지나갔음을 직감하고 일사불란한 모습은 아니어도 저마다의 움직임이 서서히 일어나고 있다.

탱글탱글한 고추는 어느 사이 반질반질한 붉은 옷으로 갈아입고 멍석 위에서 잠을 자고 있다. 푸르름을 서로 과시하며 연잎처럼 잎사귀를 하늘에 쳐들고 햇빛 한 줄기라도 빨아들이노라 치열했던 잎사귀들은 어느 사이 고개를 떨구고 형제끼리 이웃끼리 너무 미안했는지 모두 달구어진 분홍빛 얼굴을 들지 못하고 있다. 아기단풍은 된서리에 손이 시려 통통 불은 붉은 손을 입김으로 녹이노라 바쁘다. 하느님이 내려주신 생명의 곡식들은 고맙고 가장 소중함을 표시하는 황금색으로 옷을 갈아입고, 끼니마다 아껴 먹고 생명의 양식에 감사하며 기도하란다. 무더운 여름에는 파란 하늘이 그렇게도 시원하게 보였는데, 깊숙이 멀어져 간 늦가을 하늘은 추위에 파란 입술이 되어 바르르 떨며, 새털구름은 하얀 이불로 에워싸서 보듬어 주고 있다. 가을은 푸르름의 젊은 색깔이 누런 늙음의 빛깔로 변해가는가 보다.

농번기에 풍년을 기약했던 풍물 소리는 어느새 사라지고 아랫집 마당에서는 콩 타작하는 도리깨질 소리가 박자를 맞춰가며 정답게 주고받고 있다. 개울물 소리 여름에는 졸졸 흐르더니 찬바람에 감기가 들었는지 콜록콜록 힘겹게 흐르는 소리가 애처롭다. 해만 지면 숲속에서 경쟁이라도 하듯 온갖 풀벌레 연주 소리는 서릿바람이 몰고 갔는지 사라졌다. 동네 사람들의 수확한 곡식 겨우내 양식을 위해 밤새도록 찧는 물레방앗간에서 삐그덕 쿵 삐그덕 쿵 계속 이어지는 소리는 가을밤을 을씨년스럽게 한다. 그렇게 울어대던 뻐꾸기 소리는 제비 따라 날아가고, 휘영청 밝은 달님의 앞을 사열 받으며 날아오는 기러기떼 기륵 기륵 힘찬 군가 소리가 가을의 소리로 다가온다. 한 마리가 짖으면 덩달아 온동네 검둥이들이 컹컹대는 검둥이 소리는 그 옛날에 한밤중이면 야경꾼들이 동네 어귀를 돌며 두드렸던 딱따기소리처럼 고샅길을 지키며 밤 깊은 부상마을 적막을 찢어놓는다. 가을은 힘찬 소리가 애절한 소리로 멀어지는가 보다.

친정어머니는 막내딸 시집 보낼 때 이부자리용 솜을 장만하기 위해서 부지런히 목화밭에서 목화솜을 따신다. 기쁘면서도 떠나보낼 막내딸을 생각하시는지 눈가에는 이슬이 맺혀있다. 방아깨비나 날벌레들은 찬 서리가 내리니 만삭이 된 몸을 이끌고 따뜻하고 양지바른 흙을 골라서 꽁무니로 굴을 파고 알을 낳아 흙으로 덮어주면서 어미가 할 일을 마치고, 이제는 기어갈 기력도 없어 그대로 엎드려서 생을 마감한다. 논 물꼬 또는 작은 냇가에 살던 참게들은 차가운 물이 발이 시려 따뜻하고 한겨울 보낼 강으로 짐을 꾸려 야간 이동에 줄지어 내려가고 있다. 논바닥에 남아있던 우렁이는 촉촉한 곳을 골라 몸뚱이로 제자리에서 비벼가며 굴을 파고 들어가서 벌써 자취를 감추었다. 지붕 위의 박은 천년만년 살 것처럼 혼자만 살겠다고 초가지붕을 아무도 범접을 못하게 온 지붕을 기어 다니며 넝쿨손으로 결박을 해놓더니, 세월에 철퇴를 맞고 잎과 줄기는 모두 말라 버렸다. 얼마나 곤장을 맞았는지 엉덩이만 쳐들고 엎드려 있는 박이 외롭고 춥게 보여 포대기라도 덮어 주고 싶다. 가을은 어미가 새끼를 위해 희생하는 계절인가 보다.

늦가을은 모든 생명체가 겨우살이 준비에 바쁘게 변화하는 모습이 색깔에서 소리에서 움직임에서 가을이 지나가고 있다. 그리스의 최고의 여인 헤라Hera의 마음을 사로잡고 다독거리기 위해 제우스Zeus는 이 가을에 그 많은 낙엽落葉으로 엽서를 써서 보냈는지 그 많던 낙엽은 모두 다 사라졌다. 황금물결만 보아도 배부르던 들녘은 싹둑 잘린 벼 그루터기만 고향으로 돌아가는 실향민의 행렬이 되어 이어지고 있다. 어느 사이 나의 검은 머리카락은 날이 갈수록 하얀 모시 바구니로 바뀌어 가니, 백발의 억새가 다가와 호형호제하잔다. 가을볕에 나의 얼굴을 거울에서 비춰보니 주민등록증의 구연식 이름만 같고 얼굴은 딴판이 되었다. 갈퀴처럼 일하던 손등은 갈참나무 껍질처럼 갈라져서 작은 핏빛이 보인다. 주인 잘못 만난 손이 애처로워 아랫목 포대기 속에 묻어놓고 달래면서 녹이고 있다. 엊그저께 어머니 무릎에 앉아 응석을 부렸던 것 같은데 어느 사이 내가 손자를 안고 있다. 나 혼자만 빼놓고 세월이라는 놈이 잘도 속이고 빨리도 사라졌다. 인제 와서 생각하니 세월이 나를 속인 것이 아니라 내가 세월을 모르고 살았는가 싶다.

(2020. 11. 8.)

낯선 길

수필의 글감으로 가장 신선하고 재미있는 것은 '낯선 것'이라고 한다. 낯선 길이든 익숙한 길이든 길의 주인은 걷는 사람이다. 그래서 길에서 얻는 것은 주인에 따라서 다를 것이다. 야외 풍광을 가장 잘 볼 수 있는 시각은 햇빛이 영화관 스크린처럼 약간 대각선 위에서 비치는 오후 2~3시쯤 햇빛을 등지고 바라볼 때이다. 수필대학에서 수업을 마치고 위의 두 가지를 충족할 곳을 경유하여 익산으로 넘어가기로 했다.

전북 익산지역에서 나고 자라서 남쪽 지역은 좀처럼 와보지 않은 지역이 많다. 임실군 관촌면 시장통 로터리를 돌아서 잿빛 갈대꽃과 은빛 가루가 튀어 오르는 섬진강을 오른쪽에 끼고 난생처음 무작정 진안, 마령 쪽으로 올라가고 있었다. 시골길이라 교통량도 아주 적어서 조수석에는 작은 노트를, 오른손에는 볼펜이 준비되어 있어 눈과 마음이 스케치한 것을 기록하면서 우측 깜빡이를 계속 넣고 저속으로 가고 있었다. 얼핏 보면 국가기관에서 환경조사를 하는 것처럼 보였는지 지나가는 차들이 일부러 고개를 내밀어 힐끗 쳐다보곤 했다.

사선대 조금 위에는 어로魚路 공사가 한창이었다. 이미 만들어 놓은 어로로 물고기들이 안간힘을 다하여 올라오고 있는데, 백로 한 마리가 물총질을 계속하면서 물고기를 잡아먹노라 이골이 났다. 당국이 어로 공사를 하는 것은 백로 먹이 장소가 아니고 물고기를 보호하는 게 주된 목적이었을 텐데, 백로가 얄미워서 차를 세워놓고 돌팔매질과 소리를 쳐서 날려 보냈다. 그런데 하늘을 한 바퀴 선회하더니 날 잡아보라면서 도로 앉아서 물총질을 계속했다. 인간사회에서 범죄자와 경찰과의 숨바꼭질처럼 느껴졌다.

시골길을 계속 올라가니 유난히 초등학교 폐교가 많이도 보였다. 학교 담장 너머로 풍금 소리가 들릴 것 같고, 운동장에는 뽀얀 먼지를 내면서 어린이들이 뛰노는 모습이 아른거렸다. 옛날부터 인구는 국력이라 했다. 한 국가가 외국과의 무역 의존 없이 일정 기간 국가를 유지할 수 있는 기본 인구는 1억 명 이상으로 본다. 그런데 우리나라 인구는 그 절반도 안 되는 인구에 계속 감소하고 있으니 이 땅의 후손들이 염려된다. 특히 농촌인구는 계속 줄어가는데 도둑들은 증가하는지 갈림길마다 방범 카메라는 500여m가 멀다 하고 부릅뜬 올빼미 눈으로 지키고 있어 또 다른 세태의 뒷골목을 보는 것 같아 씁쓸했다.

진안 쪽에 가까울수록 산야에 단풍이 확연하다. 햇빛에 비친 산자락의 단풍은 한 폭의 수채화가 되어 차창을 밀어내면서 새로운 풍광을 보여주었다. 가로수는 회화나무가 대부분이었는데 벌써 단풍옷을 벗어 던지고 가지는 싸리비처럼 쳐들고 함박눈 옷으로 갈아입을 준비를 하고 있었다. 작은 낙엽들이 길 위에 납작 엎드려 있더니 자동차가 지나갈 때 바람이 일어나면 장마철에 두꺼비 떼처럼 폴짝 뛰어서 조금씩 이동하여 달아나고 있었다.

오른쪽 마령을 끼고 돌아가니 진안의 랜드마크인 말귀[馬耳]가 죽순처럼 뾰족이 솟아오르고 있었다. 마이산 봉우리가 흔전만전한 중국 계림지역에서는 별것도 아닌데, 어쩌다가 진안의 마이산은 유독 하나이어서 전국 각지에서 몰려드는가 보다. 다이아몬드는 없어도 살 수 있지만, 빵 없으면 살 수 없다. 그러나 빵보다 다이아몬드 값이 비싼 것은 희귀성 때문이다. 쓸데없이 우리의 마이산을 평가 절하하고 있다. '마이산아, 미안해. 내가 주책을 떨어서 계림의 마이산을 보다 진안의 마이산은 질이 다른 산이지.' 사과하면서 진안을 뒤로하고 떠났다.

자동차는 그 유명한 모래재를 끙끙거리며 기어오르더니 정상에서 후유하고 긴 호흡으로 가다듬고 쉬었다. 뒤에서 누가 미는 것처럼, 내려갈 때는 힘 안 들이고 스르르 내려간다. 가는 길에 송광사로 가기로 했다. 벚꽃철에는 개미새끼도 끼어들 틈 없이 자동차와 사람들로 붐비더니 지금은 한적하다 못해 쓸쓸하다. 벚나무들은 불에 그슬린 거죽처럼 시커멓게 변했고, 군데군데 상처를 치료한 물질로 땜질을 하고 서 있다. 벚꽃이 왕성한 계절을 생각하니 무대 앞에서 찬란했던 배우의 분장 모습과 막이 내려 화장을 지우고 쓸쓸히 집으로 돌아가는 배우의 모습으로 오버랩되어 사라진다.

익산 들녘을 지나 학교에 돌아와서 간단한 점검과 밀린 결재를 마치고 자동차는 낯선 길이 아닌 어느 길에는 작업 차량에서 떨어진 장화 한 짝이 여름부터 있었고, 모악산 길모퉁이에는 불쌍한 고라니 새끼 한 마리가 언덕을 기어오르지 못하고 차에 치어 죽어서 이제는 가죽의 털만 남아 있는 곳도 손바닥 보듯 기억하는 익숙한 길을 가고 있다.

오늘 내가 낯선 길에서 본 것들은 우물에서 사다리를 타고 올라와 또 다른 세상을 본 개구리 같다. 스페인의 미술가 피카소는 입체파로 유명하다. 피카소는 전 · 후 좌 · 우 그리고 상 · 하에서 본 피사체를 잘 짜맞추어 표현하고 있다. 오늘 낯선 길에서 그간 모르고 살았던 구석진 곳을 볼 수 있어서 나도 입체파 그림을 흉내 낼 수 있을 것 같다.

(2020. 11. 11.)

찾지 않는 들꽃

이 세상에 이름 없는 들꽃은 없다. 다만 이름을 몰랐을 때 둘러대는 표현이다. 요사이 유원지 어디를 가나 토종의 꽃들은 찾아보기 힘들고 좀 더 화려하고 개화시기에 맞춰 유전인자를 배합시킨 변형된 들꽃들로 가득하다. 그 지역의 자연환경에 적응하면서 살아온 들꽃들이 가장 생명력이 강하고 주위 사람들과도 가장 친숙하여 우리의 산야를 지키고 이웃과 더불어 살아왔는데, 언제부터인가 천덕꾸러기처럼 뒷전에서 고개를 숙이고 있다.

나의 고향 익산 뒷산에는 선영이 모셔져 있고 그 아래에는 가족묘도 조성되어 있다. 내가 묻힐 곳도 치표되어 있어 그곳을 갈 때마다 남다른 감회에 젖는다. 주위의 들꽃들은 해마다 봄이 되면 새싹을 띄우고 계속 꽃을 피운다. 어느 때는 만물의 영장이 들꽃만도 못하다는 생각이 든다. 인간은 죽어서 한 줌의 흙으로 돌아가는데 들꽃들은 그

자리에서 계속 피고 지고 생명이 이어지고 있으니 말이다. 그래서 산소 주위의 들꽃들을 밟지 않고 꺾지도 않으려고 벌초나 성묘할 때는 세심한 주의를 기울인다.

그 들꽃 중에서 들국화가 그리도 정이 간다. 가뭄이 계속되는 여름날에 와보면 뜨거운 가마솥 바닥에 누룽지가 되어 바위의 이끼처럼 죽어있는데, 새벽이슬 한 모금 적시더니 바르르 고개를 떨면서 일어서는 들국화가 그리도 신통하여 고생대의 화석식물로 착각하기도 한다. 이렇게 우리의 산야에 들꽃들은 어느 생물학자가 유전인자들을 교잡 시켜 만든 결과가 아니고 오랜 세월 동안 우리와 같이 울고 웃으며 적응력을 키워온 결과이다. 어느 들꽃들이 원산지에서 자연적 전파傳播는 씨앗이나 뿌리 등으로 옮겨지기 때문에 이어진 대륙이 아니면 불가능하다. 이어진 대륙이라 하여도 옆으로 옆으로 해마다 조금씩 옮겨 갔을 테니 수억 년의 세월 없이는 불가능하다고 본다. 그래서 나는 들국화를 우리의 산야를 지켜온 조상들의 혼으로 생각하고 있다.

어느 유원지에 갔다. 코스모스는 가느다란 줄기로 적당한 키에 가을바람에 꽃잎이 나비처럼 하늘거리는 모습으로 꽃물결 치는 것이 코스모스의 지고지순한 자태이다. 그런데 어떻게 변종 시킨 코스모스를 심어 놓았는지 키는 땅딸막하여 발에 밟힐 정도로 모두 작고 꽃도 순수함보다는 화장을 짙게 하여 이상하게 한 피에로의 얼굴을 하고 있었다. 식물도감용 스마트폰 앱으로 촬영하여 확인해 봐도 인식을 못하고 있다. 옆의 들국화밭도 마찬가지다. 들국화는 이름도 꽃도 여러 가지인 것은 알고 있으나 내가 어렸을 때부터 보아왔던 바위틈에 가뭄을 견디며 모질게 살아가는 모습, 벼랑 끝에 작은 뿌리 하나로 대롱대롱 매달려 아슬아슬하게 살아가는 모습, 그래도 안전한 솔푸덩 아래 작은 줄기보다 몇 배나 큰 얼굴을 받치고 피어있는 들국화는 보이지 않고 성장 호르몬 주사를 놓고 영양제를 먹인 꽃들로 가득하여 내 눈에는 화려함이 순수한 가냘픔만 못해 보인다.

그래서 굴러온 돌이 박힌 돌을 빼낸다고 하는가 보다. 유원지에 관광용으로 새로 교잡된 들꽃들을 행여 순수한 우리의 토종꽃으로 신세대들이 잘못 인식해 버릴까 싶어 언제부터인가 잊힌 토종꽃들의 대변인이 되었다. 성형수술로 고쳐진 엄마의 얼굴과 사진에 각인되어 있는데, 늙어서 돌아가실 때 원래 모습으로 복원된 어머니의 모습에 당황하지 않을까 쓸데없는 생각도 해본다.

어느 파티장에서 미모의 여인이 나에게 미소를 주었다고 착각할 때 이 세상에서 가장 소중하고 고운 아내를 잠깐 잊어버리는 경우가 있다. 유원지의 변종이 된 야생화에 현혹되어 뒷동산의 들국화를 잊어버리는 경우가 그렇다. 남들은 관계가 있을 때만 좋은 분위기로 이어지고 마는데, 그것이 단절되면 언제 그랬느냐는 식으로 생면부지의 남남으로 돌아가 당황하게 된다. 그러나 아내는 천년지기 배필로 들꽃처럼 서로의 생을 마감할 때까지 진실한 믿음과 미소를 줄 동반자이다.

하기야 나도 유원지의 개량종 들꽃들을 보는 순간, 산속 들꽃들은 까맣게 잊어버리고 마냥 눈 호강에 젖은 경우도 허다했다. 들꽃들은 초라하지만 언제나 따스하고 순수한 눈빛으로 맞이해 준다. 지나가는 길손들을 반가이 맞이하는 오두막의 쉼터 역할을 한다. 들꽃들은 나그네에게 안락의자를 내어주고 석간수 한 종지를 권한다. 들꽃은 세상천지를 방황하다가 마지막으로 찾아와도 감싸주고 용서해주는 어머니의 치마폭 같은 꽃이다.

(2020. 11. 17.)

비비정飛飛亭 예찬

사람들은 평소 좋아하는 외모를 지닌 사람이 지나가면 신기루 같은 느낌에 사로잡혀 그 사람이 가는 방향에서 눈을 떼지 못한다. 순간의 눈 호강으로 미소를 지으며 오래 간직하고 싶어 한다. 경치도 마찬가지다. 내가 좋아하는 곳은 광활한 개활지에 은빛 호수가 있고 꼬부랑 둘레길이 그어져 있는 곳이다. 삼례 한내 언덕 비비정飛飛亭은 언제부터인가 나의 고운 임처럼 가슴에 자리 잡고 있다.

삼례 한내는 전주천과 모악산 계곡의 삼천이 합류한 만경강의 본류이다. 만경강은 전국 최대 호남평야의 젖줄로 어머니 역할을 하다가 서해로 빠져나간다. 비비정 앞 백사장에는 기러기 떼가 살포시 내려앉는다는 비비낙안飛飛落雁의 풍광은 풍류객들에게 회자된 단어로 그래서 완산 8경의 하나이다. 비비정 앞 만경강은 동쪽에서 시작하여 서쪽으로 흘러가니 해돋이와 해넘이를 한자리에서 볼 수 있다. 그래서 아침 시작의 희망과 하루 반성의 자숙自肅을 동시에 할 수 있는 자리다.

이곳 만경강 하류에 형성된 크고 작은 삼각주三角洲의 갈대밭은 밤에는 새들의 잠자리인 만경강의 을숙도乙宿島로 자리매김되어 외국의 철새들도 무비자로 출입이 가능한 곳이다. 해 질 무렵에는 수만 마리의 새떼가 군무를 하듯 하늘을 날면서 낙하산처럼 사뿐히 내려앉는다. 그래서 옛날 한량들부터 요즘의 동호인들이 한 번 오면 다시 찾고 싶은 장소이다.

봄철에는 강변 가로수 벚꽃이 만발하여 무릉도원을 옆에 끼고 물놀이에 빠져있는 이태백이 되기도 하고, 아담과 이브의 사랑놀이에 젖어 시상詩想이 절로 떠올라 지필묵이 쉴 사이가 없는 곳이다. 백사장에는 텃새들이 알을 낳고 새끼들 키우는 둥지가 사막에 임시 정착한 난민촌의 텐트처럼 즐비하여, 잘못 걸어가면 밟힐 정도로 많다. 벌써 진 꽃잎들은 질서 정연하게 물 위에 떠 있어 물결이 움직이면, 겨우내 움츠렸던 물고기들이 운동을 하는지 먹이로 착각을 하는지 싱크로나이즈드 수영선수들처럼 일제히 뛰어오른다. 양지녘 물가에 참게들도 덩달아 봄을 끌어당기는 물갈퀴질을 한다.

나는 비비정 앞 만경강의 겨울을 유난히 좋아한다. 언제인가 중국 연변 용정 방문 때 비암산 정상에서 일송정一松亭을 가슴에 담아 온 적이 있다. 만경강이 해란강이 되고 비비정 뒤 소나무가 일송정一松亭이 되었다. 흰 눈이 갈대밭에 내려앉으면 갈대꽃인지 눈인지 쉽게 구분이 안 된다. 눈과 갈대꽃은 부둥켜안은 연인처럼 바스락거리면서 움직인다. 이때 나의 머릿속에는 돌연 그 옛날 선구자들이 조국과 민족을 위해 갈대밭을 헤쳐가며 말달리던 말발굽 소리가 들린다. 말의 입김에서 내뿜는 열기는 얼어붙은 갈대밭을 녹여주고, 만리타향에서 서러운 민족을 보듬어 준다. 말의 갈기는 민족의 기상을 보는 듯하고 근육은 미래의 듬직함을 갖게 한다. 나도 그들의 대열에 끼어 해란강을 어느 사이 달리고 있다.

오랜만에 비비정을 찾았다. 비비정 한내다리는 5개가 놓여있다. 동쪽 제일 앞에는 국도 1호선 도로가 목포에서 한양으로 가는 징검다리를 처음 우마차 다리로 연결한 것 같다. 그 옆에는 KTX 철도가 고대국가 난공불락의 해자垓字 속의 성城처럼 만경강 위에 거대한 교각을 받치고 그 위에는 얼기설기 전선이 거미줄처럼 엮어져 있어 최신교통문명이 태초의 자연을 머리에 이고 있는 아이로니컬한 모습이다. 내가 앉아 있는 비비정 예술열차는 옛날 철로 위에 여객열차 4량을 연결하여 강물 위 다리를 지나가는 열차의 시각적 효과를 그대로 재현하여 강물 위의 카페와 레스토랑을 겸했다. 서쪽 제일 끝 쪽에는 지방자동차전용도로가 개설되어 바쁘지 않고 소도시나 고향을 쉬엄쉬엄 오갈 수 있도록 교량이 연결돼서 여유와 풍요의 호남들녘을 대변하는 모습이다. 그 안쪽에는 호남고속도로를 연결하는 교량이 연결되어 바쁜 일상을 돕고 있다.

작은 물결이 예술열차 아래로 밀려온다. 어디서 날아왔는지 겨울철새들이 강물 위에 둥둥 떠 있는데 작은 파도가 일렁거려 물새들이 앞으로 가는지 파도가 뒤로 가는지 쉽게 분별이 안 된다. 언뜻 보면 모든 물새가 같은 가족처럼 보이지만, 크기와 모양에서 같은 것끼리 옹기종기 떠있는 것으로 보아 같은 종種끼리 모여서 가족들의 이야기에 시간 가는 줄도 모르다가 물결에 밀려 언덕까지 오기도 한다. 코로나-19 세태에 아랑곳없이 한가로이 세월을 낚는 물새들이 제일 부럽다. 해가 지면 바로 언덕으로 기어올라 갈대숲에서 식구끼리, 연인끼리 하늘의 별들을 불러놓고 이야기하며, 천일야화로 섣달 그믐밤을 지새울 테니 말이다.

오후 한나절이 지나서 태양은 서쪽 창가에서 기웃거린다. 산이 한 점도 없이 강 끝에는 김제평야가 그대로 이어져서 산촌의 오후 한나절만 되면 벌써 태양은 숨어버리는데, 이곳은 태양이 숨을 곳이 없어 지평선에 떨어질 때까지 태양을 볼 수 있어서 좋다. 가끔 젊은 연인들이 자전거를 타고 강변 둘레길을 미끄러져 지나가면서 길 위에 사랑의 궤적을 남기면서 멀어진다. 나도 그들의 연인처럼 따라가고 싶어 비비정의 아쉬움을 뒤로하고 애마를 달래가며 강둑길을 따라 태양이 지는 곳을 향해 내려간다.

시내권 가로수인 벚나무는 거무튀튀하고 공해에 찌들어 병색이 완연한데, 만경강변 벚나무들은 공해 없는 천혜의 지역에서 생존해서인지 아프리카 바오바브나무처럼 모든 나무는 건강미가 넘치는 피부다. 벚나무 사이로 보이는 갈대 머리에 걸친 태양이 갈대밭을 태울까 걱정된다. 어느덧 만경강 끝 심포항 망해사에 다다랐다. 수평선 아래로 비비정의 화룡점정 해넘이를 마감하고 학림學林 집 애마는 전주로 향하고 있다.

(2020. 12. 2.)

늦가을 산사山寺에서

두 달여 만에 모악산 금산사에 다시 왔다. 그때는 가을이 오는 때였는데 오늘은 첫얼음이 얼며, 첫눈이 오기 시작한다는 소설小雪이 지나서인지 조석으로는 제법 쌀쌀하다. 나무들이 푸르름이 많아서 풍성했는데, 지금은 모두 다 옷을 벗어버려 춥고 쓸쓸하여 금산사 경내는 막차를 떠나보낸 시골역 광장처럼 텅 비어 허전하다.

오늘은 계곡의 마실길을 따라 올라가기로 했다. 그 많던 낙엽은 모두 시몬이 밟고 지나갔는지, 나뭇잎은 닳아서 없고 잎자루와 잎맥만 생선 가시처럼 남아있다. 고운 임을 떠나보낸 상사화는 설움이 복받쳤는지, 푸르름으로 무장을 하고 겨울을 견디면서 내년 가을까지 고운 임을 기다리며 부엉이 소리를 위안 삼아 긴긴밤을 지새운단다.

여울목 작은 웅덩이에는 울돌목이 생겨 나뭇잎배는 제자리에서 빙빙 돌다가 침몰하니 명량대첩이 떠오른다. 가라앉은 낙엽들은 겨우내 물고기들에게 푹신한 이부자리를 내주고 있다. 철 모르는 송사리인가, 사춘기의 송사리인가 어미 말을 듣지 않고 행인들 구경에 정신이 팔렸다. 그러다가 사람들의 움직이는 모습에 놀라서는 흙탕물을 일으키며 돌 틈으로 머리를 박고 꼬리만 내놓고 숨고 있다.

개천 건너편 언덕에는 오미자 같은 붉은 열매가 주렁주렁 매달려 있다. 너무 곱고 먹음직스럽게 보여 징검다리를 조심스럽게 건너가서 확인해 보니, 작은 울타리에서 많이 보았던 남천나무가 그리도 탐스럽고 좋아 보였다. 가장 아름다운 것은 자연 그대로 자라고 성장하여 꽃 피울 때인 것을 남천나무가 알려준다. 조금 떨어진 곳에는 조릿대 숲이 빽빽하게 우거져 있다. 자세히 보니 뱁새들이 바람에 흔들리는 대나무 숲을 움켜쥐고 해먹의 그네를 타고 망중한을 즐기더니 인기척을 알아채고 궁수들이 일제히 쏘아 올린 화살처럼 하늘로 날아간다. 망중한을 깨버려서 미안했다.

여름철 물놀이할 때 익사 사고에 대비하여 구명튜브와 구명조끼는 할 일이 없는지 설치대에 철 지난 허수아비처럼 우두커니 걸려 있다. 내년 여름까지 서 있을 테니 지루하고 답답할까 봐 살짝 어루만져주니, 해마다 겨울철에는 그렇게 보냈으니 염려 말라 한다. 개울 웅덩이에서 올챙이 떼처럼 모여 물장구를 치던 어린이들의 모습이 아른거리고, 첨벙첨벙하고 뛰어내릴 때 물 튀김이 금방이라도 서 있는 나에게 튀어올 것 같아 반사적으로 뒤로 물러서게 된다.

무너진 둑길을 시멘트로 말끔히 보수했는데, 개구쟁이 산토끼와 고라니 새끼가 그사이를 못 참고 걸어가서 발자국이 뚜렷하다. 나처럼 할 일 없이 이것저것 뒤적거려 보는 사람에게는 볼 때마다 투정거리가 되겠다. 원래는 산토끼와 고라니 길을 인간이 빼앗아서 자기들이 주인임을 표시한 징표인지도 모른다. 한여름 숲과 계곡에는 대목장날 사람들처럼 위락시설을 모두 차지하여 얄밉기까지 했는데, 오늘은 개미 새끼 한 마리 없으니 위락시설을 사용하고픈 욕구도 없어진다. 태양도 가을을 타는지 작열했던 햇볕은 온데간데없고 졸다 나온 얼굴로 배시시 비치고 있다.

몇 백 년쯤 되어 보이는 느티나무 밑둥에는 고목이 되어서 검버섯이 피어 있다. 생명의 혼처럼 마지막 하나 남은 새순 가지에 고목은 유언처럼 속삭이는데 찬바람이 휘청거리며 훼방을 놓고 날아간다. 뿌리는 눈 속에서 언 발이 부은 것처럼 금방 터질 것 같은 옹이가 이리저리 불거져 마지막 삶을 향해 안간힘을 쓰는 몸부림으로 보였다.

전생에 무슨 업보가 그리도 많은지 어느 불자는 찬바람에 당근처럼 언 손으로 보리수나무 옆 불탑에서 가끔 불어오는 황토 먼지를 뒤집어쓰며 염주를 굴리면서 염불念佛로 속죄하며 기원하고 있다. 그 사람에게는 나는 몰염치한 인간이나 문외한으로 비칠까 봐 발자국 소리를 죽여 멀리 돌아서 갔다.

보제루 앞 목련은 찬란한 봄의 꽃피움을 기다리기 위하여 꽃봉오리마다 솜털로 무장을 하여 겨울을 대비하고, 개천가 버들강아지는 어미개가 돌봐주지 않아도 벌써 겨울 털갈이를 하여 작은 꼬리를 살랑살랑 흔들어 준다. 개천 바닥 갈대들은 갈대꽃으로 솜이불을 만들어 들짐승 날짐승 모두 와서 추위를 녹이고 가란다.

천하무적 프랑스의 영웅 나폴레옹은 전통의 강자 영국을 고립시키기 위해 대륙 봉쇄령을 내리고 러시아를 침공했으나, 동장군冬將軍의 위세는 유럽 절대자의 무릎을 꿇게 하여 말고삐를 돌리게 했던 참혹한 전쟁사가 있다. 아마도 늦가을은 동장군과 싸워 이길 전쟁 준비에 모든 생물체는 겨우살이에 대비하고 있다.

자연의 섭리는 절대자의 계시 속에 모든 생명체의 개별 칩chip에 저장된 각자의 생명이 작동하면서 질서와 조화 속에 자연의 섭리를 유지하는가보다. 어쩌면 인간도 우주 속에서 먼지보다도 더 작은 존재로 절대자가 주신 칩 속에서 살아가고 있다.

지구상 모든 생명체에게 겨울은 자기보다는 종족보존을 위해서 가슴팍에 난 깃털을 뽑아서 둥우리를 만들고, 마지막 남은 한 방울의 젖까지 짜내어 오직 자손을 위해 먹이면서 때로는 이웃에게도 온정을 베푸는 헌신적인 숭고한 계절임을 보았다. 하물며 만물의 영장인 나 학림學林도 자손과 이웃과 사회를 위해 작은 불쏘시개로 겨울의 온돌을 지펴야겠다.

해우소解憂所에서 내 육신의 노폐물을 쏟아내고 해탈교解脫橋를 건너면서 영혼을 씻어내니 내일은 어떨망정 오늘은 육체와 영혼이 새롭게 태어난 기분이다. 다가올 겨울에는 몸과 마음은 더욱 더 가지런히 다듬어 새봄에 고운 싹을 틔울 때까지 고이고이 간직해야겠다.

(2020. 11. 25.)

제11부

그때는 그랬지

봄 방학 때 익힌 자동차운전
구황작물이 건강식품으로
그 옛날의 여름은
겨우살이 준비
겨울밤과 호롱불
가설극장
나의 1960년 3 · 15

봄 방학 때 익힌 자동차운전

1970년대 말 1980년대 초, 전라북도에서 자동차 운전면허 시험장으로는 전주시 대성동에 소재한 유일한 '전북운전면허시험장'에서 자동차 운전면허를 발급받기 위해서 학과 시험과 코스 시험에 합격한 뒤 소양교육素養教育을 수료하면 자동차운전면허증을 발급받았다.

그 시절 지방에는 중고자동차 매매시장이 별로 없어서 대개는 자동차 운전면허증을 발급받으면 서울의 장안평 중고자동차 매매시장에서 중고자동차를 구매하여 뒷좌석 유리창에 '초보운전'이라 써붙이고 방어운전에 임했다. 그 초보운전이라고 써 붙인 종이가 누렇게 변할 때쯤에는 조금 익숙해져서 종이를 떼고 운전을 했었다.

나는 1980년 2주일 남짓한 봄 방학 때 운전면허증을 발급받고, 10여 년 전 이미 운전면허를 따고 자동차를 운행하고 있는 동생과 서울 장안평에서 스틱형 중고자동차를 구매하였다. 신학기 때부터는 자동차 출근으로 바꿔보자고 봄방학 계획을 세우고 실천에 옮기는 데 거의 날짜를 보냈다.

일요일에 교통량이 적은 군산대학교 운동장에서 운전연습을 하기로 하고 동생과 아침 9시경에 만나서 20여 분 동안 전진, 후진 등만 대충 알려주고 잠깐 어디 좀 갔다 온다더니 12시가 다 되어도 동생은 나타나지 않았다. 속은 부글부글 끓어오르지 스틱형 자동차이기 때문에 시동은 자주 꺼졌다. 20분 달랑 무엇을 가르치는 척하더니 나 몰라라 하는 동생이 그렇게 야속했다. 어쩌면 한 어머니 뱃속에서 태어나 형을 이렇게도 몰인정하게 대하는지 남보다 못하다는 미움이 자동차의 시커먼 매연처럼 계속 뿜어져 나왔다.

12시가 넘으니 어디서 어슬렁어슬렁 나타났다. 대뜸 "운전 연습 잘했어?"라면서 비아냥거리는 말투였다. 생각 같아서는 욕이라도 하면서 소리를 지르고 싶지만, 결혼하여 따로 가정을 이룬 동생인데 그렇게는 하지 못하고 성질을 죽이고 목청을 가다듬고 또 가다듬어 "야, 운전 연습 가르치다 말고 어디 갔다 왔어?" 하면서 약간의 불만을 표시했다.

"아니 형 운전할 때마다 내가 따라다니면서 운전 가르치면 어느 세월에 혼자 운전하려고?" 하면서 오늘의 운전 교습 지도는 자기가 옳았다고 반박했다. 나는 속으로 운전연습 지도를 남한테 부탁해야지 동생한테는 부탁하지 말아야겠다고 다짐하면서 그 애물단지를 끌고 집으로 왔다. 점심을 먹고 억지로 표정을 바꾸고 "야, 오늘 수고했다. 이젠 운전요령 대강은 알았으니 혼자 연습해도 될 것 같으니 지금까지 고맙다." 하면서 동생의 운전연습 지도를 마무리했다.

그럭저럭 혼자 연습하여 전진은 할 만한데 후진과 좁은 길에서 돌발 상황에 응급처치가 안 되었다. 내 집은 개인 주택이어서 대문 앞

주차가 애를 먹였다. 대문 앞 담벼락 가까이 큰 전신주가 버티고 서있어서 주차할 때는 골칫거리였다.

후방 카메라도 없고 측 미러도 감지가 잘 안 되는 시기라 궁여지책으로 집에서 헌 플라스틱 양동이를 전신주 앞 안전거리에 놓고 후진할 때 살짝 부딪히면 급정거를 하여 주차요령을 익혔다.

혼자 운전 연습을 할 때는 아내를 조수석에 앉혔다. 운전 지도보다는 내가 미처 발견하지 못한 신호등이라든지 기타 돌발 상황을 미리 알려 달라 부탁하고 동승을 제의했다. 그러나 속내는 만약 안전사고가 발생했을 때 응급처리 등 보험사의 역할을 맡기고 싶었다. 평소 생활에서 겁이 남다르게 많은 아내는 승차하자마자 옷깃을 움켜쥐고 숨도 제대로 못 쉬었다. 자기 판단에 자동차가 부딪친다는 예감이 들면 어~어~ 하면서 눈을 감고 고개를 숙여버리거나, 의자를 최대한 뒤로 상체와 같이 젖히면서 충돌 거리를 벌리려는 모습이 계속되었다.

캄캄하고 무서운 호젓한 밤길을 혼자 거닐 때 어린 동생을 등에 업고 걸어가면 등에 업힌 어린 동생이 어른처럼 그리도 든든하다. 그런 기분으로 아내를 동승시켰는데, 운전 연습에는 오히려 방해기 되었다.

봄방학 개학이 얼마 남지 않았다. 학교에 출근할 때는 '초보운전' 딱지는 붙이기 싫었다. 그래서 집에서 학교까지 출퇴근 코스에 맞춰 주로 새벽에 맹연습을 했다. 그때만 해도 자가 차량으로 출퇴근하는 자가 그리 흔하지 않은 시절이라 학교 주차장에 새로운 자동차가 보이면 화제였다. 나의 자동차 '전북 라 4**3'을 보고 선생님들은 "누구 차여?" 하는 것이었다. 나는 웃으며 "제 차요." 했다. "아니, 초보운전

딱지도 안 붙이고 구 선생님은 운전 잘하시는가 보네?" 하시면서 운전능력을 반문하는 어투였다. 나는 봄방학 동안 자신과의 전쟁을 생각하면서 '애물단지'를 집까지 끌고 갈 일이 걱정이었다. 나의 서툰 운전능력을 감지한 선생님들이 퇴근하기를 기다리며 시간 보내느라 분주한 척했다.

가족 간 자동차 운전연습지도는 특히 부부간에는 절대 피하라고 한다. 그것을 소재로 한 연속방송극의 장면도 많이 나왔다. 동생한테 운전연습 지도를 받았으니 나의 자존심도 견딜 만했다. 유대인의『탈무드』에서 고기를 잡아 주기보다는 낚시 방법을 가르쳤다던 내용이 떠오른다. 나보다 12살 아래인 동생이 형의 위신과 자존심보다는 홀로서기를 교육목표로 지도했음을 뒤늦게 알아채고 고맙게 생각했다. 그 동생이 나의 밴댕이 속을 알아챘을까 봐 쑥스럽고 미안하다.

(2019. 2. 18.)

구황작물이 건강식품으로

보릿고개, 초근목피 모두 다 헐벗고 굶주렸던 시절의 배고픔을 떠올리게 하는 단어들이다. 식량 자급자족이 어려워, 햇보리가 나올 때까지 넘어야 했던 보릿고개 끼니를 해결하고자 풀뿌리나 나무껍질로 밥 대신 먹었던 초근목피는 우리 민족의 배고픈 과거다.

쌀이 절대적으로 모자라 대체식량으로 보리와 밀, 옥수수 그리고 고구마, 감자와 배추, 무시래기가 보릿고개를 채워줬던 구황작물救荒作物이었다. 쌀밥과 소고깃국은 서민들에게는 그림의 떡이었고, 그 시절 보릿고개가 닥치면 부황浮黃 난 사람들이 동네 사람의 절반이 넘었다.

가축 사료로 먹였던 무와 배추 시래기를 엮어서 추녀 끝에 매달아 바스락거리게 건조한 뒤 가마솥에 삶아서 떫은 맛을 우려내어 어머니는 소여물처럼 숭덩숭덩 썰어서 쌀 한 줌 넣어 지은 시래기 밥이나 죽을 며칠에 한 번쯤은 먹어야 했다.

밥을 먹고 나면 꼭 시래기 줄기가 이빨 사이에 끼어 꺼림칙했다. 숭늉은 거무튀튀하여 시래기 작은 잎사귀 찌꺼기들이 둥둥 떠 있어 색깔도 냄새도 모두 다 마시기 싫은 시래기 숭늉이었다. 배고픈 자식들의 끼니를 조금이라도 모면해 보려는 어머니들의 궁여지책이었고, 자식들도 아무 불평 없이 그것도 황송 감사한 마음으로 따랐던 춘궁기 때 우리네 농촌의 모습이었다.

가난하던 1960년대, 미국의 잉여농산물 원조가 시행되면서 시골 초등학교에는 분유粉乳와 옥수수죽 단체 급식이 지원되던 때가 있었다. 옥수수죽을 받아먹기 위하여 학생들은 양재기와 수저를 지참하여 학교급식 옥수수죽 먹기가 풋내나고 지겹던 시래기죽보다는 맛도 향도 그렇게도 좋았다. 어떤 친구는 2번 타 먹으려고 입가의 옥수수죽 흔적을 대충 지우고 줄을 섰다가 선생님께 꾸중을 들었고, 또 다른 친구는 자기는 배가 고프지만, 집에 있는 어린 동생을 갖다 준다면서 집으로 가지고 가는 착한 친구도 있었다. 그 죽은 얼마 후 옥수수 가루로 만든 빵으로 대체되었다. 최근 언론에 보도된 아프리카 탄자니아의 초등학교 옥수수죽 이야기가 바로 우리네의 과거였다.

가난은 나랏님도 못 구한다며 인간의 노력보다는 자연을 탓했던 위정자爲政者들이 밉다. 그 시절 인구는 현재보다도 적고 인구 대비 1인당 국토면적은 훨씬 더 넓었으며 여느 나라 못지않게 토지는 기름지고 농사짓기에 좋은 기후를 가지고 있는 나라인데, 종자 개량과 과학적 영농방식의 추구로 식량문제 해결보다는 물끄러미 턱만 괴고 하늘에서 쌀만 떨어지기를 바라거나 외국에서 병아리 눈물만큼 주는 원조에 의존했으니 말이다.

시래기 줄기보다 더 질긴 삶의 고통을 견디고 과학적 품종개량과 영농방식으로 오늘의 경제 중흥 국가를 이뤄 식량이 넉넉해지고 외국의 패스트푸드가 상륙하여 우리의 식단문화도 급격히 변화했다. 옛날에는 못 먹어서 병이 나고 요사이는 너무 먹어 병을 얻는 음식문화로 바뀌었다.

그런데 세상이 상전벽해가 되어 천덕꾸러기 구황작물이 건강식품으로 급상승하여 가난과 굶주림의 상징인 보릿고개 음식들이 이제는 성인병을 예방하고 치료하는 식품으로 인증되어 다투어 찾고 있다. 죽기 싫어서 먹던 음식이 이제는 오래오래 살려고 먹는 보약의 자리로 바뀌었으니 시래기에게 그저 미안할 따름이다.

어려서부터 하얀 쌀밥과 소고깃국 그리고 피자에 맛들인 젊은 세대들에게 어느 날 어머니가 식량이 떨어져 시래기밥을 내놓았을 때 선뜻 먹겠다는 젊은이는 과연 몇 명이나 될까?

요사이는 시래기를 개발한 퓨전 음식이 너무 많이 쏟아져 나오고, 대기업들도 다투어 새로운 시래기 식품들을 출시하고 있다. 웰빙식품의 붐이 불어서인지 남녀노소 구분하지 않고 시래기 음식점의 문전성시를 보니 가축 사료까지 탐내어 먹는 인간들이 얄밉고 이제는 가축들에게 인간이 만든 가축 사료 패스트푸드를 먹이고 있으니 어떤 천벌이 내릴지 두렵다.

오늘따라 어렸을 때 쌀을 대신한 구황작물인 보리, 밀, 옥수수, 고구마, 감자, 배추와 무시래기가 떠오른다. 그런데 현재는 모두 다 웰빙식품 재료로 언론이 소개하고 있다. 가정식단食單도 건강음식 재료

선택과 조리로 식사문화를 통하여 가족의 건강을 지키는 가정이 늘어나고 있다.

나의 어린 시절 영양가보다는 건강식품으로 뼈가 만들어지고 살이 굳어져서인지 별 탈 없이 지금까지 살고 있음이 시래기 덕분에 고맙기도 하지만, 가축들한테는 미안하기도 하다. 자연의 이치는 자연의 섭리대로 살아야 한다고 했는데 요사스러운 인간들이 또 어떻게 질서를 헝클지 염려가 된다.

그 옛날의 여름은

60여 년 전 우리나라 국민의 생활수준은 6 · 25 한국전쟁이 10여 년쯤 지난 시기여서 도시나 농촌 모두 다 어렵게 살았다. 사람들은 자기의 생활과 다른 삶을 경험해 보지 않고서는 현재의 삶이 불편한지 가난한지 모르고 그 삶에 만족하면서 살아간다. 그 당시 나는 초등학교 시절이어서 교과서 삽화에 나오는 문화시설과 생활도구를 처음 보고, '이런 것도 있구나!' 할 정도였다.

가난한 가정은 겨울보다 여름 나기가 편하다. 아마도 겨울의 난방보다는 여름의 피서가 돈 안 들고 쉽게 보낼 수 있다는 말인 듯싶다. 현대인의 생활은 금전을 최대한 투자하여 생활도 피서도 자기 위주로 즐기고 있으나, 그 시절의 모든 생활은 금전 투자보다는 자연환경을 유효 적절히 활용하며 살았기에 의존성도 불편도 모르고 자연에 순응하면서 살았다.

여름에 주식은 어머니가 밤새도록 돌확에 간 보리쌀로 지은 보리밥이었다. 아침, 점심 그리고 저녁까지 먹을 밥을 미리 몽땅 지어 대나무 바구니에 가득 담아 부엌 시렁에 올려놓아서 바쁜 조리시간을 줄이고 간편하게 식사하는게 농번기 끼니해결 방법이었다. 여름나기 의복은 어머니가 직접 짠 삼베잠방이와 모시 등거리가 대부분이며, 까슬까슬해서 거북스러운 촉감이 있지만 시원함은 그만이었다. 신발은 검정 고무신으로 발바닥에서 땀이 나서 질퍽거리면 황토 한 줌을 집어넣고 걸으면 되었다.

농촌의 노동일과 뙤약볕에 시달려 밥맛이 없고 소화가 안 될 때 어머니는 쓴 익모초 생즙을 한 종발 마시게 하고 입가심으로 생마늘 한 쪽을 씹게 하셨다. 허한 심신의 보양 방법으로는 삼복三伏 때 복달임으로 고기로 국을 끓여 먹기도 하고, 여름 과일을 사다 먹기도 했었다. 웬만한 면 소재지에도 전깃불이 들어오지 않았기에 시골 마을에서는 냉장고는 이름도 들어본 적이 없다. 그래서 복날 시원한 과일을 보관하여 먹을 방법은 옛날 군용 전화선으로 만든 장바구니에 과일을 담아서 깊은 샘물에 담갔다가 하룻밤 지난 뒤 꺼내서 먹었다.

논밭에서 일하고 들어온 일꾼들이 대청마루에서 시원하게 점심을 드시도록 아버지와 나는 큰 부채를 양손에 들고 식사가 끝날 때까지 일꾼들에게 부채질을 해드렸다. 식사가 끝난 일꾼들은 대청마루나 마을 모정에서 목침을 베고 대들보가 무너지도록 코를 골며 낮잠으로 노동의 피로를 풀었다. 어린이들은 마을 뒤 작은 저수지에서 흙탕물을 튕기면서 미역을 감았다.

내가 제일 싫은 계절은 여름방학 때였다. 방학 때는 뙤약볕 논밭에

나가 부모님을 도와드려야 하기 때문이다. 논밭에서 돌아온 나에게 어머니는 우물가에서 두레박으로 퍼 올린 차가운 물로 등목을 해주시면 등골이 오싹할 정도로 시원하고 턱끝에서는 짭조름한 땟국물이 줄줄 흘러내렸다. 등목이 끝났다는 신호인지 귀여운 아들에게 정감의 표시인지 어머니 손으로 등을 딱 치시면 벌떡 일어섰다.

가마솥에 찌는 듯한 더위는 여름 농사철이 끝나가는 처서處暑쯤에는 불볕더위가 수그러들었다. 이때는 세 벌 김매기를 마치는 만두레 행사가 열렸다. 십시일반의 걸립乞粒으로 술과 고기를 마련하여 여름 농사에 지친 몸과 마음의 피로를 풀며 화합을 다짐하는 행사였다. 마을의 우물들을 모두 다 푸고 청소도 하는 한 바탕 풍물과 어우러지는 마을 잔치였다. 상모를 돌리는 아저씨는 술에 취해서인지 상모도 사람도 빙글빙글 휘청거리며 오뚝이처럼 넘어질 듯하다가 다시 일어나니, 눈을 떼지 못하는 구경거리였다.

저녁때가 되면 나는 헌옷가지나 큰 부채로 방마다 모기를 쫓아내고 파란색 모기장을 창호지 대신 바른 문을 닫고 식구들 취침 준비를 미리 해 놓는 것이 일과였다. 아버지는 생쑥을 베어다가 돼지우리와 외양간 그리고 토방에도 모깃불을 놓으시면 식구들은 밀짚 방석에 앉아서 별똥이 떨어지는 하늘을 보았다. 뜰 안에는 온갖 풀벌레들이 합창대회라도 벌였는지 울음소리가 그치지 않았다. 할머니가 도깨비불이라던 개똥벌레는 꽁무니를 연신 번쩍거리면서 주위를 맴돌았다. 텔레비전이나 놀이기구가 없고, 주전부리가 없어도 가족이 오붓하게 모여 있어서 좋았다. 이따금 밤바람이 불어 부채질을 멈추게 했다. 어머니의 옛날이야기로 막내는 어머니 무릎에서 잠이 들었고, 샛별도 졸리는지 구름 속에서 새근거렸다. 밤이슬을 맞으며 여름밤은 촉촉이 깊어갔다.

인간을 제외한 모든 동식물은 지구환경을 파괴하지 않고 추위도 더위도 순응하며 생태계를 보전하는데, 유독 유별난 인간들은 생태계를 파괴하면서 더 시원한 피서를 부추겨 지구는 불덩어리가 되어간다. 그 옛날의 여름은 지금이나 더위가 비슷했을 텐데 돈과 물질을 활용한 피서가 아니라, 자연의 이치를 그대로 받아들이며 참고 견디면서 오붓한 식구끼리 오순도순 생활의 어려움과 무더위도 이기며 살았다. 가난은 불편할 뿐이지 오히려 인간의 마음을 더 단단하게 하고, 가족의 손목을 꼭 쥐게 하는 힘이다. 가난과 피서는 피하거나 선택할 수도 없어서, 그 시절에는 가난과 피서를 그냥 안고서 삭히며 살았던 것이다.

겨우살이 준비

들녘의 벼들이 모두 베어지고 그루터기가 동장군을 맞으려는 사열대의 장병들처럼 부동자세로 열지어 서 있다. 밭두렁에는 수확하기 좋게 세워놓은 콩대들이 줄지어 서있다. 아마도 늦가을은 논밭에서 겨울과 싸워 이기려는 모습 같다.

지금은 농촌에서도 옛날처럼 겨울준비를 서두르지 않는 것 같다. 우선 모든 주택은 단열재로 개보수되었고, 집집이 벼 도정기가 있어 언제나 햇쌀밥을 먹을 수 있다. 김장도 저온창고 등이 갖추어져 사시사철 싱싱한 김치를 맛볼 수 있다. 그러니 옛날처럼 부산한 가을걷이는 아니다. 내 고향은 50여 가구가 옹기종기 모여 산다. 어렸을 때는 기와지붕이 하나도 없었는데, 어느 사이 지붕개량 또는 가옥 증 · 개축으로 지금은 초가지붕이 하나도 없다. 참새들의 겨울 둥지인 초가집이 없어지고 초가집 추녀 끝에 매달린 울퉁불퉁하며 크고 작은 고드름의 정겨움을 볼 수 없어 아쉽다. 동화마을에서 살다가 낯선 마을로 온 기분이다. 오늘따라 아버지와 어머니의 겨우살이 준비가 떠오른다. 아버지는 주로 지붕 보수와 땔감을 장만하셨고, 어머니는 김장과 장醬 거리를 만드셨다.

아버지는 새 볏짚으로 마당에서 대략 3일 동안 지붕을 덮을 나래와 용마름을 엮으셨다. 나는 아버지가 엮은 나래가 겹쳐지면 엮을 나래 길이를 마당에 표시한 곳까지 잡아당기는 것이 할 일이었다. 용마름은 마지막으로 지붕 꼭대기를 덮는 것으로서 지붕의 맵시를 가꾸는 마지막 마무리작업이기 때문에 아주 정교하고 꼼꼼히 엮어야 한다. 때문에 꼬빡 하루가 걸렸다. 나래와 용마름 엮기가 끝나면 이웃집 아저씨와 품앗이로 헌나래와 용마름을 걷어내시고 새나래와 용마름을 덮고 새끼줄로 마름모형을 덮어 강풍을 대비한다. 처마 끝에 삐쭉삐쭉 튀어나온 지푸라기를 낫으로 가지런히 잘라내면 면도를 한 것처럼 지붕과 집 전체가 깔끔해 보여 내년 가을까지는 끄떡없이 월동준비가 마무리된다.

어머니는 왜소하고 허약하시어 김장때는 언제나 작은어머니와 고모가 도와주시지만, 김장 준비에 허리가 휘어지고 손가락은 당근처럼 벌겋게 통통 불어서 며칠 동안은 고생하셨다. 내가 어렸을 때는 동네 앞 냇물은 전혀 오염이 없어서 외딴집에 사는 어느 집은 새벽에 길어다가 식수로 사용할 정도였다. 그래서 김장거리 배추나 무를 씻을 때는 냇물에 씻어서 큰 싸리바구니에 담아놓으면 아버지는 지게로 운반하셨다. 어머니는 양념과 버무려서 언덕에 묻어 놓은 큰 항아리에 차곡차곡 넣으면 겨우내 먹을 김치 준비는 끝났다. 그리고 여유 있는 날

콩을 삶아 메주를 쑤어서 지푸라기로 엮어서 처마 끝에 매달고, 또 청국장을 띄우기 위해 조금 큰 널벅지에 삶은 콩과 지푸라기를 섞어 청국장이 잘 발효되도록 사랑방 아랫목에 헌 이불로 덮어놓으면 냄새는 나지만, 청국장찌개를 끓이면 가히 일품이었다.

사랑방 윗목에는 통풍과 온도와 습기가 보존되어 지금의 저온창고보다 더 편리했다. 또 자연적인 수숫대로 촘촘히 엮어 만든 퉁어리에 고구마를 가득 넣어 겨울용 간식거리와 이듬해 고구마 종자용으로 보관했다. 이렇게 아버지의 지붕 이는 날과 어머니의 김장하는 날은 힘들지만 보람된 일이기에 그날은 고기반찬으로 푸짐하게 장만하여 이웃들과 어울려서 식사를 했다. 모두가 초가지붕처럼 온순하고 굴뚝 연기처럼 정다웠던 시골 마을의 겨우살이 준비 풍경이었다. 늦가을 지푸라기 냄새와 청국장 냄새가 온 집안을 휘감았었다. 초저녁에 돌아오면 참새들이 처마 끝에서 자기 집을 찾아 꼬리를 흔들며 기어서 들어가는 모습이 보였고, 감나무 가지에 앉아서 바라보던 달님이 환하게 웃어주었다. 늦은 밤 뒤뜰에서는 부엉이 새끼가 돌아오지 않은 엄마를 기다리며 울어대고, 안방 천장에서는 생쥐가 달리기 시합을 해도 좋기만 했다. 지금은 하늘로 날아갈 듯한 기와지붕들과 낯선 사람들이 사는 것 같은 마을에는 정 붙일 곳이 없다. 부모님의 가을걷이 흔적은 어머니의 씨간장 항아리와 김장 수퉁아리 그리고 녹슨 홀태가 있다. 아버지의 흔적으로는 땔감 나무를 쪼개던 도끼와 콩 타작 때 쓰시던 도리깨 자루가 시골집 허청을 지키고 있다.

오늘은 11월 마지막 일요일이다. 아내는 시골 동생이 재배해 놓은 김장거리를 점검해보고 다음 주에는 새끼들 줄 것과 우리 내외가 겨우내 먹을 김장 준비를 위해 현장 점검에 나섰다. 배추밭을 둘러보니 배추가 제대로 자라지 않아서 조금은 시장에서 사들여야 할 것 같다. 집도 부모님이 사셨던 집, 김장 텃밭도 옛날 그대로인데 이제는 모두 다 가시고 내가 그 자리에서 동생들과 자식들을 위한 겨우살이 준비를 해야 한다.

(2019. 11. 24.)

겨울밤과 호롱불

우리나라 농촌에 전깃불이 공급된 것은 1960년대 말이다. 그 옛날 밤에는 호롱불인 석유 등잔이 유일하게 어둠을 밝혀주었다. 석유 대신 동 · 식물의 기름을 이용한 등잔이나 여유 있는 가정은 탈취脫臭 효과도 있다는 양초를 구매하여 사용했으나 대부분은 석유 등잔이었다.

그 당시 대학에 다니던 광주光州 시내는 그야말로 불야성을 이루는 빛고을(光州)이었다. 어쩌다가 겨울에 고향집에 올 때는 익산역에서 금마까지만 시내버스가 운행되었다. 금마에서 집까지 오 리 정도는 들길을 걸어서 작은 고개를 넘을 때 이곳저곳 어두컴컴한 지형지물들이 이상한 물체로 보여 무서웠다. 마을에 들어서면 창문으로 비치는 호롱불빛이 어머니의 얼굴처럼 그렇게도 반가웠다.

시골에서는 5일 장날마다 정종 대두병에 석유를 사다가 비치해두었다. 장날에 석유를 못 산 집들을 용케도 알아차리고 석유장수는 함석으로 만든 농약통 크기의 석유통과 수동형 펌프를 짊어지고 마을마다 '석유 사려, 석유 사려.' 외치고 다녔다. 모두 다 어려운 시절이라 현금 대신 쌀보리 등 곡식을 받는 석유 장사들이 있었다. 석유를 제때 구매를 못했거나 다 떨어진 가정에서는 이웃집에서 빌려 쓰고 다음 장날에 갚기도 했었다. 호롱불 대신 소나무 송진이 과메기 속살처럼 불그스레하게 기름이 배어 있는 삭정이를 나무젓가락 길이의 관솔을 한 움큼씩 만들어 놓기도 했었다. 잠깐 부엌에 가거나 화장실에 갈 때는 불을 붙여 가면 짧은 시간에는 갔다 올 수 있었다.

동네 사랑방이나 담소를 나눌 장소에서는 관솔을 많이 사용했다. 그 당시 석유는 정제 기술이 잘 안 되어서 그런지, 그을음이 많이 생겨 방안의 천장과 벽은 한겨울이 지나면 시커멓게 그을렸다. 관솔은 석유 등잔보다 끄름이 더욱 심해서 아침에 일어나면 콧구멍이 새까맣게 변해서 지금도 우수갯소리로 까만 콧구멍을 보고 "어젯밤 어디서 밤새도록 노름했냐?" 하고 물었다. 호롱불을 켜면 어떤 때는 불꽃이 희미하면서 금방이라도 꺼질 것 같으면, 석유 빨아올리는 심지의 힘이 약해서인지 흔들어주거나 심지 위쪽 검은 찌꺼기를 칼로 긁어주면 금방 되살아나 방안을 환하게 비추었다. 식구들도 덩달아 함께 웃는 밤이면 호롱불도 유일한 안방 가족이었다. 석유 등잔은 방 가운데 등잔대 위에 얹어 놓았다. 사람들은 석유 등잔을 가운데 두고 빙 둘러앉아 이야기로 겨울밤을 엮어 갔다. 창문에 비친 그림자는 식구들의 다정한 모습을 그대로 볼 수 있어서 차가운 겨울밤 농촌의 정겨운 모습이었다.

마을에 호롱불이 하나둘씩 꿈틀거리며 아가씨들처럼 수줍음을 보이자, 하늘의 은하수 총각들이 어둠을 타고 내려와 시골 마을 밤하늘에는 어느 사이 아름다운 불꽃 향연이 펼쳐지고 있었다. 어머니가 초저녁 아궁이에 묻어 놓은 고구마가 익었는지 구수한 냄새가 문풍지를 두드렸다. 어머니는 뒤뜰에 고구마와 곁들여 마실 동치미를 가지러 나가셨다. 나는 관솔에 불을 붙여 길 앞잡이를 섰다.

어머니는 항아리 뚜껑을 열더니 댓잎 우거지를 젖히고 동치미를 한 양푼 퍼 오신다. 군고구마에 목이 톡 쏘는 동치미 국물은 겨울밤의 별미다. 밤은 디욱 깊어 가는데 어느 집에서 내년 봄에 시집보낼 딸내미의 혼숫감을 준비하는지 다듬이 방망이 소리가 고샅길의 적막을 깨며 한바탕 흥을 돋우더니 도플러Doppler 효과처럼 사라졌다. 이렇게 시골의 겨울밤은 태초의 빛과 소리로 어우러져 어둠 속으로 빠져들었다.

현대 문명의 이기利器로 해결하기보다는 원초적인 방법으로 자연을 맞으며 불편함보다는 정감으로 살았던 호롱불 시절이 아련하다. 그 시절 호롱불은 어둠을 밝혀주었을 뿐만 아니라, 사람들을 안방에 모아놓고 토렴처럼 뜨거운 인간애를 우려내어 삶을 토닥거려 주었다. 이제는 호롱불 추억은 세월이 앗아갔는지 아무리 심지를 북돋아도 힘없이 작아지고 가물거렸다. 시골집 한구석에는 호롱불 등잔과 램프가 있다. 호롱불에 불 밝히던 그 시절로 돌아가 어머니가 챙겨주신 군고구마에 동치미 국물을 먹고 싶다. 그런데 천장의 낯선 엘이디LED 등이 분위기를 깨면서 바보스러운 나의 뒤통수를 비춘다.

(2019. 12. 18.)

가설극장

인간의 문화 향유는 삶을 살찌우고 윤택하게 하는 활력소이다. 특히 유년기의 색다른 문화소재 접촉과 취향에 따른 문화유형의 선택은 성장하면서 취미로 쌓여서 특기로 나타난다. 성인기에는 사회진출의 발판이 되어 직업 선택과 그로 인한 인간관계를 결정하기도 한다. 인간의 사회화 과정에는 학습과 경험 그리고 모방으로 이루어진다. 이 세 가지 과정을 공통분모로 하는 것은 문화활동이다.

나의 유년 시절 시골에는 전기 음향기기는 전혀 없었다. 막내 숙부댁에는 거미집 같은 안테나를 장대 끝에 고정하고 더 높은 곳 깨죽나무에 매달아 놓고 근거리 전파만 수신이 한정되어 있던 광석라디오가 있었다. 전력 없이 작동되므로 감도가 약하여 소리는 모깃소리 정도로 작은 데다 잡음도 많았어도 나에게는 신비로운 물건이었다. 내가 막내 작은집 가는 이유를 작은아버지는 용케도 알아차리시고 윗방의 광석라디오 수화기를 내주시며 듣도록 해주셨다.

큰아버지 댁은 아버지 형제 중에서 그래도 생활이 제일 윤택했는지 작은아버지 댁의 광석라디오보다는 몇 년쯤 뒤에 나왔지마는 나에게는 요술 상자가 있었다. 옛날 영어사전 크기에 불그스레한 가죽을 입혀 만든 고급스러운 금성사에서 출시된 트랜지스터transistor라디오가 있었다. 그때부터는 작은집에서 큰집으로 발길을 옮겼다. 전파 수신도 여러 방송이 가능했고 음향도 좋아서 많은 사람이 동시에 청취할 수 있었다. 동네 사람들은 저녁 식사만 마치면 큰집 안방으로 꾸역꾸역 모여들었다. 주로 듣는 프로그램은 연속방송극이었다. 라디오 속 성우들은 한결같이 목소리도 곱고, 드라마 가족 간에 존대하는 말투가 그렇게도 좋았다. 큰집 식구들은 논·밭일에 지쳐서 벌써 곯아떨어졌는데 나와 이웃 사람들은 아랑곳없이 라디오 드라마에 귀를 떼지 못했으니 얼마나 염치없던 사람들이었던가?

내가 다니던 금마초등학교는 60여 년 전에 외곽지역으로 이전했다. 그 자리에는 금마시장이 확장되었다. 그 당시 초등학교는 대부분 학교 강당이 없어서 교실 3칸 정도를 막거나 터놓을 수 있는 장치를 하여 입학식, 졸업식 등 학교행사를 치렀다. 그런데 초등학교가 이전하면서 어떤 민간업자가 강당식 교실을 인수하여 가설극장을 운영했다. 어려서부터 라디오, 서커스, 신파극이 그렇게도 신기하고 재미있었다, 가설극장에 걸어놓은 영화 포스터만 보면 가슴이 설렜었다. 영화 상영 오후쯤에는 허름한 트럭에 스피커를 달고 영화 포스터로 만든 샌드위치 광고를 뒤집어쓴 변사 아저씨가 마을마다 영화 선전을 했다.

"문화와 예술을 사랑하시는 면민 여러분, 눈물 없이는 볼 수 없는 옥단춘을 상영합니다."

온 동네를 돌아다니며 한바탕 벌집을 쑤셔 놓았다. 또래의 친구들은 벌써 마음이 들떠서 어떻게 해서든지 가설극장에 갈 궁리에 몰두하게 된다. 나는 어머니를 졸라서 가끔 영화 구경을 하고 집에 돌아와서 줄거리를 어머니한테 이야기했다.

언제인가 초등학교 겨울방학 때였다. 동네 사는 친구가 돈이 없어도 영화 구경을 할 수 있다고 꼬드겼다. 나는 솔깃하여 무엇이냐고 물으니, 영화 시작 두어 시간 전에 몰래 입장하여 화장실에 숨어 있다가 영화가 시작하면 슬그머니 나가서 구경하면 된다고 했다. 나와 친구는 해가 동동할 때 아무도 없는 극장에 몰래 들어가서 화장실 한 칸에 둘이 들어갔다. 때는 엄청 추운 겨울이고 화장실은 수세식이 아닌 재래식 화장실로 마치 원두막 위에 바닥만 뚫어 놓은 그런 화장실이었다. 찬바람은 용케도 화장실 구멍으로 타고 올라와서 냄새와 추위로 사람을 괴롭혔다. 그래도 희망은 공짜로 영화를 본다고 생각하니 추위와 냄새는 금방 잊어버렸다. 이렇게 1시간 이상을 덜덜 떨고 기다리는데, 극장 안에서 영화상영 소리가 들려왔다. 화장실 문을 살짝 열고 어두컴컴한 극장 안을 더듬더듬 걸어 자리에 앉아서 시치미를 떼고 영화를 보았다. 누군가 오더니 나와 친구 윗도리 목덜미를 잡아 치켜세우며 어디론가 데리고 가서 다짜고짜 빰을 후려치는 것이었다. 죄는 있어 맞으면서 얼굴을 보니 극장 기도 아저씨였다.

"야 인마, 왜 도둑으로 들어왔어? 돈을 내든지, 나가든지 해!"

호통을 쳤다. 그때 극장 안의 관객은 10명도 안 되어서 기도 아저씨는 화가 났었고, 숫자와 손님들까지 기억하고 있었나 보다. 1시간 이상 화장실 안에서 고생한 보람도 없이 친구와 함께 눈길을 밟으며 집으로 돌아온 유년 시절의 추억이 떠오른다.

고등학교 때는 전주 시내 육서점, 우체국, 상업은행 사거리에 있는 공보관에서 토요일 오후에는 무료 외화外畵 상영이 있었다. 나는 토요일 오후에 시골집 갈 때는 참새가 방앗간 코스였다. 대학 때는 가정교사로 번 돈으로는 광주 시내 개봉관 영화는 꼭 봐야 직성이 풀렸다. 이처럼 나는 어린 시절부터 나름의 영화광이었다. 그런 내가 최근에 극장에서 본 영화는 15년 전 소피아 로렌, 마르첼로 마스트로야니가 주연한, 전쟁이 끝난 지 몇 년이 되어도 돌아오지 않는 남편을 찾아 나섰는데, 방황하다가 겨우 찾은 남편은 이미 다른 여자와 결혼하여 아이까지 있었다. 모든 것을 단념하고 떠나가는 여자, 떠나가는 기차 꼬리를 보며 발만 동동 구르는 남편을 내용으로 한 「해바라기(Sunflower)」가 기억된다. 이제는 집에서 TV 영화 채널을 활용하여 감상하고 있다.

지금도 금마시장 모퉁이를 지나갈 때면 가설극장 지붕은 그대로 남아있다. 언제인가 시장 가는 길에 일부러 찾아가 보았더니, 이제는 농산물 창고로 쓰고 있었다. 덜덜 떨었던 화장실은 온데간데없다. 음식이 가장 맛있고 기억에 남는 것은 배부를 때 먹었던 음식이 아니고, 몇 끼를 굶고 허기졌을 때 먹었던 음식이 그렇게 맛이 있었다. 발동기로 전원을 공급하고 화면도 흐릿했던 가설극장의 영화가 생각난다.

(2020. 1. 19.)

나의 1960년 3 · 15

금마초등학교 입학은 여덟 살배기 시골뜨기에게는 새로운 세상을 눈뜨게 하는 계기가 되었다. 세상에서 제일 넓은 학교 마당을 처음 본 나는 눈이 휘둥그레졌다. 우리 집 초가지붕은 비나 눈이 많이 오면 지붕의 지푸라기가 썩어서 가끔은 간장 같은 낙숫물이 떨어지고 고드름이 열렸는데, 학교 지붕은 처음 본 기와지붕으로 샘물 같은 낙숫물이거나 먹음직스러운 고드름이 예쁘게 주렁주렁 달려있었다.

집에서는 궤짝 같은 책상에서 쭈그리고 앉아서 공부했으나, 학교에 가니 책상과 의자가 따로 있어서 공부하기에 아주 좋았다. 교실에는 대통령 할아버지 사진이 걸려있어 우리들의 공부하는 모습을 늘 지켜보고 계셨다. 입학식이나 졸업식 때는 애국가 다음에는 언제나 대통령 할아버지 찬가(大統領讚歌) "一(일), 그 어느 곳에 슬기였던가 원한의 거슬린 피 뛰어 솟는 곳 온 땅의 믿음이 피어나리고 정의의 불가마 밝게 안긴 우리의 대통령 이승만 각하"(~생략)를 불렀다. 그리고 음악 시간 시험 때는 대통령 할아버지 찬가는 필수 곡이고 나머지 한 곡은 학교에서 배운 동요 중 한 곡을 자유곡으로 꼭 2곡을 불러야 음악 점수를 줬다. 그리고 3월 27일에는 대통령 할아버지 생일날이라고 삼각 종이봉투에 넣은 눈깔사탕과 손가락 과자를 처음 먹어보았다. 나는 친할아버지는 사진도 없어 얼굴은커녕 이름도 몰라서 교실에 걸린 대통령 할아버지를 친할아버지로 착각하면서 학교생활을 했다.

내가 초등학교 5학년 때쯤 일이었다. 금마초등학교는 시장 인근에 있는데, 시장 모퉁이에서 휴식 시간에 처음 보는 마이크와 스피커에서 대통령 후보 찬조 연설도 처음 들어 보았다. 교실에 걸려있는 대통령 할아버지 사진이 보였고, 가끔 이승만 박사 이름도 나왔다. 어린 나이지만 솔깃했고 그럴싸했다. 시간 가는 줄도 모르고 정신이 팔려 수업 시간도 잊어버렸다. 한참 뒤에야 정신이 들어 교실로 뛰어들어가니 이양원 담임선생님이 네가 대통령 나오려고 하느냐 하시면서 늦게 들어왔다고 꿀밤을 주었던 기억이 있다.

그 뒤 며칠이 지나서 대통령과 부통령의 선거일이 돌아와서 학교는 임시휴일로 쉬었다. 나는 어머니 손을 잡고 학교 교실에 마련된 투표장까지 갔다. 그런데 어떤 아저씨가 투표 연명부에 어머니 이름을 확인하고 엄지손가락으로 지장을 찍게 하더니, 다섯 사람씩 조를 편성하고 하얀 종이에다 빨간 글씨로 인쇄된 '우리 집은 자유당원의 집'이라는 완장을 왼쪽 팔뚝에 모두 다 채워주었다. 나는그 하얀 종이는 미술 시간에 사용했던 도화지보다 더 좋아 보였다. 그 시절 노트는 거무튀튀한 마분지馬糞紙이거나, 조금 질이 좋은 백로지白露紙였으므로 도화지보다 질 좋은 하얀 종이 완장이 그렇게도 좋아 보였다. 다섯 사람이 1조가 되어 기표소에 들어가서 기표를 하는데 옆 기표소에서 같은 조가 대통령과 부통령은 자유당 후보를 찍었는지 서로 확인하면서 나무 뒤주처럼 생긴 투표함에 넣으면서 투표가 끝나는 것이 내 생전 처음 본 1960년 3 · 15 선거였다. 그런데 한 달쯤 뒤에는 나에게 친할아버지처럼 공부하는 모습을 교실에서 지켜봐 주시고, 눈깔사탕도 주셨던, 어머니 따라 구경 가서 보았던 선거가 잘못 치러졌다고 학교에서나 동네에서 어른들이 수군수군했다. 어떤 어른은 대통령 할아버지에게 심한 쌍욕을 하여 속이 상했다. 바로 3 · 15 부정선거에 따른 4 · 19 혁명이었다.

나는 대학 졸업 후 고등학교에서 '사회과' 교사로서 수업을 했다. 그런데 사회 교과서 단원에는 한국의 근대 정치사에서 3 · 15 부정선거와 4 · 19 혁명은 필수 단원이다. 그 단원을 수업할 때는 대통령 할아버지와 눈깔사탕 그리고 대통령 찬가는 어김없이 떠올랐다. 불과 20여 년 전에 어머니 따라서 투표 상황을 유심히 봤던 그 투표와 개표가 부정선거였다니, 반전된 나의 3 · 15 선거에 대한 가치관 정립에서도 교과서의 학습 목표와 그간 생활 속에서 나만의 가치관이 괴리가 생겼다. 당시 집권당과 행정 관료들을 동원한 사전 무더기 부정 투표했던 '피아노 투표'와 사전 투표를 바꿔치기하거나 상대방 득표를 빼돌리는 '부엉이 개표' 등은 한국 6 · 25 동란으로 혼란과 민생에 찌든 국민에게 안정과 희망을 제시하는 정책보다는 수단과 방법을 가리지 않고 그들의 정권 유지와 사회 혼란만을 초래한 위정자들의 정쟁이었다.

이에 때묻지 않은 어린 학생들이 깃발을 들더니 그 깃발은 대학생으로 그리고 일반 시민들까지 요원의 불길처럼 번져 온 산하를 잠에서 깨워서 거리로 내몰았다. 결국 3·15 부정선거는 4·19혁명으로 번져 한국민주정치의 불씨를 살려냈다.

한 달 후에는 제21대 국회의원 총선이 치러진다. 60여 년 전의 3월 15일의 부정선거는 중우정치衆愚政治 시대나 있을 법한 한국 민주정치의 슬픈 역사였다. 올해 4·15 총선은 공명정대公明正大한 선거가 되어 진정한 민주주의의 꽃을 피워 세계 여러 나라가 다투어 우리나라 선거문화를 벤치마킹하게 되었으면 한다. 그래서 다 시 한 번 단군 할아버지가 점지해 주신 금수강산에서 부정선거가 자행된다면 그 원흉들을 고대국가에서 실시했던 패각추방貝殼追放을 해야 할 것이다.

60여 년 전 어린 소년에게 믿음과 꿈을 주었던 대통령 할아버지와 그가 주신 눈깔사탕을 먹고 꿈을 키울 수 있는 그런 나라를 후손들에게 전해 주어야 할 것이다. 그것이 우리의 책무가 아니겠는가?

(2020. 3. 15.)

제12부

보고픈 친구들

'성춘향'이라는 소녀
소녀와 메뚜기
파란 이별의 글씨
나에게 트럼펫의 의미는
나에게 달님은
친구 Y와의 새드 무비Sad Movies
시골우체국 우체통

'성춘향'이라는 소녀

초등학교 등굣길은 비포장 신작로로 언제나 뿌연 먼지를 마시며 햇볕에 그을렸고, 방과후에는 논밭에서 일하시는 부모님을 거들어 드렸기 때문에 나는 뽀얀 살결을 유지할 수가 없었다. 그래서 손바닥과 이빨을 제외한 팔뚝과 얼굴은 어린 시절 여름에는 언제나 구릿빛이었다. 어쩌다가 학교나 마을에서 뜨거운 뙤약볕에서 일하지 않는 친구들의 뽀얀 얼굴을 보면 저 아이는 집에서 일도 하지 않고 하얀 쌀밥만 먹어서 저렇게 하얗고, 나는 일을 하고 보리밥을 먹어서 검은가 하면서 뽀얀 얼굴의 또래들이 부러웠다.

유난히 피부가 뽀얗고 얼굴도 복스럽게 생긴 초등학교 또래 여자아이가 있었다. 단발머리 소녀가 코로나의 후광을 받고 나타나 내 망막에 자리를 잡더니 지금 이 나이에도 비켜주질 않는다. 어린 시절이었지만 그녀가 지나가거나, 어쩌다 마주치면 콩닥거리는 가슴과 시선을 주체할 수 없었다. 어린 시절 나를 늘 설레게 했던 성춘향(?)이라는 소녀가 나를 일찍 이성을 눈뜨게 했던 빠꿈살이식 러브스토리였다.

그 뒤로는 성춘향이 외의 많은 소녀를 봐도 그녀 외에는 눈에 들어오지 않았다. 아무리 생각해도 코흘리개 시절의 어설픈 짝사랑, 첫사랑, 풋사랑이다. 세월은 흘러 우리는 「갑순이와 갑돌이」 노래 가사처럼 서로 다른 남자와 여자를 만나 결혼을 했다.

나는 주로 여자고등학교에서 교사를 하게 되었다. 교직 35년 동안 남자고등학교에서는 10년 정도를 보내고 나머지는 여자고등학교에서 그것도 전교생이 1,000여 명이 넘는 큰 학교에서 근무하게 되었다. 어쩌다가 운동장이나 복도 아니면 교실에서 '성춘향'과 비슷한 여학생을 만나면 갑자기 어린 시절의 백설공주 같았던 그 소녀가 떠올라 그저 멍할 때가 있었다. 남들이 나의 속을 들여다본다고 할 때 참으로 부끄럽고 체신머리없는 행동이었다.

여자고등학교에서 근무하게 될 때는 성춘향이라는 동명이인이 실제인물이 아니라도 먼발치에서 보며 위안을 받고 싶었다. 신학기 때만 되면 전교생 명렬표에서 '성춘향' 이름 찾기가 나 혼자만의 업무 중 하나가 되었다. 그렇게 전교생 명렬표나 교무수첩 그리고 출석부 이름을 손가락으로 눌러가며 25여 년 간 찾아봐도 '성춘향'이라는 이름은 없었다.

인터넷이 보급된 시기에 마우스로 또 그렇게 뒤져봐도 백설공주 이름인 성춘향은 지금도 없다. 실제인물은 있는데 어째서 그 이름은 꼭꼭 숨어버렸을까? 등잔 밑이 어두워 내가 못 찾고 있는 것일까? 아마도 그녀의 아버지가 선견지명이 있으셔서 아무나 찾지 못하게 고귀한 이름으로 작명을 하신 것 같기도 하다. 그렇게 20여 년 동안 여고에서 2만여 명을 대조했으나 모두 헛수고였다. 그 소녀 이름만 같으면 그냥 등교시 옆에 다가가서 '성춘향, 공부 열심히 하고 있지?' 하면서 도와주고 나도 위안을 받고 싶었다. 그러나 그 이름에 대한 집념처럼 운명은 나를 방해했고, 숙명은 뒤통수를 치면서 요리조리 비켜나가 이제는 어디서 어떻게 사는지 알 수도 없다.

그렇게 애틋한 세월은 흘러 정년퇴임이 가까워졌다. 애를 먹이던 성춘향 이름은 찾지 못하고 퇴임을 해야 한다고 생각하니 애를 태우다가 막차로 떠나야만 하는 느낌이었다. 어느 때부터 내가 가르치고 있던 과목 정규고사 문제를 출제할 때 문제 지문 속에 주인공 이름을 '성춘향'으로 등장시켜 간접적 위안을 얻었던 에피소드도 있다. 그러나 나만이 간직한 비밀이었기 때문에 문제지 지문속의 인물을 누구도 백설공주의 이름 성춘향을 되묻는 학생은 아무도 없었다.

어쩌다가 호젓한 밤길을 걷는데 밤하늘 달님이 나를 계속 따라오더니 길을 막고 세우며 달님은 그녀를 꼭 할 말 있다고 꼬드겨 담 모퉁이로 데리고 왔으니 서로 하고픈 말 다 하라고 했다. 그녀는 나에게 관심 따위는 추호도 없어서인지 시큰둥하며 반응이 없었다. 나 혼자 달님에게 내가 묻고 내가 답하는 식으로, 밤길을 걸을 때 달님이 그녀가 되어 주어 그렇게도 감사했다. 잊힐 만하면 또 새롭게 그리고 잊힐 만하면 달님은 또 나타나서 인연의 끈을 이어놓았다. 그래서 망막網膜에 누렇게 빛바랜 그녀의 이름을 지우고 싶어도 심장 속에 박힌 가시처럼 쉽게 잊히지 않았다.

그 뽀얀 피부에 복스러운 성춘향의 모습과 이름이 세월이 반세기가 넘었는데도 더 또렷하다. 쭈글탱이가 된 푼수쟁이가 동화 속의 주인공을 상상하고 있으니 초등학생 손자놈이 웃을 일이다. 세상의 도적들은 이것저것 잘도 훔쳐 가더구먼, 낡아빠진 성춘향 모습과 이름은 가져가지도 않는다.

(2019. 9. 7.)

소녀와 메뚜기

시골 우리 집은 나지막한 산 아래 동향집이어서 아침에는 해님이 문고리를 잡아당기며 이불을 걷어 젖히고 잠을 깨운다. 창문을 여니 벌써 솔가리로 밥을 짓는 연기가 집집마다 초가지붕을 뚫고 올라온다.

내가 고등학교 재학 시절 어느 일요일 오후, 울타리 안에서 쪼그리고 앉아서 지난여름 무더위에 달구어진 자갈밭에서 채송화를 바라본다. 갈증이 나도 물을 아껴 마시며, 사람들이 무심코 밟고 지나가 찢어진 상처를 어루만지고 모질게 생명을 유지하면서 작은 꽃을 피운 채송화가 불쌍하고 귀여워 어루만지다가 우연히 울타리 사이로 바깥 모습을 바라본다. 해는 어느덧 중천에 걸려 그대로 가을 들녘을 비추니 영화관 스크린처럼 또렷하고 운치가 있다. 그때 논두렁에는 메뚜기들이 후두룩 후두룩 작은 회오리바람을 일으키며 벼이삭 물결을 타고 오르내린다. 언제 나왔는지 빨간 포대기로 막냇동생을 업은 소녀가 소주 됫병에 메뚜기를 잡아넣고 있다. 그 소녀도 바스락거리는 벼이삭과 메뚜기들이 좋았는지 부지런히 잡아서 소주병에 집어넣는다.

나는 누런 벼 이삭의 화면에서 메뚜기 잡는 소녀의 모습에서 눈을 떼지 못한다. 그런데 소녀는 울타리 안쪽에서 홀로 자기를 바라보는 그 소년을 알아챘는지, 메뚜기가 날아가는 방향이 울타리 쪽이면 메뚜기는 아랑곳없이 울타리를 순식간에 좌우로 훑어보면서 소년을 찾는다. 순간 울타리가 모두 날아가 버려 내가 홀라당 드러났다 생각하니 얼굴이 후끈거렸다. 가슴이 울렁거리고 부끄러웠다.

그런데 아무리 생각해도 소녀의 의도적 연출인 것 같다. 동생을 업고 나온 이유는 다 큰 소녀가 가을 들판에 홀로 서성거리는 모양새가 그렇고, 막냇동생을 보면서 메뚜기를 잡는 것이 어색한 눈가림 같았다. 그 소녀는 칭얼대는 막냇동생을 달래기 위하여 나왔을까? 영근 가을빛이 좋아 그것을 모두 따 간직하고 싶어서 나왔을까? 아니면 울타리 안쪽 소년이 궁금해서 나왔을까? 지금도 풀리지 않는 수수께끼다. 소년과 소녀가 울타리 가림막을 사이에 두고 서로 콩닥거리는 모습은 가을이 그린 애틋한 한 폭의 수채화 같았다.

이 가을에 숨 막히는 시멘트 정글을 떠나 가끔은 먼지가 일지만, 주위에는 들꽃들이 소녀같이 반가이 웃어주는 시골집 들마루에 앉아 버릇처럼 앞 들녘을 바라본다. 또 그놈의 메뚜기가 강력한 뒷다리로 고공 점프로 울타리를 넘어와서 촐싹거렸다. 이제 메뚜기 잡던 그 소녀는 어디서 무엇을 하고 있을까? 아마도 등에는 손자를 업고 있지 않을까? 지금도 들녘에서는 메뚜기떼가 날고 있으나 그 소녀는 보이지 않는다. 여고생 복장을 한 허수아비를 논두렁에 꽂아 놓고 할아버지가 된 소년은 옛날 그 시절로 돌아간다.

벌써 전깃줄에는 제비들이 강남 갈 채비에 바쁘고, 먼 하늘에는 기러기떼가 난다. 모든 미물은 때를 알아서 오가는데 소년은 그 소녀가 이 가을에는 올지도 모른다는 기다림 속에 말라비틀어져 가는 들국화 한 송이를 들고 그 소녀를 기다리고 있다.

(2019. 10. 6.)

파란 이별의 글씨

우편郵便이란 신서信書 및 일정한 물건을 행정관서에 의하여 규칙적으로 송달하는 제도이다. 우편물에 첨부하여 우편요금을 납부하였음을 증명하기 위하여 정부 또는 정부로부터 위임받은 기관이 발행하는 증표를 우표(郵票, postage stamp)라 한다. 조선 후기에는 공문서를 보내기 위한 통신제도로서, 사람이 직접 가거나 말을 타고 소식을 전달하는 통신 수단인 기발騎撥과 사람이 속보로 걸어서 연락하는 보발인 파발擺撥이 있었다.

우리나라 6 · 25 전쟁 중에는 국가 공공기관이 제 기능을 할 수 없어서 우편 업무도 정지되거나 마비된 상태였다. 전쟁 후 몇십 년이 지나 체신관서 창고 정리에서 배달되지 못한 가슴 아픈 사연들의 편지들이 수두룩하게 나와서 많은 사람의 가슴을 저미게 했던 경우도 있었다. 소설 『장마루촌 이발사』에서 6 · 25 전쟁 중에 잘못 전달된 전사통지로 순영은 행여 동진의 유골이라도 찾으려 간호장교가 되어 전쟁터로 떠났고, 구사일생으로 목숨을 건진 동진은 불구의 몸으로 고향에 돌아왔으나, 얄궂은 운명의 편지가 두 젊은 청춘을 갈라놓았던 애틋한 사연도 떠오른다.

그 옛날 남녀 간에 사랑을 나누는 은밀한 곳은 물레방앗간이 유일한 장소였다. 다 나누지 못한 사연은 서로 약속한 돌담 사이에 쪽지를 끼워 놓고 서로 읽어보고 또 설렘으로 기다리고 만남을 이어 준 유일한 사설 우체통이었다. 어린 시절 사철나무 푸른 잎사귀에 탱자나무 가시로 무어라 끄적거려 이웃집 소녀에게 좋아한다는 의미로 손에 꼭 쥐여 주며 콩닥거리는 가슴, 붉어지는 얼굴이 부끄러워 냅다 집으로 달려와 안방에서 창구멍으로 그녀의 모습을 숨어 보았던 철부지 시절의 우표 없이 보낸 사철나무 편지가 새록새록 웃음짓게 한다.

고등학교 때 어느 가을날, 첫눈에 나의 결점을 모두 갖춘 여고생 춘향을 우연히 만났다. 그날 이후 춘향은 내 뇌리에서 떠나지 않았다. 학교에서 책장을 넘기면 책갈피에 숨어 있다가 환하게 웃으며 나에게 다가왔다. 너무 좋고 두렵기도 하여 책장을 덮고 한참 후에 책을 펴면 또 나타나서 나에게 얼굴을 내밀었다. 예나 지금이나 특히 여자 앞에서는 소심하고 용기 없는 성격이라 더더욱 춘향 앞에 나타나서 좋아한다는 말은 상상도 할 수 없었다. 나는 주소와 이름을 숨기고 편지를 써서 보내면 춘향한테 퇴짜를 맞아도 나를 보호할 수 있다고 생각하여, 전주 시내 친구한테 빵을 사주고 주소를 빌리고 춘향 부모님이 혹시 보아도 들키지 않게 여학생 이름으로 편지를 보냈다.

소심하고 용기 없는 내가 그때는 무슨 배짱으로 그런 일을 저질렀는지 지금 생각해도 가관이다. 일주일이 지나도 답장은 없었다. 그때부터는 공연한 짓으로 불안해 한 자신이 밉고 주소를 빌린 친구 외에 다른 사람이 아는 것 같아 쥐구멍을 찾아도 보이지 않았다. 그 뒤로 며칠이 지나 점심시간에 친구는 학교 매점으로 나를 데리고 가더니, 빵 좀 사달라고 했다. 순간 나는 좋은 일인가 나쁜 일인가가 생각이 왔다 갔다 했다. 친구는 빙그레 웃으면서 춘향의 답장 편지를 내밀었다. 그 순간 친구에게는 빵보다 더한 것도 들어줄 기분이고, 나를 억누르게 했던 불안감도 어느 사이 날아가고 세상천지가 내 것 같았다. 학교 화장실에 가서 가슴 설레고 떨리는 손으로 편지를 뜯어보니, 김소월의 「예전엔 미처 몰랐어요」란 시를 파란 잉크로 그대로 옮겨 적은 답장이었다. 나는 콩닥거리는 가슴을 억제하며 몇 번이고 나에게 유리한 쪽으로 생각하며 읽고 또 읽었다. 그 시절에는 시내에 헌책방이 많았다. 나는 전주 시내 헌책방을 뒤지기 시작하여 김소월의 시집을 사 가지고 와서 시집을 뒤적거리면서, 너무 짧으면 성의가 없는 것 같아서 「초혼招魂」을 택하여 편지지에 산뜻한 파란색 잉크로 여러 번 적어서 가장 잘 써진 것을 골랐다. 날이 밝자 길거리 우체통에 넣으면 잘못될까 봐 그 당시 가장 번화가 공보관 사거리 육서점 건너편에 있는 전주우체국에 가서 편지를 부쳤다.

편지가 오면 나는 다음 날 아침에 꼭 전주우체국에 가서 답장을 보냈다. 춘향의 답장은 목이 빠져라 기다리면 올 정도였지만, 그 시절처럼 삶이 즐거울 때는 없었다. 그렇게 편지는 여러 번 오갔는데, 춘향은 나의 정체를 알았는지, 부모님께 들켰는지, 내게 무엇이 그리도 못마땅하였는지 마지막 답장은 백지로 보내온 것이 춘향의 마지막 파란 이별의 편지였다. 내가 질러놓은 불을 감당할 수가 없어서 한동안 방황하며 몇 개월 동안 벼랑길과 구렁텅이에서 헤어나지 못하여 허송세월을 하기도 했다. 철부지 청춘이 죄이지, 사람은 무죄였다고 위안하고 싶다. 그 뒤 나에게는 목련꽃 그늘 아래서 베르테르의 편지를 읽고, 긴 사연의 편지를 쓰는 낭만의 청춘을 가슴에만 담았지, 그 무엇에 얽매여 그리 탐탁지 못한 청춘을 보낸 것 같다. 어린 가슴에 상처는 나이가 들수록 더 커지며 그 무엇으로도 치유가 안 된다. 잊을 만하면 파란 이별의 글씨가 문득문득 되살아나 평생의 옹이가 된다.

(2019. 12. 2.)

나에게 트럼펫의 의미는

현대 문화인은 악기 하나쯤은 다룰 줄 알아야 한다고 하는데, 나는 악기를 하나도 다룰 줄 모르니, 현대인에서 제외된 느낌이 든다. 예능은 타고난 끼를 탓하기 전에 본인에게 주어진 예술적 감각을 최선을 다해 발휘할 때 오히려 순수예술이라고 본다. 일생 동안 어느 사례를 통하여 가슴 깊었던 예술적 체험사례가 여러 번 있어서도 그것을 받아들이고 바로 실천에 옮기지 못하면, 의욕만 앞세우고 허황한 자기 예술성을 과시하는 자화자찬 격으로 아무 의미가 없다.

금마초등학교에 입학하니 음악 시간이 그리도 좋았다. 음악 시간에는 교무실에서 당번이나 힘센 남학생들이 풍금을 교실로 운반하거나 학교 용인 아저씨가 옮겨주셨다. 하얀 건반을 담임선생님이 손가락으로 누르면 풍금은 음악책 악보를 언제 다 외웠는지 동요를 잘도 부른다. 음악 시간이 끝나고 잽싸게 풍금 쪽으로 달려나가 아무리 만져

보고 훑어보아도 딱딱한 나무상자인데 신비할 뿐이었다. 음악 시간이 끝나면 그리도 아쉬웠다. 어쩌다가 다른 반 음악 시간이면 복도에서 서성거리면서 풍금 소리에 매료되어 쉽게 교실로 들어오지 못하여 여러 번 담임선생님한테 꾸지람도 들었다. 지금도 낡은 풍금을 보거나 풍금 소리를 들으면 그냥 지나치지 못하고 풍금을 어루만져보거나 풍금 연주가 끝날 때까지 들으면서 초등학교 음악 시간의 추억에 사로잡히곤 한다. 내가 풍금을 칠 줄은 몰라도 좋아하는 것을 어떻게 알았는지, 어느 날 시골집에 갔더니 셋째 매제가 헌 풍금 하나를 시골집 허청에 갖다 놓았다. 나는 하도 반가워서 뚜껑을 열고 건반을 눌러보니 여러 가지 기능이 약화되어 둔탁한 소리를 내는데도 좋았다. 풍금 하면 즐거운 학교 그리운 친구들이 떠오른다.

중학교 때 초겨울 무렵이었다. 금마시장 장터에 서커스 공연단이 들어왔다. 밖에는 공연할 서커스 종목과 연극 내용을 소개한 대형 포스터가 여러 장 걸려있었다. 발동기 전원으로 켜 놓은 백열전구에 떨어지는 하얀 눈이 고즈넉하게 보였다. 피에로 아저씨는 원숭이 목줄을 잡고 재롱을 보여주고 또 다른 아저씨는 트럼펫을 불면서 서커스 공연이 곧 임박했으니, 입장하여 구경하라는 분위기를 띄웠다. 나는 어머니를 졸라서 얻은 돈으로 공연장에 들어가니, 멍석 같은 곳에 사람들이 앞에서부터 옹기종기 앉아있었다. 처음 본 원숭이가 줄을 잡고 시키는 아저씨의 눈치를 보면서 재주를 부렸다. 얼굴은 사람 같고 크기는 어린애 같아 집에 있는 동생이 생각나서 불쌍하기만 했다. 천막 꼭대기에서 줄을 타는 곡예사 누나와 형이 처량한 트럼펫 소리에 묘기를 보여 재미있다기보다는 애처롭다는 느낌이 꽤 오래 가슴에 머물렀다. 그래서 트럼펫 소리는 무서운 회초리로 어느 약자를 억압하고 강요하는 채찍으로 남아있다.

고등학교 때는 전주시내 공보관 사거리(우체국, 상업은행, 육서점, 공보관)가 가장 번화가였다. 그 당시 공보관에서는 토요일 오후에는 외화外畵를 무료로 상영해 주어서 나와 같은 학생들에겐 유일한 문화 혜택의 장소였다. 공보관 사거리는 크리스마스 시즌에 거리의 악기점에서 캐럴이 나오는 것처럼 일 년 내내 음악이 그치지 않았다. 그중에서 영화음악 「생과 사」의 주제곡 「방랑의 마취」는 시원한 트럼펫 연주로 공보관 사거리를 압도했다. 풋풋한 연인처럼 가슴에 다가와서 무엇이든지 다 할 수 있고 무엇이든지 용서할 수 있는 용기와 너그러움을 주었던 청순한 에너지의 트럼펫 연주였다. 그때부터 트럼펫 연주는 공포의 채찍에서 기쁨과 사랑의 천사로 무엇을 다 주어도 아깝지 않은 나의 혼을 빼가는 친구가 되었다.

대학 다닐 때 친구 중에는 전축과 고전 레코드판이 집에 있는 친구가 있었다. 휴일이면 염치 불고하고 꾸역꾸역 찾아가서 전축 음악 중에서 미국 흑인 재즈 가수로 산 역사의 증인이기도 하며 트럼펫 연주의 독보적인 존재, 루이 암스트롱의 '성자의 행진'에 빠졌었다. 내가 가면 친구 어머니는 으레 전축 있는 방을 열어주실 정도로 익숙해졌다.

그 시절 하숙집 뒤에는 작은 호수가 있었는데 여름밤이면 주민들은 피서지 호숫가에 모여드는 것이 일상화되었다. 그런데 조금 늦은 밤이면 어느 음대생의 트럼펫 연주가 가슴을 설레게 했다. 언제나 서곡序曲으로는 그 당시 유명했던 라디오 연속방송극 「열두 냥짜리 인생」 주제곡을 시작으로 「밤하늘의 트럼펫」 등 영화 주제가, 팝송 그리고 클래식까지 연주하여 처량한 트럼펫 소리는 호수의 물결을 튕겨서 은하수까지 솟아오르면 주민들은 뒷창문을 살며시 열어 놓고 세레나데로, 어머니의 자장가로, 병사들의 취침 나팔로 각자 취향에 젖어 잠을 청했다. 나는 그때부터 시간과 재정적 여유가 생기면 무슨 수를 써서라도 트럼펫을 사고 배워서 「열두 냥짜리 인생」을 연주해보기로 다짐했다. 그런데 트럼펫은 지금까지 만져보지도 못했다. 지금도 청량한 트럼펫 연주 소리는 나의 심신의 노폐물을 쓸어내어 신천지로 나르는 기분이다.

인간 처음의 감정은 충격적이고 오래가지만, 그 감정이 여러 번 거치면 느슨해지고 무뎌져서 그 감정을 행동으로 옮기는 것도 게을러지는가 보다. 이처럼 그렇게 좋아하면서 불기는커녕 만져보지도 못한 트럼펫의 연주는 나의 삶 속에 때로는 우울한 숲을 걷어 내고 쨍쨍한 햇빛과 신선한 바람을 불어넣어 주어 삶의 낭만을 되살려 준다. 그런데 동생은 체신관서에서 정년퇴임을 하고 나서 망설임도 없이 곧바로 색소폰 학원에 등록하여 제법 연주도 잘하고 있다. 소심한 내가 밉고 동생이 한없이 부러웠다. 아파트 옆 라인에 사는 손자는 시간 있을 때마다 우리 집에 와서 피아노 건반을 할아버지 가슴이 뻥 뚫리도록 두드려 주어 트럼펫의 앙금을 씻어주고 있다. 언제 시간이 흐르면 동생의 색소폰과 손자의 피아노 합주로 「열두 냥짜리 인생」과 「방랑의 마취」를 듣고 싶다. 그렇지만, 이제라도 나도 트럼펫을 사서 도레미파라도 연주해 보고 싶다.

(2020. 7. 4.)

나에게 달님은

해와 달은 우주 질서의 어버이시다, 생명체들에게는 따뜻한 빛과 에너지를 주시어 만물이 생명력을 이어갈 수 있도록 하는 위대한 힘이다. 이 세상 어디를 가나 누구에게나 편애하지 않고 사랑과 희망을 골고루 나누어준다. 그래서 해와 달이 사라진다면 암흑의 동토凍土에서 모든 생명체도 함께 사그라질 것이다. 만물의 영장인 인간들은 해와 달의 고마움을 알면서도 때로는 잊고 살고 있다. 하늘에 달이 없다면 내 가슴에 희망도 없다, 희망이 없는 삶은 무의미하다. 그래서 달님은 내 삶의 희망이다.

해님은 온종일 이글거리게 달구어진 얼굴을 밤에는 깊은 바다물속에서 식혔다가 동쪽 바다로 기어올라 또 하루를 이글거리며 세상을 비춘다. 달님은 사람들이 낮에 일하고 밤에는 편히 쉬면서 곤히 잠자라고 아주 조심조심 나오셔서 작은 호롱불 같은 빛을 비춘다. 해님과 달님은 하늘나라 어느 마을에서 서로 오순도순 사시지만, 낮과 밤에 우주의 삼라만상을 위해 하시는 일이 서로 달라 살아가는 이야기를 하실 겨를도 없는 것 같다. 때로는 벌건 대낮에 또는 깊은 밤중에 꼭 할 말이 있는지 다정히 부둥켜안고 속삭이면서 시간 가는 것도 잊으셨는지 해와 달님의 그림자는 온 세상을 순간 암흑의 세상으로 바꾸어 놓는다. 조금 기다리면 될 것을 사람들은 하늘의 해님과 달님한테 시기하는지 고함을 지르면 깜짝 놀라 부둥켜안았던 손을 놓고 뒤로 물러나시면 세상 또한 서서히 밝아진다.

달님은 아무래도 여성스러움이 많으신지 너무 환한 불빛보다는 아늑한 호롱불을 좋아하시는 것 같고, 많은 사람이 우글거리는 광장보다는 한적한 쉼터를 좋아하실 것 같다. 언제나 한복을 곱게 차려입은 마음씨 고운 시골 큰누나 같은 생각이 든다. 그래서인지 사람들도 작은 소망이든 큰 소망이든 해님보다는 어쩌면 달님이 더 살갑고 소망도 잘 들어줄 것 같은 선입견으로 언제부터인가 달님 앞에 애절하고 간절하게 비는 모습이 내려오고 있다. 내가 어렸을 때부터 보아왔던 어머니도 새벽에 일어나셔서, 부상마을 앞 시대산에 떠올라 집 뒤 작은 동산으로 넘어가시는 달님을 향해 우물에서 제일 먼저 정화수井華水를 길어다가 장독 위에 올려놓고 달님께 기도드렸던 모습을 줄곧 보아왔다.

나는 군대 생활은 의정부 쪽 모 군단 본부에서 근무했었다. 군대 입대하기 전 사회에서 마무리를 못 한 일들이 너무 많아서 입대 무렵에는 수세미 속같이 헝클어진 마음을 그대로 안고 입대했었다. 겨울밤에 보초 군장軍裝을 차리고 연병장을 걸어가면 바스락바스락하면서 얼음 조각 깨지는 소리뿐 적막한 전선의 밤이었다. 오늘도 부모님과 동생들은 어떻게 지냈는지, 나와 관련된 입대 전의 일들은 잘 마무리 되어 가는지, 혼자 묻고 혼자 답하다가 초소에 도착했다. 사람 냄새는 없고 총기 청소 때 바르고 닦았던 총기 기름 냄새와 총구에 남아 있는 화약 냄새, 그리고 군 장비와 전투복에서 나는 군대 특유의 냄새가 전부였다. 그런 냄새를 전우라 생각하고 경계 근무를 서고 있었다. 가끔 삭풍은 철모를 윙윙거리며 지나갔다. 그런데 구름 속에 숨었던 달님이 둥근 얼굴을 내밀면서 병사를 위로해 준다. "연식아, 걱정하지 마! 내가 낮에 살짝 너희 집에 다녀왔어. 가족들도 잘 있고 나머지 일도 잘되어 가고 있어." 그때부터 나는 달님한테 밤마다 고향 소식을 듣는 것이 군대 생활의 낙이었다. 으레 취침 전에는 연병장에 나가 웃어주는 달님의 얼굴을 보고 막사로 들어왔다. 그때서야 안심하고 침상에서 나팔수의 취침 나팔소리에 군대 모포로 눈시울을 닦으면서 잠을 청하곤 했다. 내일 새벽에 어머니는 장독대 정화수에 비친 달님한테 이 자식의 소식을 듣고 안심하시면서 식구들의 조반 준비를 위해 부뚜막에서 군불을 지피실 것이다.

언제인가 직장 상사와 언쟁이 있어 사무실에서 심하게 다툰 적이 있다. 퇴근 무렵에 다툼의 경유를 떠나서 나이 어린 내가 잘못했다고 느껴 상사를 모시고 저녁 식사 겸 못 마시는 반주를 주거니 받거니 하다가, 겨우 정신을 차리고 상사를 모셔다 드렸다. 집에 휘청휘청 걸어가는데 길이 살아서 움직였다. 도저히 걸을 수 없었다. 여름날이라 밤공기가 후텁지근하여 잠깐 비포장도로에 앉아있으니, 촉촉한 땅 온도가 시원하여 그대로 누우니 세상에서 가장 좋은 잠자리였다. 노상에서 얼마나 잠을 잤는지 깨고 보니 달님이 서쪽 하늘에서 측은한듯 나를 바라보며 내려가지 못하고 그때까지 서 있었다. 달님한테 미안하여 정신이 번쩍 들어 몸을 추스르고 집으로 돌아갔다.

특히 지금도 보름날 외지에서 집에 늦게 돌아올 때는 자동차의 차창을 내리고 긴 호흡을 하면서 달님과 얼굴을 꼭 마주치면서 안부를 묻는다, 아파트에서는 베란다 창문을 열고 보름달을 보거나, 한밤중에 화장실을 갔다 올 때 거실이 유난히 밝아 달님의 얼굴이 비치면 나 때문에 우두커니 서 있는 달님을 위로하고 잠자리에 들기도 한다. 사회생활 중에도 일이 잘 안 풀리고 속이 상할 때는 밖에 나가 하늘의 달님한테 하소연하면 속이 후련하다. 달님은 속상할 때만 와서 푸념만 하지 말고, 좋은 일 있을 때도 와서 기쁘게 해 달라고 한다. 달님은 언제나 내 편이었다. 달님은 시골에 가면 시골로, 외국으로 여행을 가면 그곳까지 따라온다. 아마도 철부지 동생이 못 미더운가 보다.

당나라 시선詩仙 이태백은 달은 어둠을 밝히는 이상의 빛이자 낭만적인 미신美神이기도 하여 양자강 뱃놀이 중 술에 취해 강물에 비친 달을 잡으려고 물속에 뛰어들었다고 한다. 1969년 7월 20일 미국 닐 암스트롱은 아폴로 11호 달 착륙선 '이글호'에서 달 표면 고요의 바다에 인류 최초 발을 내디뎠다. 그래도 달님은 이태백도 닐 암스트롱도 다 싫고 나만 기다린다. 이런 우주과학 시대에도 청춘남녀들은 태초의 혼돈시대부터 지금까지 한결같은 사랑의 징표인 달님을 보며 새끼손가락을 걸면서 미래를 약속한다. 얼마나 멋지고 의미 있는 청춘들인가? 나는 '갑순이와 갑돌이'의 노랫말처럼 슬픈 결말로 끝나더라도 그렇게 못 해봤던 청춘이 너무나 아속하기도 했다. 어쩌면 그 소꿉친구도 나처럼 저 달을 볼지도 모른다는 기대감이 나를 붙들어 놓는다.

달님은 나에게는 영원한 어버이시다. 달님은 나에게는 평생 동반자이다. 달님은 나에게는 소꿉친구다. 언제인가는 옥황상제께서 하늘의 무지개 사다리를 내려 주시어 달님 나라에서 돌아가신 부모님도 만날 것 같고, 평생 동반자 그리고 소꿉친구들도 같이 살 것 같은 달님은 먼 훗날의 내 고향이다.

(2020. 음력 5월 보름날)

친구 Y와의 새드 무비Sad Movies

1968년 가을 무렵이었다. 나는 광주에서 청운의 꿈에 부풀어 무등산 자락의 백악 캠퍼스에서 청춘을 억누르고 진리 탐구에 여념이 없었다. 나이를 먹었어도 젖 떨어진 송아지처럼 어머니가 그리워서 한 달에 한 번꼴로 광주역이나 송정리역에서 기차를 타고 익산역에서 내려서 왕궁으로 가서 어머니를 뵙고 손을 어루만지면 심신이 새롭게 충전되었다. 그런데 어머니 다음으로 좋아했던 친구 Y가 있었다. 그러나 지금은 되돌아갈 곳은 있어도 맞아줄 사람들이 없어 그것이 서러울 뿐이다.

학비를 내가 벌어서 학업을 계속해야 했던 고학생苦學生의 처지라 언제나 시간에 쫓기고 경제적 쪼들림 속에서 살아야 했다. 여학생들과 미팅, 여유로운 차 한 잔 등 대학 캠퍼스의 낭만은 신기루 같은 단어였다. 대학 친구들은 라일락 그늘 아래서 플라톤과 때로는 괴테가 되어 인생을 토론하는데, 나는 바삐 사느라 땀 닦을 시간도 없었다. 그래도 그 시절은 행복했고 하루해가 짧았다. 고향에는 부모님과 형제들이 있어 괴롭고 힘들 때면 그쪽 하늘을 보면 큰 위안이 되어 모든 시름은 그대로 사그라지고 텅 빈 가슴에는 새로운 용기로 가득 채워져 다시 일어설 수 있었다. 그러던 어느 가을쯤에 어머니를 뵈러 갔는데 친구 Y가 광주에 직무교육을 하러 갔다는 소식을 접했다. 순간 어머니보다 친구가 더 소중했는지 밥도 먹는 둥 마는 둥 마치고, 잠도 자지 않고 부리나케 광주로 달려가 수소문 끝에 Y를 만났다. 생각 같아서는 손을 덥석 잡으며 그간 어떻게 살았느냐고 물으면서 지는 달을 잡아 놓고 밤새워 회포를 풀 것 같았으나, 평소 소심한 성격에 너무나 그립고 보고픈 Y이어서인지, 입과 몸은 Y앞에서는 그대로 얼어버렸다.

천우신조天佑神助로 친구 Y를 만났는데, 뜻있는 이벤트를 밤새도록 계획했어도 당시는 극장에서 영화 구경 이외는 생각이 나지 않았다. 광주 시내에서 외화外畵 개봉관은 제일극장이었고, 방화邦畵 개봉관으로는 현대극장이 있었다. 우선 친구 Y의 예우적 입장에서 영화 내용보다는 광주 시내에서 시설이 수준급이었던 제일극장으로 갔다. 영화 제목은 애니메이션 영화인 「황금박쥐」였다. 극장 입장권은 시간별 지정좌석제였다. 그런데 나와 Y의 좌석은 나란히 옆 좌석이었다. 그런데도 바로 옆 좌석에 앉을 용기가 없어 한 칸을 비우고 앉아서 말 한마디 못하고 그림만 보고 나왔다. 다음에는 현대극장에서 멜로드라마 격인 「미워도 다시 한 번」이었다. 그날도 옆 좌석 한 칸을 비우고 앉아서 또 그림만 보다 나왔다. 이제는 희미한 극장 안의 조명처럼 기억도 가물거려 영화 제목으로만 버티고 있어 Y와의 만남은 새드 무비Sad Movies가 전부였다.

그 뒤 그리도 콩닥거렸던 극장의 여운이 남아 제일극장을 다시 가서 영화 「기적(The Miracle)」을 감상하게 되었다. 그날도 「황금박쥐」를 감상했던 날의 분위기에 젖어서 멍청하게 앉아서 감상했다. 영국군 젊은 장교 마이클은 부상으로 스페인의 수도원에서 치료를 받는 도중 수녀 테레사와 동시에 눈이 마주치게 된다. 치료 간호 중에 두 사람은 사랑이 싹트게 된다. 젊은 장교가 회복 후 애틋함을 뒤로한 채 수도원을 떠나자, 그 뒤 수녀도 수도원의 철조망을 뚫고 빠져나갔다. 그런데 아이로니컬하게 수녀의 머리 스카프가 철조망 가시에 걸려 그대로 벗겨져서 신의 계시를 암시하는 듯 철조망에 매달려 바람에 나부끼게 된다. 그 후에 수녀와 장교는 홀가분한 사랑에 빠지게 된다. 그 뒤에 수도원에는 성모 마리아상이 없어지는 등 해괴한 일이 발생한다. 신은 그녀에게 남자를 허락하길 원치 않으셨는지, 젊은 장교 부대에서도 주위의 병사들이 죽거나 불상사가 잊을 만하면 되풀이된다. 결국, 수녀는 사랑을 포기하고 수도원의 신의 세계로 돌아가면서 수도원도 젊은 장교의 부대도 원래의 상태로 돌아간다. 너무나 가혹한 신이 사랑을 훼방한 이야기다. 극장 문을 나서는데 눈물이 그렁그렁하여 눈시울이 붉어져서 사람들이 쳐다볼까 앞서서 빠져나왔다.

사람들은 소설이나 영화 속 주인공의 이야깃거리가 때로는 자신의 경우라 믿고 꽤 오랫동안 헤어나지 못하는 경우가 있다. 영화 「미라클 The Miracle」의 주인공들은 서로 마음속에 있는 이야기나 해보고 헤어졌지, 나는 말은커녕 표정도 못 지어봤다. 이렇게 하늘은 옷소매에 추억만 적셔 놓고 Y와 나는 매정하게 갈라놓았다. 인간이 아무리 절실히 노력해도 신의 훼방과 섭리에서 벗어날 수 없다. 그러나 빅토르 위고는 노트르담 사원의 담장에 새겨진 낙서 "아난케(Ananke: 운명의 여신)"를 지나치지 않고 원혼의 한을 풀어주기로 했다. 신이 훼방한 사랑을 노트르담 종지기 콰지모도와 집시 여인 에스메랄다를 펜 끝의 잉크로 연결시켜 지고지순하고 맹목적인 아름다운 사랑의 방식으로 표현했다. 그렇게 아름다운 사랑이 가진 위대함을 작품으로 승화시키면서, 애틋한 연인들의 가슴에 맺혔던 콰지모도와 에스메랄다의 사랑은 우리 가슴을 뭉클하게 적셔주었던 마지막 자막 'The end'가 지금도 기억 속에 남아 있다.

어쩌다가 TV 화면이나 길을 가다가 Y와 닮은 사람을 보면 지금도 가슴은 철렁 눈동자는 동그라져서 추억 속에 멈춰버린다. 지금도 두 달에 한 번꼴로 대학 친구 모임을 갖는다. 그때마다 광주광역시 충장로 부근 제일극장과 양동시장 광주천 건너편 현대극장은 나에게는 남원 광한루 앞 오작교처럼 지워지지 않는 곳이다. 오늘도 광주 상무지구에서 모임을 가졌다. 50여 년 전 Y와의 새드 무비가 물안개처럼 피어오르는 광주 천변길을 지나가고 있다. 나는 청년 장교 마이클도 아니고 흉측한 몰골 콰지모도도 아니다. 어설픈 삶을 살면서 자아를 망각하고 있으니 차라리 금강산 나무꾼의 풋풋한 사랑만도 못한 것 같다.

(2020. 6. 20.)

시골우체국 우체통

나는 1950년대 말에 금마초등학교에 입학했다. 학교 운동장 측백나무 울타리 모퉁이 길 건너 남쪽에는 지서가, 서쪽에는 우체국이 있었다. 측백나무는 촘촘하지 않아 작은 개구멍이 많이도 뚫렸다. 그 개구멍 사이로 난생처음 보는 빨간 통이 우체국 앞에서 눈비를 맞으며 우두커니 서 있었다. 하도 신기하여 시간이 있을 때마다 측백나무 개구멍에 쪼그리고 앉아서 사람들이 편지를 빨간통에 넣는 것을 보았다. 어느 날은 일부러 시간을 내어 길을 건너가서 빨간통을 만져보니 두툼한 쇠로 만들어졌고, 편지 넣는 곳을 손으로 더듬어 보니 개구리 입처럼 쩍 벌리고 있어서 무섭기도 하여 모양보다는 용도가 더 궁금했다.

초등학교 입학 시절에는 한국의 6 · 25 전쟁 직후여서 나보다 한 살이 많거나 적은 친구들이 함께 입학했다. 그런데 금마우체국에 근무하는 우리 동네 어른들은 우체국장님을 포함하여 4명이나 되어서 그

집 친구들 귀동냥을 통해서 우체국에 대해서는 빨리 알았다. 당시엔 동네에서 부잣집만 자전거를 타고 다녔는데, 우체국에 근무하는 집에는 빨갛고 번쩍거리는 자전거가 있어서 부러움의 대상이기도 했다. 어쩌다가 우체국 안으로 들어가 보니 검정 블라우스에 하얀 옷깃의 근무복을 입은 복스럽게 생긴 누나는 예금을 받고 있었다. 한쪽 구석방에는 작은 작두 같은 기계를 손목으로 또~또 소리를 내며 치는 아저씨가 있어 마냥 신기했다. 스님 바랑만 한 가방을 메고 동네 고샅길을 누비면서 편지를 배달하는 우체국 아저씨가 마을로 들어오면 혹시 우리 집에 편지가 왔을까? 아저씨의 거동에서 눈을 떼지 못하다가 휭 지나치면 몹시도 서운했다.

초등학교 3~4학년쯤이었다. 편지가 하도 쓰고 싶고 붙여보고 싶어서 처음으로 어머니한테 편지를 써서 누런 봉투에 넣어 우체국에 가서 우표 파는 아저씨한테 어떻게 붙이느냐 물었다. 아저씨는 편지봉투 풀칠 안한 곳에 주소와 이름을 쓰고 제일 위쪽에 우표를 붙여서 우체통에 넣으라고 했다. 아저씨 말대로 주소와 이름을 쓰고 우표를 붙여 개구리 주둥이 같은 우체통 구멍에 넣으니 찰싹하고 우체통 바닥에 떨어지는 소리가 났다. 과연 내가 보낸 편지가 어머니에게 배달이 될까? 며칠을 기다리니 드디어 우체국 아저씨가 우리 집에도 오셔서 어머니한테 편지를 주고 가셨다. 나는 순간 기쁘고 부끄러워서 뒤모퉁이에서 한참 동안 숨어있었다. 그 사이 어머니는 편지를 읽어 보셨는지 빙그레 웃으시며 나한테 다가와서 "우리 연식이가 벌써 다 컸네!" 하시며 머리를 쓰다듬으시면서 칭찬을 하셨다.

고등학교 다닐 때 연말에는 크리스마스 카드 겸 연하장을 보내는 것이 유행했다. 또 호기심이 발동하여 부상마을 우리 집안 어른들을 비롯하여 동네 어른들 모두에게 체신부에서 발행한 연하장을 보냈다. 연하장이 도착할 무렵 의도적으로 동네 한 바퀴를 슬슬 돌아보니 어른들이 고맙게 엽서 잘 받았다고 덕담을 해주셨다. 지금 생각하니 쥐구멍에라도 들어가고픈 철부지 행동이었다. 전화기가 한 동네에 한 대 설치도 미흡했던 시절이라 농촌에서는 편지가 유일한 통신수단이었다. 그래서 당시는 편지를 주고받는 펜팔pen pal이 젊은이들에게는 유행하여 잡지나 신문 귀퉁이에는 펜팔 주소가 수두룩했다. 어떤 사람은 외국인과 펜팔로 외국 여행도 갔고, 국내 사람들은 인연이 되어 결혼까지 하는 사람도 흔했다.

그런데 어느 날 금마시장 삼거리 우체국을 보니 옛날 그 자리에는 없고 조금 아래로 옮겨 멋없고 정 붙일 데 없는 신축 건물을 지어 이사를 했다. 더 서운한 것은 빨간우체통은 사라지고 낯설고 보기 싫은 우체통이 수문장처럼 버티고 서 있었다. 안으로 들어가 보니 옛날 누님은 온데간데 없고, 마네킹 같은 여인이 컴퓨터 음성으로 찔끔 인사를 한마디하더니 하던 일을 그대로 하는 아가씨가 앉아있었다. 나는 옛날 그대로인데 집도 사람도 모두 다 바뀌었다. 나오면서 빨간우체통을 몰아내고 심술궂게 서 있는 우체통의 머리를 꾹 찍어 분풀이를 해보지만 내 주먹만 아팠다.

우체국의 빨간 우체통은 나에게는 처음으로 문명의 세계를 알게 한 호기심의 물건이었다. 어쩌면 우체국은 학교 다음으로 성장 과정에서 사회성을 깨워준 교육기관이었다. 사람이 사는 곳이면 도서벽지를 불문하고 소식을 전달해주는 국가 유일의 체신遞信기관이다. 객지에 나가 사는 자녀, 출가한 딸, 군에 입대한 아들, 외국에 유학 간 손자, 뿔뿔이 흩어져 사는 형제자매들 그리고 그리운 사람들의 소식을 전해주는 시골우체국 우체통이 없다면 원시인처럼 모르고 답답하게 살았을 것이다.

여름에는 나뭇잎들이 짙푸른 녹색으로 젊음을 과시하더니, 가을이 가까워지면서 노랑과 붉은색으로 단풍이 물들어 기약 없는 이별을 예고하면서 산들바람에 떨고 있다. 붉은색 단풍잎 모두 다 주워서 나와 인연 있는 모든 이들에게 소식을 적어 빨간 우체통에 배불리 먹여 소식을 전하고 싶다. 우체부 아저씨가 민들레 꽃씨처럼 하늘과 땅 온 천지에 날려 보내면 그중에 한 임은 붉은 낙엽 편지를 보고 한 번쯤 기억해주겠지 싶다. 해 저문 오후 산사로 올라가는 길에서 만난 우체부 아저씨는 속세를 떠나 암자에서 홀로 계시면서 중생들의 평온과 영혼들의 극락왕생을 비는 스님에게 어느 보살님의 편지 한 통을 달랑 들고 꼬부랑길을 올라가고 있었다.

나에게 시골우체국 빨간 우체통은 고향 집 오두막 싸리문에서 자식들을 기다리시는 어머니와 같다. 나의 어린 시절 시골우체국은 작고 누추했지만 있어야 할 식구들이 오순도순 모여 앉아 일하는 오붓한 모습이었다. 한낱 무쇠 덩어리 같은 빨간 우체통은 수천 년부터 마을과 사람들을 지켜온 마을 입구의 돌하르방 같은 수호신이었다. 그런데 오두막도 사라지고 빨간 돌하르방도 볼 수 없다. 최첨단의 기계문명은 인간의 향수를 분쇄하여 날려 보내지만, 황혼의 낙엽들은 시골우체국 지붕위로 날아가는 향수를 향해 움켜쥐고 순간이나마 빨간 우체통의 전설을 애원해 본다.

(2020. 10. 6.)

■ 발문

노 교육자의 수필 사랑 이야기

- 구연식 첫 수필집 『그리움을 담아서』 출간에 부쳐 -

三溪 金鶴

(수필가, 신아문예대학 지도교수)

1. 구연식과 수필의 만남

學林 구연식은 평생 교육자의 길을 걸어온 분이다. 學林 구연식은 전주 해성고등학교를 졸업한 뒤 광주조선대학교 법정대 법학과와 동 대학원을 졸업하고 교직의 길에 들어서서 무려 36년이나 교단에서 학생들을 가르쳤다. 2010년 2월 25일 군산여자고등학교에서 정년퇴직을 한 뒤에는 무궁화학교 교장으로 일하고 있다.

學林 구연식은 익산시 왕궁면 부상천마을에서 능성구씨 24세손으로 태어났다. 능성구씨 아버지 구봉조와 은진송씨 어머니 송병순 사이 2남 5녀 7남매의 장남으로 태어났다. 또 學林 구연식은 아내 평강채씨 채희순과의 사이에 2녀1남을 낳았는데 지금은 모두가 가정을 이루었다.

아들 내외는 중등학교 영어교사로 대를 이어 교직에 몸담고 있고, 큰 사위는 국세청에, 작은사위는 한국승강기안전공단에 근무하고 있다.

學林 구연식은 교직에서 정년퇴직을 한 뒤 9년 만에 신아문예대학 수필창작 수요반에 등록하여 수필과 인연을 맺게 되었다. 그는 2년 동안 매주 한 편씩 수필을 써서 첨삭지도를 받았다. 부지런히 습작활동을 하더니 마침내 2019년 8월 격월간 『수필시대』에서 「나의 골동품」이란 수필로 신인상을 수상하여 당당히 수필가로 등단했다. 學林 구연식은 마침내 첫 수필집 『그리움을 담아서』를 출간하기에 이르렀다.

學林 구연식은 지금까지 130여 편의 수필을 썼는데 그 중에서 110편의 수필을 골라 첫 수필집을 선보이게 된 것이다. 學林 구연식은 비록 늦게 수필을 만났지만 수필쓰기에 정진하다 보니 지금은 문우들의 부러움을 사고 있다.

2. 구연식의 수필 들여다보기

웃음과 칭찬은 사람만이 활용할 수 있는 가장 중요한 무기이다. 이 두 가지를 잘 활용하면 세상살이에서 큰 도움을 받을 수 있다. 갓난 아이는 하루 평균 3백 번을 웃는데 어른이 되면 17번밖에 웃지 않는다는 통계가 있다. 그만큼 순수성을 잃었기에 웃을 일이 줄어든 탓이리라.

'웃으면 복이 온다.'

'웃느라 한 말에 초상난다.'

'웃는 얼굴에 침 못 뱉는다.'

웃음과 관련된 속담도 많다. 모름지기 이 두 가지 무기를 잘 활용하는 사람이 되어야 할 것이다. 그런 사람이라야 더 좋은 인간관계를 가질 수 있고, 그만큼 더 좋은 글을 쓸 자료를 많이 얻을 수 있을 것이기 때문이다.

學林 구연식의 등단 수필 「나의 골동품」부터 살펴보자. 學林 구연식은 참으로 효자다. 대학시절 고학을 하면서 모은 돈으로 부모님 방에 괘종시계를 사다가 걸어드렸다고 한다. 부모님도 얼마나 애지중지 하셨을까? 세월이 흐른 뒤 부모님이 모두 돌아가시고 부모님이 사시던 그 집에 동생이 살게 되었다. 그런데 그 동생이 집을 수리하느라 부모님이 쓰시던 살림도구들을 비닐하우스에 모아두었다. 그런데 어느 날 화자는 그 비닐하우스에 들러 살펴보다가 벽시계 소리를 들었다. 화자는 그 벽시계를 찾아 승용차에 싣고 자기 아파트로 돌아와서 서재 벽에 걸어놓게 되었다.

> 괘종시계는 나에게는 대학 시절 청운의 꿈을 실현하기 위해 진리를 탐구하고 세상과 자신과 싸우면서 끊임없이 정진했던 초침과 같은 의미였고, 부모님에게는 객지에 있지만 늘 부모님을 기대와 희망으로 지켜드리겠다는 큰아들의 상징물이었다. 그 시계가 시골의 부모님 안방에서 도시 아파트 나의 서재로 옮겨졌다. 괘종시계는 거실의 소파에 앉아있을 때 시계추가 좌우로 움직일 때마다 생전 부모님의 얼굴이 움직이는 것 같아 그저 좋기만 하다.
>
> 「나의 골동품」중에서

이 한 편의 수필을 읽어보면 學林 구연식이 얼마나 효자인지 미루어 짐작할 수 있다. 學林 구연식은 부모님이 돌아가신 뒤 그분들이 생전에 쓰시던 절구, 국수틀, 다듬잇돌, 방망이, 홍두깨, 미싱, 화로, 길쌈도구, 되, 말, 저울, 가마니 바디, 호미 등을 모두 아파트로 옮겨놓고 애지중지 보관하다 보니 그의 아파트는 작은 박물관이 되었단다.

요즘 단독주택에 살다가 아파트로 이사를 가면 옛날 가구들을 다 버리고 가는 게 예사인데 學林 구연식은 반대로 옛날 살던 단독주택에서 살림도구들을 아파트로 옮겼으니 그거야말로 효심孝心의 발로가 아닐 수 없다.

수필은 작가와 독자의 힘겨루기라 해도 지나친 말이 아니다. 작가와 독자 사이에 펼쳐지는 고도의 심리전이라는 이야기다. 수필가는 모름지기 독자의 심리상태를 예상하고 그에 대처하면서 작품을 빚어야 한다. 읽을거리가 푸짐한 오늘날에는 독자가 겨자씨 같은 작가의 작은 실수만 있어도 읽던 책을 금방 덮어버리고 만다. 작가는 독자의 그런 심리상태를 파악해야 하고, 독자들에게 그런 빌미를 주지 않게 작품을 빚어야 한다는 뜻이다. 독자가 처음부터 작가에게 끌려오도록 유도하지 않으면 안 된다. 한 편의 작품을 다 읽은 뒤에 독자가 머리를 끄덕이거나 무릎을 치며 공감의 미소를 자아내도록 해야 할 것이다. 거기까지가 수필가의 몫일 것이다.

> 아기가 젖을 달라고 보챌 때 외손자의 경우는 '어미젖 좀 그만 뜯어먹어라'하고, 친손자의 경우는 '어미야, 아기 젖 좀 주어라' 한다. 딸과 며느리의 차이에서 오는 우리네 가족문화의 잘못된 폐습이다. 그러나 굳이 할미꽃의 전설을 말하지 않아도 막내딸에 대한 친정 엄마의 애틋한 사랑은 그 무엇과도 비교할 수 없다.
>
> 「막내딸과 외손자」 서두

딸과 며느리, 외손자와 친손자를 대하는 데는 겉으로 드러낼 수는 없지만 차이가 있기 마련이다. 심정적 거리라 할 수 있으리라. 수필가라면 '근사하게 늙어가는 법 10가지'를 알아두면 좋을 것이다.

① 호기심을 가져라
② 취미를 만들어라
③ 모임에 참석하라
④ 유머감각을 키워라
⑤ 메모습관을 가져라
⑥ 친구를 사귀어라
⑦ 연애를 즐겨라
⑧ 여행을 떠나라
⑨ 멋 내는 법을 배워라
⑩ 매사에 감동하라

이 열 가지를 잘 알아두면 좋은 수필 소재를 찾아낼 수 있을 것이다. 문학이란 자연을 사랑하고 사람을 사랑하는 마음으로 해야 좋은 문학이 된다는 금아 피천득 선생의 말씀의 의미를 되새겨 볼 일이다.

문학은 체험의 재구성이라고 했다 특히 수필은 체험 자체가 가장 내세울 만한 강점이다. 그 체험에 의미부여란 양념이 제대로 버무려지지 않으면 수필로서 대접을 받지 못한다. 「전주 용산다리를 건널 때면」이란 작품 역시 작가의 체험담이다.

언젠가 나와 어머니는 용산다리 시냇가까지 일부터 걸어 내려갔다. 어머니는 그 옛날 빨래터를 찾아내시고 시냇물이 불어서 내가 둥둥 떠내려갔던 장소도 손가락으로 가리키셨다. 어머니는 나를 살려준 그 은인을 알 수 없으니 정월 대보름 때 월천공덕越川功德의 섶 다리를 이곳에 놓았으면 하시기에 아무리 마땅한 장소를 찾아봐도 하천 정비 사업으로 하천은 더 넓고 깊어져서 섶 다리는 불가능했다. 그리하여 마음의 섶 다리만 놓고 60여 년 전의 고마운 아저씨를 생각하며 어머니를 부축하여 다시 하천 제방으로 올라왔다.

「전주 용산다리를 건널 때면」중에서

學林 구연식은 어렸을 때 빨래하러 용산다리 밑을 찾던 어머니를 따라가 냇물에서 놀다가 물에 빠져 목숨을 잃을 번한 일이 있었다고 회고한다. 그때 어떤 젊은이가 구해주었는데 화자의 어머니는 당황한 나머지 그 청년에게 고맙다는 감사인사조차 못한 걸 후회하며 화자를 데리고 다시 그 곳으로 찾아가 설명을 해준 것이다. 화자 역시 그 생명의 은인에게 얼마나 고맙겠는가?

우주만물이 다 수필의 소재라고 했다. 양주동 박사 같은 이는 우수마발牛溲馬勃 즉 소 오줌이나 말똥 같은 하찮은 것도 다 수필의 소재가 될 수 있다고 했다. 금은보화 같이 귀중한 것만 수필의 소재가 되는 것은 아니란 뜻이다.

내 지갑 한쪽에는 꼬깃꼬깃 접은 만 원 권 한 장이 벌써 15년째 부적처럼 지키고 있다. 생전에 어머니가 세뱃돈으로 주신 만 원 권 중 한 장이다. 그간 지갑은 서너 번 새것으로 바꾸었지만 지갑지킴이 만 원 권은 그대로다. 설날 아침 자손들의 세배를 받고 특히 귀엽고 예쁜 손자들의 손에 세뱃돈을 나누어 주는 기쁨은 그렇게도 흐뭇하다.

「어머니의 세뱃돈」 서두

어머니가 주신 세뱃돈 만 원 권 한 장을 15년 동안이나 보관하면서 어머니를 그리워하는 學林 구연식 같은 효자가 몇 명이나 될 것인가 생각해 볼 일이다.

프랑스의 문학평론가 알베레스(R. M. Alberes, 1921~)는 『20세기 문학의 총 결산』이라는 저서에서 '수필이란 지성을 바탕으로 한 정서적, 신비적, 환상적 이미지로 쓰인 글이다.'라고 했다. 또 김광섭은 '인간미를 보여 줄 흥미나 자질을 갖지 못한 사람은 평론이나 소설은 쓸 수 있을지 몰라도 결코 수필은 쓸 수 없다.'고 했다.

수필은 체험의 문학이기 때문에 수필가의 다양한 체험은 다채로운 수필을 빚을 수 있는 원천이 될 것이다. 수필이란 평범한 일상에 새로운 의미의 옷을 입히는 문학이라고 하지 않았던가?

모름지기 수필가라면 육안(肉眼)으로 본 것만을 전부인 양 생각해서는 안 될 것이다. 심안(心眼)으로 헤아릴 줄 아는 지혜가 필요한 까닭이다. 좋은 수필을 쓰려면 잡학박사가 되라고 한 이유도 바로 여기에 있다.

> 아버지는 날씨가 좋고 시간이 있을 때마다 자식 손자가 먹을 수 있는 푸성귀나 오이, 호박 그리고 감자 등을 수시로 실어다 놓고 가셨다. 어느 날 나는 아버지에게 말씀드렸다. 아버지가 저희들을 위해서 구경도 오시고, 이것저것 갖다 주시는 것은 감사하고 좋은데 오가실 때 도로가 위험하니, 자전거는 타지 마시고 버스로 오시라고 했다. 그리고 남이 알면 아들며느리가 공무원이라면서 늙은 아버지 차비를 안 드려서 익산에서 군산까지 자전거로 다닌다고 할 게 아니냐고 했다. (중략) 결국 나와 아내의 설득으로 아버지는 짐바리 자전거 대신 버스로 오셨다. 내가 아버지의 진심을 헤아리지 못하여 서운해 하셨는지 자전거로 오시는 횟수는 점점 줄어들었다.
>
> 「아버지의 짐바리 자전거」 중에서

學林 구연식은 아버지가 돌아가신 뒤 고향 집에 가면 아버지 등멱을 시켜드리듯 그 낡은 짐바리 자전거를 꺼내 기름걸레로 깨끗이 닦아놓곤 했었다고 회고한다.

수필가는 세 가지 눈을 가져야 한다고 했다. 첫째는 자기를 보는 눈, 둘째는 남을 보는 눈, 셋째는 세상을 보는 눈을 일컫는다. 이 세 가지 눈만 가지고 있으면 수필의 소재를 찾는 일은 식은 죽 먹기나 다를 바 없을 것이다.

學林 구연식은 정년퇴직을 한 뒤 여느 퇴직자들과 마찬가지로 소일거리를 찾아 서예를 배우게 되었다.

> 공직에서 정년퇴직을 한지 벌써 10년이 되었다. 퇴임하던 해 여름부터 묵향墨香에 취해 10년째 먹을 갈면서 거칠고 들뜬 인격을 다듬고 억누르며 하얀 한지에 한 획 한 획 글씨를 써 내려간다. 그러나 아직은 인격수양이 미천한지 글씨는 삐뚤빼뚤 들쑥날쑥하여 지도하시는 서예실 원장님과 문하생들에게 나의 치부를 드러낸 것 같아 부끄러웠다. 재능은 최선의 노력을 다해도 선천적 끼가 없으면 안 된다고 자기 방어적 모순된 푸념만 늘어놓다 보니 소경 개천만 나무라는 격이다.
>
> 「묵향에 취해 10년」 서두

꾸준히 서예에 정진하다 보니 지금은 어느 정도 서예에도 일가를 이루게 되었다. 10년이면 강산이 변한다는 속담이 있어서 그런지 무엇이든 10년쯤 배우고 나면 다른 분야로 옮기곤 하는 게 요즘 세태이다. 그런데 學林 구연식은 서예 지도 선생에게 이렇게 하소연 했다니 얼마나 믿음직한가?

"원장 선생님, 저는 10년 가지고는 어림없어요. 계속 지도해 주세요."

습관이나 고정관념이란 굳은살을 떼어내면 늘 보던 사물들도 새롭게 보이기 마련이다. 그것이 바로 낯익은 것을 낯설게 하기인 것이다. 수필가라면 누구나 귀담아들어야 할 금언이 아닐 수 없다.

일찍이 두보杜甫는 책을 만 권을 읽으면 붓에 귀신이 달린 듯 글이 써진다고 했다. 하지만 보통 사람이 만 권의 책을 읽는다는 게 어디 그리 쉬운 일인가? 그러나 유능한 서예가나 수필가가 되려면 두보의 충고대로 책을 많이 읽어야 할 것이다. 독서를 통한 간접 체험이 바로 서예와 수필쓰기의 밑거름이 될 테니 말이다.

'오늘의 나를 있게 한 것은 우리 마을의 도서관이었다. 하버드대학 졸업장보다 소중한 것이 독서하는 습관이다.'라고 한 세계적인 부자 빌게이츠의 이 말을 곰곰 음미해 볼 일이다. 이거야말로 독서의 중요성을 강조한 말이 아니고 무엇이겠는가?

> 오늘은 계곡의 마실 길을 따라 올라가기로 했다. 그 많던 낙엽은 모두 시몬이 밟고 지나갔는지 나뭇잎은 닳아서 없고 잎자루와 잎맥만 생선가시처럼 남아있다. 고운님을 떠나보낸 상사화는 설움이 복받쳤는지 푸르름으로 무장을 하고 겨울을 견디면서 내년 가을까지 고운님을 기다리며 부엉이 소리를 위안삼아 긴긴밤을 지새운단다.
>
> 「늦가을 산사에서」중에서

지금은 인간 100세 시대라지만 그래도 學林 구연식 수필가가 고희를 넘긴 뒤 첫 수필집을 출간한 것은 결코 빠른 편이라고 할 수는 없다. 그러니 젊어서 수필을 쓰기 시작한 사람들에 견주면 뒤늦은 출발이라 하지 않을 수 없다. 그렇다고 가버린 세월을 되돌릴 수도 없는 일이다. 그렇다면 어떻게 해야 할 것인가? 구양수歐陽脩의 삼다설三多說에 귀를 기울여야 할 것이다. 많이 읽고, 많이 쓰고, 많이 생각하라는 그 삼다설에서 길을 찾아야 하리라 생각한다.

참고로 지금 80대 후반이신 김길남 수필가의 일화를 소개하고자 한다. 그 어르신은 70대 중반에 수필공부를 시작하시더니 매주 한 편씩 어김없이 수필을 쓰셨다. 그러더니 등단한 뒤 해마다 수필집을 한 권씩 출간하셨다. 어느새 9권의 수필집을 출간하셨다. 김길남 어르신은 문우들이 보내주는 각종 문예지나 동인지 그리고 수필집을 받으면 모두 꼼꼼히 읽는다고 하셨다. 심지어는 메일로 수필을 보내주면 그것조차도 빠짐없이 다 읽는다고 하셨다. 그렇게 그분처럼 열심히 그리고 열정적으로 수필에 매진하니 좋은 수필을 쓸 수 있었을 것이다, 學林 구연식 선생도 그 어르신에게서 한 수 배우면 어떨까 싶다.

> 삼례 한내는 전주천과 모악산 계곡의 삼천천이 합류한 만경강의 본류이다. 만경강은 전국 최대 호남평야의 젖줄로 어머니 역할을 하다가 서해로 빠져나간다. 비비정 앞 백사장에는 기러기 떼가 살포시 내려앉는다는 비비낙안飛飛落雁의 풍광은 풍류객들에게 회자된 단어로 그래서 완산8경의 하나이다. 비비정 앞 만경강은 동쪽에서 시작하여 서쪽으로 흘러가니 해돋이와 해넘이를 한 자리에서 볼 수 있다. 그래서 아침 시작의 희망과 하루 반성의 자숙自肅을 동시에 맛볼 수 있는 자리다.
>
> 「비비정 예찬」중에서

수필의 독자는 한문이나 번역문 투의 수필문장을 좋아하지 않는다. 문장이 감성적이며 부드러워야 읽고 싶어 한다. 수필가의 글을 읽은 독자가 머리를 끄덕이며 공감하면 그건 좋은 수필이고, 고개를 갸웃거리면 그건 좋지 않은 수필이라 할 수 있을 것이다. 그러니 수필을 쓸 때 한자말이나 외래어를 가급적이면 활용하지 않는 게 좋을 것이다.

> 나는 비비정 앞 만경강의 겨울을 유난히 좋아한다. 언제인가 중국 연변 용성 방문 때 비암산 정상에서 일송정一松亭을 가슴에 담아 온 적이 있다. 만경강이 해란강이 되고 비비정 뒤 소나무가 일송정이 되었다. 흰 눈이 갈대밭에 내려 앉으면 갈대꽃인지 눈인지 쉽게 구분이 안 된다. 눈과 갈대꽃은 부둥켜 안은 연인처럼 바스락거리면서 움직인다. 이때 나의 머릿속에는 돌연 그 옛날 선구자들이 조국과 민족을 위해 갈대밭을 헤쳐가며 말달리던 말발굽 소리가 들린다. 말의 입김에서 내뿜는 열기는 얼어붙은 갈대밭을 녹여주고, 만리타향에서 서러운 민족을 보듬어 준다. 말의 갈기는 민족의 기상을 보는 듯하고 근육은 미래의 듬직함을 갖게 한다. 나도 그들의 대열에 끼어 어느 사이 해란강을 달리고 있다.
>
> 「비비정 예찬」중에서

만경강에서 만주의 해란강을 떠올리고, 빼앗긴 나라를 되찾으려고 만주 벌판을 누비던 선구자들을 생각하는 작가의 상상력은 압권이다. 學林 구연식 수필가가 비비정을 즐겨 찾는 것은 바로 그런 연유가 있기 때문일 것이다.

3. 學林 구연식 수필가의 앞날을 위하여

아나톨 프랑스는 수필문학이 미래문학으로서 온 문예를 주름잡을 날도 멀지 않았다고 했다. 수필의 위상이 그만큼 높아지리라 믿어 의

심치 않는다. 그리고 수필은 독자를 가르치는 글이 아니라 독자로 하여금 느끼게 하는 글이어야 한다. 이 점을 꼭 명심하기 바란다.

중국의 후주胡適 박사는 그의 스승으로부터 문학수업을 받을 때 관찰력을 가르고자 이를 손바닥에 놓고 며칠 동안 관찰한 나머지 이의 혈관이 보이고 숨 쉬는 소리까지 들었다고 한다. 이런 훈련이 생활화되어야 좋은 수필을 빚을 수 있을 것이다.

수필가는 특히 자기를 보는 눈, 남을 보는 눈, 세상을 보는 눈을 가져야 한다고 했다. 그것은 좋은 수필소재를 찾는데 절대로 필요하기 때문이다. 한 편 한 편의 수필을 빚을 때 수필쓰기의 길이만을 중요시하지 말고 내용의 형상화와 의미화에 신경을 써야 한다고 강조하고 싶다.

수필이란 관조의 눈으로 본 것을 철학의 체로 걸러서 산문으로 쓴 시가 되어야 한다고 했다.

學林 구연식 수필가의 첫 수필집 『그리움을 담아서』 출간을 축하하며 꾸준히 제2, 제3의 수필집이 잇따라 출간되기를 바라마지 않는다.

구연식 수필집
그리운을 담아서

인쇄 2021년 2월 1일
발행 2021년 2월 8일

지은이 구연식
발행인 서정환
펴낸곳 신아출판사
주소 전북 전주시 완산구 공북 1길 16(태평동 251-30)
전화 (063) 275-4000 · 0484 · 6374
팩스 (063) 274-3131
이메일 sina321@hanmail.net
출판등록 제465-1984-000004호
인쇄 · 제본 신아출판사

ISBN 979-11-5605-871-7 (03810)
값 18,000원

Printed in KOREA